KB102691

[개정4판]

국가정보학 요해(要解)

-국가정보와 법-

한희원 저

법률출판사

제4판 머리말

소위 적폐청산 수사는 국가정보 활동이 법에 의해 뒷받침되지 않는 경우에 엄청난 국정의 혼란과 국가안보에 위기를 가져다 줄 수 있음을 보여주었다. 물론 검찰의 국가정보에 대한 수사의 상당한 부분은 국가정보(national intelligence)의 목표와 가치를 이해하지 못한 채 형사법의 형식논리로 이루어진 점도 부인할 수는 없다.

그것은 그만큼 아직 대한민국에서는 국가정보가 독립적인 학문으로 성립하지 못했음을 보여주는 반증이기도 하다. 이러한 사실은 아직 주권국가의 전체적인 법질서 아래에서 정통적으로 국가정보를 연구하는 연구자가 태부족하다는 사실에서 연유하는 현실이기는 하지만, 국가정보학이 국가 정보직 공무원 시험과목이라는 사실 때문에 국가정보학의 현실적인 중요성은 높아만 간다. 그럼에도 불구하고 그동안 국가정보학 공무원 시험이 국가정보학이라고 하는 학문에 대한 이해파악보다도 상식 테스트로 비춰지는 듯해서 필자는 항상 가슴을 졸여왔다.

하지만 국가정보학은 결코 국가정보에 대한 시사성이나 상식 테스트가 아니다. 국가정보 기구는 주권국가의 존속, 발전 그리고 위신의 확보라고 하는 국가안보(national intelligence)의 밑받침 자료를 끊임없이 생산하고(정보수집과 정보분석) 상대세력의 정보활동을 막아내거나 역이용하여 국가정보활동의 우위를 확보하고(방첩공작), 더 나아가 외교와 군사 활동의 중간영역이라고 말해지는 비밀공작(covert operation)을 통해서 때로는 우리가 원하는 방향으로 국가정책을 직접 집행하는 것이 본령임을 이해해야 제대로 공부한 것이 된다.

수험생들은 이점에 대한 정확하고 확고한 이해를 다해야 하고 테스트는 수험생들이 이점을 제대로 이해하는 지에 집중되어야 할 것이다. 그렇지 않으면 국가정보는 그저 약간 상상을 초월한 때로는 법을 위반하는 정보기구 특유의 비밀스러운 활동으로 오해하기 십상이다.

제3판 이후에 적지 않은 시간이 흘러 수험생들과 출판사의 개정 요청이 있었지만 필자의 사정으로 계속 미루다가 이번에 제4판 개정판을 상제한다. 산제한 기출문제를 소개하고 세계 유수의 정보기구들이 심혈을 기울이는 인공지능(AI) 스파이에 대해서 간략히 추가했다.

여전히 부족하지만 그동안의 많은 사랑에 감사드리며 요해 수준에 머무를 수밖에 없는 본서에 머무르지 말고, 합격하여 본격적으로 국가정보 실무에 종사하게 되는 경우에는, 반드시 필자의 국가정보 원전(原典)을 독파하여 대한민국 국가안보의 역군이 되기를 소망해 본다.

2020년 2월

저자 한희원 배

제3판 머리말

2013년 국가정보원에 대한 개혁의 요구가 빗발쳤다. 2012년 대선 때의 소위 댓글 사건으로 촉발된 국정원의 정치개입 문제는 온 나라를 1년간 뒤흔들었고 결국 '국가정보원 등 국가기관의 정치적 중립성의 강화를 위한 제도개선 특별위원회'(소위 국정원 개혁특위)가 구성되어 활동을 대폭 제한하는 내용의 국가정보원법 일부 개정안을 여야 합의로 의결했다.

그동안 국가정보학 요해(要解)가 요약서임에도 불구하고 정보기구에 근무할 사람이라면 알아야 할 가장 최신의 그리고 핵심적이고 필요한 내용을 담아서 질적으로 탁월하게 우수하다는 평가를 받았다. 학습하는 독자들의 격려와 사랑의 문의도 많았다. 그러한 부담을 느끼면서 그동안 정보환경의 변화 무엇보다 필자의 국가정보 연구의 원전인 '국가정보-법의 지배와 국가정보'가 제3판이 상제되었기 때문에 그에 맞추어 개정할 필요성을 느꼈고 청운의 꿈을 안고 공부하는 독자들을 위해 제3판은 다음과 같은 교정을 보았다.

① 먼저 오타와 오해의 소지가 있는 표현을 가다듬었다.
② 최신 정보환경을 반영했고 국가정보의 목적인 국가안보의 법철학적 이념을 담았다.
③ 기출문제 포함하여 문제를 보강했으며, 정답근거를 원전 3판에 맞추었다.
④ 정치정보와 정치화된 정보에 대해 안내했다.
⑤ 정보기구의 새로운 재편내용도 소개하여 특히 북한 정보기구의 변모를 소개했다.

본서는 짧은 시간에 국가정보에 대한 충실한 이해를 도모하는데 보조적인 역할을 하도록 집필했다. 하지만 국가정보학 논술시험에 살아있는 지식으로 접근할 수 있는 좋은 학습 자료도 될 것으로 확신한다. 거듭 말하지만 기존의 국가정보학 서적들은 전면 재 서술 되지 않으면 거두어들여져야 한다. 국회 공청회에서도 제기되었지만 단일 저자는 정보 전체에 대한 이해가 없고, 공동 저술은 일관성이 없어서 너무나 많은 오류와 오해를 불러일으키기 때문이다.

의문사항은 저자에게 연락하기 바라고, 또한 국가정보학 시험에서 의문 있는 문제에 대해서는 주저 없이 이의신청을 하여 단 한 문제 차이로 당락이 뒤바뀌는 일이 없도록 해야 할 것이다. 만약 국가정보에 대한 이해가 부족한 출제자나 시험문제 점검자가 있다면 더 이상 그들에 의해 국가정보학 시험이 국가상식 시험이 되도록 방치해서는 안 될 것이다.

2014년 1월
백년동국 만해관에서 한희원 배

제2판 머리말

국가정보학 요해(要解)에 대한 독자들의 사랑으로 짧은 시간에 제2판을 상제한다. 국가정보요원이라는 청운의 꿈을 안고 공부하는 독자들을 위해 제2판은 다음과 같은 교정을 보았다.

① 먼저 오타와 오해의 소지가 있는 표현을 가다듬었다.
② 제1판에서 단 한 문제에서 오답이 있던 것을 정정했다.
③ 미국, 프랑스 북한 등 각국의 정보기구에 대한 최신자료를 업데이트했다.
④ 미국 국가정보국(ODNI)의 조직 재편을 반영했다.
⑤ 무엇보다 프랑스 정보기구의 재편내용을 소개했다.
⑥ 가독성을 높이기 위해 관련 사진을 첨부했다.

누누이 지적했지만 정보기구의 조직은 누가 수장이 되는가에 따라서 수시로 변할 수 있는 가변적인 것이다. 그러므로 정보기구에 내재하는 본질적인 가치를 파악하는 것만이 각국 정보기구를 실질적으로 이해하는 첩경이고 정보마인드(intelligence mind)를 함양하는 올바른 길이다. 결코 수년전의 자료를 암기하는 잘못을 범해서는 안 된다.

본서는 짧은 시간에 국가정보에 대한 충실한 이해를 도모하는데 보조적인 역할을 하도록 집필했다. 하지만 국가정보학 논술시험에 살아있는 지식으로 접근할 수 있는 좋은 학습 자료도 될 것으로 확신한다. 일부 독자들의 문의에 대해 대답하면서 느낀 바도 커서, 거듭 말하지만 기존의 국가정보학 서적들은 전면 재 서술 되지 않으면 거두어들여져야 한다. 너무나 많은 오류와 오해를 불러일으키기 때문이다.

아무쪼록 의문사항은 저자에게 연락하기 바라고, 또한 공식 국가정보학 시험에서 의문 있는 문제에 대해서는 주저 없이 이의신청을 하여 단 한 문제 차이로 당락이 뒤바뀌는 일이 없도록 해야 할 것이다. 만약 국가정보에 대한 이해가 부족한 출제자나 시험문제 점검자가 있다면 더 이상 그들에 의해 국가정보학 시험이 국가상식 시험이 되도록 방치해서는 안 될 것이다.

하늘에 계신 아버님을 그리며!

2011년 1월
백년동국 만해관에서 한희원 배

제1판 머리말

국가정보직 수험 대비용 요점 정리서를 만들어 보았다. 출판사 측의 간곡한 요청도 있었지만, 그동안 국가정보 시험 출제에 관여하면서, 국가정보에 대한 올바른 이해와 하루빨리 국가정보 시험을 그 목적에 맞게 바로잡아야 할 필요성을 절감했기 때문이다. 정보에 대한 이해 부족과 오해, 오래된 자료 등을 바탕으로 한 까닭에 국가의 동량이 되기 위한 국가정보 시험을 일반상식 시험이 되게 하고, 오류의 이의가 제기될만한 다수의 시험문제에 우려를 금할 수 없었다. 또한 점차 본인의 국가정보 관련 저서에 따른 시험출제 경향을 보고 책임감 또한 막중해지지 않을 수 없었다.

매우 외람된 말이지만, 방대한 원저(原著)인 **국가정보**(National Intelligence)를 처음 집필하면서 국내 국가정보학 서적을 일부 참조한 것은 서로 대비해 보라는 의미가 컸다. 하지만 올바른 국가관이 형성되어야 하고, 인생이 달린 국가공무원을 선발하는 문제와 관련하는 한 국가정보에 대한 잘못된 지식을 전달할 교재는 더 이상 사용되어서는 안 된다. 그러한 의미에서 기존의 교재들은 국가정보에 대한 온전한 이해와 최신 정보학의 연구 동향을 파악한 연후에 전면적인 재수정을 거쳐서 새롭게 탄생하지 않는 한은, 일단 거두어져야 할 것으로 사료된다. 더 이상 국가공무원을 희망하고 또한 국가공무원이 될 잠재적인 수험생들을 혼동과 오류에 빠뜨려서는 안 될 것이기 때문이다.

본서에 수록된 객관식 문제만도 적지 않은 문항이다. 편별로 일별한 후에 문제를 풀어보는 식으로 학습하면 단기간 내에 좋은 결과를 얻을 수 있을 것으로 확신한다. 물론 독학으로 국가정보학에 대한 공부를 위한 가장 좋은 방법은 본서를 공부하면서 일차적인 이해를 도모한 연후에, 본인의 원저인 '**국가정보**'를 한번만이라고 읽어 보는 것이다. 분명히 국가정보에 대해 비상하게 새로운 이해를 도모할 수 있을 것이다. 앞으로 국가정보 분야에 종사하고자 하는 수험생을 대상으로 선진 국가정보로의 발전을 위해 어떤 분야를 공부해야 하고 또한 어떻게 이해해야 할 것인가? 를 고려하여 순전한 객관식 문제집 집필도 고민하고 있다. 그것 또한 국가정보 시험이 일반상식 시험이 되어서는 안 될 것이라는 우려가 자극제이기는 한데, 글로벌 지구 질서를 형성하는 국가정보를 가볍게 볼 위험성을 또한 걱정하지 않을 수 없다. 한편 검찰, 경찰직 시험을 물론이고 국가 공안직 시험에서도 향후 당연히 국가정보학 시험이 채택되어야 할 것이다. 국가정책에 대한 봉사를 목적으로 하는 국가 공무원 시험에 국가정보학(법)은 가장 중요한 과목이기 때문이다.

아무쪼록 대한민국의 선진화와 나침반으로서의 국가정보의 진정한 발전을 기대하면서 독자들의 애정 어린 질정을 기대한다. 본서에 대한 어떠한 문의도 lucas@paran.com으로 해 주시면 성심 성의껏 답변해 드릴 것을 약속드린다. 본서 역시 존경하는 양가 어머님과 사랑하는 가족들의 도움이 없었다면 이렇게 빨리 상제되기 어려웠을 것이다.

2010. 4.
백년 동국법학 만해관에서
한희원 배

본서의 학습 요령과 참고사항

■ 국가정보학은 결코 암기의 학문이 아니다. **이해의 학문이다.** 주권국가의 국가안보를 수호하고
국가이익을 확보하는 그 논리적 체계를 제대로 이해하는 것이 국가정보학의 학습 목표이다.

■ 다른 교재와의 호환성을 고려하여 명칭을 일부 통일했다. 대표적으로 국가정찰실(NRO)을
국가정찰국(NRO)으로, 국가지구공간정보국(NGA)을 국가지리정보국(NGA)으로, 법무
부 마약청(DEA)을 법무부 마약단속국(DEA)으로 그리고 CIA 국가비밀부를 국가비밀정보
국(NCA)으로 변경했다.

1. 편별로 일별한다.
   - 각 편별 공부는 분량에 따라 1일-3일 이내에 마칠 계획이면 좋다.
2. 편별 말미의 문제는 편별로 공부를 마친 후 일괄하여 풀어본다.
   - 문제까지 해결하는 데는 편별로 분량에 따라서는 3일은 소요될 수 있다.
3. 문제 해설에 기재된【국가정보(National Intelligence)】원전의 페이지를 찾아서 독학한다.
4. 이해가 어려운 부분은 저자에게 이메일로 문의한다.
   lucas3333@daum.net 또는 3333lucas@naver.com
5. 국가정보에 대한 학습은 다른 시험과목의 공부에도 도움이 될 것이다.

■ 본서에서 말하는 원전은,
■ 한희원 著
국가정보- 법의지배와 국가정보, 법률출판사, 2011년 제3판을 말한다.
■**참고로 원전도 2020 -2021년에 개정판을 예정하고 있다.**

Contents

제1편 국가정보학

제2편 정보의 순환

제3편 정보활동론

제4편 정보영역론

제5편 정보기구론

제6편 정보환경론

제7편 국가정보기구에 대한 감독과 책임

제8편 한국의 정보기구

제1편

국가정보학

(☞ 국가정보, pp.64-135 참조)

제1장 국가정보학 개관

제1항 국가정보학의 전개

I. 국가정보와 국가정보학

1. 국가정보학의 의의와 특성

① 국가정보를 연구 대상으로 하는 학문

② 포괄적·종합적 학문, 문제해결을 위한 실용적 학문,

③ 국가정책 목적 지향적 학문, 사회 심리적·인간 관리적 학문.

2. 국가정보학의 연구 대상인 국가정보의 본질적 중요성과 현실적 기능

① "진실이 너희를 자유롭게 하리라(And ye shall know the truth, and the truth shall make you free)!"[1)]

② 국가정보는 주권국가의 국가안보와 국가이익을 위한 기초자료

③ 국가정보는 국가정책에 반영됨으로써 본격적으로 효력을 발휘

④ 국가정보의 기능은 개별국가가 처한 역사적 배경과 정치·경제·사회 환경에 따라 다름

  ⓐ 훌륭한 국가통치수단으로서도 가능함

  ⓑ 법집행기능을 병행하여 경찰기능을 수행할 수도 있음

  ⓒ 정보외교를 도모할 수도 있음

  ⓓ 그러나 임무 외 활동은 불법시비를 초래함을 필수적으로 인식하여야 함.

II. 국가정보학 연구의 한계

1. 국가정보학의 뒤늦은 출발 배경

① 국가정보는 실행의 장으로 학문적 연구를 위한 요소인 보편성이 존재하기 어려움

② 공개토론이나 상시 접근과는 거리가 먼 국가정보활동의 비밀성

③ 통치의 부속수단이라는 인식으로 독립성 결여

---

1) 미국 중앙정보국(Central Intelligence Agency: CIA)의 모토(Motto)로 정보의 필요성과 정보는 진실 추구라는 정보의 의미와 속성을 묘사한 경구임.

④ 비밀스런 일을 하는 정보기구에 대한 부정적인 인식
⑤ 은밀한 지시와 비밀스러운 수행으로 연구 자료의 절대 부족

후버 국장(John Edgar Hoover)의 FBI 운영

국회도서관에서 보조 사서로 일하면서, 조지 워싱톤 대학교 로스쿨 수료 후 법무부 수사국에서 봉직한 에드가 후버 국장은, FBI 전신인 수사국장(IB)을 포함하여 약 47년 동안 FBI를 이끌었던 정보계의 전설적 영웅이었다. 그는 정보활동이 문서로 남을 경우의 경과나 내용의 누출에 따른 비판을 의식하여, 지시나 보고를 구두로 하고, 설령 문서가 생산된 경우에도 상황종료 후 철저히 파기할 것을 지시했다.

《J. Edgar Hoover, FBI 국장(1924-1972)》

---

2. 미국을 중심으로 한 국가정보학의 뒤늦은 출발

① 민주성과 개방성이 국가의 근본적인 가치인 미국이 국가정보활동에 대해서도 민주성과 개방성의 기준을 추구하기 시작했음.
② 게다가 국가정보 책임자들의 전향적인 사고가 국가정보학 발달의 원동력이 되었음
③ 로버트 게이츠(Robert M. Gates) 전 중앙정보국(CIA) 국장의 결단
  ⓐ 정보는 더 이상 비밀이 아니다(Intelligence is no longer secret)! 라고 역설
  ⓑ 1986년 하버드대학교 케네디 연구소와 CIA의 자료에 대한 비밀해제 작업 실시.
  ⓒ 하버드 대학교는 CIA가 전개했던 정보활동 사례를 모델로 정보학과 개설.

III. 국가정보학의 연구범위와 연구 방법론

1. 연구범위

① 국가정보의 개념
② 국가정보의 영역
③ 새로운 정보환경을 포함한 국가정보 환경
④ 각국 정보기구에 대한 이해

⑤ 각국의 국가정보 규범체계 연구

⑥ 국가정보기구에 대한 감독과 통제의 문제

⑦ 국가정보 사례(CASE) 연구 – 정보역사 연구와 연결될 수 있음

국가정보학의 대상으로서의 정보역사의 문제
인류 생존의 역사는 정보활동 전개의 역사였다. 모든 역사발전 단계별로 그 시대 최고의 인적·물적 자산을 활용한 정보활동을 전개했다. 그러므로 고대국가, 중세, 근대의 정보활동이 오늘날의 그것과 국가정보의 본질에서는 차이가 없다. 따라서 정보역사는 사례연구로서의 가치이외에 별도로 국가정보학의 독립된 연구 영역을 구성하지는 못한다.

2. 국가정보학의 연구 방법론

① 각국 정보기구에 대한 구조와 기능분석

② 정보순환(Intelligence Cycle) 체계의 분석

③ 정보사례 분석

④ 법적·제도적 분석

ⓐ 국가정보활동에 대한 법적·제도적 연구는 필수적이고 최종적인 영역임

ⓑ 국가정보에 대한 연구 성과는 궁극적으로는 입법과 제도개혁으로 나타남.

3. 국가정보학의 역할

① 국가정보활동에 대한 합리성 확보

② 국가정보활동의 체계화에 기여

③ 법치주의의 실질화에 기여

④ 국가발전에의 기여

ⓐ 국가정보학의 연구는 국가정보의 체계적인 발전이 가능하도록 지원함.

ⓑ 국가정보활동으로 방어되는 국가안보와 국가이익의 가치는 상상을 초월함.

육군 소장출신으로 전 KGB의 고급 간부였던 올렉 칼루진(Oleg D. Kalugin)
국가정보에 수백만 달러를 투자하는 것은 전쟁으로 인한 수십억 달러의 손실을 막아 주는 것이다.

4. 국가정보학 학습자의 학습목표

① 정보마인드(Intelligence Mind) 형성

② 국가안보와 국가이익 수호 방안에 대한 끊임없는 성찰과 숙고

제2항 국가정보 개념

I. 주요 정보학자와 지휘관의 정보개념

1. 제프리 리첼슨(Jeffery T. Richelson)

정보는 외국(foreign countries)이나 국외지역(foreign areas)에 대한 가용한 첩보자료를 수집·평가·분석·종합·판단의 과정을 거쳐서 생성된 산출물이다.

2. 마이클 허만(Michael Herman)

① 옥스퍼드 대학교 교수출신으로 미국과 영국의 정보평가체계를 대조 분석함.
② 정보는 추론적(speculative)이며 평가적(evaluative)인 지식(knowledge)이다.
　　※ 전략정보를 강조하는 셔먼 켄트와 같은 의견임.
③ 정보는 정부 내에서의 조직된 지식(organized knowledge within government)이다.
④ 정보는 전 정부부처와 정보공동체를 관통하여 모든 종류의 첩보자료를 활용하여 산출해 낸 지식이다.

3. 에이브럼 슐스키(Abram N. Shulsky)

① 펜타곤 정보분석관, 상원정보특별위원회 국장, 시카고 대학 방문교수 출신.
　'소리 없는 전쟁(Silent Warfare: Understanding the world of Intelligence)'의 저자.
② 정보는 국가이익을 극대화하고, 실제적 또는 잠재적 적대세력의 위협을 취급하는 정부의 정책수립과 정책구현에 연관된 자료이다.
③ 상대세력에 대한 비밀활동과 방첩활동의 중요성을 강조함.

4. CIA 정보분석국 부국장 출신 마크 M. 로웬탈(Mark M. Lowenthal)

① 정보는 첩보라고 하는 광범위한 범주의 하위 집합으로, 정책결정권자의 요구에 부응하여 분석되어 산출된 첩보이다.
② "모든 정보는 첩보이지만, 모든 첩보가 정보인 것은 아니다!" 라고 역설함.

5. 마이클 워너(Michael Warner)

① 미국 국가정보국(Office of the Director of National Intelligence) 정보분석관 출신
② 정보는 아측에 해악을 끼칠 수 있는 다양한 적대세력의 영향을 완화시키거나 영향을 미치거나 또는 단지 그들을 이해하기 위한 노력을 지원하는 비밀스러운 그 무엇이다.

6. 셔먼 켄트(Sherman Kent)

① 예일대학교의 역사학 교수출신으로 정보학의 금자탑인 "미국 대외정책을 위한 전략정보 (Strategic Intelligence for American World Policy)"의 저자.

② 정보분석학의 대부이자 국가정보를 체계적인 학문으로 이끈 선구자.

③ 정보 개념의 3중성: "정보는 국가정책의 수립과 집행을 위한 **지식(knowledge)**이며 **활동 (activity)**이고 **조직(organization)**이다!"

　ⓐ 지식(knowledge)으로서의 정보

　ⓑ 활동(activity)으로서의 정보 = 과정으로서의 정보

　ⓒ 조직(organization)으로서의 정보

　　. "모든 문제는 그 나라의 '정보'에 달렸다"는 경우의 정보 용례.

　　. 정보는 국가의 역량을 결정짓는 정보기구 그 자체를 의미

종류	지식으로서의 정보	활동으로서의 정보	조직으로서의 정보
인간정보	휴민트(HUMINT)	인적수단을 이용한 정보활동	인간정보기구
기술정보	테킨트(TECHINT)	과학장비를 이용한 정보활동	과학기술 정보기구
공개출처정보	오신트(OSINT)	공개자료를 활용하는 정보활동	오신트 정보기구

7. 파스너 재판관(Posner)

정보는 적대세력에 대한 **의도(intentions)**와 **능력(capabilities)**에 대한 자료이다.

8. 제니퍼 심스(Jennifer Sims)

정보는 받아들이는 사람에게 필요한 형태로 처리된 데이터이다.

9. 칼 본 클라우제비치(Carlvon Clausewitz) 장군

① 프러시아의 뛰어난 전략가로 전쟁론(On War)의 저자

② 정보는 적국과 그 군대에 대한 제반 첩보이다.

II. 용어의 구분 - 정보(intelligence)와 첩보(information)의 구분

생자료	.생데이터(raw data) 또는 원시자료(原始資料)
	.가공되지 않고 처리나 집계하기 전의 자료
첩보(information)	. 어떻게 알게 되었는지를 불문하고 획득되어 알려진 사실 그 자체
	.생자료(raw material) 자체 또는 생자료의 단순한 집적
정보(intelligence)	.수요자의 의도와 목적에 맞추어 좁혀진 분석생산물
	.다양한 첩보를 바탕으로 수요자의 요청에 의해서 생산된 결과물
	.최종수요자인 정책담당자를 위하여 생산된 지적 산출물(knowledge)
정보성 첩보 (intelligence information)	. 생자료 자체가 정보(intelligence)인 자료
	.별다른 분석 없이 정보로 사용될 수 있는 수준의 첩보정보
	.생생한 영상첩보(이민트: IMINT)는 분석 없이 그 자체가 정제된 정보임.
첩보와 정보의 관계	. 마크 M. 로웬탈
	. 모든 정보는 첩보이지만 모든 첩보가 정보인 것은 아니다!

III. 정보에 대한 규범적 정의

① 미국 국가안보법(National Security Act of 1947) 제3조에 규정되어 있음[2]
② 우리의 국가정보원법은 "정보"를 개념 정의하지 않음.
③ 정보란 잠재적 적국을 포함한 적국, 적대세력 그리고 개인을 포함한 국내외 경쟁세력의 의도와 능력 및 활동상황 그리고 향후에 예상되는 활동방향 등에 대한 평가된 첩보(information)를 말한다.
④ 결국, 정보는 국가안보를 수호하고 국가이익을 극대화하기 위하여 국가정책 운용에 필수적인 지식(knowledge)이자 활동(activity)이며 조직(organization)이다.

---

2) 미국 국가안보법 제3조.
① 정보는 해외정보와 방첩정보를 포함한다.
② 해외정보는 외국정부 또는 외국조직이나 단체, 외국인 개인 또는 국제테러 활동조직들의 능력과 의도 또는 그 활동과 관련된 첩보이다.
③ 방첩정보는 아측을 보호하기 위해서 해외조직이나 외국인 또는 국제테러활동과 연관된 해외세력들의 간첩활동, 사보타지, 암살활동 기타 정보활동에 대항하여 수행되는 제반활동이나 수집된 첩보이다.
※ 그러나 미국 국가안보법이 정보를 해외정보와 방첩정보로 한정한 것은 결코 아니다. 국가안보와 관련된 국내정보도 미국 국가안보법의 정보개념에 포함된다.

⑤ 정보의 3가지 의미 가운데 일반적 용례인 지식으로서의 정보는 "상대세력의 의도(intention)와 능력(capability)에 대한 분석된 지적 산출물"이다.

제3항 국가정보의 분류

I. 사용주체에 의한 분류

1. 국가정보(National Intelligence)
① 단위 행정부분을 넘어서서 국가 전체를 위해 생산된 정보
② 원칙적으로 행정부문정보기구가 아닌 국가 중앙정보기구가 생산한다.
③ 물론 개별 행정부처에 소속된 부문정보기구도 국가정보를 생산하기도 한다. 예컨대, 미국 국방부 소속의 기술정보기구인 국가안보국(NSA), 국가정찰국(NRO), 국가지리정보국(NGA)은 미국이라는 나라 전체가 사용하는 국가정보를 생산한다.

2. 국가부문정보(National Departmental Intelligence)
① 단위 행정부처의 업무수행을 지원하기 위해 생산된 정보.
② 국방부의 국방정보, 법무부나 국토안보부의 법집행정보, 외교통상부의 대외정보 등.

II. 사용목적에 따른 분류

1. 적극정보 = 정책정보(Policy Intelligence)
① 국가정책(policy)의 수립과 집행에 기여할 목적으로 생산된 정보
② 국가정보는 본질적으로 정책에 기여할 수 있는 자료가 되어야 함이 원칙이다.

2. 소극정보 = 보안정보(Security Intelligence) 또는 방첩정보
① 우리 정보요원이 해외에 진출하는 것처럼, 우리나라가 해외인 다른 나라들도 우리나라에 정보요원을 잠입시킨다. 이 경우에 우리나라에의 침투자로부터 국가안보를 수호하는 데 필요한 정보가 보안정보임.
② 해외세력을 포함한 경쟁세력의 간첩, 암살, 미행, 회유, 포섭 그리고 파괴적 정보활동에 대항하는 제반활동 그 자체나 그와 관련된 첩보가 소극정보임.
③ 방첩(防諜)은 우리의 정보와 보안체계를 보호하는 것으로서 방첩정보는 우리 측 정보체계

의 순수성 확보에 필수적인 정보임. 따라서 보안 없이 정보 없다!

④ 한편, 방첩활동은 국내 보안정보기구의 중요한 업무로 보안정보는 종국에는 국가경찰의 법집행으로 연결되어 처벌됨.

III. 대상지역에 따른 분류

1. 국내정보(Domestic Intelligence)

① 국내에서 활동하는 세력을 대상으로 생산된 정보.[3]

② 현행 국가정보원법은 국내정보를 **국내보안정보(國內保安情報)**로 한정함.

③ 구체적으로는 **대공·대정부 전복·방첩·대테러 및 국제범죄조직**에 대한 정보.

2. 국외정보(Foreign Intelligence) = 해외정보

① 외국정부, 외국인 조직과 단체, 외국인 또는 국제테러조직들의 능력과 의도 또는 그들의 활동과 관련된 정보.

② 개념적으로 국가영토 이외의 국외지역에 대한 정보는 모두 해외정보에 속한다.

3. 국내정보와 국외정보의 비교

구분	목적	장소	대상	유형	비고
국내 정보	국내안전	국내 영토 (육·해·공)	국내 세력	테러, 간첩, 정부전복세력, 극단주의, 조직범죄, 마약 밀매조직	국외와 국내는 정보 대상을 지칭하는 것임.
국외 정보	국가안보 위협에의 대처와 경고	국내·국외	해외 세력	정치. 경제. 사회. 문화. 환경. 보건 등 제반 영역.	정보활동이 이루어지는 물리적 공간을 기준으로 하는 개념이 아님.

※ CIA와 FBI의 차이에 대한 FBI의 설명

(해외정보기구인) CIA는 외국과 외국시민에 대한 정보만 수집한다. FBI와 달리 CIA는 미국 시민(미국 시민권자, 영주권자, 합법적인 이민자, 미국기업을 포함한다)에 대해서는 그들이 세계 어디에 있든지 간에 그들에 대한 정보수집은 금지되어 있다.

- (FBI Q&A, http://www.fbi.gov/about-us/faqs).

---

3) 우리의 경우에는 국내에서의 외국인에 대한 정보수집도 국내정보 활동으로 간주하는 것으로 보임.

IV. 시계열(time series)적 분석에 따른 분류

1. 기본정보(Basic descriptive Intelligence)

① 정보대상에 대한 틀을 형성하는 구조적이며 기초적인 내용에 대한 정보. 기본적이고 서술적인 요소(basic descriptive element)를 속성으로 함.

② 백과사전과 같은 상세함을 속성으로 하는 망라형 정보로 과거형임. 국토면적, 해안선의 길이, 가입한 국제기구, 인구수, 인종, 정치제도, 국가기간 시설망, 전력구조, 무기체계, 경제력, 안보환경 같은 정태적인 자료임(대표적으로 CIA의 World Factbook).

③ 기본정보의 구성 원리: 【최고의 지도(BEST MAPS)】를 작성하라!

> **B:** biographic intelligence(개인신상정보).
> **E:** economic intelligence(경제정보).
> **S:** sociological intelligence(사회문제정보).
> **T:** transportation & telecommunications intelligence(운송·통신정보).
> **M:** military geographical intelligence(군사지리정보).
> **A:** armed forces intelligence(군사력정보).
> **P: political intelligence(정치정보).**
> **S:** scientific and technical intelligence(과학·기술정보).

④ 그런데 최고의 지도(BEST MAPS)에 **정치정보**가 포함되어 있다. 이 의미는 정보의 정치화 또는 정치화된 정보가 문제인 것이지, 정치정보가 빠진 국가정보는 제대로 된 정보가 아니라는 것이다. 왜냐하면 국가정체성을 변경하는 등 국가안보를 위태롭게 하는 대표적인 그룹이 정치인들이기 때문이다(독일 헌법수호청 사례).

2. 현용정보(Current Reportorial Intelligence)

① 해외세력과 세계 각 지역에 대한 매일 매일의 현상에 대한 현재정보.

② 현재성과 보고성이 기본 요소(current reportorial element)임.

③ 속성적으로 단기·구체성을 지향하는 전술정보와 연결됨.

④ 대통령 일일 브리핑(PDB), 국가일일정보(NID), 군사정보 다이제스트(MID), 국방 테러 정보요약(DITSUM), 신호정보 다이제스트(SIGINT Digest) 등이 대표적임.

3. 판단정보(Evaluative Intelligence)

① 평가정보 또는 예측정보(Speculative-estimative intelligence) 라고도 함.

② 사회과학적인 예측으로 미래는 어떻게 될 것인가(what future conditions will be)?에 대한 현재의 판단을 제시함.

③ 미국 국가정보국장(DNI) 산하의 국가정보위원회(NIC)가 매 5년마다 15년 후의 지구 미래에 대해 생산하는 "National Intelligence Estimates(NIEs)"가 대표적이다.

V. 요소에 따른 분류

1. 정치정보(Political intelligence)

① 국가안보와 직결된 국내외의 정치적 상황과 정치 환경 등 정치문제에 대한 정보.

② 정치정보는 정치화된 정보(Politicized Intelligence)와는 다르다.

> ▼ 정치정보(Political Intelligence) - 정치정보 수집과 분석활동의결과물
> ▼ 정치화된 정보(Politicized Intelligence) - 정보정치 또는 정보통치의 수단

2. 군사정보(Military intelligence)

적대세력이나 아국과 연관이 있는 우방국에 대한 총체적 군사력에 관한 지식.

3. 과학·기술정보(Scientific and technical intelligence)

4. 경제정보(Economic intelligence)

5. 사회문제정보(Sociological intelligence)

사회 만족도, 사회의 가치 체계, 사회 구성원들의 조직적 역동성 등에 대한 정보.

6. 환경·보건정보(Environmental Health intelligence)

① 환경정보와 보건정보의 결합.

② 환경정보는 국토의 침식, 지진·태풍의 영향과 피해 등 환경현황과 향후 환경문제 그리고 생태계의 문제에 대한 제반정보.

③ 보건정보는 신종 전염병의 출현이나 발병, 난치병의 발병률 추이 같은 국가의 건전한 인구구조와 건전성을 해할 수 있는 문제에 대한 정보.

④ 토인비 등 사학자는 국가나 제국의 흥망성쇠는 외부의 군사적 위협이나 경제실패보다는 기후변화, 전염병, 기근 같은 환경·생태적 조건에 의해 크게 좌우되었다고 분석.

7. 기타 국가정보

① 문화현상과 문화수준 및 의식에 대한 문화정보(cultural intelligence)
② 사이버 영역에서의 국가안보를 저해할 수 있는 사이버정보(cyber information)

VI. 수집활동에 따른 분류

1. 인간정보(Human Intelligence)

① 휴민트(Espionage) 즉, 간첩활동 정보.
② 정보요원 등 인간을 주된 바탕으로 수집된 정보 또는 정보활동 그 자체.

2. 과학기술정보(Technical Intelligence: TECHINT, 테킨트)

① 과학기술과 과학기술 장비를 동원하여 수집한 정보나 기술적인 정보수집활동.
② 3대 테킨트: 신호정보(SIGINT), 영상정보(IMINT), 흔적·계측정보(MASINT)

3. 공개출처정보(Open Source Intelligence: OSINT, 오신트)

공개되어 누구나 활용할 수 있는 자료에서 생산된 정보.

VII. 사용수준에 의한 분류[4]

1. 장기(Long-Range) 정보

국가 전체적인 수준에서 필요한 정보.

2. 중기(Medium-Range) 정보

개별 행정부처 수준에서 필요한 정보.

3. 단기(Short-Range) 정보

현안문제 해결을 위해 담당 공무원 수준에서 필요한 정보.

---

4) 셔먼 켄트의 견해임.

제4항 국방정보(national defense intelligence)

I. 국방(國防)과 국방정보의 개념

1. 국방(國防)

국방은 내·외의 제반 위협으로부터 주권국가의 안전을 보장하기 위한 수단과 체제이다. 국가를 위협하는 외부의 위협에는 전쟁, 해외세력 테러, 자연재해 등이 있고, 내부의 위협에는 반란, 폭동, 자생테러 등이 있다.

2. 국방정보

국방정보는 단적으로 국방을 위한 정보로, 전투, 전쟁터, 전쟁 준비와 전쟁실행과 관련된 적대세력의 의도와 전략을 포함한 군사능력에 대한 정보이다.

II. 국가정보와 국방정보

① 국방정보는 국가정보의 하위분류에 속하는 (행정)부문정보이다.
② 하지만, 군사안보가 국가안보 자체인 시대에는 국방정보는 바로 국가정보를 의미함.
③ 따라서 냉전시대의 국가정보는 국가의 총체적 역량을 의미하는 '국방정보'였다.

III. 국방정보의 요소

1. 국방 전략정보(戰略情報)

목전의 개별적인 전투에서가 아니라 궁극적인 전쟁 그 자체에서 승리를 달성하기 위해 필요하고 준비해야하는 예측정보를 말한다. 국방전략정보 역시 최고의 지도(BEST MAPS)로 작성함이 효율적이다.

2. 국방 전술정보(戰術情報)

목전의 개별적인 전투에서 승리함에 즉시적으로 필요한 국방정보로, 전투정보(戰鬪情報) 또는, 작전정보라고도 한다. 국방 전술정보에는 전투서열정보와 군사능력분석정보가 있다.
① 전투서열정보
군부대의 구성(composition), 배치(disposition), 병력(strength)에 대한 정보.
② 군사능력분석정보

전략분석정보,[5] 작전능력분석정보[6] 전술능력분석정보.[7]

씨-포-아이(C4I)
Command(지휘), Control(통제), Communication(통신), Computer(전산), Intelligence(정보)

제5항 전술정보와 전략정보의 개념

I. 전술정보(Tactical intelligence) = 작전정보(Operational Intelligence)

① 목전에 있거나 머지않은 장래에 도래가 예상되는 구체적인 전술활동 전개를 계획하고 수행하기 위한 정보. 단기적인 현재의 전투수행을 위한 정보임.

② 현재의 긴박한 상황에 대한 것으로서 사용에 대한 시간의 민감성이라는 특성이 있음.

③ 적진의 배치상황, 병력 수, 화력, 예상 공격루트, 패퇴시의 도주루트 등 현재의 전투상황에서 아국의 작전을 구체적으로 수립하는 데 필요한 병력 운용정보임.

II. 전략정보(Strategic intelligence) - 스트레인트(STRATINT)

① 전략정보는 국가수준이나 국제수준에서 필요한 정보로, 비교적 장기적인 국가정책이나 군사계획을 작성함에 있어서 필요한 정보이다.

② 구체적인 현안이 없는 경우에도 국가운영을 위하여 지속적으로 생산하는 장기적이고 포괄적 관점에서의 정보이다.

③ 전략정보 개념에 대한 대표적인 오해는 전략정보를 무조건 장기정보로 생각한다는 것이다. 그러나 전략정보가 반드시 장기전망에 대한 것은 아니다. 전략정보는 적대세력에 대해 그 효과가 오래 지속될 수 있는 전략(strategy)을 담고 있을 것이 요체이다.

⑤ 한편 마이클 허만과 셔먼 켄트의 경험적 설명처럼 전략정보의 대부분은 공개출처 정보에서 획득할 수 있다.

---

5) 상대세력의 총체적 전략, 군통수권자의 목표와 실행의지를 분석한 정보.
6) 상대세력 부대 사이의 유기적인 협조 등 상대세력의 실제 군사전력을 분석한 정보.
7) 구체적인 전장(battlefield)에서의 상대세력의 작전전개를 포함한 전투능력 정보로 전장지역 정보와 상대세력의 "지휘·통제·통신·전산·정보체계" 즉, 씨포아이(C4I)에 대한 정보를 포함한다.

≪전술정보와 전략정보의 구분≫

구분	현안과 목적	정보출처	정보 가치	기구성격	상징용어
전술정보	.현재 상황 .목전의 전투 .개별전투에서의 승리	비밀 첩보	일일신문(daily newspaper)	현안 해결 태스크포스	.특정한 부분 .목전의 이슈 .속도 .현재의 이벤트 .현안문제 .단편적 스냅샷
전략정보	.중장기 미래 .전쟁에서의 궁극적 승리	.공개출처자료 .전문서적 .무역잡지 .통계수치 .각종연감 .사기업체 자료	. 학술연구서 . 장기청사진(blueprint)	국책연구소 싱 크 탱 크 (Think Tank)	.장기보고서 . 질(質), . 분석적 생산물 . 추론적 생산물 . 셔먼 켄트 . 조사분석실(R&A)

제6항 정보생산자와 정보수요자

I. 정보생산자와 정보수요자의 개념과 의의

1. 정보생산자와 정보수요자 개념의 필요성

① 국가정보는 생산이 목적이 아니다. 국가정보는 실제 필요한 상황에서 다른 정책요소와 경합하여 적절히 반영되고 사용될 때에 진정한 가치를 지니고 빛을 발하게 된다.

② 그러므로 생산한 정보를 비밀창고에 보관하고 보안조치하고 있는 것만으로는, 국가정보는 아무런 실제적인 효용을 가질 수 없다.

2. 국가정보 생산자(Intelligence producer)

① 국가정보의 생산을 담당하는 사람이나 조직을 말한다.

② 국가정보의 생산자는 원칙적으로 국가정보기구이다.

3. 국가정보 소비자(Intelligence consumer)

대통령 등 최고통수권자, 의회, 각 행정부처, 국가안보회의(National Security Council), 정보공동체, 무기 디자이너, 비밀병기 생산자 같은 **사경제 주체**도 훌륭한 정보소비자이다.

II. 정보수요 부재시의 정보활동

1. 쟁점

정책담당자들이 정보수요를 제기하지 않는 경우의 정보활동의 문제이다.

2. 정보와 정책의 레드 라인(Red Line) - 반투성(半透性) 차단(遮斷)의 원칙.

① 정책은 정보 영역에 수시로 침투 가능하지만 정보는 정책영역에 침투해서는 안 된다.

② 하지만 정보기구는 정보의 자동생산기구(automatic machine)는 아니다.

3. 정보요청이 없을 경우의 현실적 해결방안

정책부서에서 정보요청이 없는 경우의 불가피한 선택 방안에는 다음의 2가지가 있다.

(1안): 정보가 정책의 영역을 침범하여 정보수요를 자의적으로 전제하고 정보활동을 하는 것이다. 그러나 정보가 정책의 영역을 무단히 침입했다는 비판이 따를 수 있다.

(2안): 요청 없는 활동은 하지 않고 정보기구의 일상 업무만을 수행하는 것이다. 그러나 정보기구가 국가운영의 한 축으로서의 임무를 포기했다는 비판이 따를 수 있다.

(비고): 미국의 경우에는 국가안보위원회(NSC)가 정책공동체와 정보공동체를 가교하여 정보수요의 괴리를 메운다.

III. 정보요구가 경합할 때의 해결 방법

① 통상적으로는 정보공동체가 누구와 가장 긴밀한 연관관계를 갖는가에 따라서 정보우선권이 결정된다. 결국 최고통수권자의 요구가 최우선순위가 된다.

② 미국에서는 정보수요의 우선순위는 국가안보위원회(NSC)가 결정한다. 하지만 정보공동체에서의 정보우선순위의 최종 재정권자(裁定權者)는 국가정보국장(DNI)이다.

③ 일반론적 기준은 "발생가능성"과 "중요성"이다. 발생가능성과 중요성이 가장 높은 정책사안이 최우선적인 정보대상이 된다.

④ 발생가능성과 중요성이 반비례하는 경우에는 **'중요성 우선의 원칙'**에 입각한다.

정보요구 경합의 해결 기준으로의 발생가능성과 중요성

냉전시대 때 서방세계에 대한 소련의 핵무기 공격문제는 대단히 중요한 문제였지만 정보기구의 판단으로는 발생가능성이 높지 않았다. 반면에 비슷한 시기에 이탈리아 정부의 전복 가능성은 상당히 높았지만 미국 안보에의 중요성은 그다지 높지 않았다. 결론적으로 발발 가능성은 낮지만 중요성이 앞서는 소련의 핵무기 운용에 대한 정보업무가 CIA 등 미국 정보기구에게는 우선적으로 취급되었다.

제2장 국가정보활동

제1항 국가정보활동 개관

I. 국가정보활동의 4대 분야

1. 정보수집(Intelligence Collection)

① 국가정보기구에 의해 지속적이고 체계적인 첩보 수집을 통해 이루어진다.

② 지속성과 체계성은 정보수집과 개별 행정부처의 자료 수집을 구별하는 요소이다.

2. 정보분석(Intelligence Analysis)

3. 비밀공작(Covert action)

4. 방첩활동(Counterespionage)

II. 국가정보의 필요성

① 국가안보 정책자들은 양질의 정보를 제공받음으로써 업무를 성공적으로 수행한다.

② 다음의 사례는 정책담당자들의 실로 무한한 정보수요의 필요성을 보여준다.

■ (사례 1)

"나는 외교정책에 대한 결정을 위하여 매일 유고 전역에서 군사적·정치적 전개 과정을 알 필요가 있고, 북한체제의 안정성에 대해서 알고 싶으며, 프랑스에서 최근 발생한 테러 폭발사고의 내막을 알아야 한다. 아이티 공화국과 러시아의 최근 투표결과 그리고 수단의 기아문제와 이란과 이라크가 유엔의 제재를 피해나가려는 시도에 대해서도 알 필요가 있다."

■ (사례2)

"오늘날 에너지와 관련된 경제 문제는 전쟁 이외의 다른 어떤 군사적 변화보다 더 심대하게 미국의 국가안보에 해악을 끼칠 수 있다. 그러므로 미국은 국제 에너지 문제에 대한 정확하고도 많은 정보가 필요하다."

III. 국가정보기구의 기능

1. 전략적 충격의 방지
2. 장기 전문지식의 전달
3. 정책 과정의 지원 - 『정보의 정책 종속성』
4. 국가정보 그 자체, 정보수집 방법과 정보 쏘스(source, 원천)에 대한 비밀성 유지

≪전술적 충격(tactical surprise)과 전략적 충격(strategic surprise)≫

구분	기준	내용	국가정보기구의 목표
전술적 충격	사전에 충격 인지	예방하지 못한 것	전략적 충격보다 후순위
전략적 충격	사전에 충격 불인지	전혀 예상하지 못했던 것으로 예방과 대처가 원초적 불가능	가장 중요

사례(콜롬비아 대학의 Richard Betts 교수)

스미스와 존은 업무 파트너로 고객에 대한 점심접대를 함께 했다. 식사대금은 존이 대고 스미스는 사업내용을 설명했다. 그런데 존은 회사금고의 돈을 유용하여 대접 비용을 충당해 왔다. 어느 금요일, 보통 때보다 점심을 일찍 끝내고 돌아온 스미스는 때마침 존이 회사 금고에서 돈을 훔치는 것을 목격했다. 양자는 동시에 "아! 깜짝이야"라고 비명을 질렀다.

1. 존의 충격은 전술적(tactical) 충격
왜냐하면 존은 자신의 행동이 범죄라는 것은 이미 알고 있었기 때문이다. 다만 목격되리라고는 생각하지 못한 것뿐으로, 목격되었다는 것 때문에 놀란 것이다(사전에 충격인지).
2. 스미스의 충격은 전략적(strategic) 충격
스미스는 고객 접대에 범죄가 개입되었으리라고는 꿈에도 생각하지 못했다(사전에 충격 불인지).

제2항 국가정보의 대상(target)

I. 국가정보기구의 대상은 무엇인가?

① 충격과 위협을 가할 외부세력에 대한 정보가 전통적인 대상임.
② 하지만 경쟁관계가 성립되었을 때에는 중립국, 우방국, 동맹국도 정보대상임.
③ 현대사회에 이르러서는 국제테러, 마약, 국제조직범죄·불법이민 및 인신매매조직, 투기성 국제자본, 비정부기구(NGO), 글로벌 기업 등 비국가행위자(non-state actors)들에 대한 정보의 중요성이 크게 증가했음.
④ 한편, 위협주체, 즉 행위자가 파악된 경우에도 위협세력의 **의도와 능력** 파악이 중요하다. 오늘날 필요한 상대세력의 능력은 정치·경제·군사·문화·사회, 심지어 종교적인 측면까지 고려한 총체적인 역량에 대한 것이다.

동맹국의 의도파악 실패사례
독일 정보역사상 가장 커다란 정보실패의 하나로, 1941년 히틀러(Adolf Hitler)가 동맹국이던 일본의 진주만 공격을 사전에 파악하지 못한 것이었다. 당시 히틀러는 미국의 전쟁개입을 극도로 우려했는데 연맹국의 일원이었던 일본은 오로지 원유 수급권 확보라는 자국의 독자적인 국가이익을 위해서 1941년 진주만 공격을 감행했다. 결국 미국의 2차 세계대전에 개입했고 독일의 패망이 초래되었다.

II. 국가정보와 법집행(law enforcement) 업무의 융합 추세

① 전체주의 국가나 공산국가의 경우에는 정보와 법집행을 의도적으로 결합한다. 그 결과 국가정보기구가 비밀경찰과 통치수단으로 사용된다. 그러나 대부분의 민주적 정보기구는 법집행과 국가정보 영역을 의도적으로 분리한다.
② 하지만, 오늘날 국가안보의 다원적 구조로 인한 관리요소의 확장이나 세계화의 진전과 국가 사이의 경계의 불투명성, 다양한 비국가행위자의 등장 등은 정보와 법집행을 확연히 구분하는 것에서, 결합하는 방향으로 선회하는 추세이다.
③ 이 경우에 국가정보기구의 수사권을 확대하거나 신설하는 것이 아니라, 기존 방첩 수사기구와 국가정보 전담기구의 **정보공유의 강화**가 추세이다.

III. 국가정보 대상(Intelligence Targets)의 실제

1. 초국가적 표적(Transnational targets)

① 지구상의 특정지역, 특정 국가를 넘나들고 뛰어넘는 문제이다.
② 위협이 궁극적으로 세계평화와 안전 및 인류 인권을 위태롭게 하는 내용이다.

2. 지역표적(Regional targets)

① 한 나라를 넘어서지만, 어느 정도 특정되어 있는 지역에 대한 정보대상.
③ 발칸반도에서의 전쟁, 중동지역의 불안 증폭, 한반도에서의 긴장관계처럼 특정지역의 내용이 다른 나라의 국가안보에 위협으로 작용될 수 있는 내용이다.
④ 군사적 긴장 이외에 경제적 문제도 지역표적이 된다.

1997년 한국의 IMF 금융위기를 비롯한 아시아 금융위기
경제문제가 국내의 정치상황이나 무역에 미치는 영향 등에 대해, 미국 정보기관들은 지역표적의 문제로 다각도의 관심을 가졌다. 왜냐하면 아시아의 금융위기가 미국 경제를 비롯하여 전 세계 경제에 직·간접적인 영향을 미치고, 그 파장은 미국의 국가안보와도 연결되었던 것처럼 세계경제는 상호 연결되어있기 때문이다.

3. 국가표적(National targets)

① 특정 국가를 상대로 한 국가정보활동으로 전통적인 정보대상이다.

② 그러므로 국가표적은 현재에도 가장 중요한 정보의 대상이고 목표이다.

③ 냉전시대와의 차이는 현대사회에서는 우방국가든 적성국가든 특정국가의 정책변화는 다른 나라에 영향을 미치기 때문에 국가표적의 숫자는 오히려 증대되었다는 점이다.

④ 냉전 이후에도 사회주의 이념의 러시아와 중국은 미국에게 중요한 국가표적이다.

제3항 국가정보의 효용(Utility of intelligence)

I. 국가정보 효용의 의의

① 정보효용은 정보기구가 제공한 국가정보가 정책결정권자들의 정책수립과 집행에 얼마만큼 도움을 주었는가라는 정보의 실용적인 가치를 말한다.

② 정보는 그 자체가 목적이 아니다. 정보는 사용되고 활용됨으로써 빛을 발하고 사용을 통해서 정보기구의 참된 역할이 인식되고 정보기구의 저력이 평가된다.

③ 그러므로 국가정보 효용판단의 제1의 기준은 정보가 국가정책에 어떤 방법으로 도움을 주었고, 어떤 내용으로 얼마만큼 기여하였는가? 의 문제이다.

II. 정책단계별 정보효용

1. 정책수립 단계에서의 효용

① 정책수립 단계에서의 정보효용은 가장 중요한 정보의 효용이다.

② 제프리 리첼슨의 말처럼 "정보는 정책입안자를 위해 수집된 지식으로, 정책담당자에게 선택 범위를 알려주고 적절히 판단할 수 있게 실질적인 도움을 주어야 한다."

③ 정보의 정책수립 단계에서의 효용은 신무기 개발에서 확연히 드러난다.

미국 최신형 SSN-688 잠수함 군단 탄생의 비화

1968년 소련 잠수함을 모니터링하던 미국 해군은 통상의 핵잠수함보다 훨씬 빠른 속도로 진행하고 있음을 확인했다. 다른 정보와 종합하여 소련이 고속의 신형 잠수함을 진수했다는 결론에 도달했다. 당시 미국 국방부도 핵잠수함 건조계획이 있었다. 하지만 소련의 신형 핵잠수함의 속도에는 미치지 못했다. 결국 펜타곤은 잠수정의 속도체계를 전면적으로 수정하는 차세대 미국 잠수함 건조 계획을 새로 수립했다.

※ 로스앤젤레스 SSN군단

소련의 잠수함에 대응하는 대(對)잠함(Antisubmarine: ASM)으로 가장 진보된 잠수함 체제이다. 대(對)잠함 기능은 기본이고 목표지점에 신속히 접근하고, 장기간 대기하며, 병력배치와 특별 임무수행 지원 및 직접 공격능력. 약 100명 이상의 선원에 대해 90일간 식량을 공급할 수 있는 능력이 있다.

---

2. 정책집행에서의 효용

3. 분쟁대처에 대한 정보의 효용

전쟁 상황에서는 적국의 전투력, 병력이동 상황, 작전계획 등 전술정보는 매우 중요하다.

4. 적대세력 위협의 경고 효용

경쟁세력의 군사작전, 테러와 적대적인 행동을 포함한 각종 위협에 대한 경고기능

---

1. 1980년 CIA는 소련의 폴란드 침공계획 정보를 입수했다. 이에 지미 카터 대통령은 소련 브레즈네프 공산당 서기장에게 강력히 경고하여 폴란드 침공을 예방했다.
2. 1991년 미국 정보당국은 이라크가 반군에게 독가스를 사용할 것이라는 정보를 입수하고, 그것이 국제법적으로 용인되지 않을 것임을 강력히 경고하여 독가스 사용을 미연에 방지했다.

---

5. 국제조약의 이행감시에 대한 정보효용

① 국제조약은 불이행의 경우에도 강제 집행력이 결여되어 종이호랑이가 되기 쉽다.

② 현실적으로 국제조약은 국제기구나 국제 NGO에 의한 모니터링 이외에 마땅한 통제와 감시 수단이 없다.

③ 이러한 상황에서 능력 있는 정보기구는 각국의 조약이행을 감시하고 평가하는 임무를 수행하고, 그를 통해 국제조약이 차질 없이 이행될 수 있도록 해줄 수 있다.

④ 대표적으로 미국은 조약위반을 적발하여 수출통제 같은 경제제재를 할 뿐 아니라, 조약이 정한 이의신청을 하거나, UN 총회에 안건으로 상정하여, 국제조약 위배국가에 대한 국제사회의 제재를 촉구하는 등의 방안을 강구해왔다.

⑤ 이처럼 국가정보는 국제조약의 준수를 도모하고, 국제협약의 규범성을 고양한다.

6. 기타 효용

① 정보의 효용성에 대한 아이젠하워 행정부의 기술능력위원회 보고서 설명

> "만약 정보가 전쟁위협을 밝히면 우리는 충분히 대책을 강구할 것이다. 만약 정보가 상대국의 약점을 지적하면 우리는 그 약점을 적절히 이용할 것이다. 양질의 정보를 바탕으로 우리는 전쟁에 잘못 허비할 우리의 자원을 절약할 수 있을 것이다. 이런 모든 것을 넘어서, 정보는 상대국의 능력 파악의 초석이 되어 우리의 정치적 전략을 잘 안내할 것이다."

7. 정보효용 극대화를 위한 국가정보의 질적 요건

① 적합성(Relevance), 적시성(Timeliness), 정확성(Accuracy), 객관성(Objectivity)은 정보효용의 극대화를 위한 국가정보의 질적 요건이다.
② 당면과제에 적합한 정보가 객관적이고 정확한 내용을 담아서, 적시에 제공될 때에 정보효용은 극대화된다.

III. 국가안보와 국가정보의 법철학적 이념

① 국가안보의 철학적 이념은 국가탄생의 목적을 지켜주는 것이다. 국가탄생의 통설은 사회계약론이다. 사회계약론에 따르면 자연상태에서 사람들은 **생명·자유·재산**을 보존하기 위한 목적으로 상호계약을 체결하여 국가에게 **천부인권**을 위탁했고, 국가는 천부인권을 수호하기 위한 목적으로 공권력 행사를 위임받았다.
② 그러므로 국가안보의 법철학적 이념은 국민들의 생명권·자유권·재산권을 지켜주는 것이고 그를 위해서 국가안보를 수호하고 치안질서를 확보하는 것이다.
③ 국가안보의 이러한 정치 철학적 이념은 CIA 죤 브렌난(John O. Brennan) 국장이 제237회 독립기념일에서 행한 축하 연설에서 잘 나타난다.

> "지난 66년 동안(CIA는 1947년도에 창설됨) 우리 CIA 남·녀 요원들이 **미국 시민들의 자유와 안전을 수호**하기 위해 행한 그 엄청난 헌신을 기린다(the tremendous contributions made by the women and men of the CIA to the freedom, liberty, and security of our fellow Americans over the last 66 years)."

④ 논리의 당연한 귀결로 자발적인 사회계약을 체결하여, 자연상태에서 국가 상태로 들

어온 일반시민들은 이제 자연상태에서와 같은 방종적인 인권을 주장할 수는 없다.

IV. 국가정보의 한계 – "정보는 결코 진실에 대한 것이 아니다!"

1. 경구의 의의
정보는 진실을 추구하지만, 정보는 살아 있는 생명체와 같아서 진실은 시시각각 변화한다. 경구는 정보 대상의 속성을 암시함과 동시에 정보활동의 어려움을 웅변한다.

2. 전쟁 영웅 클라우제비츠(Carl von Clausewitz)의 정보한계에 대한 견해

> 정보는 신뢰할 수 없고 일시적인 것이다. 따라서 그러한 정보에 기초한 전쟁계획과 수행은 허약한 기반 위에 기초한 것으로 대부분 패망의 길로 인도한다. 많은 정보는 논리적으로 모순되고, 때로는 거짓이며, 대부분의 경우 불확실했다. 그러므로 전쟁수행 책임자들은 상식과 건전한 판단능력을 갖추어야 한다.

3. 국가정보 한계의 이유
① 국가정보기구가 최선을 다한다고 해도 정보가 진실이라고 단정할 수 없음은 상대방도 방첩공작, 역(逆)공작, 기만공작 등을 전개하는 현실에서 불가피하다.
② 여기에 국가정보기구의 겸손한 업무자세의 출발점이 있고, 중단 없는 정보활동이 요구되는 이유가 있으며, 특정정보만을 이유로 정책을 강요해서는 안 되는 근거가 있다.

제4항 정보와 정치

I. 정치정보(Political Intelligence)와 정치정보 활동

1. 정치정보(政治情報)의 의의
정치정보는 국가안보와 직결된 제반 정치관련 문제에 대한 정보이다. 결코 정치인 미행 정보가 아니다. 국내정치정보와 해외정치정보를 포함한다. 정치적 관점에서 동떨어진 정보는 평면적으로 단순 합산한 나열물일 뿐이다(CIA).

2. 정보기구 정보활동에는 정치영역을 포함하여 제한이 없다.
정보기구가 파악해야 하는 상대세력의 의도와 능력은 정치는 물론이고 경제 · 군사 · 문화 · 사회 심지어는 종교적인 측면까지 고려한 총체적인 역량이어야 한다.

II. 합법적 정치정보 활동을 통한 정치안보의 확보

1. 현대적 안보 = 총체적 안보 = 포괄안보 = 다원안보

① 정치가 불안한 나라의 국가안보가 온전할 리가 없다. 정치안보는 국가안보 수호의 출발점이다. 사실 정치인은 상대세력의 관점에서는 가장 매력적인 대상이 된다.
② 따라서 정치인은 자신들의 의도나 의사와 무관하게 국가안보적 관점에서는 가장 취약한 국가 안보계층이다(상대세력의 매수 대상).

2. 정치안보의 이념

정치안보의 이념은 정부가 자유민주주의의 원리에 따라서, 국민의 정치참여를 보장하고 기본권 보장을 철저히 하게 되면 자연스럽게 정치적 안정을 이루어, 천부인권을 가장 잘 보호할 수 있고 국가안보가 수호된다는 역사적 경험에 바탕을 둔 것이다.

III. 정치화된 정보(Politicized Intelligence)와 정보정치(情報政治)

1. 정보기구의 정치개입 금지의 본질적 이념

① 정보기구는 많은 정보를 가지고 따라서 탈법적 정치공작의 위험성은 상존한다.
② 따라서 정치공작 차단이 정보의 정치화의 본질이다.[8]

2. 제기되는 쟁점 - 정치개입의 정의론

① 하지만 정치개입 금지론 때문에 국가안보 수호의 노력을 중단할 수는 없다.
② FBI는 오히려 국회, 정당, 언론, 종교계 출입에 대한 내부지침을 마련했다.

3. 국가정보의 정치화의 유형

① 정보기구 내적 문제로 인한 정치화의 위험성
이것은 정보기구에 의한 의도적 지원이나 방해 목적의 자발적 정치화이다.
② 정보기구 외적요인으로 인한 정치화의 위험성
정보기구에 대한 정치권의 회유와 유혹 그리고 순수하지 않은 휘슬블로(whistler-blower) 또는 딥 쓰롯(Deep Throat)에 의한 정보의 정치오염화이다.

---

8) FBI가 대선에서 빌 클린턴 선거진영에 유입되는 중국 공산당계의 정치자금을 경고한 사례는 국가정보기구에 의한 정당한 정치개입 사례로 평가된다. 상세는 한희원 국가정보원론 참조.

IV. 정보의 정치화의 유형과 대응

1. 정보 정치화의 유형

제1유형: 정보기구의 자발적 협조형

① 정보기구가 정책담당자에게 부응하기 위해 의도적으로 정보를 조작하는 유형이다.
② 자발적 정치화의 중요한 동기는 경력관리, 자리보존 및, 기구팽창, 신임확보 등이다.
③ 정보기구 상호간 또는, 다른 국가기구와의 충성경쟁으로 인한 정보의 정치화이다.

제2유형: 정책담당자 주도형

제3유형: 선거승리를 위해 국가정보를 정치에 직접 활용하는 경우

① 독재국가에서는 정보기구를 통치수단으로 직접 사용한다.
② 냉전시대 CIA도 소련과의 군비 불균형을 부풀린 거짓정보로 선거승리에 기여했다..

2. 정보의 정치화의 결론

① 국가정보의 정치화는 경계해야 하지만 정보가 국가정책에 초연해서는 안 된다.
② 리처드 하스(Richard Hass)
"정보공동체는 소설을 만들어서는 안 된다. 결과를 도출해야 한다. 결과를 도출하기 위해서는 정책(정치)과 더 가까워져야 한다."
③ 정보의 정치화 위험보다는 정보가 정책 과정에 초연한 자세를 견지하며 상호 협조가 잘되지 않는 데서 많은 문제가 발생한다.
④ 잭 데이비스(Jack Davis)
"정보가 어느 정도의 정치화의 위험성을 감내하지 않는다면, 정보기구는 자신의 임무를 제대로 수행하고 있는 것이 아니다."[9]

---

9) If an intelligence analyst is not in some danger of being politicized, he is probably not doing his job.

제3장 국가정보와 법

제1항 미국 국가정보활동의 전개 및 정보법치

I. 초창기의 국가정보 운용체계에 대한 인식

① 미국은 건국 초창기부터 먼로주의(대외적 고립주의)의 영향과 안정성이 확보된 지정학적 위치에 기인하여 상설적인 국가정보기구의 필요성을 절감하지 못했다.

② 그 결과 비(非)상설적인 특별대리인에 의해 국가정보 업무를 수행했고, 특별대리인 운용 방식이 20세기에도 통용될 것이라고 생각했다. 이에 평시의 국가중앙정보기구의 부재는 1941년 12월 7일 일본의 진주만 공습을 겪을 때까지 계속되었다.

③ 그런데 비상설적인 특별대리인에 의한 국가정보 업무의 수행은 의회의 간섭과 통제를 우회하는 결과가 되었다. 그러한 정보기구 운용의 저변에는 국가정보기구 운용이 대통령, 즉 행정부처의 고유한 권한이라는 인식이 깔려있었다.

④ 이와 같은 비상설적인 특별대리인에 의한 국가정보 업무수행의 경험은 반대효과로 국가정보 업무의 철저한 법치화에 영향을 미쳤다.

II. 미국 정보공동체(Intelligence Community : IC)

1. 정보공동체(IC)의 의의

① 국가정보국장(DNI)을 수장으로 하는 미국 16개 국가정보기구의 협력적 연합체이다.

② 정보공동체 개념은 1947년 국가안보법에 의해 창설된 중앙정보국장(DCI) 직위와 함께 출범했고, 레이건(Ronald Reagan) 대통령 명령 제12,333호로 구체화되었다.

③ 이처럼 정보공동체는 의회의 입법이 아닌 대통령 명령으로 창설되었지만, 그것은 이미 법적인 근거를 가지고 출범한 개별적 정보기구들의 협력적 연합체이기 때문에, 별도의 의회입법이 불필요하다고 보았다.

④ 한편, 정보공동체의 숫자는 한정된 것이 아니다. 예컨대 2006년에 법무부 마약단속국(Drug Enforcement Administration : DEA)이 마지막 16번째로 가입했다.

2. 국가정보국장(DNI) 체제의 탄생 배경 - 2차례의 결정적인 정보충격

① 2001년 9월 11일 역사상 최초로 미국 본토에 대한 테러 공격이 성공했다. 그것은 정보와

수사기관 사이의 **정보공유 실패**로 인한 최고의 정보실패로 평가되었다.

② 진상조사위원회는 중앙정보국장(DCI)의 충분하지 않은 법적 권한으로, DCI의 지시와 명령은 자신이 책임자로 있는 CIA에만 영향을 미쳤고, 다른 정보기관들을 통솔하지 못하고 지시만을 내리는 식으로 업무가 잘못 실행되어 왔음을 확인했다.

③ 한편, 2003년 이라크와의 전쟁에서의 정보분석 실패는 결정타가 되었다. 그를 조사한 실버만 진상조사위원회(Robb-Silverman Commission)는 미국 정보공동체의 이라크 내 대량살상무기에 대한 철저한 정보분석 오류를 지적했다.

④ 결과적으로 미국 정보공동체 전체가 기만당한 것으로 평가되는, 이라크 정보분석 실패는 2001년 9/11테러보다 더 심각한 충격이었다. 결국 미국 의회와 행정부에 정보공동체 개혁이라는 중대한 과제를 던져주었다.

⑤ 의회는 2004년 **'정보개혁 및 테러방지법(IRTPA)'**을 제정하여 중앙정보국장(DCI)체제를 폐지하고 **정보의 신 황제(Czar)**로 불리는 국가정보국장(DNI) 직위를 창설했다.

3. 국가정보전략(National Intelligence Strategy)

① 국가정보전략(NIS)은 주권국가의 해당연도 국가정보 운용의 방향이다.

② 국가정보의 대내적 환경, 정보우선순위와 목표, 수집할 국가정보와 정보공작에 대한 전반적인 안내서로 **정보기구의 나침반**이다.

③ 미국 국가정보국장(DNI)은 2019년 국가정보전략(NIS)을 발표하면서 "미국은 21세기의 도전에 맞서고 새로운 위협과 기회를 인식할 준비가 되어 있어야한다. 우리는 다르게 행동해야한다."라면서 다음의 7가지 임무를 제시했다.

④ 7가지 임무는 전략정보(strategic intelligence); 예측정보(anticipatory intelligence); 현용전술정보(current operations intelligence); 사이버위협정보(cyber threat intelligence); 대테러리즘(counterterrorism); 핵확산반대(counterproliferation); 방첩공작과 보안(counterintelligence and security)이다.

III. 미국 국가정보활동의 기본법과 임무

1. 1947년 국가안보법(National Security Act of 1947)

① 세계 비밀의 손으로 통하는 중앙정보국(CIA)을 창설한 근거법이다.[10]

② 1947년 국가안보법은 2004년 정보개혁 및 테러방지법으로 대폭 개정되었다.

---

10) 백악관 국가안보회희(NSC)도 창설되었다.

2. 국가정보국장(DNI)의 임무와 권한

① 정보공동체의 효율적인 정보수집, 업무절차, 정보분석, 정보배포 및 정보접근 절차에 대한 지침을 수립한다.

② 정보기구 상호간에 업무를 배분하며, 정보의 수집, 분석, 생산, 배포에 대한 구체적인 지시를 하달할 권한이 있다.

③ 국가정보계획에 포함되지 않은 업무에 대하여도, 정보공동체 구성원들에게 권고적 임무를 부여할 수 있는 권한인 소위 일상 지시권이 있다.

④ 해외정보수집에서의 우선권과 정보요구를 결정하며 해외정보감독법(FISA)에 의한 전자 감시와 압수·수색을 통해 획득한 정보가 효율적이고 효과적으로 사용될 수 있도록 할 권한과 책임이 있다.

⑤ 정보분석에서 경쟁분석과 대안분석 확립의 책임도 있다.

3. 미국 중앙정보국장(CIA)의 임무

① 미국 중앙정보국장은 상원의 조언과 동의를 받아 대통령이 임명한다.

   ※ CIA는 국내정보 수집권과 수사권은 없다.

② CIA의 활동상황에 대하여 국가정보국장(DNI)에게 보고한다.

③ 국가안보에 대한 정보를 수집·배포하며, 인간정보활동에 대한 총책임자로 인간정보활동(HUMINT)을 통하여 해외정보를 수집하는 모든 정보기구와 다른 국가기관의 정보수집 및 조정업무에 대한 지침을 시달할 책임이 있다(휴민트 주무책임 부서).

④ 대통령과 국가정보국장(DNI)이 시달하는 기타 업무를 실행할 권한과 책임이 있다.

IV. 비밀정보수집 활동에 대한 논의 경과를 통해서 본 국가정보의 이해

① 미국 의회는 1947년 국가안보법을 제정한 후에, 과연 법은 CIA에게 정보의 비밀수집권한을 부여한 것인가? 라는 이상한 의문을 제기했다.

② 그 이유는 점증하는 CIA의 비밀공작활동에도 불구하고 1947년 국가안보법에는 "정보의 비밀수집"이라는 표현이 없었기 때문이었다.

③ 이에 CIA의 정보 비밀수집권한을 부인하는 입장에서는, CIA는 단지 여러 경로로 입수하는 국가안보와 관련된 정보에 대하여 상관작용을 대비하고 면밀히 평가한 연후에 분석된 국가정보를 생산하여, 그 정보를 필요로 하는 부처에 배포할 수 있는 **정보의 취합·분석· 생산 권한**만이 주어졌다고 주장했다.

④ 논쟁의 결론은 원래 입법 역사적으로 미국 의회는 CIA가 은밀하게 정보수집에 직접 관여하는 것을 의도하지는 않았다는 것이었다.

⑤ 그러나 법리논쟁에도 불구하고 의회차원에서 CIA의 비밀 정보수집 활동을 금지하는 사후입법은 없었다. 오히려 **1949년의 중앙정보국법(Central Intelligence Agency Act)**의 제정으로 의회는 적극적으로 CIA의 비밀활동을 도와주었다.

⑥ 결과적으로 이제 CIA의 비밀 정보수집 활동은 헌법합치적임이 공식적으로 인정되었다.

⑦ 중앙정보국 법안의 토론과정에서 어느 의원은, 이제는 CIA가 공식적으로 비밀스런 정보수집 활동이 가능해졌다면서 CIA법을 **간첩법(Espionage bill)**이라고 호칭했다.

V. 비밀공작 활동에 대한 논의 - 정보법치의 발전

① CIA의 권한과 관련한 또 다른 법률 논쟁은 외교와 전쟁의 중간자라고 일컬어지는 비밀공작(Covert action)에 대한 논쟁이다.

② 원래 미국 헌법상 전쟁선포권은 의회의 권한이다. 그렇다면 비밀공작은 의회의 전쟁선포권을 침해하는 것이 아닌가라고 하는 근본적인 논쟁의 뿌리가 있다.

③ CIA 초대국장인 힐렌코에터는 의회에서, 자신은 비밀공작에 관심이 없으며 CIA가 순수한 정보조직으로 남기를 희망한다고 진술했었다.

⑤ 이 문제는 추후에 입법으로 해결되어 오늘날은 비밀공작이 그 현실적인 필요성 때문에 소위 법상 **5번째 기능(fifth function)**으로 정보기구의 임무라고 인정되었다.

⑥ 오늘날 CIA는 비밀공작을 의회에 사전보고, 진행경과보고, 사후결과 보고한다. 이에 미국 의회는 비밀공작 활동에 대해 전폭적인 감시감독권을 행사한다.

제2항 국가정보와 국내법

I. 정보법치

① 법의 지배(Rule of law)를 뜻하는 법치주의는 자유민주주의 헌법의 기본원리이다.

② 법의 지배의 행정영역에서의 원리인 **법치행정** 역시 민주주의 국가행정의 기본이다.

③ 국가정보기구는 통상 행정부처에 소속되는 것이 일반적이다.

④ 그러므로 법치행정의 원칙은 국가 행정조직의 일부분인 국가정보기구에 대해서도 동일하게 적용된다.

II. 정보업무의 법적 성격

1차적으로 행정부처 소관인 정보업무는 입법조치에 의해 비로소 창설되는 것인가? 아니면 정보업무에 대한 법 규정은 헌법상 내재된 정보업무를 확인하는 것에 지나지 않는 것인가?

1. 입법 창조설

① 국가정보 업무는 국민의 대표기관인 의회에서 제정된 법에 의해서 비로소 창설된 국가업무라는 견해이다.

② 국가정보 업무는 입법에 의해서 비로소 창설되는 업무이지, 헌법상에 내재되어 있는 내용은 아니라는 견해이다.

③ 따라서 국회가 정해 주지 않는 정보활동을 하고 그러한 활동에 예산을 사용한 것은 권한 남용이고 예산의 불법사용으로서 형사법적 책임문제가 따를 수 있다고 본다.

2. 입법 확인설

① 국가정보 업무는 구체적인 입법의 유무와 무관하게 헌법에 이미 내재되어 있는 국가의 기본 사무라는 견해이다.

② 즉, 국가정보 업무는 국정의 최고 책임자로 행정부의 수반인 대통령이 국가안보를 확고히 하고 국가이익을 지키기 위해 당연히 필요한 업무로서, 국회의 입법은 그러한 대통령의 헌법상의 내재적 권한을 재확인한 것에 지나지 않는다고 보는 견해이다.

3. 결어

① 대한민국 헌법은 '정보업무'와 '정보기구'를 언급하고 있지는 않다.

② 그러나 현행 헌법은 대통령은 행정권의 수반일 뿐 아니라(제66조 제3항) 대한민국의 원수(元首)이며, 외국에 대하여 국가를 대표한다(제66조 제1항)라고 하여, 대통령이 국정에 대한 전반적이고 궁극의 책임자임을 명백히 하고 있다.

③ 그러므로 대통령의 헌법적 책무를 성실히 수행하기 위하여, 대통령은 헌법합치적 통치를 해야 하고 어떤 국가기구로부터도 조력을 받을 수 있음은 물론이다.

④ 따라서 국가안보와 국가이익의 보호를 주된 목적으로 하는 국가정보는, 헌법의 하위법에 규정되어 있음에도 불구하고 헌법상 내재되어 있는 대통령의 고유권한이라는 주장이 타당하다(헌법기구인 검찰도 헌법의 하위법인 검찰청법이 있다).

⑤ 그러나 이것은 어디까지나 고유한 국가정보 업무에 한정한다. 그러므로 정보의 수집·작성·배포(국가정보원법 제3조 제1항) 등 고유한 국가정보 업무는 헌법에 근거한 업무로 입법부의 입법은 확인적 규정이라고 할 것이다.

⑥ 그러나 비밀공작이나 정보기구의 외교활동 같은 것은 입법에 의해 규정됨으로써 비로소 정보기구의 합법적 업무가 되는 입법 창설적 내용이라고 할 것이다.

III. 국가정보와 법집행

1. 법집행(Law enforcement)이란?

① 법집행은 법을 **강제적으로 적용하는 것**을 말한다. 즉 법에 규정되어 있는 내용을 공권력으로 실현해 가는 과정이다.

② 법집행 업무 가운데 대표적인 것이 수사이다. 수사는 법이 정한 범죄행위에 대해 진상을 조사하고 증거를 수집하는 등 형사처벌을 실현해 나가는 일련의 활동이다.

③ 수사 결과는 법원의 재판을 통하여 정의 실현이라는 궁극적인 목적이 달성된다. 따라서 수사에는 증거재판의 원칙과 엄격증거의 원칙이 지배된다.

④ 그러나 정보활동은 정형이 없는 사실상의 활동이고, 국가정책에 봉사하기 위해 전개되는 것이다. 정보활동은 수사나 재판을 전제로 하는 것도 아니다. 따라서 정보는 형사 절차적 규정을 필수적으로 고려하여야 하는 것은 아니다.

법집행과 법집행적 정보활동
통상 법집행이라고 하면 수사를 연상하지만, 수사 이외에도 계호, 검문검색, 재난재해 구호, 교통질서, 형벌의 집행, 인·허가업무 등 공권력을 통하여 법을 강제로 실현하는 제반 업무가 포함된다. 한편 법집행은 매우 중요한 국가정책 분야의 하나이기 때문에, 국가정보로부터도 서비스를 받게 된다. 또한 수사기관의 자체적인 범죄정보 수집을 위한 "법집행적 정보활동"이 있을 수 있다.

2. 정보와 법집행을 밀접하게 만드는 요소

① 정보가 치안유지 등 수사나 법집행기관의 업무영역에 대해 관심이 미치게 됨도 부인할 수 없다. 왜냐하면 치안유지는 국가안보와 동전의 양면과 같은 관계이기 때문이다.

② 게다가 세계화로 인해 다양한 인적·물적 교류가 이루어짐에 따라서, 국내법에서의 임무를 전제로 하였던 법집행기관의 업무는 해외로까지 뻗쳐나간다.

③ 또한, 국제 테러, 마약 밀매, 국제조직범죄, 불법이민, 불법자금세탁 등 국제조직범죄는 일국의 국경을 넘어서서 전개된다. 따라서 국가정보는 확장되고 국제조직범죄에 대응하는 법집행기관의 업무도 당연히 해외로까지 연장되게 된다.

④ 이런 초국가적 안보위협세력은 국가존망의 위협요소로까지 급부상되어 치안유지라는 수준을 넘어서서 국가안보의 문제로 인식되고 국가정보의 영역으로 편입되었다.

⑤ 이에 따라서 오늘날 정보공동체와 법집행공동체 사이의 업무 영역은 중복되고, 양자의 긴밀성은 더욱 요구되는 것이 현대사회 국가정보와 법집행의 변화된 모습이다.

3. 국가정보와 법집행의 차이

① 법집행 절차는 체포하여 기소한 범죄자에 대한 유죄를 증명하는 것에 집중되는 것으로서, 속성적으로 과거 지향적이고 사건 중심적이다.

② 법집행 담당자는 증거수집과 현출에 있어서도 사건이나 범인에 대한 모든 자료를 샅샅이 수집하거나 증거로 제출할 필요가 없다. 오직 기소된 사건에 대해 유죄를 인정받기 위하여 필요한 한도 내에서 수사하고 사건을 종결지을 수 있다.

③ 수사는 끊임없이 반복되기는 하지만, 또한 장래 유사범죄에 대한 대책차원에서 종합되고 분석되기도 하지만, 본질적으로 해당 사건이 해결되면 모든 절차는 종결되고 사법정의는 실현된 것으로 간주된다.

④ 반면에 국가정보활동은 아무리 사소하게 보이는 현상이라도 끝까지 추적하고 분석하여, 미세한 점을 연결하여 전체적인 그림을 그려야 한다.

⑤ 한편 수사는 혐의자를 추적·검거하여 범죄자를 처벌하려는 데에 있지만, 감시와 추적 등의 정보활동은 개개인에 대하여 불리하게 사용해서는 안 되며, 국가안보와 국가이익을 수호하기 위한 목적에 집중해야한다.

구분 기준	국가정보	법집행
1. 정보에 대한 기대	국가안보 (National Security)	국토안보(Homeland Security) 치안유지 등 사회질서 확보
2. 계속성의 문제	장기·지속적	사건 중심의 단기적
3. 사용주체	정보수요자 (정책담당자와 일부 사경제주체)	법집행 기구 자신
4. 수집방법에 대한 법 규율	많은 예외와 특별규정	엄격한 적법절차(due process of law)
5. 사용 가치	정보능력이나 정보 증명력 개념의 부재	법이 정한 증거능력과 증명력
6. 판단자는 누구?	정보분석관 (법정 자격요건은 없음)	법관 (엄격한 법정 자격조건)
7. 독수(毒樹)의 과실(果實)의 원칙	불 해당 "고문 정보도 훌륭한 정보"	원칙적으로 해당 "독나무 줄기의 독은 열매에도 미친다."

제3항 국가정보와 국제법

I. 정보활동과 국제규범

① 정보활동과 관련되는 법의 범주에는 먼저 **자국의 국내법**, 다음으로 정보수집 **대상국가의 국내법** 마지막으로 **국제법**의 3가지가 있다.

② 각국은 해외에서의 자국 요원의 간첩활동은 불법인 줄을 잘 알면서도 국내법의 적용을 배제한다. 오히려 국가안보나 국가이익을 위해 간첩행위를 적극적으로 독려한다.

③ 해외에서 정보활동, 즉 간첩(Espionage)을 하는 한국도, 국가보안법은 물론이고 간첩죄를 규정하여 외국 정보요원의 간첩은 처벌한다.

④ 하지만 우리의 정보요원(스파이)이 해외에서 하는 간첩활동을 처벌하지는 않는다. 상대 세력의 간첩활동은 처벌하지만 우리의 간첩활동은 권장하는 것이다.

⑤ 결국 해외정보 수집에 있어서 가장 중요하며 직접적으로 위험성을 가져다주는 법률규범은 정보활동 **대상국가의 국내법**이다.

⑥ 이처럼 정보활동은 이율배반의 극치이다. 국내법적으로는 사형을 포함한 극형으로 간첩행위를 금지하면서, 해외에서는 국가이익을 위해 간첩활동을 적극적으로 권장한다.

II. 정보관련 주요 국제규범

1. 서언

① 이론적으로는 평시의 간첩활동은 형사범죄이고, 전시의 간첩활동은 사형에 처할 수 있는 전쟁범죄이다.

② 하지만 오늘날 해외간첩 활동은 국제법상 관행으로 간주된다.

③ 국제관행으로도 적발된 스파이는 처벌되지만, 일반적으로 형사범으로 무조건 단죄하기보다는 시설을 폐쇄하고 관련자를 추방하는 등의 조치를 취해 왔다.

④ 한편 적발된 스파이를 형사처벌하려는 것에 대한 효율적인 방어수단도 구비되어 있다. 외교상의 면책특권 주장이 그것이다.

⑤ 외교관의 신분을 병행하고 있는 정보요원이 스파이 활동으로 체포되면 소위 '**달갑지 않은 손님**(라틴어, *persona non grata*: 영어 an unwelcome person)'이 되어 추방되거나, 상대방 국가에 억류되어 있는 다른 사람과의 교환대상으로 활용되기도 한다.

2. 1907년 헤이그 협정[Hague IV Convention (1907)]

① 제4차 헤이그 협정은 제2장에서 "스파이"에 대한 장을 별도로 두고, 스파이는 "교전중인

작전지역에서 비밀스럽게 행동하여, 첩보를 획득하거나 첩보를 획득하려고 하는 사람"이라고 정의한다.

② 적발된 스파이에 대해서는 원칙적으로 재판에 의해서 처벌하도록 하고(제30조), 소속 부대에 복귀된 스파이는 전쟁포로(prisoner of war)로 취급할 것이고, 이전의 스파이 활동을 이유로 처벌되지는 않을 것임을 명시하고 있다.

3. 외교관계에 대한 비엔나 협정

① 외교관계에 대한 비엔나 협정 제31조도 이미 성공한 스파이 활동에 대해서는 추후 처벌을 하지 못하도록 명문화하고 있다.

② 반대 해석상 모든 스파이 활동을 위법으로 간주하지는 않는다. 따라서 국제법적으로도 적발되지 않는 정보활동은 적법한 것이라고 해석된다.

III. 국제형사재판소(ICC)와 정보활동

① 다양한 국제법 중에서도 세계평화와 인류의 공존 그리고 인권의 확보와 증진을 위해 너무나 근본적인 것으로서 문명국가에서 절대적으로 전제되어야 할 원칙들을 **국제강행규범**(*jus cogens*)이라고 한다.

② 인류는 2002년 국제강행규범 위배를 전속관할로 하는 국제형사재판소(International Criminal Court: ICC)를 창설했다.

③ ICC가 관할하는 4대 범죄는 전쟁범죄(war crimes), 대량살상범죄(genocides), 반인륜범죄(crimes against humanity), 침략범죄(crime of aggression)이다.

④ 그렇다면 ICC 국제질서 속에서 비밀정보활동(간첩)은 4대 범죄처럼 강행규범 위배의 국제범죄로 볼 것인가?

⑤ 그러나 어떠한 국제규범에서도 간첩행위를 국제강행규범 위반으로 평가하지는 않는다. 결국 파괴활동을 전제하지 않는 은밀한 방법으로서의 비밀 스파이 활동은, 국제강행규범의 원칙을 손상하는 것으로 평가되지 않고 따라서 ICC의 관할사항은 아니다.

IV. 해외 정보수집 활동의 국제법적 성격

1. 불법성설

① 해외정보 활동은 근본적으로 불법하다는 입장으로 현재까지의 다수의 견해이다.

② 평시에의 외국에서의 정보활동은 명백히 주권국가 존중의 원칙을 전제로 한, 국제법질서에 반하는 위법한 행동이라고 본다.

③ 이들은 스파이 활동을 직접적으로 처벌하는 국제법이 존재하지 않는 것이 합법성을 인정하는 근거가 될 수는 없다고 주장한다.

④ 인류 최고의 국제질서인 UN 헌장 체제에서 영토주권의 신성함과 정치적 독립성, 즉 자결권은 국제법의 기본원칙이고, 이러한 연유에서 평시에 타국에서의 정보활동은 주권 국가에 대한 불법적인 개입으로 당연히 불법하다고 역설한다.

⑤ 불법성설을 지지하는 국가안보법 전문가인 에이 팍스(Hays Parks)는 대개 모든 국가들이 국내법으로는 간첩행위를 금지하면서, 다른 나라에 대한 간첩활동은 금지하지 않는 것을 일컬어, **스파이 활동의 이기주의적 특성**이라고 설명한다.

2. 합법성설

① 해외정보 활동은 원칙적으로 합법적이라고 보는 견해로, 특히 평시의 스파이 활동은 국제법적으로 적법한 활동이라고 주장한다.

② 스파이 활동은 스파이 학(學) 전문가가 평생을 다 바쳐 연구해도 불가능할 정도로, 인류와 더불어 자연스럽게 이루어진 것으로서, 수많은 정당성을 확보하고 있는 **"국제관행"**임을 논거로 제시한다.

③ 합법성설의 대표적 학자인 오펜하이머는, 스파이는 군사·정치적 비밀을 파악하라고, 다른 국가에 파견하는 **"적법한 비밀 외교사절"**이라고 설명한다.

④ 예일 대학교 헤븐 연구소는 스파이 활동으로 국제분쟁의 발발이나 확산을 방지할 수 있어서 결국 스파이 활동은 세계평화와 안전에 이바지할 수 있는 순기능을 가진 적법한 활동이라고 설명한다.

3. 결 어

① 국제평화유지를 목적으로 하는 UN 헌장의 이념상 자위권 행사는 적법한 행위인데, 적법한 자위권을 행사하기 위해서는 적대국에 대한 정보수집 활동은 필연적이다.

② 결국 간첩활동은 성격상 불법성을 지울 수는 없지만 세계평화유지의 순기능이 있다.

③ 따라서 매춘 다음으로 두 번째로 오래된 인간의 활동으로 평가되는 스파이, 즉 간첩활동의 적법성은 국제관습법적으로도 이미 용인되었다고 할 수 있다.

V. 국가관할권과 면책특권의 범위

1. 국가 형벌권의 관할(Jurisdiction)

종류	내 용	비고
속인주의	자국 국민에 대하여는, 범죄가 국내에서건 국외 어디에서 행해졌건 무관하게 자국의 형벌권을 적용한다는 원칙이다.	대인고권 (對人高權)
속지주의	국가주권의 대원칙 상, 자국 영내에서 벌어진 범행에 대하여는 자국인에 의하건 외국인에 의하건 무관하게 자국의 형벌권을 발동한다는 입장이다.	영토고권 (領土高權)
보호주의	자국의 국가이익을 침해하는 범죄행위에 대해서는, 발생지나 행위자의 국적에 불문하고, 자국의 형벌권을 발동할 수 있다는 원칙이다.	
세계주의	전 세계 인류가 공동으로 대처해야 할 범죄에 대해서는, 모든 국가가 관할권을 가지고 범죄자를 인치하고 처벌할 수 있다는 원칙이다.	

2. 외교관 면책특권(Diplomatic immunity)

① 외교관 면책특권은 국가 사이에 양해된 일종의 법적 책임면제 약속이다.

② 1961년 4월 18일의 외교관계에 대한 비엔나협약(Vienna Convention on Diplomatic Relations)에 의해 국제법으로 명문화된 권리이다.

③ 외교사절을 가장한 공직가장 정보요원은 면책특권이 인정된다. 그러나 비밀스럽게 임무가 부과되어 파견된 비공직가장 정보요원은 면책특권이 인정되지 않는다.

④ 비공직가장 정보요원은 본국의 명령을 수행한 의식 있는 기계에 불과하다고 면책주장을 해도 그런 주장은 받아들여지지 않는다.

⑤ 따라서 비공직가장 정보 요원은 적발시 원칙적으로 형사처벌의 대상이 되거나 강제추방 등 행정명령의 직접대상이 된다.

01 연습문제

1. 정보기구의 금언으로서의 "And you shall know the truth, and the truth shall make you free"에 대한 설명으로 잘못 된 것은?
   ① 미국 중앙정보국(Central Intelligence Agency)
   ② 정보는 "진실(truth) 추구"임을 말해준다.
   ③ 정보의 필요성과 진리 추구라는 정보의 의미와 속성을 묘사한 금언이다.
   ④ 정책의 정보에 대한 종속성을 암시한다.

   해설 "진실을 알게 되면 자유를 얻게 되리라."는 CIA의 모토. 정보의 진실 추구성을 의미하지만, 정보는 진실 그 자체를 의미하는 것은 아니다. 오히려 정보의 정책 종속성이 정보의 기본적인 임무임을 나타낸다(p. 4).
   답④

2. 다음 설명 중에서 틀린 것은?
   ① 국가정보는 국가가 존립하고 발전하기 위한 불가결한 요체이다.
   ② 국가정보는 국가 경영의 나침반 역할을 할 수 있다.
   ③ 국가정보를 유용한 통치수단으로 활용하는 것은 불가능하다.
   ④ 국가정보기구는 맡겨 주기만 한다면, 정보기구로서 뿐만이 아니라 법 집행기구, 외교 기구, 재정기구 등 국가운영의 거의 모든 영역에서 역할 할 수 있는 것은 사실이다.

   해설 국가정보는 국가운영에 대한 나침반으로 비밀스러운 정보를 취급하는 속성상 맡겨주기만 한다면, 국가정보기구는 어떤 영역의 정책업무도 수행할 수 있는 능력이 있는 것이 사실이다.
   답③

3. 국가정보학의 기능이 아닌 것은?
   ① 국가정보활동에 대한 합리성 확보
   ② 국가정보활동에 이론을 제시하여 반대 비판 억제
   ③ 국가정보활동의 체계화를 도모하여 국가와 정보기구의 발전을 촉진
   ④ 국가정보활동의 민주 법치주의에의 부합 도모

   해설 국가차원의 정보활동을 연구대상으로 하는 국가정보학은, 그동안 자료 부족, 국가정보의 비밀주의의 속성 등으로 학문적 연구가 미진한 분야였다. 또한, 정보는 통치의 부속수단으로 인식되어 독립성이 결여되어 있었다. 하지만 미국을 중심으로 한 국가정보학의 학문적 성과는, 결과적으로 국가정보에 기여하고, 궁극적으로

국가발전에 이바지함으로써 오늘날 구체적 성과가 있는 중요한 학문적 분야로 자리매김했다(pp. 15 –18).

정답 ②

4. 오늘날 정보공동체의 취약점은 "이질적인 요소와 단편적인 스냅 샷(snapshots)"을 생산하는데 주력하고 있어서, 다른 많은 정보자료와 함께 대비. 대조하여 커다란 그림을 그리는데 취약하다"라고 할 때의 스냅샷은 다음 중 무엇을 가리키는가?

① Strategic Intelligence(전략정보)
② Tactical Intelligence(전술정보)
③ Security Intelligence(보안정보)
④ Foreign Intelligence(해외정보)

> **해설** 정보분석 전문 컨설턴트 존 하이덴리히(Heidenrich)는 원래 CIA 창설 목적이 전략정보 생산이었다고 역설한다. 그럼에도 냉전시대를 거치면서 CIA는 전략정보 생산을 게을리 하고 지나치게 전술정보 활동에 매몰되고 있다면서 위와 같이 신랄히 비판했다(pp. 49–50).

정답 ②

5. 다음 설명 중에서 틀린 것은?

① 국가정보기구를 전략정보의 산실로 보면 정보기구는 현안에 대한 태스크포스팀이 된다.
② 국가정보는 국가경영의 나침반 역할을 할 수 있다.
③ 셔먼 켄트는 국가정보를 기본정보, 현용정보, 판단정보로 구분했다.
④ 국가정보의 수요자에는 대통령 외에도 국회, 행정부 정책담당자, 국가안보회의, 다른 정보기구 그리고 사경제 영역의 사람들도 있다.

> **해설** 국가정보기구를 전략정보의 산실로 보면, 국가정보기구는 국가장기청사진(blueprint)을 생산하는 최고의 국책연구소로 싱크 탱크(Think Tank)가 된다(pp. 53–55).

정답 ①

6. 민주국가 국가정보 활동의 원칙적인 4대 분야가 아닌 것은?

① 정보수집
② 정보분석
③ 비밀공작
④ 법집행활동

> **해설** 민주적 정보기구의 4대 임무 영역은 정보수집, 정보분석, 비밀공작, 방첩공작이다. 법집행은 수사기관이나 행정부처의 소관업무이다.

7. 다음 설명 중에서 틀린 것 2개?

① 국가정보활동은 원칙적으로 국가정책에의 반영을 통하여 정보활동의 목표가 달성된다.

② 국가안보는 국가정보활동이외에도 경제·군사·외교적 방법으로도 달성될 수 있다.

③ 전략적 충격(strategic surprise)은 위험성을 사전에 인지하였으나 다만 예방하지 못한 충격이고, 전술적 충격(tactical surprise)은 전혀 예상하지 못한 충격이다.

④ 정보는 정책 종속성을 특질로 하지만 이것은 정보의 정치화와는 다른 문제이다.

⑤ 국가정보활동은 경쟁세력에 대한 것으로 우방국이나 동맹국에 대한 정보는 불필요하다.

> **해설** 경쟁관계가 있는 한 정보활동은 필요한 것으로, 특히 경제정보활동에서는 우방국과 동맹국의 구분이 성립되지 않는다. 한편 전략적 충격은 전혀 예상하지 못한 경우의 충격이다(pp. 67-68).
>
> 답 ③과 ⑤

8. 국가정보활동의 본질적 중요성이 아닌 것은?

① 국가정보는 국가안보와 국가이익을 위한 기본 자료이다.

② 국가정보는 국가정책에 반영됨으로써 효력을 발휘한다.

③ 국가정보는 국가가 존립하고 발전하기 위한 불가결의 요체이다.

④ 국가정보 비밀성의 속성상 국가정보는 지킴(보안)이 원칙이다.

> **해설** 국가정보는 국가정책에 반영되어 활용되어야 생명력을 발휘한다. 국가정보는 지키는 것만으로는 부족하고, 국가의 나침반이 되기 위한 전제는 생산되어 사용되는 것에 있다(pp. 68-69).
>
> 답 ④

9. 다른 학문 분야에 비해서 국가정보학이 뒤늦게 출발한 배경과 이유가 못되는 것은?

① 국가정보활동의 비밀성과 외경성

② 독립성의 결여

③ 연구 자료의 절대 부족

④ 보안 침해로 국가안보를 오히려 위태롭게 할 수 있다는 속성

> **해설** ④ 항은 온당하지 않다. 국가정보활동의 비밀성과 외경성으로 공개토론과 비교분석처럼 자유로운 의견개진과 소통과 거리감이 있고, 국가정보활동은 국가존립과 발전을 위한 무정형의 보조적 행동으로 독립성의 결여로 일국의 통치자에 대한 연구로 족하다고 보았음. 또한, 국가정보활동은 은밀한 지시와 비밀스러운 수행이 대부분으로 역사적 기록이나 참고자료로 남기는 경우는 많지 않아서 연구 자료가 절대로 부족한 것이 국가정보학이 뒤늦게 출발한 커다란 요인이었다(pp.7-9).

10. 국가정보학의 독립된 연구범위가 아닌 것은?

① 국가정보의 영역에 대한 이해

② 정보역사

③ 새로운 정보환경의 변화를 포함한 국가정보 환경에 대한 이해

④ 국가정보 규범체계

해설 인류 생존의 역사는 사실상 정보활동 전개의 역사이다. 모든 역사발전 단계별로 그 시대 최고의 인적·물적 자산을 활용한 정보활동을 전개했다. 그러므로 고대국가, 중세, 근대의 정보활동이 오늘날의 그것과 국가정보의 본질에서는 차이가 없다. 따라서 정보역사는 국가정보학의 독립된 연구영역을 구성하지는 못하고, 사례 연구로 정보마인드 형성에 기여할 수 있다(pp.11-13 상단).

답②

11. 소리 없는 전쟁(Silent Warfare: Understanding the world of Intelligence)의 저자로 정보의 비밀성을 중요시하면서 정보는 국가안보 이익을 극대화하고, 실제적 또는 잠재적 적대 세력의 위협을 취급하는 정부의 정책수립과 정책집행과 연관된 자료라고 정의한 사람은?

① 제프리 리첼슨(Jeffery T. Richelson)

② 에이브럼 슐스키(Abram N. Shulsky)

③ 마크 로웬탈(Mark M. Lowenthal)

④ 셔먼 켄트(Sherman Kent)

해설 미국 국방부 정보분석관과 상원정보특별위원회 국장출신으로 시카고 대학의 방문교수를 지낸 에이브럼 슐스키(Abram N. Shulsky)의 국가정보에 대한 정의(定義)로, 동인은 정보 비밀성의 대칭으로 방첩활동의 중요성도 강조했다(p.20).

답②

12. 다음 중 정보용어에 대한 설명으로 잘못인 것은?

① 첩보는 어떻게 알게 되었는지를 불문하고 획득되어 알려진 사실 그 자체를 말한다.

② 첩보는 생자료(raw material) 자체 또는 생자료의 단순한 집적이다.

③ 정보학에서 어느 경우에도 정보(intelligence)와 첩보(information)는 구별된다.

④ 가공하지 않고 처리하기 전의 개별 자료를 생자료(raw material), 생데이터(raw data) 또는 원시자료라고 한다.

해설 영상정보처럼 별다른 정보분석 없이 데이터나 첩보 그 자체가 정보로 사용될 수 있는 자료를 그 생생함에

기초하여, 정보성 첩보(intelligence information) 라고 한다(p.24).

🔲③

13. 다양한 해외세력의 간첩, 사보타지, 암살, 파괴적 정보활동에 대항한 제반활동이나 첩보처럼 아측 정보체계의 순수성 확보에 긴요한 정보를 무엇이라고 하는가?

① 국내정보

② 국외정보

③ 정책정보

④ 보안정보

> **해설** 보안정보(Security Intelligence) 또는 방첩정보는 소위 국토 침입자로부터 국가안보를 수호하는 데 필요한 정보를 말한다. 일명 방첩정보라고 한다(p. 28 그리고 p. 40).

🔲④

14. 다음 중 미래예측 정보에 대한 설명으로 잘못인 것은?

① 외국정부 또는 외국조직이나 단체, 외국인 개인 또는 국제테러 활동조직들의 능력과 의도 또는 그 활동과 관련된 정보이다.

② 추론과 평가가 중요한 요소(speculative-evaluative element)이다.

③ 정보공동체의 총합적인 역량으로 생산되는 과학적 예측정보이다.

④ 대표적인 예는 미국 국가정보국장(DNI) 산하의 국가정보위원회(NIC)가 매 5년마다 15년 후의 지구 미래에 대해 생산하는 "National Intelligence Estimates(NIEs)" 이다.

> **해설** ① 항은 국외정보(Foreign Intelligence)에 대한 설명이다. 미래 예측정보는 정보공동체의 총합적인 역량으로 생산되는 과학적 예측정보이다. 그러나 미래 판단정보는 현상에 기초한 사회과학적인 예측일 뿐으로 예언(foretell)이나 막연한 추측은 아니다.

🔲①

15. 셔먼 켄트의 정보 분류가운데 개별행정부처의 현안문제 해결을 위해 담당 공무원 수준에서, 구체적인 현안을 해결하기 위해 필요한 정보는 무엇인가?

① 긍정·명확정보(Positive Intelligence)

② 중기(Medium-Range) 정보

③ 장기(Long-Range) 정보

④ 단기(Short-Range) 정보

해설 셔먼 켄트에 있어서 장기(Long-Range) 정보는 최고 수준의 국가정책과 외국 등에 대한 문제처럼 국가 전체적인 수준에서 필요한 정보이고, 중기(Medium-Range) 정보는 개별 행정부처 수준에서의 정책 수행을 위해서 필요한 정보이다. 셔먼 켄트는 긍정·명확정보를 국가안보 관련 정책을 취하기 전에 사전적으로 알아야 할 필요가 있는 모든 내용이라고 말했다(pp. 40-42).

답 ④

16. 국방정보에 대한 설명으로 잘못된 것은?

① 국방정보는 전투, 전장이나 전쟁의 시행과 결과에 직접적으로 영향을 미치는 적대세력의 의도와 전략을 포함한 능력에 대한 제반 정보이다.

② 개념 정의적으로는 국방정보는 국가정보의 하위분류에 속하는 (행정)부문정보이다.

③ 하지만 군사안보가 국가안보 자체인 시대에는 국방정보는 바로 국가정보를 의미했다.

④ 국방정보는 상대세력과의 국방 즉, 전쟁에 대한 문제를 대상으로 하는 속성상 전술정보가 대상이고 전략정보는 목표가 아니다.

해설 국방정보에도 국가정보와 마찬가지로 목전의 개별적인 전투에서가 아니라 궁극적인 전쟁 그 자체에서 승리를 달성하기 위해 필요하고 준비해야하는 장기 미래 예측 판단정보인 국방 전략정보(國防 戰略情報)는 매우 중요하다(pp. 43-48).

답 ④

17. 정보생산자와 정보수요자에 대한 설명으로 잘못된 것은?

① 비밀을 속성으로 하는 국가정보의 성격상 정보수요자에 민간인은 없다.

② 국가정보는 실제로 필요한 상황에서 다른 정책요소와 경합하여, 적절히 반영되고 사용될 때에 진정한 가치를 지니고 빛을 발하게 된다.

③ 국가정보의 생산자는 원칙적으로 국가정보기구이다.

④ 대통령 등 최고통수권자, 의회, 각 행정부처, 국가안보회의(National Security Council)는 주요한 정보소비자이다.

해설 무기 디자이너, 비밀병기 생산자 같은 사경제 주체도 훌륭한 정보소비자이다(pp. 55-57).

답 ①

18. 정보요구의 경합시의 해결 방법에 대한 설명으로 잘못된 것은?

① 일반론적인 기준은 "발생가능성"과 "중요성"이다.

② 발생가능성과 중요성이 가장 높은 정책 사안이 최우선적인 정보대상이 된다.

③ 통상 정보공동체가 다수의 정책관계자들 중에서 누구와 가장 긴밀한 연관관계를 갖는가에 따라서 정보우선권이 결정된다. 결국 최고통수권자의 요구가 최우선순위가 된다.

④ 발생가능성과 중요성이 반비례하는 경우에는 '발생가능성 우선의 원칙'에 입각한다.

해설 발생가능성과 중요성이 반비례하는 경우에는 **'중요성 우선의 원칙'**에 입각한다(p. 61).

답④

19. 다음 중 전술적 충격(tactical surprise)과 전략적 충격(strategic surprise)에 대한 설명으로 잘못인 것은?

① 전술적 충격은 사전에 충격을 인지한 경우이다.

② 전략적 충격은 충격을 사전에 인지했지만, 단지 예방하지 못한 경우의 충격이다.

③ 경고를 주된 기능으로 하는 국가정보는 전략적 충격의 예방에 역량을 발휘해야 한다.

④ 전략적 충격은 예방과 대처가 원초적으로 불가능했던 충격이다.

해설 전략적 충격은 정보기구가 사전에 충격을 전혀 인지하지 못한 경우의 충격이다(pp. 67~68).

답②

20. 다음 중 초국가적 정보 표적(transnational targets)이 아닌 것은?

① 대량 살상무기(Weapons of mass destruction: WMD) 밀매

② 금지 오염물질의 해양 투기 같은 국제 환경문제

③ AIDS나 신종플루 같은 치명적 질병의 확산.

④ 중동지역의 불안 증폭과 북한 핵실험으로 인한 한반도에서의 긴장관계

해설 국가정보 대상(Intelligence Targets)으로 초국가적 표적(Transnational targets)은 지구상의 특정지역과 특정한 국가를 넘나들고 뛰어넘는 문제들에 대한 것으로 그 위협이 궁극적으로 세계평화와 안전 및 인권을 위태롭게 하는 내용을 말한다. ④항은 한 나라를 넘어서지만 장소적으로 특정되어 있는 특정지역에 대한 정보대상인 지역표적(Regional targets)에 속한다(pp. 75~79).

답④

21. 국가정보 용어에 대한 다음 설명 가운데 잘못인 것은?

① 국가정보에서 정보(intelligence)와 첩보(information)는 구별된다.

② 생자료(raw material), 생데이터(raw data) 또는 원시자료(原始資料)는 가공되지 않고 처리나 집계하기 전의 자료들로 첩보를 구성하는 인자이다.

③ 첩보는 어떻게 알게 되었는지를 불문하고 획득되어 알려진 사실 그 자체로 생자료 자체 또는 생자료의 단순한 집적이다.

④ 정보성 첩보(intelligence information)는 분석전의 자료로서 첩보일 뿐 정보는 아니다.

22. 다음 중 전술정보(Tactical intelligence)와 전략정보(Strategic intelligence)에 대한 설명으로 잘못인 것은?

① 전술정보는 작전정보(Operational Intelligence)라고도 한다. 그것은 목전에 있거나 머지않은 장래에 도래가 예상되는 구체적이고 현실적인 활동 전개를 계획하고 수행하기 위한 정보이다.

② 마이클 허만과 셔먼 켄트가 잘 설명한 것처럼 전략정보는 상대세력에 대한 휴민트 활동이 아니면 생산되기 어렵다.

③ 전술정보는 현재의 긴박한 상황에 대한 것으로서 사용에 대한 시간의 민감성이라는 특성이 있다.

④ 전략정보, 즉 스트레인트(STRATINT)는 구체적인 현안이 없는 경우에도 국가운영을 위하여 지속적으로 생산하는 장기적이고 포괄적 관점에서의 정보이다.

23. 전술적 충격(tactical surprise)과 전략적 충격(strategic surprise)의 구분에 대해 콜롬비아 대학의 베츠(Richard Betts) 교수가 제시한 다음 사례에서 잘못된 설문은?

> 스미스와 존은 업무 파트너로 고객에 대한 점심접대를 함께 했다. 식사대금은 존이 대고 스미스는 사업내용을 설명했다. 그런데 존은 회사금고의 돈을 유용하여 식사대접 비용을 충당했다. 어느 금요일, 보통 때보다 점심을 일찍 끝내고 돌아온 스미스는 때마침 존이 회사 금고에서 돈을 훔치는 것을 목격했고 양자는 동시에 "아! 깜짝이야" 라고 비명을 질렀다.

① 존의 충격은 사전에 충격을 인지한 경우로 전술적(tactical) 충격이다.

② 스미스의 충격은 전략적(strategic) 충격이다. 전략적 충격은 충격을 사전에 인지했지만, 단지 예방하지 못한 경우의 충격이다.

③ 경고를 주된 기능으로 하는 국가정보는 전략적 충격의 예방에 역량을 발휘해야 한다.

④ 전략적 충격은 예방과 대처가 불가능했던 충격이다.

24. 국가정보와 법집행(law enforcement)에 대한 설명으로 잘못인 것은?

① 전체주의 국가나 공산권 국가의 경우에는 정보와 법집행을 의도적으로 결합했다. 그 결과 국가정보기구가 비밀경찰로 역할하고 매우 훌륭한 통치수단으로 사용된다.

② 국가정보와 법집행은 상호 문화를 달리하고 업무에 대한 접근방법이 다르기 때문에, 오늘날에도 구분되어 차단막이 형성되어야 각자의 업무를 효율적으로 수행할 수 있다.

③ 법집행 절차는 체포하여 기소한 범죄자에 대한 유죄를 증명하는 것에 집중되는 것으로 속성적으로 과거 지향적이고 사건 중심적이다.

④ 국가정보활동은 아무리 사소하게 보이는 미세한 현상이라도 끝까지 추적하고 분석하여 미세한 점을 연결하여 전체적인 그림을 그려야 한다.

해설 오늘날 정보공동체의 도움 없이 법집행공동체만으로 국제조직범죄 등에 대처하기는 어려운 것처럼, 세계화는 정보와 법집행공동체의 협조를 요구하고 국가안보성 문제에 공동 대처할 것을 요망한다(한희원, 국가정보학 원론, pp. 74-80).

답②

25. 다음 중 정보(intelligence)의 특성으로 옳지 않은 것은?(15기출)

① 특수한 목적에 의하여 수집된 자료를 바탕으로 가공된 것이다.

② 정보는 사용자가 필요한 시기에 제공되어야 한다.

③ 정보의 질적 요건에 있어서 개방성도 중요한 요건에 해당한다.

④ 정확성이 담보되지 않는다면 필요 없는 정보가 되고 만다.

해설 정보의 질적요건은 적합성(Relevance), 적시성(Timeliness), 정확성(Accuracy), 객관성(Objectivity)이다.

답③

26. 국가정보학에 대한 설명으로 옳지 않은 것은?(기출)

① 국가정책의 한 분야로서 수행되고 있는 정보활동의 본질, 정보활동의 주체·객체, 정보수집활동, 방첩활동, 비밀공작활동 등을 체계적으로 연구하는 학문이다.

② 역사적 사례, 즉 케이스 스터디는 제외된다.

③ 국가의 정보활동에 대한 지식을 학문적인 차원에서 보다 체계적으로 정립한다.

④ 정보활동의 본질은 국가안보의 강화와 국가이익의 증대이다.

해설 단순한 정보 역사가 아닌 역사적 사례(case), 특히 실패사례 연구는 국가정보학의 중요한 연구대상이다.

답②

27. 다음 중 국가정보학의 연구범위에 포함되지 않은 것은?(기출)

① 정보의 수집

② 비밀공작활동

③ 방첩활동

④ 테러진압

해설 테러정보 수집 활동은 국가정보학의 연구범위에 들 수 있지만, 테러진압은 사실적인 행위로 군이나 경찰조직의
특수부대가 담당하는 현장업무이다.

정답 ④

28. 국가정보의 연구방법으로 옳지 않은 것은?(기출)

① 법적ㆍ제도적 분석

② 체계적 분석

③ 구조 및 기능분석

④ 비선형적 분석

해설 국가정보학의 연구방법에는 법적ㆍ제도적 분석, 체계적 분석, 구조 및 기능분석, 사례연구가 있다.

정답 ④

29. 국가정보활동의 필요성에 대한 설명으로 옳지 않은 것은?(기출)

① 현재 직면한 위기를 해결

② 외국인에 의한 치안질서 훼손에 대한 대처

③ 미래에 다가올 국가의 전략적 위기를 미연에 방지

④ 국가정책을 집행했을 경우의 결과를 미리 예측

해설 치안질서 유지는 수사기관의 책무이다.

정답 ②

30. 21세기 국가정보활동의 패러다임 변화에 대한 다음 설명으로 옳지 않은 것은 ?(기출)

① 세계화로 인한 관리영역의 확대

② 과학기술의 발전으로 민간도 우수한 정보를 자체적으로 획득가능

③ 민주화로 인한 비밀정보활동 여건의 호전

④ 사이버 영역의 발달과 다국적 기업의 증대

해설 민주화는 정보법치를 요구하고 정보활동에 대한 감시활동의 증대를 가져왔다.

31. "정보는 정보를 필요로 하는 시점에 제공되어야 효용이 높아진다."는 것은 정보의 어떤 효용에
대한 내용인가?(기출)

① 통제 효용(Control Utility)

② 접근 효용(Approach Utility)

③ 시간 효용(Time Utility)

④ 형식 효용(Form Utility)

해설 정보의 시간 효용(Time Utility), 즉 정보 적시성(Timeliness)에 대한 요청이다.

답③

32. 다음 중 사용자 수준에 따른 정보 분류로서 국가정책의 **뼈대**를 구성하는 내용이 담긴 종합적인
정보는?(기출)

① 국가정보

② 보안정보

③ 전술정보

④ 기본정보

해설 정보를 사용자 수준에서 분류하면 국가부문정보와 국가정보가 있다. 국가부문정보는 국가의 개별부서가
그 업무수행의 필요에 따라서 생산하는 정보이다.

답①

33. 전략정보에 대한 설명으로 옳지 않은 것은?(15기출)

① 전략정보는 현재의 작전지역 내에서 작전을 수행하는데 필요한 정보이다.

② 전략 군사정보는 적의 잠재적인 부문까지도 포함하는 정보이다.

③ 장기적이고 포괄적인 정보이다.

④ 국가 미래 설계에도 필요한 국가정책의 중요한 초석이다.

해설 ①항은 목전의 사태에 대한 전술정보에 대한 설명이다.

답①

34. 다음 중 전투정보에 대한 설명으로 옳지 않은 것은?(15기출)

① 전투서열정보는 군대의 구성, 배치, 병력을 알 수 있는 정보를 말한다.

② 군사능력정보란 전력구조, 전비태세, 현대화와 지속성으로 구성되어 있다.

③ 전투정보는 작전정보와 전술정보로 구성되어 있다.

④ 전술정보는 도서, 인터넷, 통계자료 등 공개출처를 통해서 얻을 수 있다.

해설 전술정보는 현안에 대한 것으로 주로 비밀정보활동 등으로 통해서 수집한다.

답④

35. 전투서열의 요소(Order of Battle)로만 짝지어진 것은?(기출)

㉠ 군대의 배치	㉡ 군대의 구성
㉢ 군대의 병력	㉣ 군대의 미래

① ㉠

② ㉠, ㉡

③ ㉠, ㉡, ㉢

④ ㉠, ㉡, ㉢, ㉣

해설 전투서열정보(OB: Order of Battle)는 군대의 구성·배치·병력에 대한 정보이다.

답③

36. 정보의 정치화에 대한 설명으로 잘못인 것은?

① 국가정보의 정치화는 경계해야 하지만 정보가 국가정책에 초연해서는 안 된다.

② 리처드 하스(Richard Hass)는 "정보가 정책(정치)과 가까워져서는 안 된다."고 말했다.

③ 국가안보 현장에서는 정보의 정치화 위험보다는, 정보가 정책 과정에 초연한 자세를 견지하며 상호 협조가 잘되지 않는 데서 많은 문제가 발생한다.

④ 잭 데이비스(Jack Davis)는 '정보가 어느 정도의 정치화의 위험성을 감내하지 않는다면 임무를 전혀 수행하지 않고 있는 것이다.' 라고 설파했다.

해설 리처드 하스(Richard Hass)는 그 반대로 설명했다.

답②

37. 국가정보활동의 본질적 중요성과 의의에 대한 설명으로 잘못된 것은?(15기출)

① 국가안보와 국가이익을 위한 기본자료

② 국가정책에 반영됨으로써 비로소 효력 발휘

③ 국가정보는 국가가 존립과 발전을 하기 위한 불가결한 지식

④ 국가의 현재적 통치 활동에의 부합이 제1의 목표이다.

해설 국가정보활동은 주권국가의 존속, 발전 그리고 위신의 확보라는 국가안보 수호를 위한 요체로서 특정 정권이 아닌 국가 그 자체를 위한 부단한 노력이다.

웹④

38. 국가정보학의 뒤늦은 출발 배경과 이유에 대한 설명으로 가장 잘못된 것은?(15기출)
   ① 사실적 활동으로 학문적 연구를 위한 요소인 보편성이 존재하기 어렵다.
   ② 역사적 기록이나 참고자료로 남기는 경우는 많지 않았고 기록이나 자료가 존재한다고 하는 경우에도 비밀성이라는 정보의 속성상 비공개 때문에 연구의 대상이 되기 어렵다.
   ③ 가장 앞선다는 평가를 받는 미국의 경우에도 현재까지도 학문으로 불성립했다.
   ④ 공개토론과 비교분석을 통한 자유로운 의견개진 그리고 소통과 거리감이 있기 때문에 본질적으로 학문으로 성립하기가 어렵다.

해설 국가정보학은 미국을 중심으로 1970년대부터 학문적으로 연구되기 시작하였고 1986년 하버드 대학교 케네디 연구소와 CIA의 협력으로 CIA 비밀자료에 대한 해제작업을 했다. 이후 하버드대는 CIA가 전개했던 정보활동 사례를 모델로 정보학과를 개설했다.

웹③

39. 미국 예일 대학교의 역사학 교수출신으로 정보학의 금자탑인 "미국 대외정책을 위한 전략정보(Strategic Intelligence for American World Policy)"의 저자로 정보분석학의 대부이자 국가정보를 체계적인 학문으로 이끈 선구자에 대한 설명으로 잘못된 것은?(15기출)
   ① 정보는 국가정책 운영의 기본 자료임을 전제하면서 정보 개념 3중성 주창
   ② 에이브럼 슐스키(Abram N. Shulsky)
   ③ 정보는 국가정책 수립, 집행 등을 위한 지식(knowledge)이며 활동(activity)이고 조직(organization)이다.
   ④ 셔먼 켄트(Sherman Kent)

해설 설문은 정보 분석학의 대부로 오늘날 국가정보학의 학문적 성립과 발전에 초석을 다진 셔먼 켄트에 대한 설명임. 에이브럼 슐스키(Abram N. Shulsky)는 미국 국방부 정보분석관 출신으로 상원정보특별위원회과 시카고 대학교 교수를 역임한 정보학자로 '소리 없는 전쟁(Silent Warfare: Understanding the world of Intelligence)'의 저자이다.

웹②

40. 국가정보를 사용주체를 기준으로 분류하는 경우의 국가정보(National Intelligence)에 대한 설명으로 잘못된 것은?(15기출)

① 중앙행정부처인 국방부의 국방정보, 법무부나 국토안보부의 법집행정보, 외교통상부의 대외정보가 대표적인 국가정보이다.

② 국가정보는 단위 행정부분을 넘어서서 국가 전체 목적을 위해 생산된 정보를 의미한다.

③ 국가정보는 단위 행정부처가 그 업무 필요성을 지원하기 위해 생산된 정보인 국가부문정보(National Departmental Intelligence)와 대비되는 개념이다.

④ 개별 행정부처에 소속된 부문정보기구도 국가정보를 생산하기도 한다. 예컨대 미국 국방부 소속 기술정보기구인 국가안보국(NSA), 국가정찰실(NRO), 국가지구공간정보국(NGA)은 국가정보를 생산한다.

해설 설문은 사용주체에 의한 정보 분류의 경우에 국가정보와 국가부문정보의 구분을 요구하는 내용임

정답 ①

41. 다음 중 정보생산자와 정보수요자에 대한 설명으로 잘못된 것은?(15기출)

① 국가정보 생산자는 국가정보의 생산을 담당하는 사람이나 조직을 말한다.

② 개방성과 민주성을 요체로 하는 민주 법치국가에서 공권력 최소 침해의 원칙상 국가정보 소비자(Intelligence consumer)는 대통령 등 최고통수권자로 한정된다.

③ 생산된 국가정보는 실제 필요한 상황에서 다른 정책요소와 경합하여 적절히 반영되고 사용될 때에 진정한 가치를 지니고 빛을 발하게 된다.

④ 주권국가에서 국가정보의 생산자는 원칙적으로 국가정보기구이다.

해설 국가정보 소비자(Intelligence consumer)에는 대통령 등 최고통수권자이외에도 국회, 각 행정부처, 국가안보회의, 정보공동체, 무기 디자이너, 비밀병기 생산자 같은 사경제 주체도 **훌륭**하고 절실한 정보소비자이다.

정답 ②

42. 다음 중 국가정보의 정치성 쟁점에 대한 설명으로 잘못된 것은?(15기출)

① 아무리 정보가 정책담당자 개인에 대한 봉사가 아니라고 하지만, 정치의 속성과 정치 성향을 겸유한 행정부 내 유력한 책임자의 개성이 국가안보 정책에 투영될 수밖에 없고 따라서 정보와 정치의 관계는 불가피한 긴장관계가 끊임없이 조성된다.

② 잭 데이비스(Jack Davis)는 '정보가 어느 정도의 정치화의 위험성을 감내하지 않는다면 임무를 전혀 수행하지 않고 있는 것'이라고 잘 설파했다.

③ 정보는 정치와 전혀 별개의 영역으로 그 어떤 경우에도 정보는 정치를 대상으로 하여서는 안 되고 따라서 그 어떤 경우에도 정치정보는 국가정보의 대상이 못 된다.

④ 정보의 정치화의 결론은 '국가정보의 정치화는 경계해야 하지만 정보가 국가정책에 초연해서는 안 된다.'라는 말로 요약될 수 있다. 대표적으로 리처드 하스(Richard Hass)는 "정보공동체는 소설을 만들어서는 안 된다. 결과를 도출해야 한다. 결과를 도출하기 위해서는 정책과 더 가까워져야 한다."라고 말했다.

해설 국가정보학의 결론은 정보의 정치화 위험보다는 정보가 정책 과정에 초연한 자세를 견지하며 상호 협조가 잘되지 않는 데 많은 문제가 발생한다는 것이다. 마크 M. 로웬탈 등의 견해이다.

답③

43. 다음 중 국가정보(National Intelligence)와 법집행(Law enforcement)에 대한 설명으로 잘못된 것은?(15기출)

① 법집행은 강제력 있는 실정법에 기초한 국가 공권력의 행사로, 따라서 모든 법집행에 국가정보기구의 정보 서비스를 그 필연적인 전제로 한다.

② 법집행은 다양한 실정법에 규정되어 있는 내용을 적법절차를 통해 공권력을 사용하여 실현해 나가는 과정으로 국가 법집행 업무 가운데 대표적인 것이 수사이다.

③ 정보활동은 정형이 없는 사실상의 활동이고, 국가정책에 봉사하기 위해 전개되는 것이지 재판을 전제로 하여 이루어지는 것은 아니고, 정보는 개개인에 대한 형사처벌을 전제로 하여 수집되는 것이 아니므로, 형사 절차적 규정을 고려하여야 하는 것은 아니다.

④ 수사는 증거재판의 원칙 또는 엄격증거의 원칙이 지배하지만 특히 대외적인 속성을 갖는 해외정보는 속성적으로 무한경쟁의 정글에서 무정형의 적자생존의 원리가 적용된다.

해설 법집행과 국가정보는 속성적으로 별개로 모든 법집행에 국가정보기구의 정보 서비스가 필연적인 전제로 요청되는 것은 아니다.

답①

44. 다음 중 정보활동과 법규범에 대한 설명으로 잘못된 것은?(15기출)

① 정보수집 활동과 관련되는 법의 범주로는 먼저 자국의 국내법 다음으로 상대국가, 즉 정보수집 대상국가의 국내법 마지막으로 국제법의 3가지가 있다.

② 전 세계 인류지성의 확산과 민주화의 보편화에 따라서 각국은 그 본질적인 속성으로 불법적인 요소가 개재되어 있는 해외 스파이 활동은 국제법에 위반되는 것으로 불법이라고 하는 것에 이론이 없다.

③ 국제질서 속에서의 정보수집 활동은 이율배반의 극치로 국내법적으로는 사형을 포함하는 형벌로 간첩행위를 금지하면서, 해외에서는 국제관습법상의 권리로서 해외 간첩

정보 활동을 적극적으로 권장하고 있는 것이다.

④ 대한민국도 형법 제98조와 국가보안법 등에서 국가적 이익에 반하는 죄의 한 유형으로 간첩죄를 규정하여 엄격하게 처벌하고 있다.

> **해설** 오늘날 각국은 자국 내에서의 간첩활동은 엄히 벌하면서도 해외에서의 간첩활동은 오히려 국가안보 또는 국가이익을 위한 활동으로 적극 권장한다. 그러므로 외국 정보요원들의 한국 내에서의 간첩활동은 간첩활동을 묵인하는 국제관습법의 존재에도 불구하고 적발되면 한국의 법에 따라 처벌받게 된다.
>
> 답②

45. 정보에 대한 금언인 "And you shall know the truth, and the truth shall make you free"에 대한 설명으로 잘못 된 것은?(기출)

① 미국 중앙정보국(CIA)의 모토

② 여기에서 "truth"는 정보를 의미한다.

③ 진실이라는 국가정보의 속성상 정책의 정보에 대한 종속성을 말해 준다.

④ 정보의 필요성과 진리 추구라는 정보의 의미와 속성을 묘사한 금언이다.

> **해설** CIA의 모토로 정보의 진실 추구성을 의미하지만, 정보는 진실 그 자체를 의미하는 것은 아니다. 정책이 정보에 종속하는 것이 아니라 오히려 정보의 정책 종속성이 정보의 속성임을 말해 준다.
>
> 답③

46. 정보분석관 존 하이덴리히(John G. Heidenrich)는 오늘날 정보공동체의 취약점은 이질적인 요소와 단편적인 스냅 샷(snapshots)"을 생산하는데 주력하고 있어서, 다른 정보자료와 함께 대비. 대조하여 커다란 그림을 그리는데 취약하다"라고 CIA의 업무활동을 비판했다. 이 경우에 존 하이덴리히가 말한 "스냅샷"은 다음 중 무엇을 가리키는가?(기출)

① Strategic Intelligence(전략정보)

② Tactical Intelligence(전술정보)

③ Security Intelligence(보안정보)

④ Foreign Intelligence(해외정보)

> **해설** CIA의 분석관들이 말한 "오늘날 우리는 단지 현재의 이벤트에 대해 보고할 뿐이다." 라는 비판과 동일한 취지로 장기 전략정보가 아니라 목전의 전술정보에 급급하다는 취지이다.
>
> 답②

47. 다음 설명 중에서 잘못된 것은?(기출)

① 셔먼 켄트는 국가정보를 분석형태에 따라서 기본정보, 현용정보 그리고 판단정보로 구분했다.

② 국가정보는 국가경영의 나침반 역할을 수행한다.

③ 국가정보기구를 전략정보의 산실로 보면 정보기구는 현안에 대한 태스크포스팀이 된다.

④ 국가정보의 수요자에는 대통령 외에도 의회, 행정부 정책담당자, 국가안보회의, 다른 정보기구 그리고 사경제 영역의 사람들도 있다.

해설 국가정보기구를 전략정보의 산실로 보면 국가정보기구는 현안에 대한 태스크포스팀, 즉 전술정보의 산실이 아니라 그 나라 최고의 싱크탱크가 된다.

답③

48. 국가정보 용어에 대한 다음 설명 가운데 잘못인 것은?(기출)

① 국가정보에서 정보(intelligence)와 첩보(information)는 구별된다.

② 생자료(raw material), 생데이터(raw data) 또는 원시자료(原始資料)는 가공되지 않고 처리나 집계하기 전의 자료들로 첩보를 구성하는 인자이다.

③ 첩보는 어떻게 알게 되었는지를 불문하고 획득되어 알려진 사실 그 자체로 생자료 자체 또는 생자료의 단순한 집적이다.

④ 정보성 첩보(intelligence information)는 분석 전 자료로 첩보일 뿐 아직 정보는 아니다.

해설 정보성 첩보는 생생한 영상첩보(이민트: IMINT)처럼 정보분석 없이 그 자체가 정제된 정보이다.

답④

49. 다음 가운데 전술정보(Tactical intelligence)와 전략정보(Strategic intelligence)에 대한 설명으로 잘못인 것은?(기출)

① 전술정보는 작전정보(Operational Intelligence)라고도 한다. 그것은 목전에 있거나 머지않은 장래에 도래가 예상되는 구체적이고 현실적인 활동 전개를 계획하고 수행하기 위한 정보이다.

② 마이클 허만과 셔먼 켄트가 잘 설명한 것처럼 전략정보는 상대세력에 대한 휴민트 활동이 아니면 생산되기 어렵다.

③ 전술정보는 현재 긴박한 상황에 대한 것으로서 사용에 대한 시간의 민감성이라는 특성이 있다.

④ 전략정보, 즉 스트레인트(STRATINT)는 구체적인 현안이 없는 경우에도 국가운영을

위하여 지속적으로 생산하는 장기적이고 포괄적 관점에서의 정보이다.

해설 전략정보는 광범위한 공개출처 정보에 대한 체계적이고 학술적인 분석접근으로 생산이 가능하다.
답②

50. 다음 중 국가정보(National Intelligence)와 법집행(law enforcement)에 대한 설명으로 잘못인 것은?(기출)

① 전체주의 국가나 공산권 국가의 경우에는 정보와 법집행을 의도적으로 결합했다. 그 결과 국가정보기구가 비밀경찰로 역할 했고 매우 훌륭한 통치수단으로 사용되었다.

② 국가정보와 법집행은 문화를 달리하고 업무에 대한 접근방법이 다르기 때문에 구분되어 차단막이 형성되어야 상호 간섭 없이 업무를 효율적으로 수행할 수 있다.

③ 법집행 절차는 체포하여 기소한 범죄자에 대한 유죄를 증명하는 것에 집중되는 것으로, 속성적으로 과거 지향적이고 사건 중심적이다.

④ 국가정보활동은 아무리 사소하게 보이는 미세한 현상이라도 끝까지 추적하고 분석하여, 미세한 점을 연결하여 전체적인 그림을 그려야 한다.

해설 오늘날 정보공동체 도움 없이 법집행공동체만으로 국제조직범죄 등에 대처하기는 어려운 것처럼, 세계화는 정보와 법집행공동체의 협조를 요구하고 국가안보성 문제에 공동 대처할 것을 요망한다.
답②

51. 다음 중 국가정보학의 특징으로 거리가 먼 것은?(16기출)

① 정보기구에 대한 부정적인 인식으로 인하여 연구가 기피되어 왔다.

② 당면문제의 해결을 목적으로 하는 학문이다.

③ 여러 분야를 포괄하는 종합적 학문이다.

④ 국가정보에 대한 역사적 사건이 다양하여 관련 자료가 풍부하다.

해설 보안등의 이유로 관련 자료가 부족하여 체계적인 연구가 어려웠다.
답④

52. 다음 중 셔먼 켄트(Sherman Kent)가 주장한 정보의 정의에 포함되지 않는 것은?(16기출)

① 지식

② 조직

③ 활동

④ 정책

해설 셔먼 켄트는 정보를 "지식이고 조직이며 활동"이라고 3중적으로 정의했다.

🔲④

53. 다음 중 정보와 정책의 관계에 대한 설명으로 가장 옳지 않은 것은?(17기출)

① 정보기관의 능력이 뛰어나더라도 국가의 정책방향을 정보로만 결정할 수는 없다.

② 정보는 정책에 관여할 수 없지만 정책은 정보에 영향을 미칠 수 있다.

③ 정책은 국가정보기관의 정보에 종속되어야만 한다.

④ 정보와 정책은 상호 밀접한 관계를 갖고 있기 때문에 정보기관과 정책결정자는 상호 협력하여야 한다.

해설 정보는 정책에의 서비스 자료로 정보가 정책에 종속된다. 정보의 정책 종속성, 반투성 차단막, 정보와 정책의 레드 라인(red line) 이라는 용어가 모두 정보와 정책의 관계를 말해준다.

🔲③

※ 참고)
중복되어 기출 되는 경우도 있어서 유사한 문제가 반복적으로 소개되기도 함.

제2편

정보의 순환

(☞국가정보 pp. 137-157 참조)

제1장 정보순환의 의의와 중요성

제1항 정보순환(Intelligence Cycle)의 의의

I. 정보순환 개관

① 국가정보활동의 중심 개념에 정보순환이 있다.
② 정보순환이란 국가정보기구가 체계적인 기획 아래에 첩보를 수집하여 정보를 생산하고 정책공동체에 정보를 배포하는 일련의 과정을 말한다.
③ 정보순환은 '순환'이라는 용어 때문에 시간제약이 없이 무제한으로 이루어질 수 있는 것으로 오해할 수 있다. 그러나 정보순환에서 **적시성**은 여전히 핵심 요소이다.

II. 광의의 정보순환과 협의의 정보순환

1. 광의의 정보순환

① 광의의 정보순환은 국가정책 목적 달성을 위해 정보요구에서부터 배포 그리고 사용에 대한 일련의 제반 과정을 포괄한 개념이다.
② 그러므로 정책부서가 제공받은 정보를 사용한 후에 문제점이 발견되면 재생산하는 보완과 추가적인 정보생산을 위한 과정까지를 통칭한다.

2. 협의의 정보순환

① 정보순환문제를 국가정보기구의 내적인 범위로 한정한 개념이다.
② 국가정보기구가 정보를 수집하고 생산하여 배포하기까지의 과정만을 의미한다.
③ 정보순환을 단일한 순환과정으로 이해하는 것이다.
④ 쉽게 말해서 환류와 피드백은 제외한 정보순환 개념이다.

III. 정보순환 분류

1. CIA의 정보순환 5단계

① 기획 및 지시(Planning and direction)
② 수집(collection)
③ 가공(processing)
④ 분석 및 생산(analysis and production)
⑤ 배포(dissemination)

※ 제프리 T 리첼슨(Jeffrey T. Richelson)도 CIA의 분류에 따른다.

2. 북대서양 조약기구(NATO)의 정보순환 4단계론

① 지시(Direction)
② 수집(Collection)
③ 가공(Processing)
④ 배포(Dissemination)

NATO는 가공(Processing) 단계를 다시 5가지로 분류한다.
1단계: 대조(Collation): 연관된 첩보의 그룹화
2단계: 평가(Evaluation): 첩보의 신뢰성과 상호 의존성에 대한 판단
3단계: 분석(Analysis): 수집 첩보의 중요성과 함축성을 파악
4단계: 종합(Integration): 일정한 패턴과 부가되는 첩보를 인식하기 위한 집적
5단계: 해석(Interpretation): 수집 첩보의 중요성을 평가하고 사정(査定)

3. 마크 M. 로웬탈의 정보순환 7단계론

① 요구(requirements)
② 수집(collection)
③ 가공과 개발(processing and exploitation)
④ 분석 및 생산(analysis and production)
⑤ 배포(dissemination)
⑥ 소비(consumption)
⑦ **환류(feedback)**

제2항 정보순환의 중요성과 기능

I. 정보순환의 중요성

① 정보순환에 대한 이해는 정보담당자나 정책담당자들에게는 매우 중요한 문제이다. 정보순환에 대한 이해가 바탕이 되어야, 정책담당자들은 마음만 먹으면 필요한 정보가 언제든지 생산되고 해당 정보는 확실성을 담보하는 것이라는 오해에서 벗어날 수 있기 때문이다.
② 또한, 정보담당자들은 정보순환의 전 과정을 올바르게 이해함으로써, 궁극적으로 정보는 그 자체가 목적이 아니라, 국가정책을 위한 것임을 인식하게 되고, 정보와 정책의 상관관계에서 업무를 체계적으로 수행할 수 있게 된다.

II. 정보순환의 기능과 가치

① 정보순환은 정보기구의 업무를 국정 최고책임자의 전유물이 아닌, 국가 정책적 요청에 바탕을 두고 시스템적으로 이루어지게 한다는 점에서 의의가 있다.
② 정보순환은 정보폭력(엄밀하게는 첩보폭력)을 방지해 줄 수 있다.
③ 정보순환은 정책과 정보의 유기적인 협조를 이루어내어 정책공동체와 정보공동체 사이에서 국가운용의 교향곡을 연주하는 것과 같은 효과가 있게 해준다.
④ 정보순환은 정보기구 내부에서도 각각의 단계를 거침으로서 견제와 균형(checks and balances)을 통해서 업무를 올바르게 수행할 수 있게 한다(CIA의 견해).

III. 정보순환에 대한 견해 차이

① 정책 담당자들은 주어진 정보에 입각해서만 업무를 하게 되는 자동인형이나 단순한 기술자는 아니다. 이에 환류를 정보순환의 한 부분으로 볼 것인가의 문제가 있다.

② 한편 정책관계자들이 주어진 정보를 어떻게, 어느 정도로 활용하는지는, 정보기구의 입장에서는 매우 중요한 의의를 가진다. 그것은 국가정보기구의 역량이나 활동이 정보 최종소비자인 정책담당자들에 의해 평가받게 된다는 의미도 있다.

③ 이것은 자칫 누구에게서도 감독과 감시를 받지 않아서 정체되고 부패하기 쉬운 국가의 귀와 눈인 국가정보기구가 끊임없이 변모하고 발전할 수 있는 동인(動因)으로 작용할 수 있는 자성의 기회를 가지게 되는 것을 의미한다. 더불어서 정보소비자와 정보생산자 간에는 많은 대화를 해야 함을 말해주고, 이것이 바로 정보의 피드백이다.

④ 정책담당자들은 정보공동체에게 제공받은 정보가 얼마나 능률적으로 요구에 부응했으며, 어떤 부문이 미진해서 추가가 필요한지를 지적해야 한다. 왜냐하면 그것이 정보기구의 발전을 위해서 필요하고 정보의 정책 종속성을 확인하는 것이기 때문이다.

⑤ 물론 정보와 정책 사이에는 반투성(半透性)의 판막이가 있어서, 정보는 결코 정책으로 내밀하게 침투해서는 안 된다는 반투성의 원리를 항상 인식해야 한다. 이러한 인식의 바탕 위에서 정책과 정보의 유기적인 협조를 이루어내는 것은 마치 국가운용의 교향곡을 연주하는 것과 같다.

제2장 정보순환 절차

제1항 정보순환 절차 일반

1. 정보요구 개관

① 정보요구는 정보수요를 정보기구가 확인(identifying)하는 과정이다.

② 정보요구에는 국가정책담당자로부터의 요구, 횡적인 정보기구 상호간의 요구 그리고 정보생산자 자체 판단에 의한 요구의 3가지 형태가 있다.

③ 정보 민주화가 된 국가일수록 정책담당자에 의한 정보요구가 많다.

④ 국가정보기구의 정보수집과 분석 능력은 정보자산을 고정변수로 하고, 국내외적 환경을 가변변수로 하는 여러 가지 이유들로 제약을 받는다.

⑤ 이러한 이유로 모든 정보요구를 충족하지 못하기 때문에 국가정보기구는 필연적으로 정보요구의 우선순위를 획정해야 한다.

⑥ 정보요구의 획정단계에서의 가장 커다란 쟁점은, 누가 정보수요와 우선순위를 획정하고 정보공동체에 전달하는가라는 문제이다

2. 정보의 우선순위

① 정보 우선순위 결정은 정보자원, 즉 인적자산과 물적자산의 한계에서 오는 문제이다.

② 유능한 국가정보기구는 정책담당자의 정보신청이나 요구와 무관하게, 국가정보계획에 따라서 정책담당자들이 필요로 할 만한 사항을 제도화하여 통상임무로 수행한다.

③ 복수 이상의 국가정보기구가 있는 경우에 정보활동 목표의 우선순위를 정한 **국가정보목표 우선순위(PNIO: Priority of National Intelligence Objective)**를 수립한다.

국가정보목표 우선순위(Priority of National Intelligence Objective)의 작성

미국의 경우 국가정보목표 우선순위(PNIO)는 국가정보국장(DNI)이 작성하여, 16개 정보공동체 구성원들에게 배포하고, 한국은 국가정보원장이 작성한다.

---

④ 부문 정보기관들은 국가정보목표 우선순위(PNIO) 아래에서 정보활동 순위와 방향을 정한 **첩보활동 기본요소(Essential Elements of Intelligence: EEI)**를 수립한다.

⑤ 현실세계의 급격한 정보환경의 변화에 의거해서, 정책담당자들에 의한 국가정보목표 우선순위(PNIO)와 첩보활동 기본요소(EEI)에 대한, 우선 처리를 포함한 새로운 정보요

구를 **기타정보요청(OIR : Other Intelligence Requirements)**이라고 한다.

⑥ 기타정보요청(OIR)에 따른 것이든 해당 정보부서의 자체 수요에 의한 것이든 국가정보 목표 우선순위(PNIO)와 첩보활동 기본요소(EEI)에 없는 특별한 첩보수집 요구를 **특별 첩보요청(SRI : Special Requirements for Information)**이라고 한다.

제2항 정보순환 단계별 쟁점

Ⅰ. 정보요구 단계 쟁점

1. 선취권 잠식(Priority Creep)의 문제

① 정보활동의 우선권이 영향력 있는 정책담당자나 정보분석관에 의해서 박탈당하고 다른 부문이 우선권을 확보하게 되는 현상을 선취권의 잠식이라고 한다.

② 선취권의 잠식은 국가정보활동에 여러 가지 악영향을 끼친다.

③ 먼저 국가정보 활동의 전체적인 균형을 잃게 할 수 있다.

④ 애써 획정된 순위에 따라 확보되었던 정보활동 우선순위가 영원히 행사되지 못하는 경우도 발생할 수 있다.

⑤ 극심한 경우에는 정보 권력의 암투를 유발할 수도 있다.

2. 정보활동의 임시 특별권(*ad hocs*)

① 정보활동의 임시 특별권은 특별과제가 발생했을 때, 정보활동의 우선권이 재조정되어 갑자기 발생한 특별과제가 정보활동의 우선순위가 되는 것을 말한다.

② 정보활동의 임시 특별권 문제는 정당하고 옹호되어야 한다는 점에서 선취권 잠식(Priority Creep)과 법적성질을 달리한다.

③ 임시 특별권은 원칙적으로 정당한 사유라고 할 수 있지만 Mark M. Lowenthal은 그것을 또한 **"특별권의 독재(tyranny of ad hocs)"**라고 표현했다.

④ 왜냐하면 정당한 임시 특별권도 자주 반복되면 정상적인 국가정보 운영 체계에 적지 않은 동요를 초래할 수도 있기 때문이다.

Ⅱ. 정보수집(Collection) 단계 쟁점

① 정보수집은 인간정보(HUMINT), 기술정보(TECHINT), 공개출처정보(OSINT)를 통해서 이루어진다.

② 정보수집 단계에서의 주된 쟁점은 과연 얼마만큼의 정보를 수집할 것인가? 요구된 정보수요에 대하여 얼마만큼의 정보를 수집해야 하는가? 수집된 정보가 많다고 해서 그만큼 정보의 질이 달라지는가? 라고 하는 문제들이다

③ 결론적으로 필요한 정보수집의 양은 정보를 생산하는 정보분석관에 의한 첩보요구 수준에 달렸다고 할 수 있다.

④ 즉, 국가정보 활동에 있어서 정보수집은 그 자체가 독립적 또는 편의적으로 이루어지지 않고 정보분석관의 요구에 기초하여 행해지는 것이 중요하다.

⑤ 그러므로 '수집 없이 정보 없지만 분석 없이 정보가 있을 수 없다'는 정보경구(警句)는 매우 중요하다.

⑥ 광범위하게 수집된 첩보에서 중요한 알곡과 불필요한 껍질을 구별하는 것을 **밀과 겉겨의 문제(wheat versus chaff problem)** 또는 진공청소기 쟁점(vacuum cleaner issue)이라고 한다.

III. 정보 가공과 개발(processing and exploitation) 단계 쟁점

① 1차적으로 수집된 방대한 첩보를 최종 생산할 정보를 만드는 데 적합한 상태로 변환하는 작업을 정보의 가공과 개발이라고 한다.

② 예컨대 암호문은 해독과정이라는 처리와 가공의 과정을 거쳐야 무슨 대화인지 알 수 있다. 또한 외국어는 먼저 자국어로 번역되어야 한다.

정보 가공과 개발은 우유를 치즈로 변화하는 과정!
실무적으로 영상과 신호의 측정이나 언어번역, 암호해독, 주제별 분류, 데이터 정리, 방대하고 복잡한 디지털 신호를 영상신호로 전환하거나 외국어로 된 문서와 녹음테이프는 해석과정을 거쳐 판독 가능한 1차 정보로 전환한다.

③ 오늘날 각국은 정보수집과 정보분석 간에 상당한 불균형이 있다. 게다가 계속 쌓이는 정보수집의 량과 수집정보의 가공과 개발의 불균형 문제로 인해서, 수집된 정보의 상당량이 전혀 활용되지 못하고 사장되는 사례가 빈번한 것으로 알려졌다.

TPED Issues
TPED는 "Tasking, Processing, Exploitation & Dissemination(착수-가공과 개발-배포)"의 철자 약어로 미국 국가지리정보국(National Geospatial-Intelligence Agency)의 전신인 국가영상지도국(National Imagery and Mapping Agency, 일명 니마(NIMA)의 정보순환 과정을 묘사한 용어이다. 예컨대 국가지리정보국(NGA)은 고성능의 정찰위성 등으로 엄청난 양의 자료를 수집하지만 수집한 각종 정보자료들이 처리되지도 못하고 폐기되는 문제를 TPED 쟁점이라고 한다.

④ 오늘날 첩보수집에 뒤따르는 정보 가공과 개발 절차도, 상당부분 과학기술에 의존한다. 이것은 예산담당자들은 정보수집을 위한 과학 장비의 구입 시에, 그에 상응한 정보 가공과 개발을 위한 신장비의 구입도 염두에 두어야 한다는 것을 뜻한다.

IV. 정보분석 및 생산(analysis and production) 단계 쟁점

① 정보분석 및 생산단계는 첩보 등 기초 자료로부터, 중요한 사실관계를 확인하고 제반 자료의 유기적인 통합과 평가 그리고 데이터 분석을 통해서 필요한 최종 정보를 만들어내는 과정이다.

② 정보생산단계에서의 주된 쟁점은 단기정보와 장기정보 사이에 일어나는 긴장과 균형의 문제이다. 동일한 첩보자료를 가지고 분석한 경우에도 관점의 차이로 인해서 단기정보와 장기정보 사이의 정보분석 내용이 다를 수 있다.

③ 장기정보는 현재로서는 급박하지 않지만 그 중요성에 비추어, 언젠가는 전면에 부각될 가능성이 있는 분야에 대해, 전체적인 추세와 문제점을 다루는 것이다.

④ 통상 장기분석 정보와 단기분석 정보의 비율은 50: 50%가 이상적으로 간주된다.

⑤ 한편 정보분석은 정보수집의 우선순위 결정에도 큰 영향을 끼친다. **'수집 없이 정보 없지만 분석 없이 정보가 있을 수 없다'** 는 금언처럼 정보분석 업무에 추동된 정보수집이 이상적이다.

V. 정보배포(dissemination) 단계 쟁점

1. 개 관

① 정보배포는 최종적으로 생산정보를 정보수요자에게 전달하는 과정이다.

② 정보배포 단계는 정보순환의 다른 단계에 비해서 비교적 정형화되어있다.

③ 정형화된 정보배포 체계는 국가정보는 생산 그 자체가 목적이 아니라는 점을 분명히 말해준다.

④ 아무리 정교한 절차를 거쳐 생산된 훌륭한 정보라고 하더라도 배포되고 소비되지 않는다면 수집되지 않은 정보나 마찬가지인 것이다.

2. 정보배포 단계에서의 5대 쟁점

① **가치성:** 방대한 정보 가운데 무엇이 가장 중요하고 보고가치가 있는가?

② **필요성:** 어떤 정책담당자에게 배포할 것인가?

③ **시의성:** 얼마나 신속히 배포할 것인가?

④ **정밀성**: 얼마나 상세한 내용을 담을 것인가?
⑤ **타당성**: 정보배포를 위한 적당한 방식은 무엇인가?

정보배포의 실전적 중요성!
1941년 미국정보당국은 일본이 진주만을 공격하기 하루 전에 공습 정보를 입수했다. 하지만 그 정보를 신속하게 하와이 주둔 사령부에 전달하지 못했다. 미국은 기습을 당했다.

3. 구체적인 정보배포방법

A. 보고서

서류형태의 보고서이다. 현용정보 보고서, 경고정보 보고서, 평가 및 분석정보 보고서, 결과보고서처럼 내용에 따라 다양한 제목을 가진다.

B. 브리핑

구두설명으로 하는 정보보고이다. 많은 사람에게 보고하거나 또는 긴급 사안에 애용된다.

C. 정기간행물

광범위하고 주기적인 정보보고를 위해 사용되는 정보배포 방법이다. 주간, 월간, 연간 간행물이 있다.

D. 연구과제 보고서

장기간의 전략정보 등 심층적이고 학술적인 분석이 필요한 경우에 작성되는 연구논문 형태의 정보보고서이다. 미래예측 판단정보를 다루는 경우에 주로 사용한다.

E. 메모(memorandum)

짧은 내용의 정보를 긴급히 배포할 때 이용한다.

F. 전문(電文)

전보문의 약어이다. 해외공관에서 본국에 정보를 전달하는 경우에 활용된다.

VI. 정보소비(Consumption) 단계 쟁점

① 정보소비자의 욕구를 충족하지 못하는 정보는 무의미하고 국가자산의 낭비이다.
② 정보소비 단계에서의 쟁점은 먼저 정보소비가 구두보고와 서면보고의 어떠한 형태로 이루어지는가를 파악하는 것이 중요하다.

③ 다음으로 정보소비가 생산한 정보의 어느 정도 비율로 이루어지는가는 국가자산의 관리 측면에서도 소중하다.

VII. 정보환류(Feedback) 단계 쟁점

① 정보절차는 결코 한 방향으로 진행되는 일방통행의 편도선이 아니고 끊임없이 순환하는 왕복선이다.
② 종결된 것으로 여겨지는 정보순환의 직전 단계의 업무수행이 다시 필요하기도 한, 양방향 이상의 입체적 내용의 작용·반작용의 영역이다.
③ 정보환류를 통해서 정보공동체와 정책공동체 쌍방의 대화가 이루어지게 되고, 정책부서가 최초에 제기한 정보수요가 불필요했다거나 충분하지 않았다거나 정보공동체가 제공한 정보가 만족스럽지 못했다는 것 같은 상호 반성과 평가가 뒤따를 수 있다.
④ 또한, 정책담당 부서의 실제 정보소비에서 발생한 여러 국면의 상황은 정보순환에 상당한 영향을 미칠 수 있다.

VIII. 정보환류(Feedback)에서의 정보와 정책의 관계에 대한 참조적 이해

전통주의(Mark. M. Lowennthal)	행동주의(Roger. Hillsman)
.정보와 정책의 엄격한 분리를 주장 . 정보의 정책 종속성	. 환류에 따른 요청 강조 . 정보와 정책의 유기적 협조 . 정보생산자의 정책과정에 대한 연구 강조

① 전통주의와 행동주의는 정보순환 단계에서의 정보와 정책의 관계에 대한 이해를 위한 평가일 뿐, 정보공동체와 정책공동체 사이의 원칙적 관계를 의미하는 반투성 차단의 원칙을 배제하는 논의는 아니다.
② 원래 로저 힐스만(Roger Hilsman)은 케네디 대통령 시절에 행정부처인 국무부 정보조사국(U.S. State Department's Bureau of Intelligence and Research: INR) 국장을 역임하면서, 쿠바 미사일 위기 사태에 대한 정책결정을 주도하는 등으로 정보 책임자이면서도 정책 결정에 깊이 개입한 인물이다.
③ 행동주의자인 힐스만은 1995년에는 CIA의 역할이 아직도 필요한가(Does the CIA Still Have a Role)?라는 글을 발표하기도 했다.

1. 정보순환에 대한 설명으로 잘못된 것은?
   ① 정보기구의 활동 가운데 지극히 기술적이고 무색무취한 영역이다.
   ② 무한반복 같은 순환이라는 용어에도 불구하고 적시성은 중요한 요소이다.
   ③ CIA는 정보순환을 기획 및 지시에서 배포까지 5단계로 구분한다.
   ④ 정보의 제반 영역 가운데 정책담당자들의 소상한 이해가 요구되는 영역이다.

   해설 정보순환은 정책공동체와 정보공동체의 연결고리 영역으로 정보와 정책의 성공에 직결된 중요한 가치판단이 개재되는 영역이다(pp. 137-140).

   답①

2. CIA의 정보순환 5단계는?
   ① 기획 및 지시 → 수집 → 가공 → 분석 및 생산 → 배포
   ② 요구 → 가공 → 분석 → 생산 → 배포
   ③ 기획 및 지시 → 수집 → 분석 및 생산 → 배포 → 소비
   ④ 요구 → 수집 → 분석 및 생산 → 배포 → 소비

   해설 CIA의 정보순환 5단계는① 기획 및 지시(Planning and direction), ② 수집(collection), ③ 가공(processing), ④ 분석 및 생산(analysis and production), ⑤ 배포(dissemination) 이다(p. 142).

   답①

3. 정보순환의 중요성과 기능에 대한 설명으로 잘못된 것은?
   ① 정보담당자들은 정보순환의 전 과정을 이해함으로써, 궁극적으로 정보는 그 자체가 목적이 아니라 국가정책을 위한 것임을 인식하게 되고, 정보와 정책의 상관관계에서 업무를 체계적으로 수행하게 된다.
   ② 정보순환은 국가정보기구의 업무를 국정 최고책임자의 사유물 내지는 전유물이 아닌, 국가 정책적 요청에 바탕을 두고 시스템적으로 이루어지게 한다는 점에서 의의가 있다.
   ③ 정보순환은 정보기구 내부에서도 각각의 단계를 거침으로서 견제와 균형(checks and balances)을 통해서 정보업무를 올바르게 수행할 수 있게 한다.
   ④ 정보순환은 정보기구 내부의 문제로서 정책공동체와는 원칙적으로 절연되어 있다.

해설 정보순환의 이해는 정보담당자나 정책담당자들에게는 매우 중요하다. 왜냐하면 정보순환에 대한 이해가 바탕이 되어야 정책담당자들은 마음만 먹으면 필요한 정보가 언제든지 생산되고, 해당 정보는 확실성을 담보하는 것이라는 오해에서 벗어날 수 있기 때문이다. 그러므로 또한, 정보순환 과정을 통해서, 정보순환은 정책 최고결정권자가 정제되지 아니한 정보 즉, 첩보를 바탕으로 사리를 판단하는 소위 정보폭력(엄밀하게는 첩보폭력)을 방지해 줄 수 있다(pp. 138-140).

달 ④

4. 정보요구(Requirements) 단계에서의 설명으로 잘못된 것은?
① 정보요구는 구체적인 정보수요를 국가 정보기구가 확인하는 과정이다.
② 일반적으로 정보요구는 국가정책담당자로부터의 요구와 횡적인 정보기구 상호간의 요구 그리고 정보생산자 자체 판단에 의한 요구의 3가지가 있다.
③ 선진 정보민주화 국가일수록 정보생산자 자체판단에 의한 정보생산이 많다.
④ 정보요구의 획정단계에서의 가장 커다란 쟁점은 누가 정보수요와 우선순위를 획정하고 정보공동체에 전달하는가? 하는 문제이다.

해설 정보민주화 국가일수록 정책담당자에 의한 정보요구가 많다(pp. 144-147 상단).

달 ③

5. 정보소비(Consumption)와 환류(Feedback) 단계에 대한 설명으로 잘못된 것은?
① 정보학자 로웬탈은 정보순환에서 소비 단계를 고려하지 않는 것은, 정보순환에 대한 정책공동체의 역할을 무시하고 간과하는 편무적인 접근이 될 것이라고 비판했다.
② 정보절차는 정보공동체가 수집한 정보를 바탕으로 생산한 정보를, 정책공동체에게 전달하는 일방통행의 편도선이다.
③ 정보소비자의 소비욕구를 충족하지 못하는 정보생산은 무의미하고, 국가자산의 낭비이다.
④ 배포 받은 정보를 소비한 정책 담당자들은 정보소비 과정에서 나타난 제반 문제점을 피드백해 주는 것이 매우 바람직하다.
⑤ 어떤 정보가 어떻게 유용했는데 무엇이 부족했고, 어떤 정보는 전혀 효과를 발휘하지 못했으며, 어떤 부문에 대한 정보가 추가로 필요하거나 계속 관측이 필요하다는 의견은 향후의 정보수집과 분석방향에 매우 긴요하기 때문이다.

해설 정보절차는 결코 한 방향으로 진행되는 일방통행의 편도선이 아니다. 끊임없이 순환되는 왕복선이다. 종결된 것으로 여겨지는 정보순환의 직전 단계의 업무수행이 다시 필요하기도 한, 양방향 이상의 입체적 내용의 작용 · 반작용의 영역이다(pp. 155-157).

달 ②

6. 다음 중 협의의 정보순환에 해당하는 것은?

① 국가정책 목적을 위해 특정정보에 대한 요구에서부터 배포 그리고 사용과 평가에 대한 일련의 제반 과정을 포괄한다.

② 제공받은 정보를 정책부서가 사용한 후에 문제점이 발견되면 재생산하는 보완과 추가적인 정보생산을 위한 과정까지를 통칭하는 개념이다.

③ 정보순환을 단일한 순환과정으로 이해하고 환류와 피드백은 제외하는 개념이다.

④ 정책공동체와의 의견소통을 매우 중요시하는 정보순환 개념이다.

해설 협의의 정보순환은 정보순환문제를 국가정보기구의 내적인 범위로 한정한 개념으로, 국가정보기구가 정보를 수집하고 생산하여 배포하기까지의 과정만을 순수한 의미의 정보순환이라고 한다.

답③

7. 제프리 T 리첼슨(Jeffrey T. Richelson)의 정보순환 단계론과 마크 M. 로웬탈의 정보순환 7단계론의 차이는 무엇인가?

① 소비(consumption)와 환류(feedback)

② 가공과 개발(processing and exploitation)

③ 분석 및 생산(analysis and production)

④ 배포(dissemination)

해설 정보순환에 대해 제프리 T 리첼슨(Jeffrey T. Richelson)도 CIA의 정보순환 5단계론인 ① 기획 및 지시(Planning and direction), ② 수집(collection), ③ 가공(processing), ④ 분석 및 생산(analysis and production), ⑤ 배포(dissemination)의 분류를 따른다. 한편, 마크 M. 로웬탈의 정보순환 7단계론은 ① 요구(requirements), ② 수집(collection), ③ 가공과 개발(processing and exploitation), ④ 분석 및 생산(analysis and production), ⑤ 배포(dissemination), ⑥ 소비(consumption), ⑦ 환류(feedback)이다. 양자의 가장 커다란 차이는 소비(consumption)와 환류(feedback) 문제이다. 어떤 분류를 따르든지 CIA가 적절하게 지적한 바와 같이 정보동공동체는 정보순환 단계를 거침으로서 견제와 균형(checks and balances)을 통해서 업무를 올바르게 수행할 수 있게 된다.

답①

8. 다음 중에서 정보순환에 대한 설명으로 잘못된 것은?

① 정책 담당자들은 주어진 정보에 입각해서만 업무를 하게 되는 자동인형이 아니다.

② 정책관계자들이 주어진 정보를 어떻게, 어느 정도로 활용하는지는, 정보기구의 입장에서는 매우 중요한 의의를 가진다. 그것은 국가정보기구의 역량이나 활동이 정보 최종소비자인 정책담당자들에 의해 평가 받게 된다는 의미도 있다.

③ 하지만 정보와 정책 사이에는 반투성(半透性)의 판막이가 있기 때문에 피드백을 정보

단계론에 포함시키는 것은 부적절하다.

④ 정보의 피드백은 자칫 누구에게서도 감독과 감시를 받지 않아 정체되기 쉬운 국가의 귀와 눈인 국가정보기구가, 끊임없이 변모하고 발전할 수 있는 동인(動因)으로 작용할 수 있는 좋은 기회가 된다.

해설 정보공동체와 정책공동체 사이의 반투성의 경계막과는 별도로, 정보소비자와 정보생산자 간에는 많은 대화를 해야 한다.이것이 정보의 피드백이다. 왜냐하면 제공받은 정보에 대한 평가는 정보기구의 업무발전을 위해서 필요하고 궁극적으로 정보의 국가정책 종속성을 확인하는 것이기 때문이다.

답 ③

9. 국가정보 순환론 단계에서 정보의 국가정책 종속성을 확인할 수 있는 단계는 무엇인가?

① 수집(collection) 단계
② 환류(feedback) 단계
③ 분석 및 생산(analysis and production) 단계
④ 소비(consumption) 단계

해설 정보의 피드백은 정보소비자와 정보생산자 사이의 대화이다. 정책담당자들은 정보공동체에게 제공받은 정보가 얼마나 능률적으로 요구에 부응했으며, 어떤 부문이 미진해서 보완이나 추가가 필요한지를 설명해야 한다. 왜냐하면 그것이 정보기구의 업무발전을 위해서 필요하고 궁극적으로 정보의 정책 종속성을 확인하는 것이기 때문이다. 따라서 피드백은 국가정보의 업무방향을 시시각각 변모하는 상황에 맞추어 진행할 기회를 갖게 해 준다는 점에서 대단히 중요하다. 이러한 절차는 정책집행이 모두 끝난 후에 감사 등의 사후적 단계로 이루어져서는 안 된다. 정책을 수립하고 집행하는 과정에서 유기적으로 협조가 이루어져야 한다. 그래야 국가운용의 효율을 최고조로 유지할 수 있는 첩경이 된다.

답 ②

10. 정보요구와 관련하여 특별첩보요청(Special Requirements for Information)이란 무엇인가?

① 복수 이상의 국가정보기구가 있는 경우에 정보활동 목표의 우선순위를 정한 로드맵이다.
② 부문 정보기관들이 국가정보목표 우선순위(PNIO) 아래에서, 정보활동 순위와 방향을 규정한 로드맵이다.
③ 국가정보목표 우선순위(PNIO)와 첩보활동 기본요소(EEI)에 대한 우선 처리를 포함한 새로운 정보요구를 말한다.
④ 국가정보목표 우선순위와 첩보활동 기본요소에 없던 특별한 첩보수집 요구를 말한다.

해설 복수 이상의 국가정보기구가 있는 경우에 정보활동 목표의 우선순위를 정한 것이 **국가정보목표 우선순위(PNIO)** 이다. 부문 정보기관들이 국가정보목표 우선순위 아래에서 정보활동 순위와 방향을 규정한 것을 **첩보활동 기본요소(EEI)**라고 하고, 국가정보목표 우선순위와 첩보활동 기본요소에 대한 우선 처리를 포함한 새로운

정보요구를 **기타정보요청(OIR : Other Intelligence Requirements)**이라고 한다. 모두 국가정보활동의 역동성을 보여주는 것이다(pp. 145-147 상단).

답④

11. 미국의 국가정보목표 우선순위(Priority of National Intelligence Objective) 작성권자는 누구인가?

① DNI

② DCI

③ CIA

④ NSC

해설 미국의 경우 국가정보목표 우선순위(PNIO)는 국가정보국장(DNI)이 작성하여 16개 정보공동체 구성원들에게 배포하고, 한국은 국가정보원장이 작성한다. DCI는 폐지된 제도로 예전의 미국 정보공동체 통수권자인 국가중앙정보국장(Director of Central Intelligence)이다. NSC는 국가안보회의이다(pp. 92-95).

답①

12. 정보순환에서 선취권의 잠식(Priority Creep)이란 무엇인가?

① 특별과제가 발생했을 때 정보활동의 우선권이 재조정되어 특별과제가 정보활동의 우선순위가 되는 현상을 말한다.

② 국가정보목표 우선순위(PNIO) 아래에서에서, 개별정보기구가 자신의 주된 임무와 주특기에 맞추어 정보활동을 새롭게 하는 것을 말한다.

③ 정보활동의 우선권이 영향력 있는 정책담당자나 또는, 정보분석관에 의해서 우선권을 박탈당하고 다른 부문이 우선권을 확보하게 되는 현상을 말한다.

④ 정보순환절차에 있어서 특별한 상황 변화로 인해서 단계별 순서가 변경되는 것을 말한다.

해설 선취권 잠식은 정보활동의 우선권이 영향력 있는 정책담당자나 또는 정보분석가에 의해서 박탈당하고 다른 부문이 우선권을 확보하게 되는 현상을 말한다. ② 항은 첩보활동 기본요소로 정당한 절차이다. ① 항은 정보활동의 임시 특별권(*ad hocs*)을 의미한다(p. 146).

답③

13. 선취권 잠식(Priority Creep)의 영향이 아닌 것은?

① 정보활동에 있어서 자체판단에 따른 임기 응변능력을 고양할 수 있다.

② 국가정보 활동의 전체적인 균형을 잃게 할 수 있다.

③ 애써 획정된 순위에 따라 확보되었던 정보활동 우선순위가 영원히 행사되지 못하는 경우도 발생할 수 있다.

④ 정보권력의 암투를 유발할 수도 있다.

해설 ① 항은 그 자체로 정보활동의 자의성 그러므로 정보독재의 가능성을 말해주는 내용이다.

답①

14. 정보활동의 임시 특별권(*ad hocs*)에 대한 설명으로 잘못된 것은?
① 특별과제가 발생했을 때, 정보활동의 순위가 재조정되어 특별과제가 정보활동의 우선 순위가 되는 것을 말한다.
② 어떤 경우에도 국가정보활동에 악영향을 끼치지는 않는다.
③ 마크 로웬탈은 임시특별권도 특별권의 독재(tyranny of ad hocs)라고 표현했다.
④ 임시 특별권도 경우에 따라서는 정상적인 국가정보 운영의 업무체계에 적지 않은 동요를 초래할 수도 있다.

해설 국가정보활동에 원칙적으로 여러 가지 악영향을 끼치는 것은 선취권의 잠식이다.

답②

15. 정보수집(Collection) 단계에서의 주요 쟁점이 아닌 것은?
① 밀과 겉겨의 문제(wheat versus chaff problem)
② 얼마만큼의 정보를 수집할 것인가?
③ 특별권의 독재(tyranny of ad hocs)
④ 수집된 정보가 많다고 해서 그만큼 정보의 질이 달라지는가?

해설 특별권의 독재(tyranny of ad hocs)는 정보요구 단계에서의 쟁점이다. 밀과 겉겨의 문제(wheat versus chaff problem)는 정보수집 단계에서 광범위한 수집 첩보에서 중요한 알곡과 불필요한 껍질을 구별하는 문제이다. 오늘날 방대한 수집첩보의 양은 그 양이 늘어난 만큼 그 속에서 참으로 중요한 정보를 발굴하는 노력도 더 많이 기울일 것을 강요하는 것이 현실이다(pp. 147-148).

답③

16. 정보순환 단계에서 우유를 치즈로 변화하는 과정에 비유되는 과정은 무엇인가?
① 정보분석 및 생산(analysis and production) 단계
② 정보배포(dissemination) 단계
③ 환류(feedback) 단계
④ 가공과 개발(processing and exploitation) 단계

해설 1차적으로 수집된 방대한 첩보를 최종 생산할 정보를 만드는 데 적합한 상태로 변환하는 작업을 정보의

가공과 개발이라고 하고, 이것은 우유를 치즈로 변화하는 과정에 비유된다(pp. 148-150).

🔲④

17. 정보순환 단계에서 영상과 신호의 측정이나 언어번역, 암호해독, 주제별 분류, 데이터 정리, 방대하고 복잡한 디지털 신호를 영상신호로 전환하거나 외국어로 된 문서와 녹음테이프는 해석하는 단계는 무엇에 해당하는가?

① 정보수집단계

② 가공과 개발(processing and exploitation) 단계

③ 정보종합(Integration) 단계

④ 정보분석 및 생산(analysis and production) 단계

해설 정보순환론에서 NATO는 가공(Processing) 단계를 1단계: 대조(Collation), 2단계: 평가(Evaluation), 3단계: 분석(Analysis), 4단계: 종합(Integration) 그리고 5단계: 해석(Interpretation)으로 세분했다. 그러나 정보종합은 정보가공과 개발의 일부에 지나지 않는 것이므로 설문에서는 정보가공과 개발단계가 가장 적합한 정답이된다.

🔲②

18. 정보배포 단계에서의 5대 쟁점이 아닌 것은?

① 가치성

② 필요성

③ 시의성

④ 적합성

해설 정보배포 단계에서의 5대 쟁점은 **(가치성)**방대한 정보 가운데 무엇이 가장 중요하고 보고가치가 있는가?, **필요성**(어떤 정책담당자에게 배포할 것인가?), **시의성**(얼마나 신속히 배포할 것인가?), **정밀성**(얼마나 상세한 내용을 담을 것인가?), **배포방식의 타당성**(정보배포를 위한 적당한 방식은 무엇인가?)이다. 적합성은 정보보고서 자체 요건이다(p. 152).

🔲④

19. 정보배포 방법 가운데 해외공관에서 본국에 정보를 전달하는 경우에 활용되는 방법은 무엇인가?

① 보고서

② 메모(memorandum)

③ 전문(電文)

④ 현용정보 보고서

해설 전문(電文)은 전보문의 약어로 해외공관에서 본국에 정보를 전달하는 경우에 활용되는 정보배포 방법이다. 메모(memorandum)는 짧은 내용의 정보를 긴급히 배포할 때 이용된다(p. 154).

답③

20. 정보소비와 환류(Feedback) 단계에 대한 설명으로 잘못인 것은?

① 정보와 정책의 경계선인 레드 라인(red line)을 고려하면 정보절차는 순환되는 왕복선이 될 수 없고 일방통행의 편도선이다.

② 정보학자 로웬탈은 정보순환 과정에서 정보소비 단계를 고려하지 않는 것은, 정책공동체의 역할을 무시하고 간과하는 편무적인 접근이 될 것이라고 비판했다.

③ 정형화된 정보배포 체계는 국가정보는 생산이 목적이 아니라는 점을 말해준다.

④ 정보소비 단계에서의 쟁점은 먼저 정보소비가 구두보고와 서면보고의 어떠한 형태로 이루어지는가를 파악하는 것이다.

해설 정보절차는 한 방향으로 진행되는 일방통행의 편도선이 아니다. 정보의 환류를 통해서 정보공동체와 정책공동체의 쌍방의 대화가 이루어지게 되고, 정책부서가 최초에 제기한 정보수요가 불필요했다거나, 충분하지 않았다거나, 정보공동체가 제공한 정보가 만족스럽지 못했다는 것과 같은 반성과 평가가 뒤따를 수 있다.

답①

21. 다음 중 정보의 순환체계를 바르게 나열한 것은?(16기출)

① 자료수집→ 분석 및 생산→ 정보요구→ 자료처리→ 배포→ 정보환류

② 자료수집→ 자료처리→ 분석 및 생산→ 정보요구→ 배포→ 정보환류

③ 정보요구→ 자료수집→ 분석 및 생산→ 자료처리→ 배포→ 정보환류

④ 정보요구→ 자료수집→ 자료처리→ 분석 및 생산→ 배포→ 정보환류

해설 정보의 일반적인 순환체계는 정보요구→ 자료수집→ 자료처리→ 분석 및 생산→ 배포→ 정보환류이다.

답④

22. 다음 중 정보의 요구방법이 아닌 것은?(기출유형)

① 국가정보목표 우선순위(PNIO)

② 첩보활동기본요소(EEI)

③ 특정첩보요구(SER)

④ 특별첩보요구(SRI)

해설 정보활동 목표의 우선순위를 정한 것이 **국가정보목표 우선순위(PNIO**: Priority of National Intelligence Objective)이다. 부문 정보기관들이 국가정보목표 우선순위 아래에서 정보활동 순위와 방향을 규정한 것을

첩보활동 기본요소(EEI: Essential Elements of Intelligence)라고 하고, 국가정보목표 우선순위와 첩보활동 기본요소에 대한 우선 처리를 포함한 새로운 정보요구를 **기타정보요청(OIR : Other Intelligence Requirements)** 이라고 한다. 국가정보목표 우선순위(PNIO)와 첩보활동 기본요소(EEI)에 없는 특별한 첩보수집 요구를 **특별첩보요청(SRI : Special Requirements for Information)**이라고 한다.

답③

23. 다음 중 정보협력에 대한 설명으로 옳지 않은 것은?(15기출)
① 정보협력의 수준은 신뢰성에 기반을 둔다.
② 전문적인 분야보다 포괄적인 분야에서 교류가 이루어진다.
③ 개별적인 협력이 중시된다.
④ 다중 구조적인 네트워크가 형성된다.

해설 정보협력은 신뢰성에 기반하고, 전문분야에서의 교류가 이루어진다. 개별적인 협력을 중시하고, 다중구조적인 네트워크가 형성된다. 물론 보안은 필수적이다.

답②

24. 다음에 해당하는 정보생산 단계는?(기출유형)

> . 평가된 첩보를 요소별로 분류하는 단계이다.
> . 평가단계에서 엄선한 첩보를 가지고 논리적 타당성을 검증하는 단계이다.

① 선택
② 기록
③ 분석
④ 종합

해설 선택은 첩보 가운데 불필요한 내용은 제거하는 것이고, 기록은 현재 필요한 것과 필요하지 않은 것을 분류하여 관리하는 것이며, 종합은 같은 주제로 묶인 첩보를 하나의 것으로 결집하는 것이다.

답③

25. 다음 정보생산에 필요한 자료를 획득하여 정보작성기관에 전달하는 단계로 정보의 순환과정에서 가장 어려운 단계로 볼 수 있는 단계는?(기출유형)
① 정보의 배포
② 첩보의 수집
③ 첩보의 분류

④ 정보의 배포

해설 첩보의 수집은 정보순환 과정에서 처음으로 부딪치는 어려운 단계로 첩보수집 기관의 능력에 따라서 첩보의 질이 결정되고, 생산되는 정보에 영향을 미친다.

달 ②

26. 정책결정에서 정보의 역할에 대한 내용으로 틀린 것은?(기출유형)

① 정보와 정책결정 사이에는 뚜렷한 연결고리가 나타난다.

② 적시의 정보제공은 정책의 영향력을 뒷받침 해준다.

③ 정책에 대해 정보기구가 계속적인 확인 과정을 통해 정책에 대한 국민의 신뢰도를 제고할 수 있다.

④ 정보는 정책결정권자를 중심으로 주제를 선정한다.

해설 정보와 정책결정 사이에는 적지 않은 어려움이 있기 때문에 정보순환이 이루어진다. 국가안보의 밑받침 자요인 정보와 국가안보 정책 결정 사이에 명확한 연결고리는 쉽게 나타나지 않는다.

답 ①

27. 다음 중 정책과 정보의 관계에 대하여 적절하지 않은 설명은?(16기출)

① 포괄적이고 광범위한 외교정책을 결정할 때에는 민감한 사안들을 원만하게 해결하기 위한 종합적인 정보가 필요하다.

② 첩보의 수집단계에서부터 정책담당자의 시각이 지나치게 반영될 경우에는 정보의 중립성이 훼손될 우려가 있다.

③ 정보 전통주의는 정보생산자는 정보의 정치화와 정보의 조작을 경계할 것을 요청한다.

④ 전통주의 시각에서는 정보기관이 정책과정에 관여하여 정보와 정책 사이에 대등한 환류가 필요하다고 주장한다.

해설 정보의 순환 단계에서 전통주의 시각에서는 정보와 정책의 분리를 요청하며, 정보는 정책의 서비스 자료로 제공되는 것에 집중한다.

답 ④

28. 정보와 정책 사이의 관계에서 행동주의를 주장한 학자는?(기출유형)

① Mark Lowenthal

② Roger Hilsman

③ Grotius

④ Sherman Kent

해설 로저 힐스만(Roger Hilsman)은 케네디 대통령 시절에 행정부처인 국무부 정보조사국(U.S. State Department's Bureau of Intelligence and Research (INR)) 국장을 역임하면서, 쿠바 미사일 위기 사태에 대한 정책결정을 주도하는 등으로 정보 책임자이면서도 정책 결정에 깊이 개입한 경험을 가지고 있는 인물이다. 미국 중앙정보국 (CIA)의 역할에 대해서도 회의적인 시각을 표하기도 했다.

답②

29. 정보소비와 환류(Feedback) 단계에 대한 설명으로 잘못인 것은?(기출)

① 정보와 정책의 경계선인 레드 라인(red line)을 고려하면 정보절차는 순환되는 왕복선이 될 수 없고 일방통행의 편도선이다.

② 정보학자 로웬탈은 정보순환 과정에서 정보소비 단계를 고려하지 않는 것은, 정책공동체의 역할을 무시하고 간과하는 편무적인 접근이 될 것이라고 비판했다.

③ 정형화된 정보배포 체계는 국가정보는 생산이 목적이 아니라는 점을 말해준다.

④ 정보소비 단계에서의 쟁점은 먼저 정보소비가 구두보고와 서면보고의 어떠한 형태로 이루어지는가? 를 파악하는 것이다.

해설 정보절차는 결코 한 방향으로 진행되는 일방통행의 편도선이 아니다. 정보의 환류를 통해서 정보공동체와 정책공동체의 쌍방의 대화가 이루어지게 되고, 정책부서가 최초에 제기한 정보수요가 불필요했다거나, 충분하지 않았다거나, 정보공동체가 제공한 정보가 만족스럽지 못했다는 것 같은 반성과 평가가 뒤따를 수 있다.

답①

제3편

정보활동론

(☞국가정보 pp. 161-549 참조)

제1장 정보수집

1. 정보수집의 기획 및 지시

① 국가정보목표우선순위(PNIO): 국가정보활동의 체계적인 로드맵
② 첩보활동기본요소(EEI): 개별정보기구의 주특기에 기초한 정보활동 방향
③ 특별첩보수집요청(SRI): 정세변화에 따른 특별한 정보수집 요구

정보수집의 경합과 알력
정보수집이 국가정보목표우선순위에 따라서 체계적으로 진행되지 않고, 특별 요청으로 정보수집의 경합이 일어나면, 일부의 정보수집은 결과적으로 우선순위에서 배제되거나 영원히 수집되지 않는 경우도 발생할 수 있다. 이것을 정보수집의 경합과 알력이라고 한다.

2. 정보수집 방법 개관

휴민트	테킨트(TECHINT) 기술정보			오신트(OSINT) 공개출처정보
	영상정보 (IMINT)	신호정보 (SIGINT)	흔적·계측정보 매신트 (MASINT)	
인간정보 HUMINT	포틴트(POTINT) 사진정보	①코민트 (COMMINT) 통신신호정보 ②텔린트(TELINT) 원격측정신호정보 ③엘린트(ELINT) 전자신호정보	① 레딘트(RADINT) 레이더 정보 ② 어코스틴트 (ACOUSTINT) 음향정보 ③ 일렉트로-옵틴트 (ELECTRO-OPTINT) 전기광학정보 ④ 라신트(LASINT) 레이저 정보 ⑤ 시빈트(CBINT) 화학과 생체정보 ⑥ 스핀트(SPINT) 스펙트럼 정보 ⑦ 이린트(IRINT) 적외선 정보	①라빈트(Lavint) 대화정보 ②루민트(RUMINT) 풍문정보 ③레빈트(REVINT) 누설정보 ④디빈트(DIVINT) 신앙고백 정보

제1절 인간정보(휴민트, HUMINT)

제1항 인간정보의 의의와 수단

I. 인간정보의 개념

① 인간을 주요수단으로 하는 정보활동(HUMan INTelligence),즉 간첩활동이다.

② 인적자산을 수단으로 하는 정보수집 또 수집된 정보 그 자체를 의미한다.

③ 미국의 휴민트 주무부서는 CIA이다. 구체적으로는 과거의 공작국을 대체한 국가비밀정보국(National Clandestine Service)이 담당한다.[11]

④ 손자는 공작원을 이용한 첩보활동의 중요성을 강조하면서 간첩을 5가지로 분류했다. 그 중에 반간(反間), 즉 이중스파이가 정보의 꽃이라고 했다.

손자병법의 5가지 공작원 유형
① 향간(鄉間) : 실정에 밝은 현지인을 간첩으로 활용하는 것이다.
② 내간(內間) : 적국의 관리를 포섭하여 간첩으로 이용하는 것이다.
③ 반간(反間) : 적국의 간첩을 역이용하여 이중스파이(Double agents)로 만드는 것이다.
④ 사간(死間) : 거짓 정보를 제공하기 위해 파견되는 간첩이다. 위장 귀순 등이 그것이다. 위장이 판명되면 목숨을 빼앗길 수 있으므로 죽을 수 있는 간첩이라고 한다.
⑤ 생간(生間) : 적진에 침투한 실전형 간첩이다. 주재국에 파견된 공작관(C/O)이 해당된다.

II. 정보요원 - 정보관(I/O)

1. 정보관(Intelligence Officer : I/O)과 신분의 위장

① 정보관은 정보기구 직원이다. 공작관(Case officers : C/O), 조종관(Agent handler), 통제관(controllers), 접촉관(contacts), 안내자(couriers) 등으로도 불린다.

② 현지 정보요원을 통제할 책임이 있는 국가공무원이다.

③ 정보관이 해외에서 활동하는 구실을 마련하는 것을 가장(Cover)이라고 한다.

④ 정보요원의 신분위장인 가장에는 공직가장과 비공직가장이 있다.

---

11) https://www.cia.gov/ko/offices-of-cia. 기존의 책에서 사용한 국가비밀부라는 용어를 CIA 한국어 공식 인터넷창의 용어로 통일했다.

2. 공직가장(Official Cover) 정보관

① 외교관 같은 공무원 신분으로 위장하는 것이다. 신분을 공식적으로 노출한 백색정보관(White I/O)과 정보관 신분을 노출하지 않은 흑색정보관(Black I/O)이 있다.

② 공직가장 정보관의 면책특권(Diplomatic Immunity)과 이점

    ⓐ 공직가장 정보원은 외교관 면책특권이 인정된다.

    ⓑ 일상적인 활동을 통해서 정보원천에 자연스럽게 접근할 수 있다.

    ⓒ 주재국 공무원들과 공식 · 비공식적으로 접촉하며 정보를 수집할 수 있다.

    ⓓ 주재국가의 의심을 받지 않고 일반인과 접촉하며 민심을 파악할 수 있다.

    ⓔ 활동비 수령과 수집정보를 외교채널을 통해 송부할 수 있는 행정적 이점이 있다.

③ 공직가장 정보관의 취약점

    ⓐ 신상이 알려져 주재국 보안당국의 집중적인 감시대상이 되기 쉽다.

    ⓑ 외교관 신분은 형식이므로 근무처 내에서 지휘 · 통솔에 애로사항이 있다.

    ⓒ 주재국과 외교관계가 단절되거나 전쟁 등이 발발하면 해당 국가를 떠나야 한다.

    ⓓ 이것은 장기간 구축된 정보체계의 와해를 의미로 엄청난 정보원천의 손실이다.

3. 비공직가장(Non Official Cover : NOC) 정보관

① 민간인 신분으로 활동하는 정보요원이다.

② 사업가, 언론인 · 교수, 선교사, 성직자, 여행자, 유학생, 무역 대표부 직원, 학술회의나 국제NGO 회의 참석자, 여행객처럼 다양한 신분으로 위장한다.

③ 이민이나 망명신청으로 국적을 바꾸거나 제3국에서 우회하여 전입하기도 한다.

④ 미국은 레이건 대통령 명령 제12,333호에 의해 언론인, 평화봉사단(peace corps), 성직자 신분으로의 비공직가장을 금지했다.

⑤ 비공직가장의 이점

    ⓐ 다양한 위장으로 비밀리에 정보출처에 폭넓게 접근할 수 있다.

    ⓑ 주재국의 감시에서 벗어나 폭넓은 정보활동 반경을 가질 수 있다.

    ⓒ 주재국과 외교관계가 단절되더라도 계속 체류하면서 활동할 수 있다.

⑥ 비공직가장의 단점

    ⓐ 적절한 가장을 제공해 줄 수 있는 협조자의 확보에 한계가 있다.

    ⓑ 공직가장에 비해 활동비용이 많이 든다.

    ⓒ 주재국에 정착하는 초기 시간이 많이 소요된다.

    ⓓ 가장신분에 적합한 활동을 해야 하므로 정보수집 활동에 한계가 있을 수 있다.

    ⓔ 수집된 첩보를 안전한 방법으로 본국에 전달하는 것이 용이하지 않다.

ⓕ 면책특권이 없고 속지주의 원칙에 따라 처벌받을 위험성이 크다.

III. 비정보요원 - 첩보원(Agent)과 협조자(Collaborator)

① 비정보요원은 정보관의 지휘와 통솔에 따라서 정보수집을 도와주는 사람이다.

② 인적자산, 스파이, 간첩, 첩자, 제5열(第五列, fifth column), 정보자산, 두더지, 밀정, 닌자(忍びの者, 시노비노모노)라고도 한다.

③ **첩보원**은 정보관에게 발굴되어 계약 관계가 형성되어 정보활동을 하는 인적자산이다.

④ 반면에 자발적 협조자(Walk-ins, 워크 인)는, 그야말로 자발적이므로 언제라도 정보 협조를 일방적으로 단절할 수 있는 사람이다.

⑤ 우호적인 군인, 법집행담당자, 외교관, 난민(Refugees), 전쟁포로(Prisoners of war: POW)나 구금자(Detainees), 비정부기구 조직(NGOs) 구성원, 언론기관 종사자 그리고 이중 매수된 주재국의 정보요원과 그의 첩보원들이 협조자로 유용하다.

첩보원과 협조자의 위험성

2009. 12. 30일 아프가니스탄에서 CIA 요원 7명을 폭사시킨 자살폭탄테러 사건은 CIA의 첩보원으로 알카에다에 침투했던 36세의 의사 발라위였다. 그는 알카에다 인터넷 사이트 관리자로 활동하다 검거되어 심문과정에서 요르단 정보당국(GID)의 정보원으로 포섭되었던 인물이다. 요르단 정보국은 그를 확실한 자기편으로 만든 뒤 알카에다 조직에 다시 침투시켰다. 의사 신분을 이용하여 알카에다 2인자인 알 자와히리와 접촉하는 임무까지 내려졌다. 하지만 발라위는 결정적인 순간에 변절했다. 그는 자신을 담당한 요르단 정보요원 제이드에게 알 자와히리와 관련된 긴급 정보가 있으니 CIA 중요 관계자들을 만나게 해달라고 요청했다. 제이드는 요르단 왕족이면서 미·요르단 양국 정보당국을 연결하는 핵심 인물이어서 CIA 기지를 보안검색 없이 드나들 수 있었다. 제이드는 발라위를 CIA 비밀기지에 안내했고, 그는 몸에 폭탄을 잔뜩 숨기고도 몸수색을 받지 않았다. 결국 발라위는 자폭함으로써 제이드를 포함해 8명이 숨졌다.

제2항 인간정보 활동과 현대적 중요성

I. 첩보원 획득주기(Agent Acquisition Cycle)

- ○ 1단계 : 물색 또는 선정(Targeting or Spotting)[12]
- ○ 2단계 : 평가(Assessing)[13]
- ○ 3단계 : 포섭 또는 채용(Recruiting)[14]
- ○ 4단계 : 조정(Handling)[15]
- ○ 5단계 : 종료(Termination)[16]

II. 정보관의 정보활동 사이클

① 정보수집의 요구: 본부의 첩보수집 요구는 정보수집 활동의 시발로 대단히 중요하다.
② 정보목표 분석: 정보목표를 분석하면서 목표에 적합한 첩보원을 확보한다.
③ 정보수집활동: 본격적으로 인간정보(HUMINT) 활동을 전개한다.
④ 첩보보고: 직접접촉, 수수소(live letter box: LLB), 급사(急使), 밀사(Courier), 안전가옥 또는 안가(安家, safe house), 무인 포스터(Dead Letter Box : DLB), 전화·전신·우편·전보·팩시밀리·E-MAIL, 신문광고 등이 이용된다.

연락방법의 단계적 분류
① 정상선(Normal Line) : 일상적인 연락 방법.
② 보조선(Supplementary Line) : 보조적으로 사용하는 연락방법.
③ 예비선(Reserve Line) : 정상선이나 보조선의 사용이 여의치 않을 경우 사전에 약속된 예비책.
④ 비상선(Emergency Line) : 최후의 비상연락수단.

III. 인간정보의 중요성과 한계

① 상대세력의 계획이나 의도를 직접 확인할 수 있다는 불변의 이점이 있다.
② 휴민트는 상대국에 거짓정보나 역정보를 흘림으로써 기술정보수단으로는 도모할 수

---

12) 해당 첩보에의 접근 가능성을 감안해서 대상자를 확인하는 과정.
13) 선정된 대상자의 약점과 취약점, 활용가능성 및 신뢰성 등을 평가하는 과정.
14) 가치가 있다고 판단된 대상자를 포섭하는 단계이다. 물색에서 채용까지에 이르는 비율은 매우 낮아서 흔히 **석유시추**에 비유된다.
15) 첩보 수집을 지시하고 수집된 첩보를 수령하는 등으로 첩보원을 관리하는 단계.
16) 목표 달성 이외에도 신뢰성 부재, 보직변경 등, 첩보수집 환경 변화로 종료한다.

없는 강력한 역(逆)공작 기회를 가질 수 있다.

③ 테러조직 등은 과학기술 신호와 활동이 국가에 비해 상대적으로 미약하다. 그런 분야는 전통적인 인간정보만이 유일한 정보획득 기법이 된다. 한편 휴민트는 기술정보수집에 비해 비용이 적게 든다.

④ 하지만 인간정보에는 불가피한 단점과 한계가 있다.

    ⓐ 먼저, 배신과 음모의 문제가 따른다.

    ⓑ 또한, 원격 활동이 불가능하다는 태생적 성격 때문에 근접성이 필수적으로 수반되고, 따라서 상대세력의 방첩활동에 노출될 위험성이 농후하다.

    ⓒ 임무가 종료된 후에도 말이 없는 기술정보와 달리, 정보관과 첩보원,협조자 같은 인간정보는 사후처리가 어려운 문제로 대두되기도 한다.

제3항 인간정보수집 활동의 실제

I. 로젠버그 스파이 사건(Rosenberg spying)

① 줄리우스 로젠버그와 부인 에텔(Ethel)이 인류 최초의 핵무기 개발계획인 맨해튼 프로젝트(Manhattan Project)의 핵무기 정보를 소련에 넘겨준 인간정보활동이다.

② 소련은 미국과 영국이 1945년 7월 16일 핵실험에 성공한지 채 4년이 되지 않은, 1949년에 핵무기 개발에 성공했다.

③ 재판관 카프만(Kaufman)은 부부의 소련을 위한 간첩활동은 인류에 대한 죄악이라고 판결했다. 간첩행위뿐만 아니라 이후 소련에 의해 야기되고 지원된 한국전쟁에서 수백만 명의 사망자를 낳았고, 세계에 공포를 불러일으킨 책임이 있다고 판결했다.

> **로젠버그 스파이 사건(Rosenberg spying) 의 판결 내용**
>
> "피고인들의 범죄는 살인 이상으로 나쁜 범죄이다. 최고의 과학적 업적이었던 핵무기 자료를 유출함으로써, **소련 공산주의가 한국을 침공**해 무고한 수백만의 사람들을 죽게 만들었다. 피고인들의 반역(간첩)이 세계 역사가 미국에 불리하도록 작용하게 한 사실을 의심할 여지가 없다. 또한, 우리 모두로 하여금 긴장의 연속에서 살게 만들었다." – 재판관 카프만(Kaufman)

II. 케임브리지 5인방(The Cambridge Five) 사건

① 케임브리지 스파이 링(Cambridge Spy Ring)이라고도 한다. 제2차 세계대전 때부터

1950년대 중반까지 소련을 위해서 일한 영국의 정보요원들이다.

② 케임브리지 대학교 재학 중에 KGB에 장학생으로 포섭되어 대학 졸업 후에 영국 보안부(MI5) 등에 침투한 원초적 이중스파이이다.

③ 5인방은 킴 필비(Kim Philby), 맥클린(Maclean), 가이 버기스(Guy Burgess), 앤서니 블런트(Anthony Blunt), 존 카이른크로스(John Cairncross)로 알려져 있다.

제2절 기술정보(테킨트, TECHINT)

> ① 테킨트: 기술정보수집 활동(TECHnical INTelligence)의 철자 약어
>   과학기술을 이용해 첩보를 수집하는 활동 또는 그렇게 수집된 정보를 말한다.
> ② 3대 테킨트(TECHINT)는 다음 3가지이다.
>   ○ 영상정보(Imagery Intelligence : IMINT),
>   ○ 신호정보(Signal Intelligence : SIGINT)
>   ○ 흔적·계측정보(Measurement and Signature Intelligence : MASINT)

제1항 영상정보(이민트, IMINT)

I. 개념과 수집 수단

① 영상이나 사진을 정보인자로 하는 것으로서 IMAgery INTelligence의 철자약어이다. 사진정보(PHOTographic INTelligence), 즉 포틴트(PHOTINT)라고도 한다.

② 정찰항공위성이나 정찰항공에서 촬영된다. 지속성과 체계성에서 영상정보 수집의 대표적인 수단은 인공위성이다. 1957년 소련의 스푸트니크(Sputniks, 동반 여행자)가 우주에 발사된 이래로 오늘날 우주에는 정찰위성이 경쟁적으로 발사되었다.

③ 하늘의 눈(eyes in the sky)으로 일컬어졌던 미국의 코로나 계획(Corona Program)이 대표적이다. 코로나 계획은 CIA가 운용한 일련의 군사정찰위성계획으로 1959년부터 1972년도까지 소련, 중국 등을 대상으로 지구 상공에서 영상감시 활동을 했다.

④ 다양한 정찰항공기가 동원된다. 미국은 U-2, SR-71 블랙버드(Blackbird), RQ-4 글로벌 호크(Global Hawk)를 소련은 야크(Yark-RV), MIG-25R, M-17 Mystic 등을, 한국은

호커 800 XP를 기반으로 한 '금강/백두정찰기'를 운용했다. 오늘날은 무인정찰기 (Unmanned Aerial Vehicles)도 영상정보 수집에 활용된다.

II. 영상정보의 이점과 단점

1. 영상정보의 이점
① 상대국의 영토를 침범하지 않기 때문에 정치적·법적 논쟁이 적다.
② 통상의 정보수집 방법으로는 접근이 어려운 정보 목표에도 활용이 가능하여 수많은 목표에 대해 광범위한 정보수집 활동이 가능하다.
③ 정밀히 촬영된 영상은 실상을 직접 눈으로 확인하게 해주어 구두나 서면보고보다 신뢰성을 높여 줄 수 있다. 그래서 **정보성 첩보**라고도 한다.

정보성 첩보(Intelligence Information)
영상정보도 원칙적으로는 분석과정을 거치기 전에는 첩보에 지나지 않는다. 하지만 그 생생함으로 별도의 분석이 없어도 최종 정보로서 충분한 가치가 있어서, **정보성 첩보**라고 한다.

2. 영상정보의 단점
① 영상정보의 그래픽 특성은 이점인 동시에 단점도 될 수도 있다. 영상이 너무 생생하고 압도적이라서 다른 정보를 간과할 수 있다.
② 영상정보는 엄밀히 말해서 특정한 순간에 특정구간의 순간적으로 포착한 스냅 샷 (snapshot)에 지나지 않는다. 영상을 찍기 전과 후에 무엇이 어떻게 전개되었는지에 대한 의미 전달은 없다.
③ 대상 국가들은 대상물을 위장시키고 방해 전파를 발사하거나 위장물을 배치하는 등으로 방해하여 정보판단이 더 혼란스러울 수도 있다.

III. 영상정보의 현재 – 전문 상업 위성 회사의 출현
① 프랑스의 스팟 이미지(Spot Image)사는 상업용 정찰위성을 운영한다.
② 아이코노스(IKONOS)는 미국 아이코노스(그리스 어로 '영상'을 의미) 회사가 2000년 1월 1일 진수한 1미터 해상도를 갖춘 정찰위성이다. 뉴욕타임스지는 아이코노스의 발사를 "우주세대에서 가장 괄목할 만한 성과"라고 표현했다.
③ 상업용 영상정보의 출현은 자체적으로 개발하거나 소유하는 정찰위성이 없는 경우에도 영상정보 시스템을 구축할 수 있다는 사실을 의미한다.
④ 상업용 영상정보는 국제법적으로 대상국가가 **'국가적 초상권'**을 주장하면서 해상도를

저감한 화상을 요구할 권리가 있는가? 등의 법적 쟁점을 제기한다.

미국 국가안보국(NSA)의 영상정보와 신호정보의 대비

영상정보는 무엇이 일어났는지를 보여주고, 신호정보는 무엇이 일어날 것인지 말해 준다.
(IMINT tells you what has happened: SIGINT tells you what will happen).

제2항 신호정보(시긴트, SIGINT)

I. 신호정보의 개념

① 시긴트(SIGINT)는 신호정보(SIGnals INTelligence)의 철자 약어로 신호라는 전자파를 도중에 엿듣고 정보를 획득하는 정보수집 활동이다.[17]

② 신호정보는 정찰위성, 항공기, 선박기지, 주재국 대사관과 영사관 내의 신호정보 감청기지, 지상기지, 해저 잠수함 기지 등 다양한 곳에서 획득된다.

③ 미국은 1940년대 후반부터 소련과 동유럽을 감시하기 위하여 하와이, 알래스카 셔미아(Shemya), 일본 미사와(Misawa), 태국 콘 킨(Khon Khen)에 지상기지를 구축했다. 소련은 워싱턴과 뉴욕의 턱밑에 있어서 황금알을 낳는 거위라고 일컬어지는 쿠바 로우르데스 기지와 베트남 캄란만 기지를 운용했다.

④ 미국의 해저 잠수함 기지로는 홀리스톤(HOLYSTONE)이 유명하다. 홀리스톤 작전은 소련, 중국, 베트남의 영해 내 3마일까지 침투해서 각종 전자통신을 감청한 공작이다.

II. 신호정보의 이점과 단점

① 신호정보는 영상정보로는 불가능한 상대방의 내심과 목적을 원거리에서 파악할 수 있고, 의도나 내용 이외에도 징조나 경고를 알 수도 있다.

② 그러나 당사자가 침묵하거나, 고도의 암호기법을 사용한다거나, 직접대면 방식을 취하는 등의 보안조치를 강구하면 작동할 수 없고, 감청을 인지한 상대방이 의도적으로 거짓정보를 송출할 위험이 있다.

③ 오늘날은 분석범위를 초월하여 너무 방대한 신호정보의 양이 존재한다. 반면에 전자기기를 사용하지 않는 테러조직은 신호정보 유출량이 매우 적다.

---

17) 통화내용을 도청한 코민트(COMMINT), 무기실험시 데이터 등 원격측정신호정보인 텔린트(TELINT : TELemetry INTligence), 전자신호정보인 엘린트(ELINT : ELectronic INTelligence)등이다.

제3항 흔적 · 계측정보(매신트, MASINT)

I. 개념과 속성

① 매신트는 'Measurements And Signature INTelligence'의 철자 약어로 **징후계측정보, 측정정보, 관측 및 징후정보** 등 다양하게 호칭된다.

② 미국 정보공동체는 1986년도에 이르러서야 매신트를 공식적인 정보 분야로 인정했다.

③ 매신트는 다른 기술정보 분야와 대비하여 **성숙도와 다양성** 측면에서 차이가 있다. 매신트는 영상정보나 신호정보의 자료에 비해서 원시적인 상태로 미성숙되어 있고 실제 공간에 매우 다양하게 널려 있다.

매신트 = 과학정보대

매신트는 범죄수사에서의 과학수사대(Crime Science Investigation)에 비유된다. 범인을 추적하는 과학수사대는 범죄현장에서 혈흔이나 머리카락이나 옷 조각 등 현장에 남긴 족적을 수집해 과학적인 방법으로 범행의 전모에 접근해 간다. 매신트는 당사자들의 말을 엿듣거나(신호정보) 목표물에 대한 사진촬영(영상정보)을 통해 상대방의 의도와 능력을 파악하지는 못한다. 하지만 과학수사대처럼 상대세력 대상물에 대한 흔적과 족적을 추적해 들어감으로써 우회적인 방법으로 중요한 정보를 알 수 있다.

II. 매신트(MASINT)의 대상과 종류 및 활용분야

1. 매신트의 대상인 데이터 자료

매신트의 생성 자료에는 레이더 신호, 라디오 주파수, 음향, 지진, 자기 등의 지질물질, X-ray · 감마선 · 중성자 등 핵 방사선, 각종 물질의 유출, 분진, 파편, 전자파와 적외선, 스펙트럼 영상 등 매우 다양하게 널려있다.

2. 대표적 매신트(MASINT)

① 레딘트(Radar Intelligence : RADINT): 레이더 정보

② 어코스틴트(Acoustic Intelligence : ACOUSTINT): 음향정보

③ 일렉트로-옵틴트(Electro-optical Intelligence : ELECTRO-OPTINT): 전기광학정보

④ 라신트(Laser Intelligence : LASINT): 레이저 정보

⑤ 시빈트(Chemical and Biological Intelligence : CBINT): 화학과 생체정보

⑥ 스핀트(Spectroscopic Intelligence : SPINT): 스펙트럼 정보

⑦ 이린트(Infrared Intelligence : IRINT): 적외선 정보

제4항 기술정보 활동의 실제

1. 짐머만 통신감청 사건(Zimmermann Telegram)
독일 제국 외무상인 짐머만의 전신·전보를 영국 정보당국이 감청하여 미국에 건네준 통신정보 감청사건이다. 미국이 제1차 세계대전에 참가하게 된 계기가 되었다.

2. 매직 암호해독(Magic cryptography) 작전
제2차 세계대전 중 미국 정보당국이 일본의 암호체계인 퍼플(Purple)을 해독한 미국의 암호 해독프로그램이었다. 처음에 보고를 받은 루스벨트 대통령이 '마술(magic)'이라고 경탄한 것에서 매직이라는 이름이 유래되었다.

3. 울트라(Ultra) 프로젝트
제2차 세계대전 중 영국의 정보당국이 독일군의 암호체계인 에니그마(Enigma)를 해독한 작전이다. 폴란드 출신으로 수학의 신 또는 수학의 모차르트라고 불린 튜링(Alan Mathison Turing)의 천재적 노력으로 해독에 성공했다. 영국은 더 나아가 에니그마의 암호화 과정을 자동적으로 역추적 하는 암호해독기 '폭탄(Bomb)'을 개발했다. 울트라 작전은 극도의 보안을 유지하다가 1980년대가 되어서야 비밀 해제되어 일반에 공개되었다.

4 베노나 프로젝트(VENONA Project)
1940년대와 1950년대 미국과 영국의 정보당국이 소련의 암호문을 체계적으로 해독한 장기 비밀사업이다. 베노나 프로젝트의 대표적인 성공 사례가 핵무기 정보를 소련으로 누설한 로젠버그(Rosenberg) 부부 스파이 사건과 케임브리지 5인방 사건의 적발이다.

5. 애쉴론(ECHELON) 감청망
① 미국·영국 등 영연방 5개 국가가 운용하는 전 지구·전자적 신호정보 감청망이다.
② 전 세계의 라디오, 위성통신, 전화, 팩스, 이메일을 감청할 수 있고, 획득된 정보는 초고성능의 슈퍼컴퓨터로 자동 분류되는 데이터 마이닝 시스템을 구축하고 있다.

6. 프렌첼론(Frenchelon) 감청망
① 애쉴론 체계에 대응하는 프랑스 신호정보(French Signal Intelligence) 감시체계
② 주무부서는 프랑스 국방부 산하의 대외안보총국(DGSE)이다.

7. 미국 국가안보국(NSA)의 노스콤(NORTHCOM)
2002년 미국 국가안보국(NSA) 산하에 창설된 극비의 통신감청 조직이다.

제3절 공개출처정보(오신트, OSINT)

I. 공개출처정보의 개념과 발전

① 오신트(OSINT)는 공개자료정보(Open Source INTelligence)의 철자 약어로, 공개된 출처의 자료로부터 유용한 정보를 생산하는 정보수집 기법이지, 획득된 정보 그자체로 다른 정보수집 활동의 시발점이 될 수 있다.

② 공개출처정보 전문가인 스틸(Robert D. Steele)은 **"학생이 갈 수 있는 곳에 스파이를 보내지 말라."** 라고 하여 정보수집 활동은 먼저 공개출처정보의 활용가능성 판단에서 시작되어야 함을 강조했다.

③ 비밀정보 활동이 매우 제약적이던 냉전시대에는 공산권에서 생산되는 공개자료들은 정보활동의 중요한 자원이었다. 국가에 따라 다르지만 일반적으로 양적인 측면에서 보면 전체 생산 정보의 약 75%에서 많게는 90%가 공개출처정보라고 한다.

④ CIA 초대 국장이었던 힐렌코에터(Roscoe Hillenkoetter)는 1948년에 이미 CIA의 80%의 정보가 외국의 서적, 잡지, 라디오 방송 그리고 해당국가 사정에 정통한 일반인 등 공개출처 자료에서 수집된다고 말했다.

⑤ 미국의 2004년의 정보개혁 및 테러방지법은 국가정보국장(DNI)에게 오신트 활동을 어떻게 실시하고 대처할 것인지에 대한 책무를 법으로 요구하고 있다.

II. 공개출처정보의 대상

① 합법적으로 이용할 수 있는 서류나 자료의 수집, 상대국의 정치적·군사적·경제적 전개과정의 공개적 관측, 라디오와 텔레비전 방송의 모니터링과 녹화, 신문, 잡지, 라디오, 텔레비전 등의 미디어(Media) 자료는 좋은 공개출처정보의 자료이다.

② 정부 보고서, 인구통계 등 공식자료, 청문회 자료, 의회 회의록, 기자 회견문, 국정최고자의 연설문 등 공공자료(Public data)도 중요한 자료가 된다.

③ 그 밖에도 아마추어 비행 감시원, 라디오 모니터 요원, 인공위성관찰자 등의 관측 보고나 견문기록 같은 일반인들의 관측보고, 논문과 학술회의 자료도 좋은 자료이다.

④ 지구 공간적 공개 데이터인, 각종 지도나 그림, 지명 색인, 내비게이션 데이터, 측지자료, 문화와 경제자료, 환경 데이터, 상업광고 영상, 경계선 표시 데이터, 지구 공간 웹 통합 공간정보도 훌륭한 자료가 된다.[18]

---

18) 자료가 다양한 만큼 정보인자에 의한 공개출처정보도 다양하다. ① 라빈트(Lavint : Lavatory Intelligence): 실험실 등지에서의 공공연한 사적 대담 정보, ② 루민트(RUMINT : Rumor): 풍문정보, ③ 레빈트(REVINT

III. 공개출처정보의 이점과 단점

① 접근성과 비용 효율성의 공개출처정보의 이점이다. 그 중에서 접근성은 인간정보나 기술정보에 비해 매우 중요한 이점이다.

② 장점이면서 가장 큰 단점은 방대한 양이다. 효율적인 정보분석을 어렵게 하고 진주를 찾아내는 소위 **'밀과 겉겨의 문제(wheat and chaff problem)'**를 야기한다.

③ 또한, 상당수는 검증되지 않았을 뿐 아니라 상대세력이 조작을 할 수도 있다.

IV. 공개출처정보의 한계와 발전

① 24시간 방송 언론, 수많은 학술지와 매체, 인터넷 등 공개출처정보의 획기적인 증가로 극단적인 견해로 국가정보기구 무용론이 제기되기도 했다.

② 그러나 상대세력의 의도와 능력 그리고 취약점과 가능한 행동방책을 적시에 정확하게 판단하기 위해서는 비밀정보의 가치는 여전히 중요하다.

《미국 Open Source Center》

③ 공개출처자료는 필요한 때 적시에 공개되는 것이 아니기 때문에 필요한 모든 정보를 적시에 확보하는 데는 한계가 따른다.

④ 게다가 초국가적안보위협세력의 출현 등 변경된 정보환경에서, 테러, 국제조직범죄, 마약조직 등에 대한 정보파악의 경우 공개출처 자료로는 한계가 있다.

⑤ 하지만 정보의 홍수를 이루는 오늘날 공개출처정보의 가치는 매우 중요하다.

V. 공개출처정보에 대한 인식의 오류

1. 무상성의 오류

공개출처정보는 무상이 아니다. 공개 자료라고 하지만 적시의 신속한 획득을 위해 특별한 수집기법이 요구되고 적지 않은 비용이 요구된다.

2. 인터넷 자료 만능성 오류

인터넷이 공개출처정보의 만능이자 대부분이 아니다. 미국 정보공동체의 경우에도 인터

: Revelation Intelligence) : 누설정보, ④ 디빈트(DIVINT : Divine Intelligence): 신앙고백정보 등이 공개출처정보이다.

넷 출처는 전체의 공개출처정보 중 단지 3~5%에 지나지 않는다고 한다.

인공지능 스파이(Artificial Intelligence Spy)의 등장

2019년 미국 중앙정보국(CIA)은 인간 스파이를 인공지능 스파이(AI-Spy)로 대체할 계획을 공개했다. 인간 스파이는 곧 과거의 유물이 될 것이라고 덧붙였다.

CIA의 기술개발 부국장인 돈 메이어릭스(Dawn Meyerriecks)는 플로리다에서 열린 인공지능 회의에서 CIA는 이미 CIA의 주된 적이 외국의 인간 스파이가 아니라 기계임을 상정한 정보 전략을 채택했다고 밝혔다.

메이어릭스 부국장은 다른 국가들도 이미 인공지능 스파이(AI-Spy)를 이용해 CIA 요원을 추적해 왔다면서, 현재의 상황은 인간 스파이가 활동하기에 매우 어려운 환경인 **전자적 디지털 추적시대**라고 말했다. 그러면서 전자적 디지털 추적시대에 인간 스파이가 자신의 신분을 숨기면서 정체성을 유지하는 것이 얼마나 어려운지를 암시했다.

그런데 더욱 놀라운 점은 CIA는 이미 인공지능 스파이(AI-Spy)를 30년 이상 준비해 왔다는 사실이다. 메이어릭스 부국장은 CIA는 1984년부터 이미 "AI Steering Group"을 운영해왔음을 밝혔다.

그녀는 CIA는 인공지능(AI) 기술이 순수한 공상과학이라고 생각했을 때조차도 인공지능(AI) 스파이가 가져올 미래를 인식해왔다고 말했다. 한편 그녀는 세계 약30개국이 인공지능 스파이를 운용하는 것으로 파악된다고 밝히기도 했다.

제4절 기능별 정보수집 활동과 법적 문제점

제1항 정보수집 활동

I. 스파이 기법(Tradecraft)

① 정보수집 활동을 스파이 기법(Tradecraft)이라고 한다. 수사권이 있는 수사정보기관은 합법적인 수사기법인 임의수사나 강제수사를 통해서 정보를 입수할 수 있다.

② 임의수사는 강제력을 행사하지 않고 상대방의 동의나 승낙을 받아서 행하는 수사로서, 피의자 신문, 참고인 조사, 감정·통역·번역의 위촉, 임의동행, 사실조회 등이다.

③ 강제수사는 체포와 구속, 압수·수색·검증, 증인신문청구, 증거보전 및 공무소에의 조회처럼 강제력을 행사하거나 상대방에게 의무를 부담 지우는 수사 활동이다.

④ 거짓말 탐지기 사용, 마취분석, 전기통신의 감청, 사진촬영도 법적인 방법이다. 한편, 정보기구는 사실상의 방법으로 창의적 노력으로 무정형의 스파이 기법을 동원한다. 매수, 자발적 협조자 확보, 약점을 이용한 협박 또는 강요, 미인계, 비밀 수사관 활용, 밀고자 활용, 검문검색소 활용 등의 방법은 전통적으로 애용되는 수법이다.

MK 울트라(project MK-ULTRA)

CIA가 한국 전쟁에서 북한, 소련, 중국이 미국 포로들을 상대로 한 약학적·심리적 고문방법에 자극받아 1950년대부터 체계적으로 사용한 것으로 알려진 심리약학조사방법이다. 심리통제 (mind-control)와 화학적 심문조사 프로그램(chemical interrogation research program)의 암호명이다.

II. 미국의 국가안보목적의 수사·정보활동 지원입법

1. 미국 자유법(USA Freedom Act)

2001년 나인 일레븐(9/11) 테러의 영향으로 제정된 미국 애국법의 후신이다. 애국법은 포괄감청영장을 비롯한 무정형의 정보수사기법을 용인하여 자유침해라는 비판을 받았다. 이에 2015년 애국법의 논란이 된 일부조항을 제한하고 제정된 법이 미국 자유법이다.[19]

---

19) 미국 자유법(USA Freedom Act)의 정식명칭은 "Uniting and Strengthening America by Fulfilling Rights and Ending Eavesdropping, Dragnet-collection and Online Monitoring Act)"이다.

2. 해외정보감독법(Foreign Intelligence Surveillance Act)

정보수사기관의 무정형의 해외정보 활동에 대한 법치통제를 위한 법이다. 국가안보 목적의 정보수사 활동에 대한 특별법원과 일반형사절차의 예외를 특징으로 한다.

제2항 개별 정보활동과 법적 문제점

I. 전자감시

1. 의의와 법적 쟁점

① 전자감시는 전자적 장비를 사용하는 감시활동이다. 하늘에서의 감시의 눈인 정찰위성과 정찰항공에 의한 감시, 폐쇄회로 TV에 의한 감시, 통신의 도청과 감청, 인터넷과 컴퓨터 검색, 펜-레지스터 사용, 데이터 마이닝 등이 모두 전자감시이다.

② 법관의 영장 없는 전자감시 활동은 부당한 압수수색을 금지한 제4차 수정헌법상의 기본적 인권보장에 위배되는 것은 아닌지가 법률쟁점이다.

2. 전자 감시활동에 대한 판례의 변경

① **옴스티드 원칙(Olmstead doctrine)은** 국가안보 목적의 정보활동의 경우에 영장 없는 도청은 위헌이 아니라는 원칙이다.

② **그러나 연방대법원은 1972년 케이츠(Keith) 사건에서** 8-0의 만장일치로, 국가안보 위협을 이유로 한 수사정보기관의 국내 전자감시 활동의 경우에도, 헌법상의 영장주의 대원칙이 적용된다고 명확히 판결했다. 케이츠 판결은 그 동안 국가안보를 이유로 광범위한 영장 예외를 인정했던 **옴스티드 원칙**을 배제한 기념비적인 판결로 **'북극성과 같은 길라잡이가 되는 판결'**이라는 평가를 받았다.

③ 그러나 미국의 법치주의는 추상적인 이론을 경계하고 현실을 직시한다. 국가안보 목적의 정보활동에 대한 엄격한 영장주의 원칙은, 결국 국민들의 기본권을 위태롭게 하는 것이기 때문에 케이츠 사건 이후에도 법원은 소위 **주된 목적이론 (Primary purpose)**을 인정하여 광범위한 영장주의 원칙의 예외를 인정했다.

④ 국가안보 목적의 정보활동에 대한 예외인 **주된 목적이론(Primary purpose)**이란 감청의 주된 목적이 해외정보수집을 위한 경우라면, 비록 내국인의 전화통화 등에 대한 전자적 감청이 이루어졌다고 하더라도 적법하다는 이론이다.

⑤ 예컨대, 법원은 브텐코 사건에서 '정보활동의 주된 목적이 해외정보 수집을 위한

것이라면 본토 내에서의 미국민에 대해 일부 영장 없이 이루어진 전자감시 활동도 적법하다.'고 판결했다.[20]

II. 물리적 수색 (Physical searches)

① 물리적 수색은 포착할 대상물과 정보대상자에 대한 필요한 정보수집을 목적으로 주거, 물건, 기타 장소에 대해 살펴보고 조사하는 것을 말한다.
② 미국 해외정보감독법(FISA)은 미국 내의 건물, 어떤 물체, 재산 등에 대한 수색을 화이자 특별법원의 허가 하에 광범위하게 허용하고 있다.
③ 수색이유를 고지하고 출입해야 하는 일반 형사법상의 압수·수색 절차와 달리, 출입을 위해 사전 통지할 필요도 없고 언제든지 그리고 비밀리에 출입하여 수색할 수 있다.
④ 수색의 대상을 특정할 필요도 없으며 압수수색 목록을 작성할 필요도 없다.

III. 제3자 거래기록(Third party records) 확보

1. 의의

① 제3자 거래기록 또는 영업기록은 사회활동에서 은행이나 보험회사 등 일방당사자가 계약에 기하였든지 아니면 단독행위에 의한 사실상의 기록과 관리에 의해 가지고 있든지 특정인 등에 대한 거래내용 등이 표시되어 있는 서류나 장부 등을 의미한다.
② 은행, 전화회사, 인터넷 서비스 공급자, 신용카드회사, 보험회사, 여행사, 도서관 등의 각종 장부와 기록물이 대표적이다.
③ 그러한 장부에는 고객 이름, 성별, 주민등록번호, 전화번호, 주소, 사용한 일시와 장소, 이용한 여객기 종류, 도서명이나 대여기간, 차종, 이동 거리, 여행지, 여행기간, 동반자, 이용금액이나 횟수 등 허다히 많은 사실적 자료가 존재한다.

2. 제3자 거래기록 입수의 법률쟁점

① 제3자 거래기록 입수를 정상적인 압수·수색절차에 의하면 문제가 없다. 그러나 정보업무의 속성상 적법한 압수·수색 절차를 이용하기는 쉽지 않다. 그래서 FBI가 애용하는 방법이 국가안보서신(National Security Letters : NSLs)이다.
② 그런데 거래기록에 대한 제3자의 개입은, 민주사회에서는 사회적 동물인 인간 활동의 가장 자연스러운 영역에 대한 공권력의 부당한 침해로 간주되어 왔다.
③ "당신이 도서관에서 빌려가는 책에 대해 도서관 사서가 정부에 그 사실을 알린다면,

---

20) U. S v. Butenko(494 F. 2d 593(3rd Cir. 1974) 판결.

당신은 그것이 과연 합리적이라고 기대하는가?"라는 질문을 생각해 보면 그 충격의 일단을 이해할 수 있다. 그것은 학문의 자유 그리고 사상의 자유는 물론이고 사생활의 자유를 본질적으로 위협할 수 있는 문제로 생각될 수도 있기 때문이다.

④ 미국은 제3자 거래기록 확보 문제도 법으로 해결했다. 정보기구는 해외정보감독 특별법원(FISC)의 명령을 받아 제3자 거래기록을 입수할 수 있다.

⑤ 또한, 미국 자유법 등 다른 개별법은 법원의 영장 없이 국가안보서신(NSLs)으로 제3자 거래기록을 입수할 수 있음을 규정했다.[21]

IV. 데이터 마이닝(Data mining)

1. 개념과 실제

① 대규모 데이터에서 통계적 규칙(rule)과 특정 패턴(pattern)을 자동적으로 찾아내는 데이터베이스를 구축하고, 다시 그 데이터베이스에 추가 수집된 자료를 더하여 새로운 데이터베이스를 구축하여, 필요한 정보를 지속적으로 추출하는 일련의 작업 활동을 말한다. 데이터베이스에서 지식을 발견한다는 의미로 'KDD(knowledge-discovery in databases)'라고 한다.

② 슈퍼컴퓨터가 개발된 오늘날 데이터 마이닝을 통한 유용한 패턴 인식은 테러나 마약조직 등 특정한 그룹의 특정한 행동양상을 인식하고 대처하는 데 대단히 유용하다.

③ 이에 펜-레지스터를 "전자감시의 소매상"이라고 한다면, 데이터 마이닝은 **"전자감시의 도매업"**이라고 한다.

④ 데이터 마이닝은 사적 영역에서도 사용되어 거래에서의 기망적 요소 적발, 위험 평가 그리고 제품의 소매판매 등에 널리 이용된다.

데이터 마이닝을 응용한 신용평가모형
신용카드회사는 고객의 거래형태에 대한 데이터 마이닝을 통해 특정한 소비자의 소비 형태와 대금 지불 등 일정한 거래패턴을 구축한다. 그래서 어느 날부터인가 그에 상반되는 거래양상이 전개되면 미결제 등 부도의 위험성에 주목하며 거래를 제한하기도 한다.

2. 데이터 마이닝의 한계와 법률문제

① 데이터 마이닝의 쟁점은 당사자의 동의 없는 데이터 자료 확보가 헌법상 규정된 사생활의

---

21) 구체적으로 해외정보감독법 제215조는 화이자 특별법원의 감독 아래, 정보기관은 도서대출기록, 도서판매기록, 고서고객목록, 총포판매기록, 세금환급기록, 교육수강기록 그리고 환자 신원이 포함된 의료기록을 획득할 수 있도록 했다.

비밀과 보호를 위반하는 것은 아닌가? 하는 문제이다.

② 데이터 마이닝에는 처음부터의 오류자료나 누군가에 의한 악의적인 데이터 자료 조작에 의해 잘못된 감시를 받을 우려의 위험성이 있다.

③ 데이터 마이닝을 통해서 어느 한 사람에 대한 전혀 새로운 초상화를 그릴 수 있는 시너지 효과(synergic effect)가 발생한다.

④ 또 다른 위험성은 소위 거짓양성, 즉 위양성(僞陽性, false positives)의 문제이다. 예컨대, 어느 신용카드 사용자가 반복적인 기망적 거래를 계속함으로써 자료가 축적되면, 데이터 마이닝은 그러한 거래를 정상적인 거래라고 인식하는 것이다. 강심장의 반복적 불량행동을 하는 사람을 기계는 선한 사람으로 인식할 수 있는 것이다.

⑤ 마지막으로는 데이터 마이닝으로 생산된 정보의 남용의 문제가 지적된다.

V. 검문검색소(Checkpoint search) 운용

1. 개 관

대표적인 것이 공항과 항구의 검문검색소이다. 미국은 국경에서의 입국심사를 위한 검문검색은 주권절대의 원칙상 영장주의의가 필요 없다고 이해했다. 그런데 국가안보 차원의 검문검색활동이 **범죄인 적발**로 이어지는 경우에는 논란이 있다.

2. 법률문제

① 공항 검문검색은 처음에는 선별적으로 이루어졌다. 그런데 차별적 요소가 강한 선별적 검문검색은 그 정당한 이유가 무엇인가? 에 대한 의문이 제기되었다.

② 먼저 합리성의 균형이론이 제시되었다. 이것은 국가는 검문검색 목표물이 항공기에 그대로 탑승하게 되면 초래될지도 모를 위험성에 대한 가능성을, 합리적으로 고려하여 검색대상을 균형 있게 선별하여 짧은 시간의 정지와 수색(brief stop-and-risk)을 할 수 있다는 이론이다. 하지만 이러한 법리는 **'모든'** 탑승객들에게 금속검색대를 통과하게 하고 x-ray검색을 하게 됨으로써 그대로 유지될 수 없게 되었다.

③ 이에 등장한 이론인 행정·규제목적 이론으로, 항공 탑승자 전체에 대한 검색은 행정목적을 위한 일반적 규제에 의한 것으로 정당하다는 견해이다.

④ 맥웨이드 사건(MacWade v. Kelly Case)에 대한 법원 판결도 말하지만, 일반적인 검문검색 계획의 본질은 범죄 적발목적이 아니라, 위험한 물건을 소지한 사람의 탑승을 제지하는 것에 있다."는 점이다. 그 이유는 검문검색이 범죄인이나 범죄활동 적발 목적으로 실시하는 것이라면, 검문검색의 대상자 전체를 범죄용의자로 보는 데서 출발하는 것으로서, 국민이 주인인 민주국가에서는 용납될 수 없는 사고이기 때문이다.

제3항 한국의 기능적 정보수집 활동

I. 전기통신의 감청

1. 감청의 의의

통신비밀보호법은 감청을 "전기통신에 대해 당사자의 동의 없이 전자장치, 기계장치 등을 사용해 통신의 음향, 문언, 부호, 영상을 청취·공독(聽取·共讀)해 그 내용을 지득 또는 채록(採錄)하거나 전기통신의 송·수신을 방해하는 것"이라고 정의한다(법 제2조 제7호).[22]

2. 범죄수사를 위한 통신제한조치

검사의 청구로 법원이 통신제한조치를 허가한다. 통신제한조치 기간은 2개월을 초과하지 못한다. 2개월 범위에서 기간 연장할 수 있다(제6조 제7항).

3. 국가안보목적 정보수집을 위한 통신제한조치

① 국가안보 목적을 위해서는 범죄혐의와 무관하게 통신제한 조치를 할 수 있다.

② 내국인에 대한 통신제한조치는 영장주의 원칙이 적용된다. 영장은 고등검찰청 검사의 신청으로 고등법원 수석부장판사가 영장을 발부한다. 감청의 기간은 4개월을 초과하지 못하나 4개월의 범위 안에서 연장할 수 있다.

③ 비 내국인에 대한 통신제한은 영장주의의 예외이다. 외국인에 대해서는 국정원장의 승인을 거쳐 대통령의 승인만으로 통신제한조치를 할 수 있다(제7조 제1항).

4. 긴급감청

① 검사와 사법경찰관이 법원의 허가를 받을 수 없는 긴급한 사정이 있거나, 정보수사기관의 장이 대통령의 승인을 얻을 여유가 없는 때에는 소속 기관의 장의 승인을 얻어서 신속하게 통신제한조치를 할 수 있다.

② 다만 통신제한 조치를 집행한 때로부터 36시간 이내에 법원의 허가 또는 대통령의 승인을 얻어야 한다(제8조).

II. 사진촬영(대법원 1999.9.3, 99 도 2317 판결)

대법원은 영장 없는 사진촬영에 요구되는 조건으로, "범죄의 혐의가 명백할 것, 증거로서의 필요성이 높을 것, 증거보전의 긴급성이 있을 것, 촬영방법이 상당할 것"을 제시했다.

---

22) 허가 없는 감청을 도청이라고 한다.

제2장 정보분석

제1절 정보분석 · 정보분석 기구 · 정보분석관

제1항 정보분석(intelligence analysis)의 개념과 특성

I. 정보분석의 개념과 대상

① 정보분석은 수집한 첩보를 체계적인 검증을 통해서 정보 수요자가 사용할 수 있도록 국가정보를 생산하는 일련의 활동이다.

② 정보분석은 정보와 정책이 만나는 수렴점이다. 정보분석을 통해서 중요한 사실이 새롭게 파악되거나 관계가 규명된다. 그리고 필요한 대응방안을 마련하게 된다.

③ 그러므로 일국의 국가정책이 어느 정도 성공을 거둘 수 있는가? 하는 것은 얼마나 해당 분야의 정보분석이 잘 이루어져 훌륭한 정보를 생산하는가에 달려 있다.

④ 일찍이 미국정보공동체 수장으로 CIA 국장을 지낸 리처드 헬름(Richard Helms)은 정보 수집과 비밀공작 그리고 방첩공작 활동을 포함한 국가정보기구의 4대 임무 중에서 **정보분석**을 정보활동의 대들보라고 칭하였다.

⑤ 비밀(secret)이외에도 공개된 사실(known fact), 허위정보(Disinformation) 그리고 미스터리(Mystery)[23]도 정보분석의 대상이다.

II. 창조적 정보분석을 위한 6대 원칙

① 지연판단의 원칙(Principle of deferred judgment)[24]

② 다량 양질의 원칙(Principle of quantity leads to quality)[25]

③ 타가수정의 원칙(他家受精, Principle of cross-fertilization of ideas)[26]

④ 업무 안정감 비례의 원칙(Principle of Sense of Security)[27]

---

23) 미스터리는 규명할 수 없는 의문사항이나 현안을 의미한다. 속성상 미스터리는 자꾸 변모하며 증폭되어 사회불안을 야기하고 국가안보의 심각한 저해요소가 된다는 특성이 있다. CIA가 미국민들의 불안감을 불식시키려고 미확인 비행물체(UFO)에 대한 정보분석 활동을 전개했던 것은 유명하다.

24) 정보판단은 아이디어 도출이 모두 끝난 후에 해야 양질의 정보분석을 할 수 있다는 원칙.

25) 많은 아이디어 속에 최적의 아이디어가 창출될 수 있다는 원칙.

26) 다른 아이디어와 융합해 보면 더 좋은 아이디어가 도출된다는 원칙.

27) 업무의 창조성은 업무에 대한 안정감, 자기 만족감 등에서 이루어진다는 원칙.

⑤ 경쟁분석의 원칙(Principle of Competitive Analysis)[28]
⑥ 악역 활용(Principle of Devil's Advocate)의 원칙[29]

III. 정보분석의 실제와 폐해

1. 상부상조 방식(Back-scratching & Log-rolling)

로그-롤링 또는 등 긁어 주기(back-scratching)는 상호 계산적인 협력이다. 정보기구 상호간에 타협을 통해 서로의 지분을 확보하는 것이다. 예컨대 A라는 정보기관이 우리 보고서 10쪽의 의견을 받아 주면 당신네 보고서 30쪽 의견을 받아 주겠다는 타협이다.

2. 인질담보(false hostages)

협상을 위해 의도적으로 이의제기 거리를 만드는 것이다. 정보기관 A의 견해가 다른 정보기관 B에 의해 견제를 받는 경우에, 의도적으로 B가 제시하는 다른 문제에 대해 강력하게 이의를 제기하는 것이다. 실상은 A 자신의 견해를 인정받으려는 의도이다.

3. 각주전쟁(footnote wars)

두 가지 의미가 있다. 첫 번째는 상부상조 방식이나 인질담보 방법 등을 동원해 각주보다 더 비중이 큰 본문을 차지하기 위한 경쟁이다. 두 번째는 의견을 본문이 아니라 각주에라도 언급되게 함으로써 각주가 경쟁적으로 많아지는 현상이다.

4. 늑대소년 효과(Cry wolf effects)

양치기 소년처럼 책임회피 등을 위해, 중요하지 않은 경고를 계속 남발함으로써, 정작 중요한 정보가 외면되어 경고기능에 실패하는 현상이다.

---

28) 정보분석의 창조성은 경쟁분석 속에서 더 높이 확보될 수 있다는 원칙.
29) 고의로 반대 의견을 개진하는 레드 팀(red team)을 배치해 가능한 모든 약점을 잡아내서, 상호간에 경쟁을 유발함으로써 정보분석의 창조성을 고양할 수 있다는 원칙.

제2항 정보분석의 요건과 제반 문제점

Ⅰ. 정보분석관련 각종 쟁점

1. 정보분석의 3대 요건

적합성(Relevancy), 적시성(Timeliness), 정확성(Accuracy)이 3대 요건이다. 특히 우선순위를 못 맞춘(적시성) 정보분석은 아무리 훌륭해도 적절하게 활용될 수 없다.

2. 단기 전술정보와 장기 대책정보 생산의 문제

현상에 대한 단기 전술정보에 집중되게 하는 정보분석 운용은, 분석관들을 상황파악자로 퇴락시킬 뿐 진정한 국가 정보분석 전문가로 만들지 못한다.

현행사건 증후군(Current Events Syndrome)
처치 위원회(Church Committee) 보고서에 나타난 용어이다. CIA가 현용정보 업무에 집중하는 것을 의미한다. 현행사건 증후군에 매몰된 정보관계자들은 최신의 단편적인 첩보에만 집착하여, 정책담당자들의 관심을 끌만한 정보생산에만 매진하고 장기예측정보 생산을 소홀히 할 수 있다.

3. 수집정보의 홍수: 밀과 겉겨의 문제(Wheat v. Chaff Problem)

수집되는 첩보의 방대한 양과 실제로 분석되는 정보의 불균형을 의미한다. 수집첩보의 100% 모두를 정보분석 하는 것이 가장 이상적이지만, 현실적으로 불가능하다. 첩보수집과 정보분석의 불균형은 정보수집 활동을 무의미하게 할 수 있다.

4. 개별적 분석창고·분석통의 문제

정보기관들은 독특한 정보시각과 분석기법 등 고유한 정보문화를 형성한다. 개별 정보기구의 특성을 발전시키면서 전체적인 정보분석의 조화를 도모해야 한다는 과제가 있다.

5. 암시와 경고의 문제

정책담당자에게 중대한 사태의 발생가능성을 사전에 경고해주는 것은, 전략적 충격을 회피하기 위해 존재하는 국가정보 기구의 중요한 임무이다. 역으로 매번 면책성 경고와 암시를 발하는 **늑대소년 효과(cry wolf effects)**는 우려해야 한다.

6. 수집정보의 한계와 관련된 정보분석 문제

첩보가 충분하지 않아 정보생산이 어려운 경우도 허다하다. 이 경우에 콜린 파월(Colin Powell) 전 국무부 장관은 **"당신이 아는 것을 말해 달라, 당신이 모르는 바도 말해 달라, 당신의 생각을 말해 달라."** 라고 하면서 정보관계자의 생각을 듣고 판단해 결정한 정책에 대해서는 최종적으로 정책담당자인 자신에게 책임이 있음을 확실히 했다.

II. 정보분석 방법에 대한 시각

1. 기술학파

정보분석은 수집된 첩보에 대한 무색무취의 전문가적 견해를 정책결정자들에게 단지 전달하는 데 있다고 보는 견해이다.

2. 사회과학적 예측학파

정보분석의 아버지로 불리는 셔먼 켄트(Sherman Kent) 학파의 입장으로, 정보분석에 대한 사회과학적 예측접근이다. 현안들의 인과관계를 규명함은 물론이고 미래에 대한 예측을 하는 것을 정보분석이라고 본다. 상대세력의 전체적인 역량파악을 강조한다. 당연히 공개출처정보가 중요해진다.

3. 기회분석(Opportunity-Oriented analysis)학파

기회분석은 **구체적인 정책방향에 추동된 정보분석**을 의미한다. 정보분석은 추상적이 아니라 정보의 최종 수요자인 정책결정자의 의도와 선호에 따라 구체적인 정책을 지원하는 실천적인 방향으로 이루어져야 한다는 현실적인 입장이다. 켄달 학파의 입장이다.

III 정보분석 기구의 유형

1. 분산형

각 정보기구가 자체적으로 분석부서를 운용하면서 필요한 정보를 생산하는 방식이다.

2. 중앙 집중형

개별기구를 넘어서서 중앙 집중형 부서가 정보분석을 하는 방식이다. 국가의 모든 정보자료를 활용할 수 있다는 장점이 있으나, 중앙부서의 독점적인 정보분석에 오류가 발생하는 경우에도 시정할 기회를 갖지 못한다는 한계가 있다.

3. 혼합형 또는 경쟁적 분산형

분산형과 중앙 집중형의 절충형이다. 개별 정보기구의 부문적 정보분석 기능도 유지하면서 국가정보 전체를 망라해야 하는 사안에 대해서는 중앙 부서가 그 임무를 맡도록 하는 방식이다. 중복으로 낭비가 많다는 비판이 제기된다.

제3항 정보분석관

I. 정보분석관의 특성과 문제점

1. 정보분석관의 필요능력

① 유능한 정보분석관의 능력은 운동선수나 음악가와 마찬가지로 선천적인 경우가 적지 않다. 그래서 각국의 정보기구들은 정보분석관의 충원, 즉 리쿠르트(recruit)를 특별한 절차를 통해 행하며 대단히 중요한 임무로 운용한다.

② 올바른 국가관, 사물을 냉철하게 판단하는 객관적 사고능력, 보고서 작성기술을 갖추어야 한다. 미국 정보공동체는 전문지식 이외에 첫째, 재미있는 생각을 하는가? 둘째, 글을 잘 쓰는가의 2가지를 고려한다.[30]

2. 정보분석관의 대체가능성과 발굴의 문제

정보분석관은 수시로 교체하고 맞바꿀 수는 없다는 의미에서 불대체물이고 만능플레이어로 기대된다. 특정 현안이 발생한 경우에 예컨대 '중국 문제는 조금 알지만 인도 문제는 모른다.'라고 말할 권리가 정보분석관에게는 없다는 것이다.

3. 실천적 지식 부재와 교육문제

① 정보분석관들은 업무가 책상 집중형인 연유 등으로 인해서 실천적인 경험은 적을 수밖에 없다. 한편 현장지식의 부재는 정보의 부정직을 초래하고, 자꾸 잘못된 가정을 덧붙이게 하며 진실을 왜곡시킬 수 있다.

② 순환근무, 다른 정부기관에의 교류근무, 외부전문가들과의 교류, 외부전문가의 특채 등으로 경쟁력을 제고 하는 것이 필요하다. 한편, 분석능력은 사후적으로 배양될 수 있다. 따라서 재교육, 보수 교육 등이 필요하다.

---

30) 미국은 초기에는 하버드대 출신의 랭글러(William L. Langler)와 예일대 출신의 셔먼 켄트(Sherman Kent)라는 양 거두가 중심이 되어 하버드 학파와 예일 학파라는 학연에 의해 정보분석관의 충원을 이루었다.

4. 보직과 승진 관리의 문제

① 입사부터 퇴직까지 정보분석이라는 한 우물만 천착하게 하는 것은 지적 정체를 야기하고, 정보분석의 오류로 직결될 수 있다. 해결책으로 순환근무 제도를 생각할 수 있지만, 자칫 고도의 전문가 양성에 실패할 수도 있다.

② 정보분석 파트는 계단적 승진구조를 가질 수 없는 분야이다. 승진 직위가 있다고 해도 무엇을 기준으로 승급의 요소로 삼을 것인가는 쉽지 않은 문제이다.[31] 또한 뛰어난 정보분석관이 반드시 훌륭한 관리자를 의미하지도 않는다.

II. 정보분석관 오류의 3가지 유형

1. 경상 이미지(behaviors of mirror imaging)의 오류

상대방도 내 마음이나 태도와 같을 것이라는 관점에서, 마치 거울에 반사되는 것과 같은 당연한 타성적 마음가짐에서 생각함으로 나타나는 분석상의 잘못이다.

비둘기파. 매파. 독수리파
냉전시대 미국의 정보·정책당국자들은 소련 고위직 인사들을 온건 인물인 비둘기파와 강경인물인 매파로 분류하느라 바빴다. 그러나 그것은 미국인 자신들에 의한 분류일 뿐 당시 소련인사들을 강경파와 온건파로 분류할 만한 어떠한 경험적인 근거나 사실도 없었다. 미국의 기대와는 달리 냉전시대에 소련 크렘린에는 비둘기파는 없고, 오로지 강경파인 매파와 초강경파인 독수리파만 있었다.

2. 고객 과신주의(clientism)의 오류

클라이언티즘은 믿을 만한 첩보출처에 대한 일종의 안심과 신뢰에 따라 나타나는 맹목적인 순응과 기존에 처리한 경험이 있거나 유사한 분석 주제에 대한 과잉신뢰이다. 미국 국무부는 사대주의(clientitis)라고 설명한다.

2003년 이라크 전쟁을 위한 정보분석의 실패
2003년 이라크 전쟁에서 미국 정보당국은 이라크 국가의회의 정보를 의심 없이 받아들였다. 그러나 추후 조사결과 이라크 국가의회(INC)는 후세인 정권 축출을 위해 어떻게 해서든지 미국의 군사개입을 유도하려고 했다. 그래서 후세인 정권이 대량살상무기를 개발해 다량 보유하고 있다고 거짓 자백하는, 이라크 정보기관 내의 다수의 변절자를 증거로 미국에 제공하는 등 대량의 허위정보를 제공했던 것으로 판명되었다.

---

31) 통상 분석의 정확성, 작문실력, 외국어 실력, 전문지식, 주된 업무에의 참가횟수 등이 거론되지만 절대적인 기준이 될 수는 없다.

3. 겹층 쌓기의 오류(layering) - 사고 경직의 오류

일단 잘못된 정보분석을 진실한 것으로 믿은 후에는 후속되는 정보분석이 아무리 반대되는 징후를 보여도 전제되는 분석 결과를 뒷받침하는 방향으로만 분석 업무를 하는 지속적인 잘못을 말한다. 자기 오류를 인정하지 않으려는 인간본성에서 유래된다. 최초의 정보분석오류는 경상 이미지나 고객 과신주의 등에서 발단되는 것이 통상적이다.

제2절 정보분석 기법

제1항 정보분석 업무 개관

I. 추론(Reasoning)과 가설(hypothesis)의 설정

① 정보분석 추론방법에는 기지(旣知)의 지식이나 자료에서 일반적인 성질을 찾아내어 결론을 도출하는 **귀납법**, 대전제 사실로부터 소전제인 구체적 사실을 거쳐 결론을 도출하는 **연역법**, 분석관의 순간적인 예리한 통찰적 인식인 **직관**, 실험결과나 목격한 현상을 바탕으로 하는 **과학적 추론**의 4가지 방법이 동원된다.[32]

② 가설(假說, hypothesis)은 잠정적인 결론이다. 추론을 통해서 가설을 설정하게 된다. 가설 설정은 가장 창조적인 인간의 지적활동이다. 정보분석 결과물인 정보보고서는 결국 정제된 가설의 최종적인 집합체이다.

II. 가설 전개 6단계론

① 1단계 : 문제 설정[33]

② 2단계 : 1차 가설의 설정[34]

③ 3단계 : 첩보수집[35]

---

[32] 헤이든 전 CIA 국장(Hayden)은 정보분석은 많은 첩보자료를 수집하여 결론을 도출하는 적극적인 귀납적 방식으로 전개되어야지, 이미 결론을 가지고 단지 그 결론을 뒷받침하는 데이터를 찾아내는 연역적 방식은 수동적·소극적인 것으로 바람직하지 않다고 말했다.

[33] 정보보고서는 요구된 것에 대한 내용이 아니라면 동문서답이다.

[34] 주어진 문제에 대하여 상정할 수 있는 모든 가설을 설정한다.

[35] 설정한 가설을 검증하기 위한 첩보의 광범위한 수집.

④ 4단계 : 1차 가설의 평가[36]

⑤ 5단계 : 최종 가설의 선택[37]

⑥ 6단계 : 지속적인 점검(피드백)[38]

가설 선택의 알렉산더 조지(Alexander George) 방식
① 최선보다 차선이지만 충분히 만족할 만한 가설을 채택한다.
② 점진주의(incrementalism) 방법으로 기존 입장에서 크게 변하지 않는 대안적 가설을 채택한다.
③ 합의 아니면 최대의 지지로 도출된 가설을 선택한다.
④ 과거의 성공과 실패 사례를 참조하여 유추적으로 선택한다.
⑤ 좋은 대안과 나쁜 대안에 대한 기준을 정하여 가설을 설정한다.

III. 가설에 따른 수치적 발생확률 – 'Kent 방정식' 또는 'Yale 방정식'

① 확실(100%, certainly)

② 거의 확실한(93%±6%, almost certainly)

③ 대체로 가능한(75%±12%, probably)

④ 반반의 가능성이 있는(50%±10%, chances about even)

⑤ 대체로 가능하지 않는(30%±10%, probably not)

⑥ 거의 확실하지 않는(7%±5%, almost certainly not)

⑦ 불가능한(0%~2%, impossible)

---

36) 가설평가는 가설을 뒷받침하는 새로운 첩보가 수집되면 진실로 받아들이는 적극적인 검증(verification)과 가설을 뒷받침할 첩보가 없으면 거짓으로 판정하는 소극적인 위증(falsification)의 방식으로 전개된다.

37) 가설의 선택은 정보분석관이 피할 수 없는 종착역이다. 위증과 검증과정을 거치고 남은 가설을 최종적으로 선택하게 된다.

38) 최종적으로 가설이 선택되었더라도 마지막이 아니다. 안보 현실은 부단히 변화한다.

제2항 개별 정보분석 기법

I. 분석기법의 형식적 분류

1. 질적분석기법(Qualitative Analytic Techniques)[39]

1	브레인스토밍기법	견해를 자유롭게 발언하도록 하여 아이디어를 도출하는 집단사고 방법.
2	핵심판단기법	가능한 모든 가설을 설정한 연후에 가설을 하나하나 줄여가는 분석기법
3	경쟁가설기법	다수의 가설을 비교하면서 상대적으로 우위에 있는 가설을 선택하는 분석기법
4	인과고리기법	인과관계에 따라서 종속변수와 독립변수의 관계를 설정하는 분석기법.
5	역할연기기법	전문가에게 연기하도록 하여 진행경과를 관찰하며 분석하는 기법.
6	분기분석기법	여러 차례 분석하여 나타난 길을 쫓아 최종 분석결과를 도출함
7	목표지도작성법	분석도표를 작성하여 목표 지도를 작성하는 분석방법.

2. 양적분석기법(Quantitative Analytic Techniques)

1	정세전망기법 (Policon과 Factions)	폴리콘은 정치적 갈등(Political Conflict)의 약자로, 폴리콘이라는 회사가 개발한 정세전망 분석기법이다. CIA가 폴리콘 모델을 응용하여 개량한 것이 팩션(Factions) 모델이다.
2	베이지언 기법	사건 발생의 개연성을 구체적인 확률수치로 나타내는 정보분석 기법이다. 군사행동에 대한 경고정보에 유익한 모델이다. CIA는 베이지언 기법을 활용하여 중동전쟁 발발 가능성과 중·소 국경분쟁 발발 가능성을 분석했다.
3	의사결정 나무기법	가능성을 나무구조로 도표화하는 분석방법
4	램프기법	록 우드 박사가 창안한 기법이다. 특히 공개출처정보의 분석에 진가가 높다.
5	행렬분석(Matrix)	설정한 기준점에 점수를 부여하며 평가하는 예측기법
6	시뮬레이션	실제와 비슷한 상황을 만들어 추론을 반복적으로 대입해 보는 예측기법

II. 정보분석 종합모델

1. 기회분석(Opportunity Analysis) 기법

기회분석은 구체적인 정책방향에 추동된 분석이다. 기회분석 기법은 최종 가설을 설정

---

39) 수집된 첩보자료가 적을 때 사용된다.

한 경우에도 정책방향에 맞게 가설의 타당성을 다시 한 번 점검하는 분석기법이다.

2. 린치핀 분석(Linchpin Analysis)기법

CIA 정보국 부국장을 역임한 맥이친(Doug MacEachin)이 도입한 분석기법이다. **핵심판단 기법**이라고도 한다. 가장 핵심적인 판단을 추출하여 그것을 고정변수 수준으로 설정하여 주변적 분석을 전개해 나간다.

3. 경쟁가설분석(Analysis of Competing Hypotheses : ACH)

CIA에서 다년간 봉직한 딕 호이어(Dick Heuer)가 개발한 정보분석 방법이다. 상호간에 우열을 가리기 어려운 경합관계에 있는 복수 이상의 가설들을, 동일평면에서 평가하여 상대적 우월성을 확인하는 분석방법이다. 그를 위해 잘 준비된 점검표인 매트릭스(Matrix)를 작성하여 차근차근 가설과 증거와의 일치 여부를 판단한다.

4. 경쟁분석(competitive analysis)

복수 이상의 정보기구나, 복수 이상의 분석 팀이 각자의 분석결과를 도출한 후에 서로 비교하는 것이다. 약점은 체리-피킹(cherry-picking, 입맛에 맞는 간택)에 따른 정보의 정치화, 충성경쟁, 책임 회피로 항상 위험을 과대평가하는 쪽으로 흐를 가능성도 있다는 점이다.

5. 대안분석(Alternative analysis)

하나의 가설만이 아니라 대안적 가설을 함께 도출하는 정보분석방법이다.[40]

2004년 미국 정보개혁 및 테러방지법의 요구
미국은 정보공동체에게 경쟁분석(competitive analysis)과 대안분석(alternative analysis)의 2가지 분석결과가 정책담당자들에게 제공될 수 있도록 확실한 절차를 마련할 것을 법으로 요구했다.

---

[40] 그러나 현장서는 대안분석이 잘 활용되지 않는다고 한다. 그 이유는 첫째는 대안분석은 경험상 항상 강경파의 의견이 지배적일 수 있다. 두 번째는 정책담당자가 결론을 입맛대로 도출하는 소위 체리-피킹으로 남용될 수 있고, 결국 정보의 정치화에 직결되는 위험성이 제기된다. 세 번째는 제한된 시간과 한정된 가용자원 문제 때문에 대안분석을 할 여유가 없다. 마지막으로 정보분석관들은 초동 업무를 선호하는데 성의 없는 중복업무로 흐를 가능성 등으로 대안분석은 선호되지 않는다. 그러나 오늘날 대안분석은 정보분석의 독단적인 오류를 막을 수 있고, 정보분석의 역량을 비교 형량적으로 사용할 수 있게 한다는 점에서 가치가 매우 높게 인정된다.

제3항 기술적 분석기법

I. 암호(暗號, cryptograph)

1. 의의

암호는 통신 내용을 감추기 위하여 사용하는 말, 또는 그 기술을 말한다. 로마시대 고안되어 14세기 이탈리아에서 근대적인 암호가 개발되었다. 최초의 암호는 고대 그리스 스파르타 시대의 스키탈레 암호이다.

2. 종류

① 문자암호(文字暗號 : cipher)

일정한 키(key)를 사용하여 글자 순서를 다양하게 바꾸는 **전자방식**과, 알파벳 순서는 그대로 하면서 글자의 몇 번째 뒤로 바꾸어 기록하는 **환자방식**이 있다.

시저암호(Caesar cipher): 3차 치환 알고리즘 암호
QHYHUWUXVWEUXWXV" = NEVERTRUSTBRUTUS   "브루투스를 믿지 말라(Never trust Brutus)" 가 된다.

② 어구암호(語句暗號 : code)

코드 북에 의한 약어(略語) 약속이다. 예를 들어 이라크 공격 작전을 "사막의 폭풍작전(Operation of Desert Storms)"이라고 명명하는 것이다.

3. 암호분석(cryptanalysis)

암호문을 원래의 의미 형태로 전환시키는 활동으로 분석하고 추론하여 그 사전약속이나 알고리즘을 파악하여 부호와 암호문을 푸는 지적인 과정이다. 어구암호 해독은 부호책의 확보가 관건이고, 문자암호 해독은 알고리즘의 파악이 관건이다.

4. 암호해독 사실 자체의 보안유지

상대세력은 암호체계가 침투되었다고 인지하면 바로 암호체계를 바꾸어 아측의 노력을 물거품으로 만들거나, 전혀 눈치 못 채게 미세한 거짓암호를 방출하는 등의 역공작을 취함으로써, 오히려 암호분석 노력이 아측의 정보활동에 막대한 손해를 초래할 수도 있기 때문에 암호를 해독하고 있다는 사실 자체를 철저하게 보안 유지하는 것은 매우 중요하다.

II. 사진판독

1. 영상판독

영상정보도 전문 사진판독관이 아니면 필요한 정보를 생산하는 일이 쉽지 않다. 1962년 쿠바 미사일 위기 때 **다윗의 별(Star of David)**이 유명하다. 일반인의 눈에는 복잡한 도로들의 교차로처럼 보였지만, 숙련된 사진판독관인 브루지오니(Dino Brugioni)는 소련 본토 미사일 기지에서 예전에 보았던 영상사진과 유사하다는 사실을 즉각 인지했다.

2. 징후(signature) 해석

촬영된 영상에서 특징 또는 특색을 알 수 있는 징후를 정확히 파악하여 정보를 생산한다. 예컨대 비행장 활주로를 확장하는 공사현장 사진이 입수되었다면, 상대국이 새로운 대형 항공기를 개발했거나 도입한 징후라고 이해할 수 있다.

제3절 정보분석 보고서의 생산

제1항 정보분석의 형태와 정보보고서

I. 정보보고서의 요건

1. 적시성

정확하지만 뒤늦은 보고보다는, 불완전하지만 적시의 보고가 더 중요하다. 시의 적절성은 좋은 정보의 제1조건이다.

2. 적정 · 명료성

정보는 필요한 내용을 모두 담고 있으면서도 간결을 유지해야 한다.

3. 객관성

정보분석이 객관성이 결여되었다면, 시의적절하고 간결하고 명료하더라도 전제가 사라진 의미 없는 내용이 된다.

미국의 2004년 정보개혁 및 테러 방지법(IRTPA)은 정보분석에서 시의성과 객관성 그리고 정치고려에서의 독립성을 정보공동체에 주문하고 있다.

II. 정보보고서의 기본 분류

1. 기본정보보고서 – 과거의 정보

특정한 시점에서 대상국의 지정학적 특성, 정치제도, 경제제원, 국가기반시설 등 국가의 기본제원에 대한 정보분석 보고를 말한다.

2. 현용정보보고서 – 현재의 정보

대상국가의 정치·경제·사회·문화의 각 분야에서의 변모 양태를 추적해 파악한 현재 상황에 대한 분석보고서이다.

3. 예측·판단정보보고서 – 미래의 정보

현재의 상황이 향후에는 어떻게 전개될 것인지를 예견하려고 시도하는 지적 분석 결과물이다. 예측·판단정보 분석보고서는 신뢰할 수 있는 기본정보와 현용정보에 대한 종합과 면밀한 분석을 통해 이루어진다.

제2항 구체적인 정보분석보고서

I. 미국의 소관 영역별 정보분석보고서

1. 현용정보보고서

① 대통령 일일 브리핑(President's Daily Brief : PDB)[41]
② 고위정책 정보요약(Senior Executive Intelligence Brief : SEIB)[42]
③ 일일경제 정보요약(Daily Economic Intelligence Brief : DIEB)[43]
④ 국무장관 조간요약(Secretary's Morning Summary)[44]

---

[41] 매일 대통령의 업무가 시작될 무렵 10분 내지 15분 동안에 읽을 수 있도록 작성된다. 전통적으로 CIA가 생산했으나 현재는 국가정보국장(DNI) 소관이다.
[42] 다수의 고위관료를 위한 정보공동체의 일일 정보신문. 콜비(William Colby) CIA 국장의 아이디어로 창간된 정보일간지이다. 독자는 수백 명의 행정부서 정책담당자들이라고 한다.
[43] 경제부서 국장급 이상의 책임자에게 제공된다.

⑤ 국방부 현용정보 분석보고[45]

2. 경고정보보고서

① 경고경계목록(Warning Watch list)
② 경고메모(Warning Memorandum)
③ 펜타곤 경고정보[46]

3. 예측·판단정보보고서

① 국가정보예측(National Intelligence Estimates)[47]
② 마약정보예측(Narcotics Intelligence Estimates)[48]
③ 국방부 국가정보예측(DoD-NIEs)[49]

II. 기타 주요 정보발간물

1. 정기간행물

1) CIA가 발간하는 정기간행물

① 주간경제정보(Economic Intelligence Weekly : EIW)
② 월간 유럽 리뷰 (European Monthly Review)
③ 무기거래보고(Arms Trade Report)
④ 반기별 국제 에너지 통계(International Energy Statistical Quarterly)
⑤ 테러리즘 리뷰(Terrorism Review)
⑥ 국제 마약 리뷰(International Narcotics Review)
⑦ 무기 확산 다이제스트(Proliferation Digest)

2) 국무부 정보조사국 발간 정기간행물

Bin Ladin Determined To Strike in US

Clandestine, foreign government, and media reports indicate Bin Ladin since 1997 has wanted to conduct terrorist attacks in the US. Bin Ladin implied in US television interviews in 1997 and 1998 that his followers would follow the example of World Trade Center bomber Ramzi Yousef and "bring the fighting to America."

After US missile strikes on his base in Afghanistan in 1998, Bin Ladin wanted to retaliate in Washington, according to a ▓▓▓▓▓▓▓ service.

An Egyptian Islamic Jihad (EIJ) operative told an ▓▓▓▓ service at the same time that Bin Ladin was planning to exploit the operative's access to the US to mount a terrorist strike.

The millennium plotting in Canada in 1999 may have been part of Bin Ladin's first serious attempt to implement a terrorist strike in the US. Convicted plotter Ahmed Ressam has told the FBI that he conceived the idea to attack Los Angeles International Airport himself, but that Bin Ladin lieutenant Abu Zubaydah encouraged him and helped facilitate the operation. Ressam also said that in 1998 Abu Zubaydah was planning his own US attack.

《테러를 예상한 2001년 8월
6일자 PDB》

---

44) 정보조사국(INR)이 생산하는 보고서로 대외정책에 대한 내용을 담고 있다.
45) 군사정보 다이제스트(Military Intelligence Digest : MID), 고위간부 하이라이트(Executive Highlights : EH), 국방 테러 정보요약(Defense Intelligence Terrorism Summary), 신호정보 다이제스트(SIGINT Digest), 세계영상보고서(World Imagery Report) 등 매우 다양하다.
46) 주간 정보전망(The Weekly Intelligence Forecast), 주간 경고예측전망(The Weekly Warning Forecast Report), 반기 경고전망(The Quarterly Warning Forecast), 경고보고서(The Warning Report), 워치콘 변동(The Watch Condition Change)보고, 연간 경고전망(The Annual Warning Forecast) 등이 대표적이다.
47) 각국의 정치, 경제, 군사 등의 제반 환경에 대한 장기예측 전망 분석보고이다.
48) 전 세계 마약 생산, 밀매문제에 대한 추세와 전망에 대한 예측보고서.
49) 무기의 진보 및 각국의 군사력 동향 등 군사문제에 대해 심층적인 내용을 다룬다.

① 평화전망(Peacekeeping Perspectives)

② 정보분석국 저널(INR Journal)

3) 국방정보국(DIA) 발간 정기간행물

① 월간마약정보(Monthly Digest of Drug Intelligence)

② 반기 정보추세 다이제스트(Quarterly Intelligence Trends)

③ 주간공군 정보(Air Force Intelligence Weekly)

2. 전기(Biographies)기록

외국의 정치인, 군인 등 주요 인사에 대한 신상명세서.

3. 글로벌 브리핑(Global Briefing) 또는 글로벌 전망(Global Trends)

미국 정보공동체의 최장기 미래예측보고서로 전 세계 상황에 대한 미래 예언서이다. 국가정보국장(DNI) 산하에 있는 국가정보위원회(NIC)가 생산한다. 매 5년마다 향후 세계 제반 상황에 대한 15년 후의 변화를 분석한다.

제3항 정보분석 업무의 미래지향적 개선

1. 불확실성의 전달문제

정보분석관은 불확실성을 두 가지로 표현한다. 하나는 주관적 평가에 의한 애매한 어구의 사용이다. 다른 하나는 통계수치에 의한 불확실성 정도에 대한 표현이다. 정보판단이 지극히 어려운 경우, 럼스펠드 전 국방장관은 다음과 같이 명확한 지침을 전달했다. "정보분석이 어렵고 따라서 결론이 명백하지 않다고 판단되는 경우에, 도출되는 정보분석은 추측이고 분석이며 가능성이고 추산이다. 최선의 추측을 해서 보고하라!"

2. 예측 정보(estimates) 전달의 문제

예측정보는 2가지 중요한 의미가 있다. 첫 번째는 주요 문제가 장래 수년간 어떤 경과를 거칠 것인가를 예측하는 역량을 개발하고 발전시킨다는 의미가 있다. 두 번째는 국가미래 예측보고서는 정보공동체 전체의 종합된 역량을 나타낸다는 것이다.

3. 정보분석관에 대한 재 이해

정보분석은 수집된 정보자료에 의해서뿐만 아니라, 수행하는 정보분석관에 의해서도 결과가 크게 달라진다. 사람인 정보분석관도 야망이 있어서 그들의 정보분석 결과가 국가정책에 영향을 미치기를 바라는 소망으로 조작이나 과장의 우려는 상존한다.

4. 정보분석관 양성제도에 대한 반성

정보분석관 양성에 애용되는 도제구조(guild structure)는 선임자로부터 비법을 전수받음으로써, 단기간에 실용적인 분석기술을 배울 수 있다는 장점이 있다. 그러나 개인의 창조성과 독창성을 마비시키고 분석 담당자를 단순 기술자로 만들 위험성도 있다.

5. 국제안보환경 변화에 따른 분석 대응과 분석물의 공유

① 국제테러조직은 정보분석에도 많은 쟁점을 야기했다. 예컨대, 테러조직은 조직의 운용에 과학적 장비를 많이 사용하지 않고, 수시로 거점을 옮긴다. 따라서 테러집단에 대한 정보수집과 정보분석은 주권국가를 상대로 한 전통적인 정보분석 기법과는 다르다. 그들 문화와 언어에 대한 이해, 역사적 배경에 대한 이해가 더욱 중요하다.

② 국가정보는 생산이 목적이 아니라 활용이 목적이다. 이에 미국은 정보생산물의 원활한 사용을 위해 합동배치정보지원체계(Joint Deployable Intelligence Support System : JDISS)와 정보공동체의 내부 비밀통신망인 인텔링크(Intranet of the U.S. Intelligence Community : INTELINK)를 사용하여 정보기구 사이의 실시간적인 정보 공유를 도모한다고 한다.

제3장 비밀공작(Covert Action)

제1절 비밀공작의 이해

I. 비밀공작의 개념

1. 의의와 목적

① 국가정보기구가 외국세력의 행태나 정치·경제·사회적 환경에 직접 영향을 주기 위해 취하는 비밀활동이다.

② 정책부서 대신에 정보기구가 직접 국가정책을 실행하는 것이다. 비밀공작을 공개적으로 외교부서가 시행하면 **외교정책**이 되고 국방부서가 수행하면 **국방정책**이 된다.

③ 비밀공작의 목적은 대상국의 정책결정 과정에 영향력 행사, 대상국의 정치체제 변화모색, 전시에 적국의 전략 및 전술에 영향력 도모 등이다.

2. 비밀공작과 비밀활동(clandestine operation)

비밀공작은 정보수집, 정보분석, 방첩공작과 함께 국가정보기구의 4대 임무이다. 반면에, **비밀활동은** 국가정보기구가 은밀하게 전개하는 모든 활동이다. 비밀정보수집 활동, 비밀정보분석활동, 비밀방첩공작활동, 비밀공작이 모두 포함된다.

II. 비밀공작에 대한 각국의 용어

1. 영국

특별정치활동(Special Political Action : SPA)'이라고 칭한다.

2. 이스라엘

해외정보기구인 모사드의 명칭에 있는 '특별임무(special task)'가 비밀공작 임무이다. 모사드에서 비밀공작 업무를 담당하는 부서는 '메차다(Metsada)'로 알려진 특별공작부이다.

3. 러시아

포괄적인 의미를 가지는 '적극조치(active measures)'라는 용어를 사용한다. KGB는 그들의 적극조치 활동을 '냉정한 일들(dry affairs)'이라고 은유적으로 묘사했다.

4. 미국

1974년 휴-라이언 개정안(Hughes-Ryan Amendment)에 처음으로 비밀공작이 규정되었고, 레이건 대통령 명령 제12,333호에서 분명히 했다. 제5의 기능, 비밀활동, 특별활동, 제3의 옵션, 제3의 대안이라고도 한다.

제1의 옵션 & 제2의 옵션
외국에서 결정적인 국가이익이 걸려 있는 경우에 아무런 조치 없이 기다리거나 평화적인 외교활동으로 해결하려고 하는 것을 **제1의 옵션(first option)**이라 하고, 군대를 파견하는 것과 같은 국방정책의 실행을 **제2의 옵션(second option)**이라고 한다. 이에 반해 **제3의 옵션**은 소극적인 외교정책과 적극적인 국방정책의 중간 수준의 조치를 의미한다.

5. 한국

① 한국 정보학계도 비밀공작을 대외정책수단(policy tool)으로 이해하는 것은 명백하다. 사용하는 용어도 비밀공작 또는 비밀공작 활동이라고 호칭한다.
② 문제는 비밀공작을 '정보기관만이 수행할 수 있는 고유의 활동 또는 특징적 활동'이라고 하면서, 자국민을 대상으로 사용될 수도 있으며, 심지어는 '비밀공작은 대부분의 경우 비합법적인 활동'이라고 이해하는 잘못된 견해가 있다.
③ 그러나 민주법치주의 국가의 공조직으로서의 정보기구의 공작 활동은 원칙적으로 적법한 활동일 것을 전제로 하고 내국인을 대상으로 해서는 안 된다.

III. 비밀공작의 필요성과 한계

① 비밀공작은 **정책과 정보의 분리**라는 민주주의 정보기구의 대원칙을 위배하고, 정보의 정치화를 초래할 위험성을 가지고 있다.
② 또한, 다른 나라에 대한 '은밀한 내정간섭(covert intervention)'이라는 점에서 UN 헌장의 정신에도 배치될 수 있다.
③ 원래 비밀공작은 비밀공작을 동원하는 것이 가장 바람직하다고 판단한 정책적 고려에 따른 정책대행 수단이다.
④ 그러므로 현실적인 실행 주체는 정보기구이지만 속성적으로 정책담당자의 목적과 방향에 일치해야 하며 결코 국가정책을 앞서 나가서는 안 된다는 내재적 한계를 갖는다.

IV. 비밀공작의 정보적격의 문제 – 비밀공작 근거에 대한 법률논쟁

1. 법률근거 필요설

정보기구에 의한 정책의 직접수행이라는 점에서 본질적으로 정보업무와 다르고, 법치행정의 원칙상 법에 근거를 두어야 한다는 견해이다.

2. 법률근거 불필요설

비밀공작도 광의의 정보영역으로 볼 수 있다는 견해이다. 명시적인 규정이 없는 경우에도 그 근거를 기타 조항에서 찾을 수 있다고 본다.

3. 결론

① 1947년 CIA 출범 후에 비밀공작이 과연 법이 예상한 CIA의 기본임무라고 할 수 있는가? 라는 의문이 제기되었다.

② 논쟁의 결론은 놀랍게도 원래 의회는 비밀공작을 CIA의 임무로 고려하지 않았고, CIA가 비밀공작 업무가 필요하리라고는 상상하지 않았다는 것이다.

③ 그러나 오늘날 비밀공작이 정보공동체의 주요한 임무로 이해되는 데는 이론이 없다. 명시적 규정이 없는 경우에도 "기타조항"을 근거로 본다.

V. 비밀공작의 특징과 한계

① 비밀공작은 **'국가정보기구'**에 의한 국가정책의 직접 집행이다.

② 비밀공작은 국가정책 **'집행업무'**이다.

③ 비밀공작은 자유민주국가 정보기구의 내재적 고유임무는 아니다.

④ 비밀공작은 원칙적으로 **정당성**을 가진다. 특별한 이유와 환경으로 정보기구에 의해 대집행되는 것일 뿐, 비밀공작 업무도 합법적인 국가사무이다. 비밀공작의 형식적인 불법 활동의 내면에는 국가안보와 국가이익을 도모한다는 정당화 사유가 있다.

⑤ 비밀공작은 일반 비밀활동에 비해서 **보안**에서 차이가 있다. 일반적으로 정보기구의 보안이 '활동 그 자체의 비밀성 유지'에 목적이 있는 데 비해서, 비밀공작에서의 보안의 중점은 공작주체를 모르게 은폐하는 데 중점이 있다.

⑥ 비밀공작은 **"외국과 외국인을"** 대상으로 한 국가정책의 대집행(代執行)이다.

흑색공작(black operation)
합법성을 내재하는 비밀공작과 구별하여, 처음부터 불법적·반인륜적인 수단과 방법을 동원하는 공작활동을 말한다. 그 업무 담당자를 흑색공작관(black operator)이라고 호칭한다.

제2절 비밀공작의 유형

제1항 개관

I. 비밀공작의 유형

비밀공작은 실제 공작책임자의 독창적인 상상력에 의해 전개되는 것으로서 수많은 비밀공작을 수행한 미국도 표준 유형(Standard typology)을 정립하지 않았다. 그만큼 다양한 내용의 비밀공작을 범주적으로 체계화하기가 어렵다는 의미이다.

1	슐스키(Shulsky)	① 우호정부에 대한 비밀지원 ② 외국정부의 인식에 대한 영향 ③ 외국의 사회인식에 대한 영향 ④ 우호적 정치세력에 대한 지원 ⑤ 정치적 사태에 폭력수단을 통한 영향력 행사
2	다이쿠스(Dycus)와 트레버턴(Treverton)	① 선전공작, ② 준군사 비밀공작, ③ 정치공작
3	로웬탈의 분류 비밀공작 사다리[50]	선전공작→ 정치공작→ 경제공작→ 쿠데타(Coups) 공작 → 준군사 공작

II. 비밀공작의 결정과정과 실행

① 비밀공작은 타당성, 수행능력, 위험도 점검(비밀공작 보충성의 원칙), 유사한 공작 점검 등을 통해서 계획을 수립한다.

② 미국은1970년대 이란콘트라 사건 이후에 비밀공작 절차를 법으로 정했다. 미국의 경우에 비밀공작은 최종적으로는 대통령의 재가로 실행된다.

③ 미국 의회는 예산심의를 통해 비밀공작을 개괄적으로는 인지할 수도 있다. 그러나 의회는 예산승인을 거부하는 방법으로 공작추진에 제동을 걸 수는 있지만, 비밀공작 자체에 대한 승인이나 비밀공작의 종류를 변경시켜 예산을 승인할 권한은 없다.

④ 실제 비밀공작의 수행은 CIA등 해당 정보기구 주도로 실행한다.

⑤ 그러나 공식적인 승인절차는 매우 취약성을 가진다. 비밀공작은 그 명칭만큼 급박한 현장 상황에 맞게 비밀스럽게 전개되는 이유로 통제절차가 공작의 전 과정에 개입하는 것은 실패를 유발할 수 있는 등으로 적절하지 않다는 현실의 반영 때문이다.

---

50) 위장부인의 정도와 폭력수준에 따른 분류임.

제2항 비밀공작 사다리(Covert Action Ladder)

I. 선전공작(propaganda)

라디오, TV, 신문, 전단, 인터넷 등 각종 언론매체를 이용해 조작된 정보를, 공작 대상국가에 유포하여 대상국가의 여론을 공작활동국가에 유리하게 조정하는 공작활동이다.

1. 백색선전(White propaganda)

출처를 굳이 숨기거나 가장하지 않고 선전활동을 하는 것이다.

2. 회색선전(Gray Propaganda)

출처를 완전히 숨기지는 않았더라도 출처를 여전히 공개하지 않고, 또한 공개된 출처라도 불투명하게 하는 가운데 전개하는 선전공작이다.

3. 흑색선전(Black Propaganda)

출처를 철저히 은폐하는 방식으로 전개하는 선전활동이다.

CIA의 위장 과테말라 국영방송국
과테말라에서 반군을 지원한 CIA는 과테말라 국영방송국의 아나운서 목소리를 기술적으로 모방하고, 국영방송국과 인접한 지역에서 동일한 채널을 이용해서 구즈만 정권 전복을 위해 정부정책을 비난하는 방송을 했다. 세심하지 않은 청취자들은 CIA가 운영하는 반군의 선전방송을 듣고 있는 것임에도, 마치 정부방송을 듣는 것으로 생각했다.

4. 선전공작의 부작용 – 역류(blowback)

언론 선전공작의 부작용이다. 정보기구에 의해 고의로 외국 상대국에 살포한 잘못된 내용의 언론기사가 역으로 국내에 유입되는 현상이다.

II. 정치공작(political action)

상대국의 정치에 비밀리에 개입하는 비밀공작이다. 정치지도자 매수 등 정형화할 수 없는 다양한 방법으로 전개된다. 영향공작, 지원공작이 있다.

1. 영향공작

대통령, 총리, 장관, 국회의원, 언론인, 대기업 간부, 군 장성이나 그들의 가족처럼 대상국의 영향력 있는 인사를 활용하는 것이 중요하다. 이들은 '영향력 공작원(influence agent)'이라고 호칭하며 가장 고급수준의 첩보원천으로 평가된다.

2. 지원공작

대상국가의 필요한 사람들에게 다양한 지원을 통하여 관계를 유지하거나 창설하는 것이다. 외국 해외망명 지도자의 생계비나 활동비를 지원하기도 한다. 신변경호도 지원하거나, 정보제공도 한다. 주로 우호적인 정부에 정보를 제공하지만, 우호적이지 않은 정부에 대해서도 이해관계에 부합되는 조치를 유도하기 위해서 정보를 전달하기도 한다.

정보적 지원에 의한 이란 투데당(Tudeh)의 해산

1983년 미국은 적대적인 이란 호메이니(Khomeini) 정부에게 '이란에서 활약하고 있는 소련의 첩보원들에 대한 비밀정보'를 건네주었다. 이란은 소련 첩보원을 비롯해 약 200명의 공산당원을 처형했고 이란 공산당인 투데당은 해산되었다. 결과적으로 CIA는 반미 호메이니 정부를 활용해서 이란에서의 KGB 조직을 와해시켰고, 이란에 대한 소련의 영향력은 크게 와해되었다.

III. 경제공작(economic action)

1. 의의

외국의 경제정책을 자국에게 유리하게 변경시키는 공작이다. 강대국들이 외국의 토지개혁, 석유 등 천연자원과 국가 기간산업의 국유화를 추진하거나 세제, 무역거래, 투자 관련법 등을 자국에게 불리하게 변경하려고 하는 경우에 은밀한 경제공작을 펼쳤다.

2. 경제공작에 동원되는 공작 방법

파업 유도, 전기 공급망이나 유류창고 폭파, 위조지폐 발행으로 경제교란 등이 대표적인 수법이다. 농작물에 병충해를 유발하거나 재난재해를 야기하기도 한다. 원유에 물을 가득 섞어 가짜 휘발유를 대량 공급하여 사회적 혼란을 야기할 수도 있다. 경제공작에는 선전공작 활동이 병행되면 매우 효과적이다. 예를 들어 생필품 부족에 대한 대대적인 선전을 하면 사재기 현상이 극성을 부리고 결국 최종적으로 정치 불안으로 연결될 수도 있다.

전략방위구상(Strategic Defense Initiative : SDI)

레이건 행정부에서 추진되었던 전쟁 계획으로 냉전시대의 대표적인 경제공작 활동 중의 하나이다. 미국은 실험에 이미 성공했다고 발표해 소련으로 하여금 막대한 대응 예산을 소비하도록 유도했고, 소련의 붕괴가 5년 정도 앞당겨졌다고 한다. 그러나 1993년도에 밝혀진 바에 따르면 미국은 실험결과를 과장하여 발표했었다(한편 방첩공작에서의 분석은 또 달라진다).

IV. 쿠데타(Coups) 공작

1. 의의

대상국가의 정부 전복 비밀공작 활동이다. 전복공작 또는 모략 및 와해공작으로 소개되기도 한다. 쿠데타 공작에는 앞서 본 선전공작, 정치공작, 경제공작이 함께 동원된다.

2. 오퍼레이션 아작(Operation Ajax)

냉전시대에 이란에서 공산주의의 영향력도 배제하고 안정적인 석유공급권도 확보한 영국과 미국 정보기구 합동의 쿠데타 공작이다. 민주적으로 선출되어 석유산업의 국유화를 도모하던 민선의 모사데크(Mohammed Mosaddeq) 이란 수상을 축출한 쿠데타 공작이었다.

V. 준군사공작(paramilitary operation)

1. 개념

정보기구에 의한 군사적 수준의 공작활동이다. 일반적인 비밀공작이 우회적으로 정책목표를 달성하려는 것에 비해서, 준군사공작은 직접 화력을 동원하는 물리적인 비밀전쟁이다.

2. 정규전과의 차별

① 준군사공작은 외형적으로는 정규군의 군사력을 사용하지 않는다. 왜냐하면 정규군을 동원한다는 것은 법적으로 '전쟁'을 의미하기 때문이다.
② 현재 전쟁법은 국제법적으로 확립되어 UN 헌장은 정당한 이유 없는 무력사용을 금지한다. 한편 전쟁개시를 위한 전의(戰意)는 명료한 형태로 이루어져야 한다.
③ 그러므로 실제 전쟁에 준하는 무력사용의 경우는 먼저 전쟁개시 요건을 갖추었는가? 하는 헌법 문제가 해소되어야 한다.
④ 무기제공의 경우에는 무기확산금지 등의 국제협약의 위배 문제도 제기될 수 있다.
⑤ 미국의 경우에는 대상국 현지의 지원 병력을 사용하는 것이 사적인 군대, 즉 사병(私兵) 모집과 사용을 금하는 헌법상의 원칙에 반하는 것이 아닌가? 하는 문제도 있다.

제3항 비밀공작의 실제 사례와 정보공동체의 발전

Ⅰ. 냉전시대의 비밀공작

냉전시대 미국과 소련은 세계도처에서 외국의 경제, 정치, 군사정책에 영향을 미치기 위해 비밀공작을 전개했다.

Ⅱ. 냉전시대 이후의 비밀공작의 동향

1991년 소비에트 공화국의 붕괴로 냉전이 소멸되면서 치열한 비밀공작은 전개되지 않았다. 그러나 오늘날 비밀공작을 요청하는 중요한 화두는 초국가적안보위협세력의 등장이다. 정보획득의 새로운 기술 요구는 미국의 경우에 비밀공작의 전통적 주체인 CIA 단일 정보기구를 넘어서서 정보공동체 내의 공동수행이라는 새로운 요구를 하고 있다.

Ⅲ. 쿠바에서의 비밀공작 - 피그만 공작(Bay of Pigs)

1961년의 피그만 침공 작전은 캘리포니아에 정착하고 있던 쿠바 망명자들과 현지 쿠바인들을 주축으로 카스트로 정권을 전복하기 위한 준군사작전의 비밀 쿠데타 공작이었다. 피그만은 쿠바 연안의 작전 상륙지로서 그 이름을 따 피그만 침공 작전이라 호칭했다. 작전은 성공하지 못했고 미국 비밀공작 역사상 대표적인 정보실패 사례로 남았다.

Ⅳ. 비밀공작 '신의 분노 (Operation Wrath of God)'

이스라엘 해외 정보기관인 모사드(Mossad)에 의해 실행된 암살공작이다. 독일 뮌헨에서 개최되었던 1972년 올림픽 경기에서, 팔레스타인 검은 9월단은 11명의 이스라엘 선수들을 살해했다. 철의 여제로 불리는 골다 메이어(Golda Meir) 이스라엘 수상은 위원회 X(Committee X)를 구성했고 암살공작을 하기로 결론지었다. 비밀요원들은 전 유럽을 무대로 팔레스타인 테러 조직원들을 추적해 하나하나 제거하는 암살공작을 전개했다.

Ⅴ. 이란-콘트라(Iran-Contra Affair, 1980s) 사건

1. 의의

1987년 발생한 레이건 행정부의 정치적 추문이다. 백악관 국가안보 보좌관 맥팔레인(Robert McFarlane), 해군 장군 포인덱스터(John Poindexter), 실무 총책임자 올리버 노스 중령(Oliver North) 그리고 CIA가 주축이 되어 적대국으로 지정되어 있던 이란에

무기를 판매해 불법 공작자금을 조성하고, 불법 무기판매대금 등은 니카라과 산디니스타(Sandinista) 정부를 전복하려는 니카라과 반군(Contra)에게 지원한 이중의 비밀공작이다.

2. 이란-콘트라 사건에 대한 조사 및 법원의 판단

① 행정부 타워 위원회와 의회 조사위원회의 조사

레이건 대통령은 행정부 자체적으로 전 상원의원 타워(John Tower)를 위원장으로 한 타워 위원회(Tower commission)를 구성해 진상을 조사했고, 1987년 1월 6일 미국 의회는 상·하원 합동으로 조사위원회를 구성했다.

② 법률문제

법적으로 미국 정부의 니카라과 반군에 대한 지원은, 반군에 대한 일체의 직접적·간접적 지원을 금지한 볼랜드 수정안(Boland II)을 명백히 위반한 것이었다. 그러나 미국의 이란에 대한 무기판매는 상황이 약간 달랐다. 이란 정부는 반군은 아니었기 때문이다.

③ 타워 위원회와 의회 조사위원회의 조사 및 판단

행정부와 의회 조사위원회의 판단은 기본적으로 동일했다. 즉, 법적·제도적 장치의 문제 때문은 아니라 **인간실패(failure of individuals)**라고 결론지었다.[51]

3. 이란-콘트라 사건의 영향 – 정보공동체에 대한 제도개혁

① 1991년 정보예산승인법(Intelligence Authorization Act of, Fiscal Year)제정[52]

② 내부 감독기관으로서의 감찰관(Inspectors General) 직위 창설

기존의 중앙정부국법을 개정해, 상원의 인준을 받아 대통령이 임명하는 CIA 내부의 독립적인 감찰감 직위를 신설했다. 감찰감은 CIA에 근무하면서 독립적으로 정기 또는 수시로 회계감사, 업무조사와 검열을 실시해 중앙정보국장(DCI, 현재는 DNI)과 의회 정보위원회에 문제점과 결함을 '충분히 그리고 실시간적(Fully and Currently)'으로 보고하도록 했다.

③ 행정부 자체 제도개선 노력

---

51) "The Iran-Contra Affairs resulted **from the failure of individuals** to observe the law, not from deficiencies in existing law or in our system of governance.
52) 정보예산을 법률로 제정하는 예산승인법이다.

클린턴 대통령은 백악관 내에 해외정보자문위원회(PFIAB)를 신설했다. 그리고 16명의 자문위원 가운데에서 4명 내외의 위원으로 상설 정보감독위원회(IOB)를 구성하여, 대통령명령에 위반한 정보공동체의 업무에 대한 조사를 한 후에 대통령에게 보고하도록 했다.

제3절 비밀공작의 한계 및 과제

제1항 비밀공작의 한계

I. 비밀공작의 적법성 논쟁 – 정당성의 문제

1. 불법성설

이상론자들은 비밀공작은 본질적으로 주권국가에 대한 내정간섭으로 불법이라는 입장이다. 내정간섭을 야기하는 비밀공작은, 주권국가의 평등을 선언하고 자결권을 존중하는 UN 헌장 등 국제규범에 반하는 불법행위로, 결코 정당성을 인정받을 수 없다는 견해이다.

2. 합법성설

실용주의자와 현실론자들의 견해로 국가안보 정책수단으로 비밀공작은 불가피할 뿐만 아니라, 정규전쟁을 회피한 차선책으로 선택됨으로써 세계평화에 기여한다고 주장한다. 또한 비밀공작은 각국이 용인하는 관행으로 국제법상의 관습이 되었다고 주장한다.

3. 결어

비밀공작은 개별행위의 적법성이나 정당성 논쟁은 있을 수 있지만, 오늘날 국가존립이 걸린 국가안보 정책수단으로서의 필요성 자체를 부인할 수는 없다.

II. 위장부인 또는 그럴듯한 부인(Plausible Denial)의 원칙

1. 의의

위장부인은 정보활동에 대한 최종 책임자의 법적·도덕적 책임을 회피하기 위해 여러 가지 이유를 대며, 직접적인 연관성을 부인하면서 책임을 회피하는 기술적인 방법론이다.

2. 필요성과 기능

비밀공작은 활동 자체보다는 후원자의 정체 은폐가 중요하다. 만약에 어느 나라에 의해 수행되었는지를 알게 된 경우에도, 어느 수준의 책임자까지 알고 있었는지는 외교적 파장에 큰 차이가 있을 수 있다. 그 때문에 단계별로 은폐할 수 있는 장치가 중요하다. 은폐를 위한 대표적 장치가 그럴듯한 부인이다. 위장부인은 비밀성과 더불어 비밀공작에 있어서 절대적으로 필요한 요소이다. 이런 이유로 CIA 리처드 헬름(Richard Helms) 국장은 '그럴듯한 부인'은 비밀공작의 절대적인 필수 요건이라고 말했다.

3. 법적 문제

그러나 위장부인은 권한남용의 열린 창이 될 수 있다. 또한, 비밀공작의 성패에 대한 책임을 따진다면 국정최고 책임자인 대통령의 탄핵까지 유발할 수 있는 경우에도, 대통령은 그럴듯한 부인의 법리로 탄핵책임을 과연 면할 수 있는가라는 문제가 제기된다. 처치위원회(Church Committee)는 위장부인의 법리를 국내정책 결정과정에까지 그대로 적용해 헌법상의 책임을 면할 수는 없다고 했다.

III. 역류의 문제

1. 개념

'역류 또는 역풍(blow-back)'은 선전공작의 부작용으로, 외국에서 퍼뜨린 거짓 악선전이 본국에 유입되는 것을 말한다.

2. 법률쟁점

역류의 경우에 해당 국가는 작전을 포기하더라도 사건의 진상을 말해 줘서 진실 보도를 통한 공익목적 달성을 도모해 줄 책임이 있는가?

3. 이익의 비교형량

작전의 성공확률이 높고 중요성도 커서 진실을 유보하고 작전을 유지함으로써 얻을 수 있는 국가안보 이득이 진상을 밝힘으로써 얻을 수 있는 이익보다 크다면 진실고백을 유보해야 할 것이고 반대의 경우라면 국민들에게 진실을 알려 줄 책임이 있다고 할 것이다.

IV. 비밀공작의 수단으로서의 암살(Assassination)

1. 암살의 연혁

전통적으로 암살은 대외정책의 중요한 정책집행 수단 중의 하나로 사용되어왔다. 구소련은 살인을 축축하고 '지저분한 사건(wet affairs)'이라 칭하며 정보기구의 정당한 업무로 인정했다. 이스라엘 정보기구도 암살을 정보활동의 하나로 사용했다. 암살은 '목표살인(targeted killing)' 또는 '법외 집행(extrajudicial execution)'이라고도 한다.

2. 법률논쟁 - 평시에도 암살을 유효한 정보공작 활동의 하나로 인정할 것인가?

① 절대적 금지설

암살은 어떤 경우에도 금지되어야 한다는 견해이다.

② 상대적 금지설

암살이 특별한 경우에는 피해를 최소화할 수 있는 첩경이고, 오히려 도덕적으로도 정당한 것으로 받아들여질 수 있다는 입장이다. 예를 들어 히틀러를 제2차 세계대전 전에 제거했거나, 오사마 빈 라덴을 9/11 테러공격 이전에만 제거했다면, 대량살상을 막고 수많은 선량한 생명을 구했을 것이므로, 그들에 대한 암살은 자위수단을 인정한 국제법적으로는 물론이고 도덕적으로도 정당한 방법이라고 주장한다.

③ 결어

현존하는 명백히 돌이킬 수 없는 피해를 회피하기 위한 수단으로 동원된 암살은, 평시라고 해도 형법상의 정당방위나 자구행위의 이론에 의해서도 정당화 될 수 있다고 할 것이다.

3. 암살에 대한 법적 규제

1975년의 처치 위원회(Church Committee)는 정보공동체가 다수의 암살에 개입했음을 확인했다. 그리고 1976년부터 평화시에 암살 사용을 금지할 것을 권고했다. 이에 1981년 레이건 대통령 명령 제12,333호를 발령하여 암살을 금지했다. 다만 12,333호에 대한 법률해석상, 전쟁 시의 무력 폭격이나 은밀한 방법에 의한 암살, 미국의 국가안보에 급박한 위협을 초래할 위험이 있는 인물에 대한 저격은 가능하다고 본다.

V. 결과 평가 문제-성공한 비밀공작은 과연 성공한 것일까?

1. 문제점

비밀공작은 세계의 역사를 뒤바꿀 수도 있는 문제로서 누가? 어떻게? 성공여부를 평가할 수 있는가? 라고 하는 어려운 문제가 뒤따른다. 외형상으로는 대성공으로 보이는 비밀공작이 추후의 부작용에 비추어 하지 않은 것보다 못했다는 경우도 많았다.

2. 비밀공작 평가의 상대성

① 1953년 8월 19일 미국과 영국은 아작(Operation Ajax) 비밀공작을 감행해, 이란 군부를 지원하여, 원유산업을 국유화하려는 민선 수상 모사덱(Mohammed Mosaddeq)을 실각시키고 친(親)서방의 팔레비 체제를 출범시켰다.

② 그러나 부패한 팔레비 정권에 염증을 느낀 이란 국민들은 약 26년이 지난 1979년에는 팔레비 정권을 축출시키고, 신정(神政)체제를 시행한 호메이니를 받아들였다.

③ 그때부터 반미 호메이니 신정정권은 오늘날까지도 계속되어 반미정권이 되었다. 산술적으로도 아작 비밀공작은 26년의 친 서방체제보다 더 긴 약 30년 이상의 반 서방체제의 이란정권을 탄생시키는 데 기여했고, 2020년 현재까지도 이란의 핵문제 등은 세계평화와 안전을 위협하는 문제로 남아 있다.

④ 과연 당시에는 맵시 있게 성공했다고 평가받았던 비밀공작 아작(Operation Ajax)은 성공한 것인가?

제2항 비밀공작의 향후 과제

I. 비밀공작의 현재

오늘날 대량살상무기확산 저지, 테러조직과 마약거래와 국제조직범죄에 대한 대응, 인종분규 등으로 비밀공작은 중요성이 더해지고 있다.

II. 비밀공작의 형태 변화-개방공작(Overt Action)의 추구

① 비밀공작에 대한 감독과 통제는 비밀공작의 수행양태에 대한 변화뿐 아니라 공작을 반드시 비밀스럽게 할 필요가 있는가라는 점을 되돌아보게 했다.

② 예전 같으면 당연히 비밀공작으로 추진될 일들이 공개적으로 진행되는 경우가 증가했다. 아프가니스탄과 니카라과 반군에 대한 지원문제가 공개적으로 의회에서 토론되고, 언론 선전공작을 위해 미국은 1998년의 이라크 해방법(Iraq Liberation Act)에 '유럽 자유의 소리(Radio Free Europe : RFE)' 그리고 2004년의 북한인권법에 '아시아 자유의 소리(Radio Free Asia : RFA)' 방송국 설립을 명시했다.

III. 제임스 베리의 비밀공작 정당화 5가지 조건

CIA 정보연구센터의 부소장을 역임한 제임스 베리(James A. Barry)는 '비밀공작은 정당화될 수 있다(Covert Action Can Be Just)'는 논문에서 비밀공작을 정당화하기 위한 5가지의 요건을 제시했다.

1. 사전승인의 원칙

대통령에 의해 명백히 승인되어야 한다.

2. 정당성의 원칙

비밀공작의 의도와 목표가 정확히 나타나야 하고 정당해야 한다.

3. 보충성의 원칙

목표달성을 위한 다른 효과적인 수단이 없을 때만 추진해야 한다.

4. 타당성의 원칙

성공할 수 있다는 적절한 근거가 있어야 한다.

5. 수단과 목적의 비례의 원칙

선택된 수단과 방법들이 공작목표에 부합되어야 한다.

제4장 방첩공작

제1절 개 관

I. 방첩(防諜, Counterintelligence)의 의의

① 방첩공작은 정보수집, 정보분석, 비밀공작과 함께 국가정보기구의 4대 임무이다.

② 정보는 원칙적으로 상대방 국가를 포함한 해외세력으로 지향되어 있다. 역으로 생각해 아국으로 향해 있는 상대세력 정보기구에 대한 저지활동이 필요하다.

③ 방첩은 간첩활동을 방어하는 것이고 상대세력의 첩보활동에 대항하는 정보활동이다. 상대세력의 정보활동이 **칼**이라면 그것에 대항하는 **방패**가 방첩활동이다.

④ 한편, 외사(foreign affair)는 외국 또는 외국인과 관계되는 문제이다. 방첩은 상대세력의 정보기구에 의한 정보활동에 대항하는 특별한 외사이다. 방첩은 국가안보를 위협할 수준에 이르는 상대세력의 활동에 대항하는 것이다. 그러므로 국가안보의 위협 수준이 아닌 외사 문제는 방첩 대상은 아니라는 결론이 도출된다.

II. 방첩에 대한 개념정의

슐스키	방첩은 상대국 정보기구의 아국에 대한 정보활동을 방어하는 활동이자 지식(첩보)으로서, 스파이 대 스파이(Spy versus Spy) 활동이다.
미국 국가정보국	방첩은 미국에 대한 외국 정보기관의 위협을 확인하고 처리하는 업무이다.
레이건 대통령명령 제12,333호	외국정부나 그 기관, 해외세력이나 조직, 개인 또는 국제 테러조직들에 의해서 또는 그들을 대신해서 수행되는 첩보활동과 파괴활동, 암살로부터 아국의 대상을 보호하기 위한 정보의 수집과 조치를 포함한다.

III. 방첩의 유형

1. 방첩 수집활동(Collection)

상대세력 정보기구 등의 정보수집 활동과 능력에 대한 정보를 획득하는 것이다.

2. 방첩 방어활동(Defensive)

소극적 방첩활동으로 보안이라고도 한다.

3. 방첩 공격활동(Offensive)

적극적 방첩활동으로 전형적인 방첩공작이다.

제2절 보안(Security) – 수동적 방첩활동 (Defensive Counterintelligence Operation)

I. 문서보안

1. 비밀분류 및 접근

① 비밀분류는 문서의 생산, 수발, 보관과정에서 외부 침입으로부터 보호하기 위해 취해지는 일체의 수단과 방법을 말한다.

② 비밀분류의 기본은 정보가 상대국에 노출되었을 경우에 국가안보에 초래될 손해의 정도를 의미하는 민감성에 따라 분류하는 것이다.

③ 비밀취급 인가권이 있다고 해도 현실적으로 비밀에 접근하기 위해서는 **비밀관련 업무수행을 위한 알 필요성**(Need to know)이 있어야 한다.

2. 비밀분류의 현실 – 비밀의 과도분류와 과소분류의 금지

① 비밀의 과도분류는 비밀을 과다하게 분류하고 등급도 기준보다 고도로 책정하는 폐단이다. 실책이나 부끄러운 일을 숨기고 비난을 모면하기 위한 경우가 적지 않았다.

② 비밀의 과소분류는 비밀분류를 하지 않거나 등급도 낮게 책정하는 것이다.

③ 비밀분류의 핵심은 공개성을 원칙으로 하는 민주주의의 요청에 따른 국가 투명성에 의한 경쟁력 증대의 문제와 비밀로 유지함으로써 국가안보에 대한 잠재적 손해를 방지할 수 있다는 판단의 상호균형과 이익형량을 판단해야 한다.

3. 대한민국 보안업무규정(제4조)에 따른 비밀 등급분류

I급 비밀	누설의 경우 외교관계가 단절되고 전쟁을 유발하며, 국가의 방위계획·정보활동 및 국가 방위상 필요 불가결한 과학과 기술의 개발을 위태롭게 할 우려가 있는 내용
II급 비밀	누설의 경우 국가안전보장에 막대한 지장을 초래할 우려가 있는 내용
III급 비밀	누설의 경우 국가안전보장에 손해를 끼칠 우려가 있는 내용

II. 인적보안(Personal Security)

① 인적보안은 상대세력 정보기구가 관심을 가지고 수집하려는 정보에 접근하거나 관리할 사람에 대한 안전조치를 확보하는 것이다. 비밀에 접근할 수 있는 중요한 업무를 수행하는 사람으로 성실하고 충성심이 있는 사람을 선정하고, 그들이 근무하는 내내 그러한 자세를

견지하도록 감독하며 보호하는 제반 관리 방책이다.

② 대개 인적보안은 정부기관 등의 사람들을 대상으로 한 취업시의 신원파악, 취직 이후의 동향파악 그리고 그들에 대한 보안교육에 중점을 두는 경향이 있다.

③ 그러나 인적보안의 요체는 적대세력의 정보기구가 누구에게 주된 관심을 가질 것인가? 가 가장 중요한 기준이 되어야 한다. 그것은 과연 누가 스파이가 되고, 적대세력은 누구를 대상으로 스파이 활동을 하는가? 라는 질문에 대한 해답이다.

④ 인적보안은 충성심, 성실성, 신뢰성을 판단하는 것에 집중되는바, 거짓말 탐지기도 활용된다. 정보요원의 행동패턴과 생활양식의 변화를 주목해야 한다는 점은 다수의 이중 스파이 사례가 보여준다. 갑자기 술을 많이 마신다거나 신경안정제 심지어 마약을 하기 시작하는 징후가 있거나, 수입에 비해 과다 소비지출을 한다거나, 부채가 증대하는 것 같은 변화는 변절되었거나 변절 가능성이 있는 좋은 징후들로 간주된다.

상자에 처박혀지기

거짓말탐지기 조사에 대한 미국 정보기구 종사자들의 은어이다. CIA는 인적보안 방책으로 거짓말 탐지기를 활용하고 있고, 그 동안 사용을 거부했던 FBI는 이중 스파이 한센(Robert Hanssen) 사건 여파 이후 사용하고 있다. 미국 정보공동체의 경우에 효용에 대한 논쟁의 여지는 있지만, 정보요원을 신규 채용할 때와 일정기간마다 거짓말 탐지기 조사를 활용한다.

III. 물리적 보안(Physical security)

① 물리적 보안은 필요한 시설에 다양한 형태의 자물쇠를 잠그는 것이다. 국가안보를 위해서 안보에 관한 업무를 수행하는 사람을 보호하는 것(인적보안), 중요한 내용이 수록되어 있는 문서를 잘 관리하는 것(문서보안)도 필요하지만, 중요한 물리적 시설 자체를 보호하는 것도 매우 중요하다.

② 일반인의 제한을 접근하기 위해서 제한지역, 제한구역, 통제구역을 설정하거나, 자연방벽이나 인공방벽 또는 경비견을 이용한 동물방벽, 경보장치나 CCTV 등을 이용한 방벽구축 등이 활용된다.

IV. 기술 보안

기술보안은 기술적 방식으로 전개되는 정보활동 영역에서의 보안이다. 유선전화와 무선 전파를 이용한 각종 통신의 도청방지를 목적으로 한 통신보안이 대표적이다. 기술보안은 결국 상대세력의 기술적 정보활동에 대처하는 보안방책의 문제이다.

V. 한국의 보안업무(보안업무규정과 보안업무규정 시행규칙)[53]

1. 현행 보안업무규정에 따른 비밀의 분류

'비밀이란 내용이 누설되는 경우 국가안전보장에 유해로운 결과를 초래할 우려가 있는 국가 기밀로서 이 영에 의해 비밀로 분류된 것'이다.

2. 암호자재의 제한

암호자재는 **국가정보원장**이 제작하여 필요 기관에 공급한다.

3. 비밀의 복제복사 제한과 접근제한

비밀은 원칙적으로 복제·복사가 제한된다(제22조). 비밀은 해당등급의 비밀취급인가를 받은 자에 한하여 취급할 수 있고(제6조), 비밀취급인가권자라고 하더라도 "그 비밀과 업무상 직접 관계가 있는 자"에 한하여 열람할 수 있다(제23조 제1항). 이러한 비밀 취급 자격과 필요성의 원칙(need to know)이 국가보안 체계의 핵심이다.

4. 비밀의 적정 분류원칙과 관리

비밀은 그 자체의 내용과 가치의 정도에 따라 분류해야지, 다른 비밀과 관련하여 분류해서는 안 되고(제9조 제2항), 적절히 보호할 수 있는 최저등급으로 분류하되, 과도 또는 과소하게 분류하지 않는다. 다만 암호자재는 II급 이상으로 분류해야 한다(제9조 제1항).

5. 물리적 보안의 기준 – 보안업무규정 시행규칙 제54조

제한지역	울타리 또는 방호·경비인력에 의하여 일반인의 출입에 대한 감시가 필요한 지역
제한구역	안내를 받아 출입하여야 하는 구역
통제구역	보안상 매우 중요한 구역으로서 비인가자의 출입이 금지되는 구역

6. 신원조사

국가에 대한 **충성심·성실성 및 신뢰성**을 조사하기 위한 제도로 국정원장이 실시권자이다(보안업무규정 제3장). 인적보안의 본래 취지인 정보기구 구성원만이 아니라 모든 공무원 임용예정자를 대상으로 한다.

---

53) [시행 2015. 4. 13.] [대통령훈령 제341호].

7. 보안측정제도와 보안 감사

국정원장 책임으로 보안목표 시설과 보호 장비에 대한 보안측정을 실시한다. 보안측정에는 직권으로 실시하는 직권보안조사와 시설관리자 등의 요청에 의한 요청보안조사가 있다 보안감사는 해당 기관의 장이 실행한다. **현재 보안감사는 국정원의 권한이 아니다.**

제3절 방첩공작 활동: 적극적 방첩활동(Offensive Counterintelligence Operations)

제1항 방첩정보의 수집

I. 방첩 인간정보 (HUMINT)

1. 정보요원의 활약

아측의 방첩 전문요원들이 상대국 또는 상대국의 정보에 접근할 수 있는 지역에 파견되어 직접 방첩정보를 수집하는 것은 기본이다.

2. 전향자 확보

전향자 또는 변절자(traitor)는 한 나라나 정치단체에 대한 절개나 지조를 지키지 않고, 마음을 바꿔 충성심을 다른 곳으로 향하는 사람이다. 배반자 또는 배신자라고도 하고 조국을 떠난 경우에는 망명자(defector)라고도 한다.

3. 이중스파이(Double Agents)

1) 의의

이중스파이는 국가 정보요원으로 임무를 충실하게 수행하는 것처럼 가장하면서, 사실은 대상(target)국가 정보기구의 지령에 의해 위장된 정보수집 활동을 하는 정보원이다. 그러므로 이중스파이는 '통제국가 즉 자기나라에 침투하고 있는 대상국가의 스파이'이다.

2) 이중스파이의 효용

① 아측 정보기구 내의 이중스파이, 즉 변절자에 대한 정보 파악

② 상대세력의 방첩조직과 방첩기술을 포함한 방첩능력 파악

③ 상대세력의 정보분석능력 시험

④ 상대세력의 정보획득 우선순위 파악

⑤ 상대세력 정보기구에 대한 통제력 행사; 상대세력은 특정한 첩보에 접근할 수 있는 루트를 가지고 있다고 믿게 되면, 그러한 역할을 수행할 원천을 개발하지 않을 것이므로 정보활동을 편향되게 이끌 수도 있다.

3) 이중스파이의 관리

① 이중스파이는 그들에 대한 신뢰를 유지시키기 위해 주기적으로 어느 정도 진실한 첩보를 전달해야 한다. 계속적인 신뢰성 유지를 위해서는 상대세력에 제공하는 진실첩보를 속칭 **'닭 모이(chicken feed) 정보'**라고 한다.

② 이중스파이 관리에는 일정한 시점에 그 효용성과 관련하여 비교형량의 문제가 따른다. 닭 모이 정보를 제공하는 경우에도, 제공하는 정보의 가치와의 관계에서 이중스파이를 계속 유지하는 것이 유용할지에 대한 판단문제이다.

II. 방첩 기술정보

인간정보 외에 기술정보 기법에 의해서도 방첩정보를 획득할 수 있다. CIA와 국가안보국(NSA)이 1943년부터 1957년까지 영국과 합동으로 전개했던 '베노나(VENONA)'공작이 유명하다. 대표적으로 로젠버그 부 간첩활동과 캠브리지 스파이 링을 파악했다.

제2항 방첩공작의 평가와 예측

1. 의의

방첩공작의 평가와 예측은 아측 방첩공작의 순수성을 유지하기 위한 제반 문제에 대한 측정을 말한다.

2. 징후 판단

거짓말 탐지기조사 등을 통해서 정보요원들의 충성심 변동 등 정보기구 내부징후를 판단한다. 또한 외적인 징후는 다양하게 나타난다. 외국에 구축한 정보연계망이 갑자기 손상한다거나, 상대국의 군사훈련 양태나 전력배치에 변동이 나타나거나, 아측의 공작활동 실패가 주기적으로 나타난다면, 필경 상대세력의 침투가 있음을 말해 주는 징후라고 할 수 있다.

3. 변절자 평가

전향한 변절자의 신빙성을 평가하고 그로부터 정보를 청취하며 궁극적으로 올바른 방첩 정보를 획득하는 일은 방첩공작 활동의 중요한 임무이다.

4. 방첩정보 분석 및 대처

상대세력 정보기구의 인적 구성 및 지휘방침, 조직구성, 과거의 공작내용, 다른 국가 정보기구들의 활동과 국내 보안기구의 활동 등에 대한 조사·분석이 이루어져야 한다.

제3항 적극적 방첩공작 활동의 전개

I. 방어와 무력화

상대세력의 활동을 무력화하는 방법에는 직접적 방첩공작 활동에 의한 무력화, 우방국을 통한 무력화, 비우호 국가를 통한 방첩공작 활동의 전개 등이 있다.

이란에서의 공산 세력의 괴멸
1983년 미국은 호메이니 체제의 비밀보안기구'사바마(SAVAMA)'에게 이란 공산당인 튜데(Tudeh)당과 비밀거래를 하고 있던 KGB 정보요원과 협조자들의 명단을 제공해, 18명의 소련 외교관이 추방되었고, 200여 명의 이란 공산주의자들이 처형되도록 유도하여 이란 공산세력은 괴멸되었다.

II. 기만 (Deception)과 역기만

① 기만은 상대세력으로 하여금 장기간에 걸쳐 기만활동을 전개하는 국가의 이해관계에 부합하도록 유도하는 것이다.

코드명 '신뢰(Trust)'
트러스트는 반공산주의자들에 의한 소련 내 반정부 저항단체로 1921년부터 1927년까지 약 7년간 존재했다. 그러나 사실 트러스트는 KGB의 전신인 체카(Cheka)가 운영한 소련의 관변단체였다. 체카는 그 정을 모른 채 안심하고 트러스트와 접촉하는 소련 내 인사와 단체들을 소상하게 파악할 수 있었고, 그들을 통해 서방세계에 많은 오염정보를 제공했고, 서방세계의 정보를 수집할 수 있었다. 물론 소련 내의 영향력 있는 반체제 조직의 책임자들은 하나하나 제거되었다.

② 기만에의 대응이 역기만으로 상대세력의 기만공작을 인지하고 대응책을 강구함으로써 상대세력의 기만공작을 저지하거나 그것을 역이용하는 아측의 공작활동이다.

③ 기구 내의 내분으로 **'혼란스러운 다수의 영상들(wilderness of mirrors)'**을 유발하는 대표적인 것이 매파와 비둘기파의 논쟁이다.

CIA 방첩국장 앤젤톤(James Angelton) 사건

냉전시대에 CIA 내부에는 소련에 대한 강·온 의견대립이 전개되었다. 강경파의 한 축에는 KGB가 최대의 장애로 여겼던 방첩국장 앤젤톤이 있었다. 그는 결국 온건파의 견제에 밀려 콜비(William Colby) CIA 국장으로부터 퇴직을 권유 받고 CIA를 떠나게 되었다. 당시의 CIA 내부의 치열한 논쟁은 거울도 정확히 그 영상을 표시해 주지 못할 정도로 어렵다는 취지에서 **'혼란스러운 다수의 영상들(wilderness of mirrors)'**이라는 용어를 창출했다. CIA 방첩국장 앤젤톤은 냉전시대 KGB에게는 공표의 대상이었다.

제4절 방첩공작 활동의 전개 및 향후 과제

I. 제임스 올슨(James Olson)의 방첩공작 10계명

제1계명: 공격적이어라(Be Offensive).
제2계명: 자부심을 가져라(Honor Your Professionals).
제3계명: 거리를 누벼라(Own the Street).
제4계명: 역사를 이해하라(Know Your History).
제5계명: 철저히 분석하라(Do Not Ignore Analysis).
제6계명: 편협하지 말라(Do Not Be Parochial).
제7계명: 끊임없이 학습하라(Train Your People).
제8계명: 밀리지 말라(Do Not Be Shoved Aside).
제9계명: 한 곳에 오래 머무르지 말라(Do Not Stay Too Long).
제10계명: 절대로 포기하지 말라(Never Give Up).

앤젤톤의 후임자인 제임스 올슨은 방첩공작 게임의 다른 이름은 **'고집(끈기)'**이라고 말하면서, 절대로 포기하지 않는 제10계명이 가장 중요하다고 평가했다.

II. 방첩공작 활동과 관련한 문제점

1. 정보요원 상호간의 의심의 문제

조직원에 대한 최소한의 신뢰마저 믿지 않게 요구한다는 점에서 어려움이 따른다.

2. 정보기구 상호간의 협조의 문제

정보·수사기관 상호간의 알력과 경쟁은 커다란 문제이다. FBI 한센 사건에서 FBI는 이번에도 이중스파이는 CIA 내부에 있을 것이라는 선입견으로 수사를 진행했다. 그러나 이번에는 FBI 방첩공작부서에 근무하는 한센이 소련을 위한 이중스파이였다.

3. 손해 평가의 문제

방첩공작 활동의 손실평가에서 유념해야 할 점은 기본적으로 스파이의 가능성 주장 진술에도 불구하고, 그가 **실제적으로 접근한 정보**를 기준으로 행해야 한다는 것이다. 무한정한 확대는 또 다른 손해를 확산하고 손해평가 자체를 불가능하게 할 수 있다.

4. 방첩공작 활동자의 형사 처벌문제

방첩공작 활동의 경우에, 상대세력의 이중스파이를 적발했다고 해서 바로 그를 체포해 처벌로 연결시키지는 않는다. 이중스파이 활동을 감시하며 역기만 공작을 하기 위한 좋은 기회로 활용할 수 있다.

III. 방첩공작 활동의 전망

① 냉전시대의 종식과 더불어 방첩공작 활동은 그 역할과 의미가 퇴색했다는 주장들이 공공연히 제기되었다.

② 그러나 러시아나 중국의 스파이 활동, 미국의 러시아나 중국에 대한 스파이 활동은 냉전 이후에도 결코 종결되지 않았다는 사실은 여러 가지 실제 사례가 보여 주고 있다.

③ 정보학자 마크 로웬탈은 "치열한 방첩공작 활동과 대 간첩공작의 필요성이 냉전의 종식과 함께 끝났다고 생각하면 순진한 생각이다."라고 단언했다.

03 연습문제

1. 정보수집의 기획 및 지시에 대한 설명으로 잘못된 것은?

① 정보의 요구는 시스템적으로 기획과 지시에 의해 구체화되는 것이 원칙이지만, 정보 자산은 한정되어 있어서 정보활동은 일정한 제약을 받는다.

② 정보수집 우선순위는 원칙적으로 국가정보목표 우선순위(PNIO)와 첩보활동기본요소 (EEI)에 의해 객관적으로 획정된다.

③ 특별첩보수집요청(Special Requirement of Information)은 갑작스러운 정세변화에 따라 발생한 정보수집 요구에 따른 정보계획이다.

④ 어떤 경우에도 정보수집이 국가정보목표우선순위에 따른 정보수집과 활동을 하므로, 우선순위의 알력과 배제가 발생할 수는 없다.

해설 정보수집이 국가정보목표우선순위에 따라서 체계적으로 진행되지 않고 특별첩보수집요청 등이 발생하여 정보수집의 경합이 발생하면, 일부의 정보수집은 결과적으로 우선순위에서 배제되거나 영원히 수집되지 않는 경우도 발생할 수 있다.

답④

2. 휴민트(HUMINT)에 대한 설명으로 잘못된 것은?

① 인간을 주요수단으로 하는 정보수집 활동(HUMan INTelligence)의 철자 약어이다.

② 대인접촉을 수단으로 하여 정보를 수집하는 정보수집 활동기법, 또는 인간 자산에 의해 수집된 정보 그 자체를 말한다.

③ 오늘날 미국의 휴민트 활동은 공작국(Directorate of Operation)이 총괄한다.

④ 손자는 5가지 간첩유형 중에서도 반간(反間) 즉 이중 스파이가 가장 중요하며 정보활동의 꽃이라고 했다.

해설 미국의 휴민트 활동은 예전의 공작국(Directorate of Operation)을 대체한 국가비밀정보국(National Clandestine Service)이 담당한다(https://www.cia.gov/ko/offices-of-cia).

답③

3. 손자의 휴민트 분류 가운데 오늘날 주재국에 파견되어 정보를 수집하는 공작관(C/O)에 해당하는 사람은 누구인가?

① 향간(鄕間)　　　　　　② 내간(內間)

③ 반간(反間)　　　　　　④ 생간(生間)

해설 손자는 적을 미리 알기 위해서는 공작원을 이용한 첩보활동이 중요함을 강조하면서 간첩(공작원)을 5가지로 분류했다. 그중 생간(生間)은 은밀하게 적진 깊숙이 침투해 정보활동을 하는 실전형 간첩으로 오늘날 주재국에 파견되어 정보를 수집하는 공작관(C/O)에 해당된다(p. 165 각주).

답④

4. 해외에서 활동하는 정보관들이 본부로부터 지원을 받을 수 있는 구실을 마련하는 것을 무엇이라고 하는가?
  ① 가장(Cover)
  ② 변장(disguise)
  ③ 위장(camouflage)
  ④ 침투(penetration)

해설 해외에서 활동하는 정보관들이 본부로부터 지원을 받을 수 있는 구실을 마련하는 것을 가장이라고 한다. 이에는 공직가장과 비공직가장이 있다(pp. 167-170).

답①

5. 공직가장(Official Cover)에 대한 설명으로 잘못된 것은?
  ① 외교관처럼 공무원 신분으로 위장하여 파견하는 것을 말한다.
  ② 자신의 신분을 공식적으로 노출한 정보관을 백색정보관(White I/O)이라고 한다.
  ③ 아무리 공직가장자라고 하더라도 본질적으로 정보요원이므로 외교관 면책특권이 인정되지는 않는다.
  ④ 공직가장 공작관은 주재국이나 제3국의 공무원들과 공식·비공식적으로 접촉하며 정보를 수집할 수 있다.

해설 공직가장 공장관은 국제법적으로 외교관 면책특권(Diplomatic Immunity)이 인정된다.

답③

6. 비공직가장(Non Official Cover) 공작관에 대한 설명으로 잘못된 것은?
  ① 본질적으로 흑색정보관(Black I/O) 또는 흑색 까마귀(Black crow)가 될 수밖에 없다.
  ② 사업가, 언론인·교수, 선교사, 성직자, 여행자, 유학생, 무역 대표부 직원, 학술회의나 국제 NGO 회의 참석자, 여행객처럼 대상국가에 체류할 수 있는 명분을 삼아 다양한 신분으로 위장한다.
  ③ 오늘날 정보법치가 발달한 미국의 경우에도 비공직가장자의 신분위장을 제약하는 법규범은 아직 없다.
  ④ 주재국과 외교관계가 단절되더라도 계속 체류하면서 활동할 수 있다.

정답 ③

7. 첩보원(Agent)과 협조자(Collaborator)에 대한 설명으로 잘못된 것은?

① 정보의 속성상 불가피하게 공작 국가정보기구의 내부 정식직원으로 간주된다.

② 스파이, 간첩, 첩자, 정보요원, 정보자산, 두더지, 밀정, 제5열, 닌자라고도 한다.

③ 정보제공자로 정보관에게 발굴되어 채용됨으로써 일정한 계약관계가 형성되어 정보활동을 하는 인간정보요원을 특히 첩보원이락도 한다.

④ 국가정보기구의 공식적인 직원이 아니라 정보관의 지휘와 통솔에 따라 정보수집을 도와주는 주재국의 시민들이다.

정답 ①

8. 인간정보의 현대적 의의에 대한 설명으로 잘못된 것은?

① 휴민트는 상대국에 거짓정보나 역정보를 흘림으로써 기술정보수단으로는 도모할 수 없는 강력한 역공작 기회를 가질 수 있다.

② 배신과 음모의 문제가 따른다.

③ 배신과 음모의 문제와 과학기술이 획기적으로 발달한 오늘날 휴민트는 테킨트에 비해 그 중요성을 인정받지 못한다.

④ 임무가 종료된 후에도 말이 없는 기술정보 활동과 달리, 정보관과 첩보원 ,협조자의 처리가 어려운 문제로 대두되기도 한다.

정답 ③

9. 케임브리지 스파이 링(Cambridge Spy Ring)에 대한 설명으로 틀린 것은?

① 케임브리지 5인방(The Cambridge Five) 사건이라고도 한다.

② 케임브리지 5인방은 영국 최고 명문인 케임브리지 대학교 출신들로서, 대학교 재학 중

에 이미 KGB에 포섭되어 대학 졸업 후에 영국 보안부(MI5) 등의 진출해 성공한 원시적 이중스파이들이다.

③ 결국 영국과 미국의 독일의 암호체계인 에니그마(Enigma)를 해독한 울트라(Ultra) 프로젝트에 의해 적발되었다.

④ 케임브리지 5인방의 휴민트 활동은 KGB가 지휘한 서방세계 인간정보 침투의 대표적인 사건이다.

> **해설** 핵무기 정보를 소련으로 누설한 로젠버그(Rosenberg) 부부 스파이 사건과 케임브리지 5인방 사건을 적발한 기술정보활동은 1940년대와 1950년대 미국과 영국 정보당국이 소련 정보기구의 암호문을 체계적으로 해독한 베노나 프로젝트이다(pp. 179-181).
>
> 답③

10. 다음 중에서 3대 테킨트(TECHINT)가 아닌 것은?
① 영상정보(IMINT)
② 공개출처정보(OSINT)
③ 신호정보(SIGINT)
④ 흔적·계측정보(MASINT)

> **해설** 오신트(OSINT)는 공개자료정보(Open Source INTelligence)의 철자 약어로, 누구든지 이용할 수 있는 공개된 출처의 자료로부터 유용한 정보를 생산하는 정보수집 기법으로 기술정보수집방법이 아니다.
>
> 답②

11. 다음 가운데에서 대표적인 정보성 첩보(Intelligence Information)는?
① 영상정보(Imagery Intelligence : IMINT)
② 신호정보(Signal Intelligence : SIGINT)
③ 흔적·계측정보(Measurement and Signature Intelligence : MASINT)
④ 인간정보(HUMINT)

> **해설** 영상정보도 원칙적으로는 분석과정을 거치기 전에는 첩보에 지나지 않는다. 하지만 영상첩보는 그 자체로 신빙성이 높기 때문에 별도의 분석이 없어도 최종 정보로서 충분한 가치가 있어서 정보성 첩보라고 한다.
>
> 답①

12. 다음 가운데 신호정보(시긴트, SIGINT)가 아닌 것은?
① 코민트(COMMINT : COMmunications INTelligence)
② 텔린트(TELINT : TELemetry INTligence)

③ 엘린트(ELINT : ELectronic INTelligence)

④ 레딘트(Radar Intelligence : RADINT)

해설 신호정보(SIGnals INTelligence)의 철자 약어인 시긴트는 신호라는 전자통신파를 도중에 엿듣고 정보를 획득하는 정보수집 활동이다. 시긴트에는 당사자 사이의 통화내용을 도청한 코민트(COMMINT), 무기실험시의 원격측정신호(telemetry) 내용을 파악하는 텔린트(TELINT), 전자신호정보를 말하는 엘린트(ELINT), 기계 신호음을 수집해서 필요한 정보를 획득하는 피신트(FISINT)가 대표적이다. 레이더 정보를 말하는 레딘트(Radar Intelligence : RADINT)는 매신트이다 (pp. 194-203).

답④

13. 신호정보의 이점과 단점에 대한 설명으로 잘못인 것은?

① 신호정보는 당사자가 침묵하거나, 고도의 암호 기법을 사용한다거나, 직접대면 방식을 취하는 등의 보안조치를 강구하면 작동할 수 없다.

② 감청을 인지한 상대방이 의도적으로 거짓 정보를 송출할 위험도 있다.

③ 오늘날은 질적·양적으로 너무나 방대한 신호정보의 양이 존재한다.

④ 초국가적안보위협세력인 테러조직에 대해서는 신호정보가 가장 중요하다.

해설 시긴트는 신호라는 전자파를 도중에 엿듣고 정보를 획득하는 정보수집 활동이다. 그런데 국가에 비하여 가치 있는 신호정보 유출량이 매우 적은 테러조직은 정밀한 신호정보 기술개발의 필요성을 요청한다.

답④

14. 흔적·계측정보(매신트, MASINT)에 대한 설명으로 잘못된 것은?

① 매신트는 'Measurements And Signature INTelligence'의 철자 약어로 원래 상대세력의 무기 보유량과 화력, 제조무기 등 산업 활동 실태를 파악하기 위해 개발되었다.

② 미국 정보공동체는 오늘날까지도 매신트를 공식적인 정보인자로 인정하지 않는다.

③ 매신트의 대상인 데이터자료에는 레이더 신호, 음향·지진, 자기 등의 지질물질, X-ray·감마선·중성자 등 핵 방사선, 각종 물질의 분진, 파편, 스펙트럼 영상 등 다양하다.

④ 매신트는 영상정보나 신호정보 등 다른 기술정보 분야와 대비하여 구성요소의 성숙도와 다양성이라는 2가지 측면에서 차이가 있다.

해설 미국 정보공동체는 1986년도에 이르러 매신트를 공식적인 정보분야로 인정했다. 개념정의의 어려움 때문으로 매신트는 징후계측정보, 측정정보, 관측 및 징후정보 등 다양하게 호칭된다(pp. 203-209).

답②

15. 다음 중 궁극적으로 미국이 제1차 세계대전에 참가하게 된 계기가 된 기술정보수집활동은 무엇인가?

① 짐머만 통신감청 사건(Zimmermann Telegram)

② 매직 암호해독(Magic cryptography) 작전

③ 울트라(Ultra) 프로젝트

④ 애쉴론(ECHELON) 감청망

해설 짐머만 사건은 독일 제국 외무상인 짐머만의 전신·전보를 영국이 비밀리에 감청하여 미국에 건네준 통신정보 감청사건이다. 궁극적으로 미국이 제1차 세계대전에 참가하게 된 계기가 되었다 (pp. 210-211).

답①

16. 공개출처정보(오신트, OSINT)에 대한 설명으로 잘못인 것은?

① CIA 초대 국장이었던 힐렌코에터(Roscoe Hillenkoetter)는 1948년에 이미 CIA의 80%의 정보가 외국의 서적, 잡지, 라디오 방송 그리고 해당국가 사정에 정통한 일반인 등 공개출처 자료에서 수집된다고 했다.

② 오늘날 인터넷의 광범한 운용과 발달로 인터넷이 오신트 활동의 중심이자 보고이다.

③ 공개출처정보 전문가인 스틸(Robert D. Steele)은 "학생이 갈 수 있는 곳에 스파이를 보내지 말라."라고 하여 정보수집 활동은 먼저 공개출처정보의 활용가능성 판단에서 시작되어야 함을 강조했다.

④ 공개출처정보의 3대 이점은 접근성, 상대적 안정성, 비용 효율성이다.

해설 결코 인터넷이 공개출처정보의 만능이자 대부분이 아니다. 공개출처정보에서도 최고의 권위를 자랑하는 미국의 경우에 인터넷 출처는 전체의 공개출처정보 중 단지 3~5%에 지나지 않는다(p. 222).

답②

17. MK 울트라(project MK-ULTRA)란 무엇인가?

① CIA가 한국 전쟁에서 북한, 소련, 중국이 미국 포로들을 상대로 한 약학적 심리적 고문방법에 자극받아 1950년대부터 체계적으로 사용한 것으로 알려진 심리약학조사방법이다.

② 2차 세계대전 중 영국과 미국의 일본 정보체계 암호해독 작전이다.

③ 냉전시대 소비에트 공화국을 상대로 한 통신감청 공작이었다.

④ 1차 세계대전 당시 독일 암호체계를 격파한 연합국의 통신해독 공작이다.

해설 CIA가 실시한 정보조사기법으로 심리통제(mind-control)와 화학적 심문조사 프로그램(chemical interrogation research program)의 암호명이다.

답①

18. 스파이 활동기법(Tradecraft) 가운데 전자감시에 대한 설명으로 잘못된 것은?

① 전자적 장비를 사용하는 감시활동인 전자감시에는 하늘에서의 감시의 눈인 정찰위성과 정찰항공에 의한 감시, 땅에서의 폐쇄회로 TV에 의한 감시, 통신 도청과 감청, 범지구 위성항법시스템(Global Positioning System : GPS) 추적, 데이터 마이닝 등이 있다.

② 통상적으로 정보기관이 많이 사용하는 전자적 감시활동은 통신제한조치이다.

③ 전자감시에 대한 법적 쟁점은 미국을 중심으로 전개되어, 법관의 영장 없는 전자감시 활동은 부당한 압수수색을 금지한 제4차 수정헌법상의 기본적 인권보장에 위배되는 것은 아닌지? 하는 문제이다.

④ 슈퍼컴퓨터에 의한 자동 정보추출방법인 데이터 마이닝에는 인권침해 쟁점이 없다.

해설 전자감시의 소매상이라고 말해지는 감청기법과 달리 전자감시의 도매업이라고 말해지는 데이터 마이닝은 파편조각 같은 사소하고 미세한 데이터가 집적되어 한 사람에 대한 전혀 새로운 초상화를 그릴 수 있는 시너지 효과(synergic effect)를 비롯해서 적지 않은 인권침해 쟁점이 있다(pp. 249-252).

답④

19. 정보활동으로 실시되는 물리적 수색(Physical searches)에 대한 설명으로 잘못된 것은?

① 미국의 경우에도 아무리 국가안보 목적의 물리적 수색이라고 하는 경우에도 압수수색 목록의 작성은 필수적이다.

② 미국 해외정보감시법(FISA)은 해외세력이 사용하는 것으로 추정되는 미국 내의 건물, 물체, 재산 등에 대한 수색을 화이자 특별법원의 허가 하에 광범위하게 허용하고 있다.

③ 해외정보감시법에 따르면 출입을 위해 사전 통지할 필요도 없고, 언제든지 그리고 비밀리에 출입하여 수색할 수 있다.

④ 물리적 수색은 포착할 대상물과 정보대상자에 대한 필요한 정보수집을 목적으로 주거, 물건, 기타 장소에 대해 살펴보고 조사하는 것을 말한다.

해설 물리적 수색을 규정한 해외정보감시법에 의해 해외세력이나 그 연관세력에 대한 것인 이상 수색의 대상을 특정할 필요도 없으며 압수수색 목록을 작성할 필요도 없다(pp. 238-240).

답①

20. 국가안보목적의 정보수집활동으로서의 제3자 거래기록(Third party records)에 대한 설명으로 잘못된 것은?

① 제3자 거래기록 또는 영업기록은 사회활동에서 은행이나 보험회사 등 일방당사자가 계약에 기하였든지, 아니면 단독행위에 의한 사실상의 기록과 관리에 의해 가지고 있

든지, 특정인 등에 대한 거래내용과 어떤 사실이 표시되어 있는 서류나 장부 등을 의미한다.

② FBI는 제3자 기록 입수를 위해 국가안보서신(National Security Letters)을 애용했다.

③ 하지만 국가안보서신(NSLs)은 학문의 자유와 사상의 자유는 물론이고 사생활의 자유를 본질적으로 위협할 수 있는 위험성이 있다.

④ 이런 연유로 미국의 경우에도 제3자 거래기록 입수를 위한 법원의 영장이외에 행정서신에 지나지 않는 국가안보서신은 헌법위반으로 사용되지 않는다.

해설 미국은 제3자 거래기록 확보 문제도 법으로 해결했다. 정보기구는 해외정보감시 특별법원(FISC)의 명령을 받아 제3자 거래기록을 입수할 수 있도록 했고, 다른 여러 개별법에서 FBI에게 법원의 영장 없이 국가안보서신(NSLs)으로 제3자 거래기록을 입수할 수 있는 방법을 규정했다(pp. 243-249).

답 ④

---

21. 현행법상 범죄수사와 정보수집을 위한 통신제한조치에 대한 설명으로 옳지 않는 것은?
① 통신비밀보호법이 규제하고 있다.
② 범죄수사와 정보수집 모두 법원의 영장에 의하는 영장주의 원칙을 채택하고 있다.
③ 범죄수사를 위한 통신제한조치 기간은 2개월을 초과하지 못한다. 그러나 2개월의 범위 안에서 연장할 수 있다.
④ 내국인에 대한 통신제한조치는 4개월을 초과하지 못하나 4개월의 범위 안에서 연장할 수 있다.

해설 현행법상 국가안보 목적의 정보수집을 위한 통신제한조치의 경우에 있어서 내국인의 경우에는 영장주의원칙을 채택하지만, 외국인에 대해서는 영장주의 원칙의 예외가 인정된다. 즉 대한민국에 적대하는 국가 등의 통신인 때에는 국정원장의 승인을 거쳐 대통령의 최종승인을 얻어 통신제한조치를 할 수 있다(통신비밀보호법 제7조 제1항)(pp. 258-260).

답 ②

---

22. 정보분석에 대한 설명으로 옳지 않는 것은?
① 정보분석은 수집한 첩보를 체계적인 검증을 통해서 정책 결정권자가 국가안보 정책에 활용할 수 있도록 필요한 국가정보를 생산하는 일련의 활동이다.
② 정보분석은 정보와 정책이 만나는 하나의 수렴점이다.
③ 정보분석을 통해서 국가안보와 관련된 현안을 포함한 중요한 사실이 새롭게 파악되거나 관계가 규명된다.
④ 정보분석과 국가정책의 성공은 별개의 문제이다.

해설 정보분석을 통해서 중요한 사실이 새롭게 파악되거나 관계가 규명되고, 그 결과에 따른 파급효과를 예측·평가하며 필요한 대응방안을 마련한다. 그러므로 일국의 국가정책이 어느 정도 성공을 거둘 수 있는가? 하는 것은 얼마나 해당 분야의 정보분석이 잘 이루어져 훌륭한 정보를 생산하는가에 달려 있다.

답④

23. 리챠드 헬름(Richard Helms) 전 CIA 국장이 국가정보기구 4대 임무 중 가장 중요하다고 강조한 임무는?
   ① 정보수집
   ② 정보분석
   ③ 비밀공작
   ④ 방첩공작

   해설 정보분석의 중요성을 강조하여 CIA 국장을 지낸 리처드 헬름(Richard Helms)은 정보수집과 비밀공작 그리고 방첩공작 활동을 포함한 국가정보기구의 4대 임무 중에서 **정보분석**을 정보활동의 대들보라고 칭하였다.

답②

24. 다음 중 정보분석의 대상이 아닌 것은?
   ① 자연현상(natural phenomena)
   ② 비밀(secret)
   ③ 공개된 사실(known fact)
   ④ 허위정보(Disinformation)와 미스터리(Mystery)

   해설 미스터리가 정보분석 대상이 되는 것은 속성상 미스터리는 1회적으로 끝나는 것이 아니고 자꾸 변모하며 증폭되어 사회불안을 야기하고 국가안보의 심각한 저해요소가 된다는 특성을 가지고 있기 때문이다. 자연현상은 과학기구의 소관이지 국가정보기구의 직접 소관은 아니다(pp. 263-265).

답①

25. 정보분석의 원칙가운데 정보에 대한 최종판단은 가능한 모든 아이디어 도출이 끝난 연후에 실행해야 양질의 정보분석을 할 수 있다는 원칙을 무엇이라고 하는가?
   ① 다량 양질의 원칙(Principle of quantity leads to quality)
   ② 타가수정의 원칙(他家受精, Principle of cross-fertilization of ideas)
   ③ 지연판단의 원칙(Principle of deferred judgment)
   ④ 악역 활용(Principle of Devil's Advocate)의 원칙

   해설 다량 양질의 원칙은 많은 아이디어 속에 최적의 아이디어가 창출될 수 있다는 것이고, 타가수정의 원칙은

자신의 아이디어만을 고집하지 말고 다른 아이디어와 융합해 보라는 것이다. 다양한 사람의 의견을 통해 경쟁을 유발하는 악역 활용의 원칙을 통해서도 정보분석의 창조성을 고양할 수 있다(p. 267).

답③

26. 실천적인 현장에서의 경쟁하는 정보기구 상호간에 또는 경쟁하는 정보분석관 상호간에, 실상은 A 자신의 견해를 인정받으려는 의도에서 원래는 반대 생각을 가지고 있지 않았던 B가 제시하는 견해에 대해 이의를 제기하는 정보분석의 폐단을 무엇이라고 하는가?

① 악역 활용(Principle of Devil's Advocate)의 원칙
② 인질담보(false hostages)
③ 상부상조 방식(Back-scratching & Log-rolling)
④ 각주전쟁(footnote wars)

해설 인질담보(false hostages)는 협상을 위해 의도적으로 이의제기 거리를 만드는 것이다(p. 269).

답②

27. 정보분석의 요건과 고려사항이 아닌 것은?

① 경쟁하는 다른 정보기구의 정보분석 시점과 분석내용 고려
② 적합성(Relevancy)과 적시성(Timeliness)
③ 정보수요자의 요구와 선호도와의 연관성 고려
④ 국가안보와 국가이익과의 연관성 파악

해설 ①항은 경쟁분석의 원칙에도 맞지 않는다. 정보분석의 고려사항으로는 국가안보와 국가이익과의 연관성 파악, 개별적 국가정책과의 연관성 파악, 정보수요자의 요구와 선호도와의 연관성이 있다. 한편 정보분석의 3대 요건은 적합성, 적시성, 정확성이다(pp. 270-271).

답①

28. 정보분석에 있어서 정보관계자들이 최신의 단편적인 첩보에만 집착하여 정책담당자들의 관심을 끌만한 정보생산에만 매진하는 현상을 무엇이라고 하는가?

① 밀과 겉겨의 문제(Wheat v. Chaff Problem)
② 현행사건 증후군(Current Events Syndrome)
③ 수집정보의 홍수
④ 암시와 경고의 문제

해설 현행사건 증후군(Current Events Syndrome)이란 처치 위원회(Church Committee) 보고서에 나타난 용어로 CIA가 현용정보 업무에 집중하는 것을 의미한다(p. 272).

29. 정보분석에 대한 시각 가운데 정보분석은 추상적이 아니라 정보의 최종 수요자인 정책결정자의 의도와 선호에 따라 구체적인 정책을 지원하는 실천적인 방향으로 이루어져야 한다는 입장을 무엇이라고 하는가?

① 기술학파

② 사회과학예측학파

③ 셔먼 켄트(Sherman Kent) 학파

④ 켄달 분석학파

해설 설문의 내용은 기회분석(Opportunity-Oriented analysis) 학파의 주장이다. 기회분석학파를 일명 켄달 분석학파라고 한다(p. 276).

답④

30. 정보분석관에 대한 설명으로 잘못인 것은?

① 정보분석관은 정보분석의 핵을 이루기 때문에 각국의 정보기구들은 정보분석관의 충원을 보안의 원칙상 내부 승진의 문제로 한정하다.

② 정보분석관은 만능플레이어로 기대되기 때문에, 정보분석관은 예컨대 '중국 문제는 파악할 수 있지만 인도 문제는 모른다.' 라고 말할 권리가 없다.

③ 정보분석 파트는 업무의 성격상 계단적 승진구조를 가질 수 없는 분야이지만 창조적 분석을 위해서 중요한 문제이다.

④ 정보분석관들은 지식적인 관점 외에 실천적 경험은 그들의 업무가 책상집중형인 연유 등으로 인해 적을 수밖에 없다.

해설 정보분석관은 정보분석의 핵을 이룬다. 유능한 정보분석관의 능력은 운동선수, 음악가와 마찬가지로 선천적인 경우가 적지 않기 때문에 각국의 정보기구들은 신선하고 창조적인 정보분석관 충원을 위해 대학 초년생에 장학금을 지급하는 조기 발굴, 특채 절차 등 특별한 절차를 통해 행하며 대단히 중요한 임무로 운용한다(pp. 279-287).

답①

31. 정보분석관의 분석오류 가운데 냉전시대 미국의 정보분석관들이 소련 고위직 인사들을 온건인물들인 비둘기파와 강경인물들인 매파로만 분류한 잘못을 무엇이라고 하는가?

① 경상 이미지(behaviors of mirror imaging) 오류

② 고객 과신주의의 오류

③ 사대주의(clientitis)

④ 겹층 쌓기의 오류(layering)

해설 경상 이미지 오류는 상대방도 내 마음이나 태도와 같을 것이라는 관점에서 소위 거울에 반사되는 것과 같은 당연한 타성적 마음가짐에서 생각함으로 나타나는 분석상의 잘못이다. 미국의 기대와는 달리 냉전시대에 소련 크렘린에는 비둘기파는 없고, 오로지 강경파인 매파와 초강경파인 독수리파만 있었다(pp. 284-285).
답①

32. 정보분석 기법가운데 2004년 미국 정보개혁 및 테러방지법이 법적으로 요구한 것은?

① 베이지언 기법(Bayesian Method)

② 정세전망기법(Policon과 Factions)

③ 대안분석(alternative analysis)

④ 린치핀 분석(Linchpin Analysis)기법

해설 2004년 미국 정보개혁 및 테러방지법은 정보공동체에게 경쟁분석(competitive analysis)과 대안분석 (alternative analysis) 양자를 요구했다(p. 303).
답③

33. 문헌상 나타나는 인류 최초의 암호는?

① 중세 시대의 암호

② 로마시대의 암호

③ 시저 암호

④ 스키탈레 암호

해설 스키탈레 암호는 고대 그리스 스파르타 시대의 것으로 그 내용을 일정한 너비의 종이테이프를 원통에 감아서, 테이프 위에 통신문을 기입했던 것이다(p. 306, 각주 342번).
답④

34. 다음 중 미국 정보공동체의 최장기 미래예측보고서는?

① 군사정보 다이제스트(Military Intelligence Digest : MID)

② 고위정책 정보요약(Senior Executive Intelligence Brief : SEIB)

③ 글로벌 브리핑(Global Briefing) 또는 글로벌 트렌드(Global Trends)

④ 전기(Biographies)기록

해설 글로벌 브리핑은 미국 정보공동체의 최장기 미래예측보고서로 전 세계 상황에 대한 미래 예언서이다. 1979년 창간되어 현재는 국가정보국장(DNI) 산하에 있는 국가정보위원회(NIC)가 생산한다. 매 5년마다 향후 세계 제반 상황에 대한 15년 후의 변화를 분석한 미래예측보고서이다. 2004년에 생산한 2020년의 세계 미래상황인 "세계미래 그려보기(Mapping the Global Future)"와, 2008년에 생산한 Global Trends 2025, 2017년 발표된

Global Trends: Paradox of Progress가 있다.

답③

35. 비밀공작(Covert Action)에 대한 설명으로 잘못된 것은?

① 비밀공작은 국가정보기구가 국가정책 목표를 달성하고자, 외국세력의 행태나 정치·경제·사회적 환경에 직접 영향을 주기 위해 취하는 제반 활동을 말한다.

② 외교부나 국방부 등 정책부서 대신에 국가정보기구가 직접 나서서 다양한 방법으로 국가정책을 집행하는 것이다.

③ 비밀공작을 공개적으로 외교부서가 시행하면 외교정책이 되고, 국방부서가 수행하면 국방정책이 된다.

④ 비밀공작은 정책부서가 절대로 담당할 수 없는 일에 대해 국가정보기구가 나서는 것이다.

해설 ③의 설명처럼 비밀공작을 공개적으로 외교부서가 시행하면 외교정책이 되고 국방부서가 수행하면 국방정책이 된다(p. 337).

답④

36. 각국에서 사용된 다음 용어 가운데 본질적으로 다른 용어는 무엇인가?

① 비밀활동(clandestine operation)

② 특별정치활동(Special Political Action)

③ 특별임무(special task)

④ 적극조치(active measures)

해설 다른 용어들은 모두 비밀공작을 지칭하는 용어이다. 이에 반해서 비밀활동은 정보기구가 정보활동을 수행함에 있어서 보안을 유지하며 은밀하게 전개하는 제반 활동으로 비밀정보수집 활동, 비밀정보분석활동, 비밀방첩공작 활동, 비밀공작이 모두 포함된다(pp. 338-340).

답①

37. 정보학에서 제3의 옵션 또는 제3의 대안이란 무엇을 의미하는가?

① 방첩공작

② 비밀정보수집

③ 비밀공작

④ 외교적 협상

해설 결정적인 국가이익이 걸려 있는 경우에 아무런 조치 없이 기다리거나 평화적인 외교활동으로 해결하려고 하는 것을 제1의 옵션(first option)이라 하고, 국방정책의 실행을 제2의 옵션(second option)이라고 한다. 이에 반해 제3의 옵션은 소극적인 외교정책과 적극적인 국방정책의 중간 수준의 조치로 비밀공작을 의미한다 (p.337), 미국 로스쿨에서 B플랜을 서술하라? 는 문제는 대안을 논술하라는 취지이다.

탑③

38. 비밀공작의 필요성과 한계에 대한 설명으로 잘못인 것은?

① 비밀공작은 정책과 정보의 분리라는 민주주의 정보기구의 대원칙을 위배하고, 정보의 정치화를 초래할 위험성을 가지고 있다.

② 비밀공작은 원칙적으로 다른 나라에 대한 '은밀한 내정간섭(covert intervention)'이라는 점에서 UN 헌장의 정신에도 배치된다는 비판이 제기된다.

③ 비밀공작은 비밀공작을 동원하는 것이 가장 바람직하겠다고 판단한 정책적 고려에 따른 정책대행 수단이다.

④ 하지만 일단 비밀공작이 시작되면 정책공동체 정책담당자의 목적과 방향과는 무관하게 성공을 위해서 매진해야 한다.

해설 비밀공작의 현실적인 실행 주체는 정보기구이지만 속성적으로 정책담당자의 목적과 방향에 일치해야 하며 결코 국가정책을 앞서 나가서는 안 된다는 내재적 한계를 갖는다.

탑④

39. 다음 가운데 비밀공작의 특징에 관한 설명으로 잘못인 것은?

① 비밀공작은 '국가정보기구'에 의한 국가정책의 직접 집행이다.

② 국가안보 목적의 비밀공작은 국·내외와 또한 내국인 외국인을 불문하고 실행된다.

③ 비밀공작 활동은 원칙적으로 정당성을 가진다.

④ 냉전이 끝난 오늘날에도 비밀공작의 필요성은 존재한다.

해설 미국의 관계법이 잘 말해주는 바와 같이 비밀공작은 '정부의 역할이 분명하게 드러나거나 공개적으로 사실임이 인정되지 않는 가운데 전통적인 방첩활동과 외교 및 군사활동 또는 법 집행 이외의 활동을 통해서 외국의 정치·경제·군사상황에 영향을 미치려는 활동인 것이다. 비밀공작은 결코 국내에서 자국민을 대상으로 실행되는 수단이 아니다. 자국민에 대한 비밀공작은 헌법위반의 국가 공권력의 남용으로 직결된다.

탑②

40. 원칙적으로 합법성을 전제하는 비밀공작과 달리 처음부터 불법적·반인륜적인 수단과 방법을 동원하는 공작활동을 정보학의 용어로 무엇이라고 하는가?

① 흑색공작(black operation)

② 특별임무

③ 적극조치

④ 냉정한 일들

> **해설** 흑색공작(black operation)은 합법성을 내재하는 비밀공작과 구별하여, 처음부터 불법적·반인륜적인 수단과 방법을 동원하는 공작활동이다(p. 351).
>
> 답①

41. 비밀공작을 위장부인의 정도와 폭력수준을 기준으로 선전공작, 정치공작, 경제공작, 쿠데타 (Coups) 공작, 준군사 공작으로 분류한 사람은?

① 슐스키(Shulsky)

② 셔먼 켄트(Sherman Kent)

③ 트레버틴(Treverton)

④ 로웬탈(Lowenthal)

> **해설** 위와 같은 분류가 소위 로웬탈의 비밀공작 사다리(Covert Action Ladder) 이다(p. 355).
>
> 답④

42. 냉전시대 CIA가 남미 과테말라에서 위장 과테말라 국영방송국을 운영한 것은 비밀공작 가운에 어느 것에 해당하는가?

① 백색선전(White propaganda)

② 회색선전(Gray Propaganda)

③ 영향공작

④ 흑색선전(Black Propaganda)

> **해설** 과테말라에서 반군을 지원한 CIA는 과테말라 국영방송국의 아나운서 목소리를 기술적으로 모방하고, 국영방송 국과 인접한 지역에서 동일한 채널을 이용해서 구즈만 정권 전복을 위해 정부정책을 비난하는 방송을 했다. 세심하지 않은 청취자들은 CIA가 운영하는 반군의 선전방송을 듣고 있었는데도 정부방송을 듣는 것으로 생각했다. 이것은 출처를 철저히 은폐하는 방식으로 전개한 선전활동인 흑색선전(Black Propaganda)에 해당한다(pp. 356-357).
>
> 답④

43. 이란-콘트라(Iran-Contra Affair, 1980s) 사건에 대한 설명으로 잘못된 것은?

① CIA가 주축이 되어 적대국으로 지정되어 있던 이란에 무기를 판매해 불법 공작자금을 조성하고, 무기판매대금 등은 니카라과 산디니스타 정부를 전복하려는 반군(Contra) 에게 운용자금으로 지원한 이중의 비밀공작이다.

② 불법성을 조사하기 위해서 행정부 타워 위원회(Tower commission)가 구성되었고, 미국 의회는 상·하원 합동조사위원회를 구성하여 진상을 조사했다.

③ 정보공동체의 정보시스템 실패였다.

④ 이란 게이트(Iran-gate)라고도 한다.

해설 의회 조사위원회의 최종 보고서는 이란-콘트라 사건은 법률의 부재나 통제 시스템의 부재 때문이 아니라 법을 준수해야 할 담당자, 즉 **인간실패(failure of individuals)**라고 결론지었다(p. 413).

답③

44. 이란-콘트라(Iran-Contra Affair, 1980s) 사건의 영향이 아닌 것은?

① 의회는 비밀공작 실행 48시간 이내에 의회에 통지하도록 법을 신속하게 제정했다.

② 대통령이 서면재가 방식으로 승인절차를 완료하지 않으면 예산을 사용할 수 없도록 했고, 의회가 승인한 예산이 아닌 제3자에 의한 기금 등을 비밀공작 자금으로 사용하려는 경우에는 의회에 내용을 보고하도록 했다.

③ CIA의 내부 감독기관으로서의 감찰관(Inspectors General) 직위를 창설했다.

④ 백악관 내에 해외정보자문위원회(PFIAB)가 창설되었다.

해설 의회는 정보공동체가 비밀공작을 적절한 시점(timely manner)에 의회에 통보하도록 규정한 1980년 정보감독법(Oversight Act of 1980)을 지키지 않은 것에 분노하고, '적당한 때' 또는 적절한 시점이라는 모호한 규정 대신에 비밀공작 실행 48시간 이내에 의회에 통지하도록 규정하려고 했다. 하지만 새로운 법의 제정은 이루어지지는 않았다. 이미 미국민들의 관심은 중동에서 수행되는 사막의 폭풍작전 등에 관심이 집중되었고 이란-콘트라 사건은 국민의 관심에서 멀어졌다(pp. 414-418).

답①

45. 비밀공작의 한계에 대한 설명으로 잘못된 것은?

① 민주주의 국가에서 비밀공작의 본질적 정당성에 대한 논의가 있다.

② 이상주의자들은 비밀공작은 본질적으로 주권국가에 대한 내정간섭으로 불법이라고 본다.

③ 실용주의자들은 국가안보를 위한 정책수단으로 비밀공작은 불가피할 뿐만 아니라, 경우에 따라서는 정규전쟁을 회피한 차선책으로 세계평화에 기여하는 것이라고 주장한다.

④ 정보법치의 왕국인 미국에서도 비밀공작의 적법성이 법원에서 논의된 사례는 없다.

해설 적법성이 논의된 비밀공작 사례로 로페즈 FLAK(U.S v. Lopez-Lima) 사건이 있었다. 법원에서의 쟁점은 비밀공작의 존재여부가 문제되었고, 존재한다고 하는 경우에도 비밀공작은 과연 정당한 것인지? 로페즈의 주장이 합리적이어서 비밀공작에 대한 비밀정보를 법정에 증거로 현출하는 것이 가능한지? 등이었다(pp. 419-422).

답④

46. 위장부인 또는 그럴듯한 부인(Plausible Denial)에 대한 설명으로 잘못된 것은?

① 위장부인은 비밀공작 등에서 최종 책임자의 법적·도덕적 책임을 회피하기 위해 여러 가지 이유를 대며 직접적인 연관성을 부인하는 기술적인 수단이다.

② 비밀공작은 활동 자체보다는 후원자의 정체 은폐가 중요한 바, 은폐를 위한 대표적 장치가 그럴듯한 부인이다.

③ 그러므로 CIA 리처드 헬름(Richard Helms) 국장은 '그럴듯한 부인'은 비밀공작의 절대적인 필수 요건이라고 말했다.

④ 이러한 연유로 미국의 경우에도 오늘날 정보활동에 있어서 위장부인은 확립된 원칙이다.

해설 미국의 경우에는 실무와는 무관하게 이론적으로는 비밀공작을 대통령이 서면 승인하도록 요구한 1974년 휴-라이언법(Hughes-Ryan Act)에 의해 종료되었다고 이해된다(pp. 424~426).

답④

47. 정보활동에서 역류에 대한 설명으로 잘못된 것은?

① 역류는 역풍(blow-back)'이라고도 하는 것으로 특히 선전공작에서 나타난다.

② 외국에서 퍼뜨린 거짓 악선전이 본국에 유입되는 현상을 말한다.

③ 역류의 경우에 작전을 포기하더라도 사건의 진상을 말해 줘서 진실보도를 통한 공익 목적 달성을 도모해 줄 책임이 있는가라고 하는 헌법적인 쟁점이 따른다.

④ 과학기술의 발달과는 무관한 선전공작의 치열성에서 유래하는 속성이다.

해설 역류는 인터넷, 24시간 국제방송처럼 과학기술이 발달되어 세계가 한 이웃이 됨으로써 더욱 발생하기 쉬운 문제이다(p. 429).

답④

48. 비밀공작의 수단으로서의 암살(Assassination)에 대한 설명으로 잘못된 것은?

① 이스라엘은 공식적으로도 암살을 비밀공작의 한 수단으로 본다.

② 미국은 CIA 등에 의한 다수의 암살시도 개입 사실을 확인하고 제도개선을 촉구한 처치 위원회(Church Committee)의 권고에도 불구하고, 암살을 법규범으로 규율한 바는 없고 또한 비정형적인 활동인 암살을 규제하는 법은 전 세계 어디에도 없다.

③ 암살은 '목표 살인' 또는 '법외 집행(extrajudicial execution)'이라고도 한다.

④ 암살은 국가가 특정한 개인을 제거의 대상으로 간주하고 이를 실행하는 것은 도덕적으로도 옳지 않은 것으로 어떤 경우에도 금지되어야 한다는 견해가 절대적 금지설이다.

해설 미국은 1975년 정보업무의 오·남용 사례를 조사하기 위해 구성된 처치 위원회(Church Committee)의 평화시에 암살 사용을 금지하라는 권고에 따라서, 1981년 레이건 대통령 명령 제12,333호를 발령하여 암살을 금지했다. 다만 반대해석상으로 전쟁 시의 공개적 무력 폭격이나 은밀한 방법에 의한 암살, 미국의 국가안보에 급박한 위협을 초래할 위험이 있는 인물에 대한 저격은 가능하다고 본다(pp. 430-434).

답②

49. CIA 정보연구센터의 부소장을 역임한 제임스 베리의 비밀공작 정당화의 5가지 조건이 아닌 것은?

① 정당성의 원칙

② 보충성의 원칙

③ 편의성의 원칙

④ 수단과 목적의 비례의 원칙

해설 제임스 베리(James A. Barry)가 '비밀공작은 정당화될 수 있다(Covert Action Can Be Just)'는 논문에서 주장한 비밀공작을 정당화하기 위한 5가지의 요건은 ① 사전승인의 원칙, ② 정당성의 원칙, ③ 보충성의 원칙, ④ 타당성의 원칙, ⑤ 수단과 목적의 비례의 원칙이다(p. 444).

답③

50. 방첩공작에 대한 설명으로 잘못된 것은?

① 방첩공작은 비밀공작과 달라서 정보기구의 선택적 임무사항이다.

② 방첩은 간첩활동을 방어하는 것이고 상대세력의 첩보활동에 대항하는 정보활동이다.

③ 상대세력의 정보활동이 칼이라면 그것에 대항하는 방패가 방첩활동이다.

④ 방첩은 상대세력이 대상국가가 과연 무엇을 알고 있는지? 무엇을 모르고 있는지? 주어진 문제에 대해 어떻게 행동하려고 하는지? 를 알려고 하는 활동이다.

해설 방첩공작은 정보수집, 정보분석, 비밀공작과 함께 국가정보기구의 4대 임무 가운데 하나다. 비밀공작의 정보적격성 논쟁과 별도로 방첩공작이 국가안보 수호를 본연의 임무로 하는 정보기구의 본질적 임무라고 함에 이의가 없다(p. 445).

답①

51. 방첩은 적대국 정보기구의 아국에 대한 정보활동을 방어하는 활동이고 지식(첩보)으로서, 스파이 대(對) 스파이(Spy versus Spy) 활동이라는 정의는 누구의 견해인가?

① 에이브럼 슐스키

② 미국 국가정보국(ODNI)

③ 레이건 대통령 명령 제12,333호

④ 셔먼 켄트(Sherman Kent)

해설 에이브럼 슐스키의 견해로 방첩을 **창과 방패의 대결**이라고도 했다(pp. 446-447).

답①

52. 민주법치국가에서 외사(foreign affair) 문제와 방첩문제에 대한 설명으로 옳지 않은 것은?
 ① 외사는 외국 또는 외국인과 관계되는 문제이다. 여기에서 방첩을 외사의 하부개념으로 볼 것인지, 독립된 문제로 볼 것인지? 의 문제가 발생한다.
 ② 방첩은 주체적으로 보면 외사문제 중에서도 상대세력의 정보기구나 대리인 등에 의한 정보활동에 대항하는 활동이다.
 ③ 내용적으로는 국가안보를 위협할 수준에 이르는 상대세력의 활동에 대항하는 것이다.
 ④ 결론적으로 방첩은 외사문제를 모두 포괄한 광범위한 국가안보 문제의 방어영역이다.

해설 방첩은 광범위한 외사문제 중 특별한 한 영역이다. 그러므로 정보활동과 연결되어 있지 않거나 국가안보의 위협 수준이 아닌 한 외사문제는 될 수 있지만 방첩 대상은 아니라는 결론이 도출된다(pp. 448-449).

답④

53. 방첩의 유형이 아닌 것은?
 ① 방첩 수집활동(Collection)
 ② 방첩 방어활동(Defensive)
 ③ 방첩 공격활동(Offensive)
 ④ 선전공작활동

해설 방첩의 유형에는 방첩 수집활동(Collection) 방첩 방어활동(Defensive) 방첩 공격활동(Offensive)의 3가지가 있다. 선전공작(propaganda)은 비밀공작의 한 유형이다(p. 450).

답④

54. 다음 중 수동적 방첩활동(Defensive Counterintelligence Operation)이 아닌 것은?
 ① 이중스파이(double agent)
 ② 문서보안
 ③ 인적보안(Personal Security)
 ④ 물리적 보안(Physical security)

해설 이중스파이(double agent)는 적극적 방첩활동 즉, 방첩공작의 중요한 인적요소이다(pp. 481-482).

답①

55. 정보학에서 "상자에 처박혀지기" 라고 함은 다음 중 무엇과 연결되는 것인가?

① 물리적 보안의 확보

② 인적보안의 확보

③ 방첩공작활동

④ 기술보안의 확보

해설 미국 정보공동체는 인적 보안을 위해 정보요원을 신규 채용할 때와 일정 근무기간마다 거짓말 탐지기 조사를 활용한다. 상자에 처박혀지기는 거짓말탐지기 조사에 대한 미국 정보기구 종사자들의 은어이다(p. 468).

답②

56. 물리적 보안과 관련한 현행 법규범의 내용으로 비인가자는 출입이 금지되는 보안상 극히 중요한 구역을 무엇이라고 하는가?

① 통제구역

② 제한지역

③ 제한구역

④ 보안구역

해설 현행 법규상 물리적 보안의 기준으로는 제한지역, 제한구역, 통제구역의 3가지가 있다. 제한지역은 울타리 또는 경호원에 의하여 출입 감시가 요구되는 지역을 말하고, 제한구역은 출입에 안내가 요구되는 구역을 말한다. 통제구역은 사전 인가권자만 출입이 가능한 보안상 극히 중요한 구역이다.

답①

57. 국가정보에서 이중스파이(Double Agents)의 가장 직접적이고 커다란 효용은 어느 분야에 있는가?

① 방첩공작활동

② 방첩방어활동

③ 정보분석 영역

④ 정보수집영역

해설 국가정보활동에서 이중스파이(Double Agents)는 그 성격상 다양한 효용을 가질 수 있지만 가장 직접적이고 또한 그 영향을 많이 받는 분야는 방첩공작 활동분야이다(pp. 481-483).

답①

58. 다음 중 이중스파이의 직접적인 효용이 아닌 것은?

① 아측 정보기구 내의 이중스파이, 즉 변절자에 대한 정보 파악

② 상대세력 사회문화정보의 파악

③ 상대세력의 정보분석능력 시험

④ 상대세력의 정보획득 우선순위 파악

> **해설** 이중 스파이의 효용으로는 아측 정보기구 내의 이중스파이, 즉 우리 측의 변절자 파악, 상대세력의 방첩능력과 정보분석능력 파악, 상대세력의 정보획득 우선순위 파악, 상대세력 정보기구에 대한 통제력 행사가 있다. 이중스파이는 국가 정보요원으로 임무를 충실하게 수행하는 것처럼 가장하면서, 사실은 위장된 정보수집 활동을 하는 정보원으로 결국 '통제국가 즉 자기나라에 침투하고 있는 대상국가의 스파이'이기 때문에 가능한 것이다. 상대세력의 사회문화정보 파악은 일반 비밀정보수집활동에 해당한다.
>
> 답 ②

59. '닭 모이(chicken feed) 정보란 다음의 국가정보활동 가운데 무엇과 직접적인 관계가 있는 것인가?

① 비밀공작 활동

② 방첩공작활동

③ 정보수집활동

④ 정보분석활동

> **해설** 이중스파이의 경우에는 그들에 대한 신뢰를 유지시키기 위해 주기적으로 어느 정도 진실한 첩보를 전달해야 하는바, 이처럼 신뢰성 유지를 위해 상대세력에 제공하는 진실첩보를 닭 모이(chicken feed) 정보'라고 한다. 한편 이중스파이는 방첩공작활동의 중요한 인적 요소이다(p. 484).
>
> 답 ②

60. 방첩공작과 관련하여 기만 (Deception)에 대한 설명으로 잘못된 것은?

① 정형이 없는 방첩공작영역에서 기만은 정책적인 성격이 있기는 하지만, 정보학적으로도 당연히 정보기구의 고유한 임무로 방첩공작의 필수적인 부분으로 간주되었다.

② 기만은 상대세력이 아국의 정치·군사·경제·사회 등 제반 분야에 대해 오류의 정보분석을 하도록 상황을 오판하게 하여, 상대세력으로 하여금 장기간에 걸쳐 기만활동을 전개하는 국가의 이해관계에 부합하도록 유도하는 것이다.

③ 기만은 상대세력의 '정보 정책'을 대상으로 한 것이다.

④ 기만은 상대세력의 제반 정보활동에 대해 장기간에 걸쳐 야심적으로 대응하려는 시도이다.

> **해설** 기만은 일견 상대세력의 '정보 정책'을 대상으로 한 것이라는 점에서 방첩공작 영역인가?에 대해 논쟁이

있었다. 리첼슨(Richelson)은 기만공작을 방첩공작 활동으로 간주하지 않는다(pp. 496-500).

답①

61. CIA 방첩국장 앤젤톤(James Angelton) 사건과 무관한 것은?

① 기만 (Deception)과 역기만 (Counter-deception)

② 매파와 비둘기파의 논쟁

③ 혼란스러운 다수의 영상(wilderness of mirrors)

④ 코드명 신뢰(Trust)

해설 트러스트는 반공산주의자들에 의한 소련 내 반정부 저항단체로 1921년부터 1927년까지 약 7년간 존재했던, 그러나 사실은 KGB의 전신인 체카(Cheka)가 운영한 소련의 관변단체를 말한다(p. 498).

답④

62. 제임스 올슨(James Olson)의 방첩공작 10계명 가운데 동인이 가장 중요하다고 역설한 계명은 무엇인가?

① 공격적이어라(Be Offensive).

② 절대로 포기하지 말라(Never Give Up).

③ 거리를 누벼라(Own the Street).

④ 밀리지 말라(Do Not Be Shoved Aside).

해설 올슨은 방첩공작 게임의 다른 이름은 '고집'이라고 말하면서 열 번째 계명인 절대로 포기하지 말라(Never Give Up)가 방첩공작에서 가장 중요한 계명이라고 했다(pp. 542-544).

답②

63. 정보분석관의 대표적인 3대 오류가 아닌 것은?

① 경상 이미지 오류

② 고객과신주의 오류

③ 정책부서와의 협조부족의 오류

④ 겹층 쌓기의 오류

해설 정보분석관의 대표적인 3대 오류는, 상대방도 내 마음이나 태도와 같을 것이라는 타성적 마음가짐에서 생각하는 경상 이미지(behaviors of mirror imaging) 오류, 믿을 만한 첩보출처에 대한 과잉 신뢰인 고객 과신주의(clientism)의 오류, 일단 잘못된 정보분석을 진실한 것으로 믿은 후에는, 후속되는 정보분석이 아무리 반대되는 징후를 보여도 전제되는 분석 결과를 뒷받침하는 방향으로만 분석 업무를 하는 겹층 쌓기의 오류(layering)이다.

답③

64. 미국 정보공동체가 2004년 정보개혁 및 테러방지법에 의해 정보분석에 있어서 국가정보국 (ODNI)의 의무적 사항으로 정한 것은 무엇인가?

① 경쟁분석과 기회분석

② 대안분석과 경쟁분석

③ 경쟁분석과 협조분석

④ 린치핀 분석과 폴리콘 분석

해설 미국은 2004년 미국 정보개혁 및 테러방지법으로 정보공동체에게 **경쟁분석(competitive analysis)과 대안분석(alternative analysis)** 양자의 분석결과가 정책담당자들에게 제공될 수 있도록 확실한 절차를 마련할 것을 요구했다(p. 303).

답②

65. 비밀공작의 다른 용어가 아닌 것은?

① 비밀활동(clandestine operation)

② 특별정치활동(special political action)

③ 특별임무(special task)

④ 적극조치(active measure)

해설 특별정치활동은 영국 정보기구, 특별임무는 이스라엘 모사드의 그리고 적극조치는 러시아의 비밀공작에 대한 표현이다. 비밀활동은 정보기구 활동에 대한 일반적인 표현이다(pp. 338-340).

답①

66. 민주국가의 정보기구에서 비밀공작에 대한 설명 중 맞지 않는 것은?

① 비밀공작은 국가의 정책을 정보기구가 대신 수행하는 측면의 것이다.

② 비밀공작을 외교부서가 수행하면 외교정책, 국방부서가 시행하면 국방정책이 된다.

③ 단기적으로는 성공한 것으로 보이는 비밀공작도 장기적으로 보아 성공한 것으로 평가할 수 없는 경우도 적지 않으므로 비밀공작 수행에는 신중을 기하여야 한다.

④ 국가안보는 헌법도 초월하는 문제이므로 정보기구의 권한으로서의 비밀공작은 법 규범에 근거가 없어도 가능하다.

해설 민주 법치국가에서 법치행정의 대원칙으로 정보공동체에 의한 정책의 대집행인 비밀공작은 원칙적으로 법의 근거를 필요로 한다(p. 352).

답④

67. 인간정보(HUMINT)에 대한 설명 중 틀린 것은?

① 간첩 또는 스파이 활동으로 인적자산을 주요수단으로 하는 정보수집 방법이다.

② 레이건 대통령 명령 제12,333호는 언론인, 평화봉사단, 성직자로의 NOC을 금지했다.

③ 현재 미국 정보공동체의 휴민트 주무부서는 CIA로 구체적으로는 공작국이다.

④ 손자는 손자병법에서 5가지 간첩유형 중에서 반간을 정보활동의 꽃이라고 하였다.

해설 현재 CIA의 휴민트 담당부서는 국가비밀정보국이다. 예전의 공작국을 대신한 국가비밀정보국의 창설 입법 제안자인 상원의원 패트릭 로버츠(C. Patrick Roberts)가 지적한 것처럼, 그것은 신호정보기구인 국가안보국(NSA)이나 영상정보기구인 국가지리정보국(NGA)의 창설에 비견되는 역사적인 일로 간주된다. 실천적인 현장 정보요원들의 중요성을 강조하여 일선 정보요원들의 사기를 크게 진작시킬 수 있게 된 것이다.

답③

68. 정보수집 활동에 대한 평가 중에서 잘못된 것은?

① TECHINT(기술정보)는 많은 인력과 예산이 필요하다.

② 백두·금강 사업은 한국, 야크는 러시아, U-2와 블랙버드는 미국의 정찰항공이다.

③ 기술정보만으로는 상대세력의 의도를 파악하기 어렵다.

④ TECHINT가 발달함에 따라서 HUMINT 수요는 감소하고 중요성이 떨어졌다.

해설 아무리 과학기술이 발달한다고 해도, 심리상태까지 파악할 수 있는 기계는 없다. 휴민트는 상대세력의 계획이나 의도를 직접 확인할 수 있다는 불변의 이점이 있다.

답④

69. 검문·검색소(Checkpoint search)의 정당성에 대한 설명 중에서 틀린 것은?

① 각국의 국경에서의 영장 없는 검문·검색소 운영은 자위권의 일종으로 합헌이다.

② 합리성의 균형이론은 위험발생가능성을 감안하여 검색될 사람을 균형 있게 선별하여 짧은 시간의 정지와 수색을 하는 것은 영장주의에 위배되지 않는다는 견해이다.

③ 행정·규제 목적이론은 검문·검색은 범인 검거를 위한 형사목적이 아니고 사고 예방이라는 행정목적이기 때문에 영장 없이 검문·검색을 할 수 있다는 입장이다.

④ 합리성의 균형이론이나 행정·규제 목적이론의 어느 것에 의하는 경우에도 어떤 경우에도 일반인은 검문·검색 요청자의 검문을 거부하고 되돌아 갈 수는 없다.

해설 법원은 검문검색의 본질은 "무기와 폭발물, 또는 그것을 소지한 사람, 즉 범죄인을 적발하거나 체포하려는 목적이 아니다."라고 했다. 그러면서 "그것은 단지 그러한 위험한 물건을 소지한 사람의 탑승을 제지하는 것에 있다."라고 설명했다. 이러한 논리구조에는 다음과 같은 고려가 담겨 있다. 첫 번째 목적, 즉 범죄인이나 범죄활동 적발 목적으로 검문검색을 실시하는 것이라면, 검문검색의 대상자가 되는 전체 승객을 용의자로 보는 데서 출발하는 것으로 국민이 주인인 민주국가에서는 용납될 수 없는 사고라는 것이다. 그러므로 검문검색 프로그램은 철저히 행정적 필요성에 따른 것이어야 한다. 따라서 검색대 인근에 있다고 해도 탑승하지 않는 사람은 검문검색을 할 수는 없다는 결론이 된다(pp. 252-255).

답④

70. 외교관 신분의 정보관이 정보활동을 하다가 주재국의 방첩기관에 의해 체포되어 추방당하는 것을 무엇이라고 하는가?

① PNG(*Persona Non Grata*)

② Counterespionage

③ NCND

④ CSI

> **해설** 라틴어 *Persona non grata*는 달갑지 않은 손님(an unwelcome person)을 뜻하는 외교적 용어로 형사처벌 대신에 국외로 추방하는 것을 뜻한다. NCND는 부인도 긍정도 하지 않는다(Neither Confirm Nor Deny)라는 의미이다. CSI는 보통 과학수사대(Crime Scene Investigation)를 의미하고, Counterespionage는 방첩 (Counterintelligence: CI)을 뜻한다(p. 124).

답①

71. 인류 최초의 핵무기 개발계획인 맨해튼 프로젝트(Manhattan Project)의 핵무기 정보자료를 소련에 넘겨줘 소련이 단기간 내에 핵무기 개발을 성공하게 한 휴민트 정보활동은?

① 케임브리지 5인방(The Cambridge Five) 사건

② 로젠버그 스파이 사건(Rosenberg spying)

③ 카오스 공작활동(Operation Chaos)

④ 노스콤(NORTHCOM) 사건

> **해설** 케임브리지 5인방 사건은 영국의 원초적 이중스파이 사건이다. 카오스 공작활동은 CIA의 민간인 사찰사건 그리고 노스컴은 국가안보국의 전자적 감시활동을 말한다.

답②

72. 공개출처정보(오신트, OSINT)에 대한 설명으로 잘못인 것은?

① CIA 초대 국장이었던 힐렌코에터(Roscoe Hillenkoetter)는 1948년에 이미 CIA의 80%의 정보가 외국의 서적, 잡지, 라디오 방송 그리고 해당국가 사정에 정통한 일반 인 등 공개출처 자료에서 수집된다고 말했다.

② 일천한 역사의 공개출처정보는 9/11 테러공격 이후에 부각된 것이다.

③ 9/11 테러공격의 입법대응으로 제정된 미국의 2004년 정보개혁 및 테러방지법은 공개

출처정보의 중요성을 강조하여 국가정보국장(DNI)으로 하여금 오신트 활동에 대한 전반적인 정보정책 결정을 하도록 법으로 요구하고 있다.

④ 정보전문가인 스틸(Robert D. Steele)이 말한 "학생이 갈 수 있는 곳에 스파이를 보내지 말라."라는 말은 정보수집 활동은 먼저 공개출처정보의 활용가능성 판단에서 시작되어야 함을 잘 설명한 말이다.

해설 비밀정보 활동이 매우 제약적이던 냉전시대에는 공산권에서 생산되는 공개자료들은 정보분석의 중요한 자원이었던 것으로 오신트는 휴민트와 테킨트 등 제반 정보활동의 기초가 된다.

답②

73. 미국과 영국 등 영연방 5개 국가가 운용하여 전 세계의 라디오, 위성통신, 전화, 팩스, 이메일을 감청할 수 있고 획득된 정보는 초고성능의 슈퍼컴퓨터로 자동 분류되는 데이터 마이닝 시스템을 구축하여, 프랑스가 제소하여 유럽인권재판소에서도 논란의 대상이었던 전 지구적 전자적 신호정보 감청망 체계를 무엇이라고 하는가?

① 프렌첼론(Frenchelon)
② 베노나 프로젝트(VENONA Project)
③ 울트라(Ultra) 프로젝트
④ 애쉴론(ECHELON)

해설 프렌체론은 애쉴론에 대응하는 프랑스 독자적인 신호정보 감시체계이다. 울트라 프로젝트는 제2차 세계대전 중 영국의 정보당국이 독일군의 암호체계인 에니그마(Enigma)를 해독한 작전이고 베노나 프로젝트는 1940년대와 1950년대 미국과 영국 정보당국이 소련의 암호문을 체계적으로 해독한 장기 비밀사업이다.

답④

74. 데이터 마이닝에 대한 설명으로 잘못인 것은?

① 데이터 마이닝은 인위적이 아닌 정보의 전자적 자동수집·분석 시스템이므로, 데이터 확보에 있어서 원초적으로 당사자 동의 쟁점은 없고 따라서 헌법상의 기본권 침해 문제는 야기하지 않는다.

② 데이터 마이닝에는 처음부터의 오류자료나 누군가에 의한 악의적인 데이터 자료 조작에 의해 잘못된 감시를 받을 우려의 위험성이 있을 수 있다.

③ 데이터 마이닝에서 사소하고 미세한 데이터가 집적되어 한 사람에 대한 전혀 새로운 초상화를 그릴 수 있는 역효과를 시너지 효과(synergic effect)라고 한다.

④ 데이터 마이닝의 기계 한계에서 오는 위험성으로, 예컨대 강심장의 반복적 불량행동을 하는 사람을 기계는 오히려 선한 사람으로 인식할 수 있는 위험성을 거짓양성 또는

위양성(僞陽性, false positives)의 문제라고 한다.

해설 데이터베이스에서 지식을 발견한다는 의미로 'KDD(knowledge-discovery in databases)'라고도 하는 데이터 마이닝의 근본쟁점은 당사자의 동의 없는 데이터 자료 확보가 헌법상 규정된 사생활의 비밀과 보호를 위반하는 것은 아닌가? 하는 법률문제이다.

답①

75. 공개출처정보의 3대 이점이 아닌 것은?
① 접근성
② 무상성
③ 상대적 안정성
④ 비용 효율성

해설 공개출처정보는 무상이 아니다. 공개 자료라고 하지만, 적시의 신속한 획득을 위해서는 적지 않은 비용이 드는 특별한 수집기법도 요구된다.

답②

76. 케임브리지 스파이 링(Cambridge Spy Ring)에 대한 설명으로 틀린 것은?
① 케임브리지 5인방(The Cambridge Five) 사건이라고도 하는데 가장 불투명한 회색인 간으로 불리는 킴 필비도 관련되어 있다.
② 영국 최고 명문인 케임브리지 대학교 출신들로서 대학교 재학 중에 이미 KGB에 포섭 되어 대학 졸업 후에 영국 보안부(MI5) 등의 진출해 성공한 원초적 이중스파이들이다.
③ KGB가 지휘한 서방세계 인간정보 침투의 대표적인 사건이다.
④ 영국과 미국의 독일의 암호체계인 에니그마(Enigma)를 해독한 울트라(Ultra) 프로젝 트에 의해 적발되었다.

해설 케임브리지 5인방 사건을 적발한 기술정보활동은 1940년대와 1950년대 미국과 영국 정보당국이 소련 정보기구의 암호문을 체계적으로 해독한 **베노나 프로젝트**이다.

답④

77. 창조적 정보분석의 6대 원칙이 아닌 것은?
① 지연판단의 원칙(Principle of deferred judgment)
② 타가수정의 원칙(他家受精, Principle of cross-fertilization of ideas)
③ 차단 분석의 원칙(Principle of block Analysis)
④ 악역 활용(Principle of Devil's Advocate)의 원칙

해설 창조적 정보분석의 6대 원칙은 ① 지연판단의 원칙, ② 다량 양질의 원칙, ③ 타가수정의 원칙, ④ 업무 안정감 비례의 원칙, ⑤ 경쟁분석의 원칙, ⑥ 악역 활용의 원칙이다.

📝③

78. 다음 사례는 정보분석관이 범할 수 있는 오류의 위험성 가운데 무엇을 말하는 것인가?

> 2003년 이라크 전쟁에서 미국 정보당국은 이라크 국가의회의 정보를 의심 없이 받아들였다. 그러나 추후 조사결과 이라크 국가의회(INC)는 후세인 정권 축출을 위해 어떻게 해서든지 미국의 군사개입을 유도하려고 했다. 그래서 후세인 정권이 대량살상무기를 개발해 다량 보유하고 있다고 거짓 자백하는, 이라크 정보기관 내의 다수의 변절자를 미국에 제공하는 등 대량의 허위정보를 제공했다. 하지만 미국 정보당국은 이라크 국가의회의 정보출처를 과신했다.

① 지적오류(Intelligent Error)
② 경상 이미지(behaviors of mirror imaging) 오류
③ 고객 과신주의(clientism)의 오류
④ 겹층 쌓기의 오류(layering)

해설 클라이언티즘은 믿을 만한 첩보출처에 대한 일종의 안심과 신뢰에 따라 나타나는 맹목적인 순응과 기존에 처리한 경험이 있거나 유사한 분석 주제에 대한 과잉 신뢰이다. 미국 국무부는 사대주의(clientitis)라고 설명한다.

📝③

79. 비밀공작에 대한 설명으로 잘못인 것은?
① 비밀공작은 자유민주국가 정보기구 본연의 고유한 임무이다.
② 비밀공작 활동은 원칙적으로 정당성을 가지지만 정보의 정치화를 초래할 위험성도 가지고 있다.
③ 다른 나라에 대한 '은밀한 내정간섭(covert intervention)'이라는 점에서 UN 헌장의 정신에도 배치될 위험성이 농후하다.
④ 현실적인 실행 주체는 국가정보기구이지만, 속성적으로 정책담당자의 목적과 방향에 일치해야 하며 결코 국가정책을 앞서 나가서는 안 된다는 내재적 한계를 갖는다.

해설 비밀공작은 자유민주국가 정보기구 본연의 고유한 임무는 아니다. 민주법치국가에서 국가정보기구의 창설목적과 존재 이유는 정보수집 활동과 정보분석을 통해서 국가정보를 생산해 배포하는 데 있다.

📝①

80. 이란-콘트라(Iran-Contra Affair, 1980s) 사건과 관련된 내용이 아닌 것은?
① 타워 위원회(Tower commission)
② CIA 내부 감독기관으로서의 감찰관(Inspectors General) 직위

③ 로웬탈의 비밀공작 사다리(Covert Action Ladder) 가운데 방첩공작

④ 올리버 노스 중령(Oliver North)

해설 CIA가 관여한 1987년 발생한 레이건 행정부의 정치적 추문으로 적대국으로 지정되어 있던 이란에 무기를 판매해 불법 공작자금을 조성하고, 무기판매대금 등은 니카라과 산디니스타(Sandinista) 정부를 전복하려는 니카라과 반군(Contra)에게 운용자금으로 지원한 **이중의 비밀공작**이다. 경제공작, 정치공작, 쿠테타 공작이 혼재되어 있다.

정답 ③

81. 다음 중 신호정보(SIGINT)에 해당하지 않는 것은(16기출)?

① COMINT

② TELINT

③ ELINT

④ IMINT

해설 IMINT는 영상정보이다. 신호정보(SIGINT) 안에 통신신호(COMINT), 전신신호(TELINT), 전자신호(ELINT)가 있다

정답 ④

82. 다음 중 기술정보와 관계가 직접적인 것은 아닌 것은(15기출)?

① 긴급한 정보요구가 있을 때 가장 적합하다.

② 정찰항공 U-2난 SR-71 등이 동원되는 정보수집이다.

③ 핵실험이나 유도무기에 관련된 측정기술정보이다.

④ 에쉴론(ECHELON)은 영연방 5개국이 운영하는 전자감시 체계이다.

해설 긴급한 정보요구가 있을 때는 기술정보보다는 인간정보 수집수단이 우선적으로 고려된다.

정답 ①

83. 다음 중 정보수집에 관한 설명 중 옳지 않은 것은(15기출)?

① 기술첩보수집시스템은 TPED Issue와 같은 문제가 발생하기도 한다.

② 기술정보는 대부분 네트워크 담당자가 인터넷으로 수집한다.

③ 기술정보는 핵정보, 전자정보, 통신정보 등을 통해 수집가능하다.

④ 비공식 여행자는 인간정보가 될 수 있다.

해설 인터넷은 기술정보의 극히 일부분이다.

정답 ②

84. 다음이 뜻하는 용어는?(기출유형)

> 영상정보나 신호정보를 제외한 나머지 기술로 획득하는 정보로서 대량살상무기 감시에 적합하며 각종 국제범죄의 정보수집에도 유용하다.

① 신호정보　　　　　　　　② 영상정보
③ 측정정보(매신트)　　　　④ 사진정보

해설 3대 기술정보는 영상정보(IMINT), 신호정보(SIGINT), 매신트로 설문 자체에 답이 있다.

답③

85. 비밀공작이 노출된 경우 이를 은폐하는 것을 위장부인이라고 하는데, 위장부인을 해야 하는 이유로 가장 적절한 것은(기출유형)?

① 비밀공작이 노출된 경우 공작원의 위험을 방지하기 위해서이다.
② 노출된 비밀요원을 다시 공작에 투입하기 위함이다.
③ 상대국과의 외교적인 마찰을 피하기 위함이다.
④ 공작을 통해 포섭한 상대국의 고위관료나 단체가 위험할 수 있기 때문이다.

해설 위장부인의 가장 큰 이유는 외교 갈등을 피하기 위함이다.

답③

86. 다음 중 연결이 바르지 않은 것은?(15기출)

① 분기분석-질적분석
② 베이지안 기법 - 양적분석
③ 시뮬레이션-질적분석
④ 행렬분석-양적분석

해설 양적분석기법에는 귀납적 통계분석, 행렬분석(Matrix), 시뮬레이션(simulation)이 동원되고, ⓐ 베이지안 기법(Bayesian Method), ⓑ 정세전망기법(Policon과 Factions), ⓒ 의사결정 나무기법(Decision Tree)이 대표적인 양적분석기법이다.

답③

87. 다음 중 질적 분석방법에 해당되지 않는 것은?(기출유형)

① 핵심판단(Key judgment) 기법
② 경쟁가설(Competing hypothesis) 기법
③ 의사결정나무(Decision tree) 기법

④ 인과고리(Causal loop diagram) 기법

해설 의사결정나무(Decision tree) 기법은 수집한 첩보의 양이 방대한 경우에 나뭇가지를 뻗어가는 식으로 확률에 따른 발생가능성을 계산하는 분석기법이다.

탭③

88. 정보분석의 요건이 아닌 것은?(15기출)

① 정확성

② 적시성

③ 적합성

④ 객관성

해설 정보는 결국에는 자국 중심으로 전개되는 것으로 정보분석에서 객관성은 요건이 아니다.

탭④

89. 다음은 정보분석학파에 대한 설명이다. 이 중 기술학파에 대한 설명은?(기출유형)

① 셔먼 켄트가 주장한 정보분석학파이다.

② 정보분석에 정책결정자의 선호를 반영해야 한다.

③ 실현가능한 대안이 나오도록 분석해야한다.

④ 정보에 대한 전문가의 견해를 가감 없이 정책결정자에게 전달한다.

해설 기술학파는 정보에 대한 전문가의 견해를 정책결정자에게 전달하는 것으로 그쳐야한다는 입장이다.

탭④

90. 다음 설명에 부합하는 질적분석 방법은?(기출유형)

다수의 가설을 비교하면서 상대적으로 우위에 있는 가설을 선택하는 방법이다.

① 경쟁가설

② 경합주의적 가설

③ 인과고리

④ 유추법

해설 다수의 가설을 비교하면서 경쟁적으로 우위에 있는 가설을 선택해 가는 기법이 경쟁가설(competing hypothesis)이다.

탭①

91. 다음 중 정보분석가의 첩보평가과정에서 고려해야 하는 것은?(기출유형)

① 첩보가 정보기관의 위상을 드높일 만한 것인지 여부

② 첩보가 민간영역에 미칠 영향력.

③ 첩보가 국가미래에도 활용가능한지의 여부

④ 첩보가 분석자의 이력에 끼치는 영향이 얼마나 되는지 여부.

해설 정보는 목전의 현황에도 중요하지만 미래에 대한 평가에도 중요하다. 전략정보가 대표적이다.
답③

92. 다음 중 분산형 정보분석기구에 대한 내용으로 바르지 못한 것은?(15기출)

① 고유한 영역에 대해서 차단성과 권위성을 갖고 있어 외부 시각에 영향을 받지 않는다.

② 각 정보기관이 각자 수집 및 분석기능을 가지고 특별한 교류 없이 활동을 하게 되며 조직의 중복과 예산의 낭비라는 측면에서 비효율적이다.

③ 첩보수집, 정보분석, 비밀공작, 방첩활동 등 정보활동을 총괄적으로 수행하는 기구로 강력한 정보력을 유지할 수 있다.

④ 정보독점 방지 및 권력남용을 차단할 수 있으며 정보기관 사이의 상호견제와 균형효과를 자여와 정치개입과 권력남용과 같은 병폐를 예방할 수 있다.

해설 ③은 통합형 정보기구에 대한 설명으로 경쟁기구의 부재로 역동성이 부족하고 조직이 관료화되기 쉽다.
답③

93. 정보분석에서의 인지적 오류 가운데 상대방도 나와 같을 것이라는 판단에 의한 오류는?(기출유형)

① 경상이미지의 오류

② 집단사고의 경직성

③ 각주전쟁

④ 선택적 사고

해설 경상이미지의 오류는 정보분석관의 대표적인 인지적 선입견이다.
답①

94. 정보보고서의 작성 원칙이 아닌 것은?(기출유형)

① 적시성　　　　　　　② 정확성

③ 필요성　　　　　　　④ 수인(受忍)가능성

해설 상대방(상급자)이 받아들일 가능성까지 고려하면서 정보분석을 하는 것은 정보 정치화의 길이다.

답 ④

95. 현행 보안업무 규정상 Ⅰ급 비밀취급 인가권자에 해당하지 않는 사람은?(16기출)

① 감사원장
② 대통령 경호처장
③ 서울특별시장
④ 육군 제2작전사령관

해설 서울시장은 지방자치단체의 장으로 II급 비밀취급인가권자이다.

Ⅰ급 비밀취급인가권자(보안업무규정 제9조 제1항)

대통령, 국무총리, 감사원장, 국가인권위원장, 각 부처의 장, 국무조정실장, 방송통신위원장, 공정거래위원장, 금융위원장, 국민권익위원장, 원자력안전위원장, 대통령비서실장, 대통령 경호처장,
국가정보원장, 검찰총장, 합동참모의장, 각 군참모총장, 육군의 1, 3군 사령관 및 2작전사령관, 국방장관이 지정하는 각 군 부대장

답 ③

96. 비밀에 대한 설명으로 옳지 않은 것은?(15기출)

① 비밀은 만약의 상황을 대비하여 최대한 복제·복사를 해둬야 한다.
② 비밀은 그 자체의 내용과 가치의 정도에 따라 분류하여야 한다.
③ 누설되는 경우 국가안전보장에 손해를 끼칠 우려가 있는 비밀은 III급 비밀로 분류한다.
④ 비밀의 원본은 그 예고문에 의해 파기해야할 경우에도 발행자는 그 직권으로 계속 보관할 수 있다.

해설 비밀은 원칙적으로 복제 또는 복사를 하지 못한다.

답 ①

97. 비밀에 대한 설명으로 옳지 않은 것은?(기출유형)

① 비밀은 일반문서나 암호자재와 혼합하여 보관할 수 있다.
② Ⅰ급 비밀은 그 생산자의 허가를 받은 경우에 복제·복사할 수 있다.
③ II급 및 III급 비밀은 그 생산자가 특정한 제한을 하지 않은 경우에, 해당등급의 비밀취급인가를 받은 사람이 공용(共用)으로 사용하는 경우에는 복제·복사할 수 있다.
④ 전자적 방법으로 관리되는 비밀은 해당 비밀을 보관하기 위한 용도인 경우에는 복제·복사할 수 있다.

해설 비밀은 일반문서나 암호자재와 혼합하여 보관할 수 없다(보안업무규정 시행규칙 제33조 제1항). 비밀은 원칙적으로 복제 또는 복사를 하지 못하지만, ②③④항과 같은 예외가 있다(보안업무규정 제23조).

답 ①

98. 다음 중 통신비밀보호법에 대한 내용 중 틀린 것은?(기출유형)

① 통신 및 대화의 비밀과 자유에 대한 제한은 그 대상을 한정하고 엄격한 법적절차를 거치도록 함으로써 통신비밀을 보호하고 통신의 자유를 신장함을 목적으로 한다.

② 누구든지 법에 의하지 아니하고는 우편물의 검열·전기통신의 감청 또는 통신사실 확인 자료의 제공을 하거나 공개되지 아니한 타인 간의 대화를 녹음 또는 청취하지 못한다.

③ 누구든지 공개되지 아니한 타인 간의 대화를 녹음하거나 전자장치 또는 기계적 수단을 이용하여 청취할 수 없다.

④ 불법검열에 의하여 취득한 우편물이나 그 내용 및 불법감청에 의하여 지득 또는 채록된 전기통신의 내용은 재판에서 쓸 수 없으나 징계절차에서는 사용할 수 있다.

해설 불법 검열 등 불법증거는 재판뿐만이 아니라 징계절차에서도 독수독과의 원칙이 적용되어 증거로 사용할 수 없다(통신비밀보호법 제4조).

답 ④

99. 다음 중 통신비밀보호법상 통신제한조치에 대한 설명으로 옳지 않은 것은?(17기출)

① 국가안보를 위한 통신제한조치의 요건은 내국인과 외국인을 구분하여 적용된다.

② 내국인의 통신을 감청하기 위해서는 반드시 법원의 사전허가가 필요하다.

③ 외국인은 영장주의 원칙의 예외로 대통령의 승인으로 통신제한조치를 할 수 있다.

④ 정보기관의 장은 대통령의 승인을 얻을 시간적 여유가 없거나 통신제한조치를 긴급히 실시하지 아니하면 국가안전보장에 대한 위해를 초래할 수 있다고 판단되는 때에는 긴급통신제한조치를 할 수 있다.

해설 내국인에 대해서도 일정한 요건으로 영장 없는 긴급 통신제한 조치를 할 수 있다. 다만 긴급통신제한조치를 집행한 때로부터 36시간 이내에 법원의 허가 또는 대통령의 승인을 얻어야 한다(제8조).

답 ②

100. 보안업무규정상 신원조사를 실시하는 목적으로만 짝지어진 것은?(기출유형)

㉠ 충성심	㉡ 성실성	㉢ 대적관	㉣ 신뢰성	㉤ 보안성

① ㉠㉢   ② ㉠㉡㉢

③ ㄱㄴㄹ   ④ ㄱㄴㄷㄹㅁ

해설 국가정보원장은 국가보안을 위하여 국가에 대한 충성심, 성실성 및 신뢰성을 조사하기 위하여 신원조사를 실시한다(보안업무규정 제33조 제1항).

답③

101. 다음 중 국가정보학에서 논의되고 연구되는 민주법치국가의 원칙적인 국가정보활동의 4대 분야에 대한 설명으로 잘못된 것은?(15기출)

① 정보수집(Intelligence Collection)

② 정보분석(Intelligence Analysis)

③ 자국민 대상 비밀공작(Covert action)

④ 방첩활동(Counterespionage)

해설 국가정보활동의 4대 분야는 정보수집, 정보분석, 비밀공작, 방첩활동으로 민주 법치국가에서 자국민을 대상으로 한 비밀공작(Covert action)은 국가탄생의 원인인 사회계약에도 위배되는 공권력의 남용이다.

답③

102. 다음 중 비밀공작 활동에 대한 설명으로 잘못된 것은?(15기출)

① 오늘날 CIA는 비밀공작 계획을 의회에 사전 보고는 물론이고 사후 결과보고 등으로 의회는 비밀공작 활동에 대해 전반적인 감시감독권을 행사한다.

② 민주성과 개방성을 국가통치이념으로 하는 미국의 경우에도 비밀공작 활동에 대한 논의, 즉 정보법치의 논의는 전혀 없었고 비밀공작은 그 실천적인 성격으로 현상적으로 발전을 거듭했다.

③ CIA 초대국장인 힐렌코에터(Roscoe Hillenkoetter)는 의회에서 자신은 비밀공작 활동에 관심이 없으며 CIA가 순수한 정보조직으로 기능되기를 희망한다고 진술했다.

④ 미국의 경우에 비밀공작 쟁점은 입법으로 해결되어 오늘날은 비밀공작이 그 현실적인 필요성 때문에 소위 법상 5번째 기능(fifth function)으로 CIA 등 정보기구의 임무라고 인정되었다.

해설 미국 중앙정보국(CIA)의 권한과 관련한 또 다른 법률적인 논쟁은 외교와 전쟁의 중간자라고 일컬어지는 비밀공작(Covert action) 활동에 대한 치열한 법률논쟁이었다.

답②

103. 다음 중 인간정보(HUMINT)에 대한 설명으로 잘못된 것은?(15기출)

① 과학기술 문명의 획기적인 발달로 각국은 변절 등 위험성이 있는 휴민트 대신에 최첨

단 기기를 이용한 과학기술정보, 즉 테킨트를 주요 정보활동으로 대체하는 추세로 이러한 경향은 향후에 더욱 두드러질 것으로 예상된다.

② 인간을 주요수단으로 하는 정보수집 활동(HUMan INTelligence)의 철자 약어이다.

③ 휴민트는 활동적 측면으로는 쉽게 말하면 간첩활동(espionage)이다.

④ 휴민트는 대인접촉을 수단으로 하여 정보를 수집하는 정보수집 활동기법 또는 인적자산에 의해 수집된 정보 그 자체를 말한다.

해설 과학기술 문명의 획기적인 발달로 과학기술정보, 즉 테킨트도 주요한 정보활동 수단으로 등장하고 있지만, 상대세력의 의도와 능력에 대한 파악이라는 정보의 본질적인 속성으로 휴민트의 가치는 여전히 중요하다. 이에 미국 중앙정보국은 2000년대에 이르러 미국 휴민트의 총 본산인 국가비밀정보국을 창설했다.

답①

104. 다음 중 기술정보(TECHINT)에 대한 설명으로 잘못된 것은?(15기출)

① 테킨트는 기술정보수집 활동(TECHnical INTelligence)의 철자 약어로 과학기술을 이용해 첩보를 수집하는 활동을 말한다.

② 영상정보(IMINT) 수집의 대표적인 수단은 인공위성으로 1957년 10월 4일 소련의 스푸트니크(Sputniks)가 우주에 발사된 이래로 우주에는 수십 개의 정찰위성이 경쟁적으로 발사되었다.

③ 3대 테킨트(TECHINT)는 영상정보(IMINT), 인간정보(HUMINT), 흔적·계측정보(MASINT)이다.

④ 두 차례의 세계대전을 거치면서 본격적인 기술정보수집 활동이 이루어졌고 특히 제2차 세계대전으로 기술정보가 비약적인 발전을 이루게 되었다.

해설 3대 테킨트(TECHINT)는 ①영상정보(IMINT), ②신호정보(SIGINT) ③ 흔적·계측정보(MASINT)이다.

답③

105. 다음 중 애셜론(ECHELON) 감청망에 대한 설명으로 잘못된 것은?(15기출)

① 미국·영국 등 영연방 5개 국가가 운용하는 지구를 대상으로 하는 전자적 신호정보 감청망이다.

② 대표적인 휴민트 활동으로 대기상에서의 무주물을 대상으로 하는 것으로 국제법적으로도 문제가 없는 것으로 인정된다.

③ 프랑스가 앵글로-색슨의 애셜론 체계에 대한 대응하여 운용하는 독자적인 신호정보(French Signal Intelligence) 감시체계가 프렌첼론(Frenchelon) 감청망이다.

④ 전 세계의 라디오, 위성통신, 전화, 팩스, 이메일을 감청할 수 있고, 획득된 정보는 초

고성능의 슈퍼컴퓨터로 자동 분류되는 데이터 마이닝 시스템을 구축하고 있다.

해설 테킨트 활동이고 대기상에서의 전파를 대상으로 하는 것이라고 하여도, 국경을 초월하여 경제간첩 수단으로도 이용될 수 있는 위험성으로 프랑스가 유럽인권재판소에 제소하는 등으로 국제법적으로 분쟁이 있는 문제이기도 하다.

답②

106. 다음 중 국가안보 목적의 정보활동에 대한 설명으로 잘못된 것은?(15기출)

① 물리적 수색 (Physical searches)은 포착할 대상물과 정보대상자에 대한 필요한 정보 수집을 목적으로 주거, 물건, 기타 장소에 대해 살펴보고 조사하는 것을 말한다.

② 미국 해외정보감독법은 해외세력이 사용하는 것으로 추정되는 미국 내의 건물, 어떤 물체, 재산 등에 대한 수색을 화이자 특별법원의 허가 하에 광범위하게 허용하고 있다.

③ 그러나 화이자법에 의하는 경우에도 수색의 대상은 특정해야 하고, 압수수색 목록도 필수적으로 작성해야 한다.

④ 미국의 경우에 케이츠 사건 이후에 주된 목적이론(Primary purpose)이 도입되어 영장 없는 도청의 주된 목적이 해외정보수집을 위한 경우라면 비록 내국인의 전화통화 등에 대한 전자적 감청이 일부 이루어졌다고 하더라도 적법하다.

해설 해외정보감독법의 경우에는 압수수색의 대상을 특정해야할 필요도 없고, 압수수색 목록을 작성할 필요도 없다. 그만큼 국가안보 목적의 정보활동에 대한 포괄재량을 인정하고 있다.

답③

107. 위장부인 또는 그럴듯한 부인의 법리에 대한 설명으로 잘못된 것은?(15기출)

① 위장부인은 국가나 조직에서 제기된 법적책임 문제에 대해, 최종 책임자의 법적·도덕적 책임을 회피하기 위해 여러 가지 이유를 대며, 직접적인 연관성을 부인하면서 책임을 회피하는 기술적인 수단이다.

② 비밀공작은 활동 자체보다는 후원자의 정체은폐가 중요하다. 만약에 어느 나라에 의해 수행되었는지를 알게 된 경우에도, 어느 수준의 책임자까지 알고 있었는지는 외교적 파장에 큰 차이가 있을 수 있다. 그 때문에 단계별로 은폐할 수 있는 장치가 중요하다. 은폐를 위한 대표적 장치가 그럴듯한 부인이다.

③ 이런 이유로 CIA 리처드 헬름(Richard Helms) 국장은 '그럴듯한 부인'은 비밀공작의 절대적인 필수 요건이라고 말했다.

④ 위장부인은 권한남용의 열린 창이 될 수 있지만 미국의 경우에도 비밀공작이나 방첩공작에서 위장부인의 원칙을 금지하는 법령을 제정된 바가 없다.

해설 미국의 경우에는 이론적으로는 비밀공작을 대통령이 서면 승인하도록 요구한 1974년 휴-라이언법(Hughes-Ryan Act)에 의해 종료되었다고 이해된다.

답④

108. 다음 중 이중스파이(Double Agents)에 대한 설명으로 잘못된 것은?(15기출)
① 이중스파이는 국가 정보요원으로 임무를 충실하게 수행하는 것처럼 가장하면서, 사실은 대상(target)국가 정보기구의 지령에 의해 위장된 정보수집 활동을 하는 정보요원이다.
② 이중스파이는 '통제국가, 즉 자기나라에 침투하고 있는 대상국가의 스파이'이다.
③ 이중스파이를 통해서 아측 정보기구 내의 이중스파이, 즉 변절자에 대한 정보를 파악하는 것은 불가능하다.
④ 이중 스파이는 그들에 대한 신뢰를 유지시키기 위해 주기적으로 어느 정도 진실한 첩보를 전달해야 하는 바, 계속적인 신뢰성 유지를 위해서는 상대세력에 제공하는 진실 첩보를 속칭 '닭 모이(chicken feed) 정보'라고 한다.

해설 이중스파이를 통해서 아측 정보기구 내의 이중스파이, 즉 변절자에 대한 정보를 파악하는 가장 좋은 방법이 경쟁국가로부터 전향한 이중스파이를 활용하는 것이다.

답③

109. 다음 중 미국 방첩국장을 역임한 제임스 올슨(James Olson)이 방첩공작 10계명 가운데 가장 중요한 계명이라면서 그 다른 이름이 '고집'이라고 말한 방첩계명은 무엇인가?(15기출)
① 거리를 누벼라(Own the Street).
② 한 곳에 오래 머무르지 말라(Do Not Stay Too Long).
③ 절대로 포기하지 마라(Never Give Up).
④ 자부심을 가져라(Honor Your Professionals).

해설 CIA의 전설적인 방첩공작인 앤젤톤의 후임자인 제임스 올슨은 방첩공작 게임의 다른 이름은 '고집'이라고 말하면서, 절대로 포기하지 말라(Never Give Up)는 열 번째 계명이 방첩 10계명 가장 중요하다고 말했다.

답③

110. 다음 중 정보순환(Intelligence Cycle)에 대한 설명으로 잘못된 것은?(15기출)
① 국가정보기구의 활동에 대한 이해는 "누가, 무엇을, 누구를 위하여 하는가(Who does what for whom)?"라는 질문에 대한 해답이다.
② 미국 중앙정보국(CIA)은 정보순환을 ① 기획 및 지시(Planning and direction), ② 수집(collection), ③ 가공(processing), ④ 분석 및 생산(analysis and production), ⑤ 배포(dissemination)의 5단계로 구분한다.

③ 정보순환이란 국가정보기구가 체계적 기획 아래에 첩보를 수집하여 정보를 생산하고 정책공동체에 정보를 배포하는 일련의 과정을 말한다.

④ 정보순환은 '순환'이라는 용어가 말해주듯이 시간 제약이 없이 무제한으로 반복되는 것으로서 정보 적시성은 핵심적인 요소가 아니다.

해설 정보순환은 '순환'이라는 용어 때문에 시간제약이 없이 무제한으로 이루어질 수 있는 것으로 오해할 수 있다. 그러나 정보순환에서 적시성은 여전히 핵심적인 요소이다.

🔳④

---

111. 다음 중 정보분석의 개념과 특성에 대한 설명으로 잘못된 것은?(15기출)

① 정보분석은 국가정책과는 전혀 무관한 정보공동체 고유의 영역이다.

② 정보분석은 수집한 첩보를 체계적인 검증을 통해서 정책 결정권자가 국가안보 정책에 활용할 수 있도록 필요한 국가정보를 생산하는 일련의 활동이다.

③ 일국의 국가정책이 어느 정도 성공을 거둘 수 있는가하는 것은 얼마나 해당 분야의 정보분석이 잘 이루어져 훌륭한 정보를 생산하는가에 달려 있다.

④ 정보분석의 중요성을 강조하여, 일찍이 미국 정보공동체 수장으로 CIA 국장을 지낸 리처드 헬름(Richard Helms)은 정보수집과 비밀공작 그리고 방첩공작 활동을 포함한 국가정보기구의 4대 임무 중에서 정보분석을 정보활동의 대들보라고 칭하였다.

해설 정보분석은 정보와 정책이 만나는 하나의 수렴점이다. 정보분석을 통해서 국가안보와 관련된 현안을 포함한 중요한 사실이 새롭게 파악되거나 관계가 규명된다. 그리고 결과에 따른 파급효과를 예측·평가하며 필요한 대응방안을 마련한다.

🔳①

---

112. 휴민트(HUMINT)에 대한 설명으로 틀린 것은?(기출)

① 인간을 주요수단으로 하는 정보수집 활동(HUMan INTelligence)의 철자 약어이다.

② 대인접촉을 수단으로 하여 정보를 수집하는 정보수집 활동기법, 또는 인간 자산에 의해 수집된 정보 그 자체를 말한다.

③ 오늘날 미국 중앙정보국(CIA)의 휴민트(HUMINT) 주무부서는 공작국(Directorate of Operation)이다.

④ 손자병법은 공작원을 이용한 첩보활동을 설명한 것으로 휴민트에 대한 고전이다.

해설 현재는 예전의 공작국을 대체한 CIA 국가비밀정보국(National Clandestine Service)이 미국 정보공동체의 휴민트 활동을 총괄적으로 담당한다.

🔳③

113. 인류 최초의 핵무기 개발계획인 맨해튼 프로젝트(Manhattan Project)의 핵무기 정보자료를 소련에 넘겨줘 소련이 단기간 내에 핵무기 개발을 성공하게 한 휴민트 정보활동은?(기출)

① 케임브리지 5인방(The Cambridge Five) 사건

② 로젠버그 스파이(Rosenberg spying) 사건

③ 카오스 공작활동(Operation Chaos)

④ 노스콤(NORTHCOM) 사건

> **해설** 케임브리지 5인방 사건은 영국의 원초적 이중스파이 사건, 카오스 공작활동은 CIA의 민간인 사찰사건, 그리고 노스컴은 국가안보국의 전자적 감시활동을 말한다. 설문은 핵무기 개발기술 부부 스파이 사건, 즉 로젠버그 부부 스파이(Rosenberg spying) 사건이다.
>
> 답②

114. 공개출처정보(오신트, OSINT)에 대한 설명으로 잘못인 것은?(기출)

① CIA 초대 국장이었던 힐렌코에터(Roscoe Hillenkoetter)는 1948년에 이미 CIA의 80%의 정보가 외국의 서적, 잡지, 라디오 방송 그리고 해당국가 사정에 정통한 일반인 등 공개출처 자료에서 수집된다고 말했다.

② 일천한 역사의 공개출처정보는 9/11 테러공격 이후에 부각된 것이다.

③ 9/11 테러공격의 입법대응으로 제정된 미국의 2004년 정보개혁 및 테러방지법은 공개출처정보의 중요성을 강조하여 국가정보국장(DNI)으로 하여금 오신트 활동에 대한 전반적인 정보정책 결정을 하도록 법으로 요구하고 있다.

④ 정보전문가인 스틸(Robert D. Steele)이 말한 "학생이 갈 수 있는 곳에 스파이를 보내지 말라." 라는 말은 정보수집 활동은 먼저 공개출처정보의 활용가능성 판단에서 시작되어야 함을 잘 설명한 말이다.

> **해설** 비밀정보 활동이 매우 제약적이던 냉전시대에는, 공산권에서 생산되는 공개자료들은 정보분석의 중요한 자원이었던 것으로, 오신트는 휴민트와 테킨트 등 제반 정보활동의 기초도 된다.
>
> 답②

115. 미국, 영국 등 영연방 5개 국가가 운용하여 전 세계의 라디오, 위성통신, 전화, 팩스, 이메일을 감청할 수 있고 획득된 정보는 초고성능의 슈퍼컴퓨터로 자동 분류되는 데이터 마이닝 시스템을 구축하여, 프랑스가 경제정보도 무차별적으로 수집한다는 등의 이유로 제소하여 유럽인권재판소에서도 논란의 대상이었던 전 지구적 전자적 신호정보 감청망 체계를 무엇이라고 하는가?(기출)

① 프렌첼론(Frenchelon)

② 베노나 프로젝트(VENONA Project)

③ 울트라(Ultra) 프로젝트

④ 애쉴론(ECHELON)

해설 프렌체론은 애쉴론에 대응하는 프랑스 독자적인 신호정보 감시체계이다. 울트라 프로젝트는 제2차 세계대전 중 영국의 정보당국이 독일군의 암호체계인 에니그마(Enigma)를 해독한 작전이다. 베노나 프로젝트는 1940년대와 1950년대 미국과 영국 정보당국이 소련의 암호문을 체계적으로 해독한 장기 비밀사업이다. 설문은 영연방 5개국의 전지구적 자동감시체계인 애쉴론(또는 에셜론)에 대한 설명이다.

답④

116. 기능적 정보수집활동인 데이터마이닝에 대한 설명으로 잘못인 것은?(기출)
① 데이터마이닝은 정보의 전자적 자동수집·분석시스템이므로, 데이터 확보에 있어서 당사자 동의 문제는 없고 따라서 헌법상의 기본권 침해 쟁점은 야기하지 않는다.
② 데이터마이닝에는 처음부터의 오류자료나 누군가에 의한 악의적인 데이터 자료 조작에 의해 잘못된 감시를 받을 우려의 위험성이 있을 수 있다.
③ 데이터마이닝에서 사소하고 미세한 데이터가 집적되어 한 사람에 대한 전혀 새로운 초상화를 그릴 수 있는 역효과를 시너지 효과(synergic effect)라고 한다.
④ 데이터마이닝의 기계 한계에서 오는 위험성으로, 예컨대 강심장의 반복적 불량행동을 하는 사람을 기계는 오히려 선한 사람으로 인식할 수 있는 위험성을 거짓양성 또는 위양성(僞陽性, false positives)의 문제라고 한다.

해설 데이터베이스에서 지식을 발견한다는 의미로 'KDD (knowledge-discovery in databases)'라고 도 하는 데이터 마이닝의 근본쟁점은 당사자의 동의 없는 데이터 자료 확보가 헌법상 규정된 사생활의 비밀과 보호를 위반하는 것은 아닌가? 하는 법률문제이다.

답①

117. 케임브리지 스파이 링(Cambridge Spy Ring)에 대한 설명으로 틀린 것은?(기출)
① 케임브리지 5인방(The Cambridge Five) 사건이라고도 하는데 가장 불투명한 회색인간으로 불리는 킴 필비도 관련되어 있다.
② 영국 케임브리지 대학교 출신들로 대학교 재학 중에 이미 KGB에 포섭되어 대학 졸업 후에 보안부(MI5) 등 정보기구의 진출에 성공한 원초적 이중스파이들이다.
③ KGB가 지휘한 서방세계 인간정보 침투의 대표적인 사건이다.
④ 결국 영국과 미국의 독일의 암호체계인 에니그마(Enigma)를 해독한 울트라(Ultra) 프로젝트에 의해 적발되었다.

해설 케임브리지 5인방 사건을 적발한 기술정보활동은 1940년대와 1950년대 미국과 영국 정보당국이 소련 정보기구의 암호문을 체계적으로 해독한 베노나 프로젝트이다

답④

118. 창조적 정보분석의 6대 원칙이 아닌 것은?(기출)

① 지연판단의 원칙(Principle of deferred judgment)

② 타가수정의 원칙(他家受精, Principle of cross-fertilization of ideas)

③ 차단 분석의 원칙(Principle of block Analysis) - 정보분석 고립의 원칙

④ 악역 활용(Principle of Devil's Advocate)의 원칙

해설 창조적 정보분석의 6대 원칙은 ① 지연판단의 원칙, ② 다량 양질의 원칙, ③ 타가수정의 원칙, ④ 업무 안정감 비례의 원칙, ⑤ 경쟁분석의 원칙, ⑥ 악역 활용의 원칙이다. 차단분석은 정보분석에서의 고립으로 독단의 위험성이 있다.

답③

119. 다음 사례는 정보분석관이 범할 수 있는 오류의 위험성 가운데 무엇인가?(기출)

> 2003년 이라크 전쟁에서 미국 정보당국은 이라크 국가의회의 정보를 의심 없이 받아들였다. 그러나 추후 조사결과 이라크 국가의회(INC)는 후세인 정권 축출을 위해 어떻게 해서든지 미국의 군사 개입을 유도하려고 했다. 그래서 후세인 정권이 대량살상무기를 개발해 다량 보유하고 있다고 거짓 자백하는, 이라크 정보기관 내의 다수의 변절자를 미국에 제공하는 등 대량의 허위정보를 제공했다. 하지만 미국 정보당국은 이라크 국가의회의 정보출처를 과신했다.

① 지적오류(Intelligent Error)

② 경상 이미지(behaviors of mirror imaging) 오류

③ 고객 과신주의(clientism)의 오류

④ 겹층 쌓기의 오류(layering)

해설 클라이언티즘은 믿을 만한 첩보출처에 대한 안심과 신뢰에 따라 나타나는 맹목적인 순응과 기존에 처리한 경험이 있거나 유사한 분석 주제에 대한 과잉 신뢰이다. 미국 국무부는 사대주의(clientitis)라고 설명한다.

답③

120. 비밀공작(Cover Action)에 대한 설명으로 잘못인 것은?(기출)

① 비밀공작은 자유민주국가정보기구 본연의 고유한 임무이다.

② 비밀공작 활동은 원칙적으로 정당성을 가지지만 정보의 정치화를 초래할 위험성도 가지고 있다.

③ 다른 나라에 대한 '은밀한 내정간섭(covert intervention)'이라는 점에서 UN 헌장의 정신에도 배치될 위험성이 농후하다.

④ 현실적인 실행 주체는 국가정보기구이지만, 속성적으로 정책담당자의 목적과 방향에 일치해야 하며 결코 국가정책을 앞서 나가서는 안 된다는 내재적 한계를 갖는다.

해설 비밀공작은 자유민주국가정보기구 본연의 고유한 임무는 아니다. 민주법치국가에서 국가정보기구의 창설목적과 존재 이유는, 정보수집 활동과 정보분석을 통해서 국가정보를 생산해 정보수요자에게 배포하는 데 있고, 비밀공작은 예외적인 임무이다.

답①

121. 이란-콘트라(Iran-Contra Affair, 1980s) 사건과 관련된 내용이 아닌 것은?(기출)
① 타워 위원회(Tower commission)
② CIA내부 감독기관으로서의 감찰관(Inspectors General) 직위 창설
③ 로웬탈의 비밀공작 사다리(Covert Action Ladder) 가운데 경제공작
④ 올리버 노스 중령(Oliver North)

해설 CIA가 관여한 1987년 발생한 레이건 행정부의 정치적 추문으로 적대국으로 지정되어 있던 이란에 무기를 판매해 불법 공작자금을 조성하고, 무기판매대금 등은 니카라과 산디니스타(Sandinista) 정부를 전복하려는 니카라과 반군(Contra)에게 운용자금으로 지원한 이중의 비밀공작으로, 경제공작, 정치공작, 쿠테타 공작이 혼재되어 있다. 그에 대한 행정부 자체 조사위원회가 타워 위원회(Tower commission)였다.

답③

122. 미국 초대 방첩국장인 앤젤톤의 후임자인 제임스 올슨이 말한 방첩공작 10계명 가운데 가장 중요한 방첩 계명의 내용을 말해 주는 용어는?(기출)
① 현장장악
② 인내
③ 역사의 이해
④ 끊임없는 변신

해설 제임스 올슨은 방첩공작 십계명 가운데 열 번째 계명인 절대로 포기하지 말아라(Never Give Up), 그러므로 인내 또는 고집을 가장 중요하다고 역설했다.

답②

123. 다음 중 선전공작에 대한 설명으로 옳지 않은 것은?(15기출)
① 목적한 상대방에게 계획한 심리적 감정을 자극하여 자기 측의 주장이나 지식 등을 전파하는 것을 말한다.
② 백색선전은 공식적인 보도경로를 통하여 수행하기 때문에 용어사용에 제약이 있다.
③ 흑색선전은 적국 내에서도 수행이 가능하다.
④ 회색선전은 출처를 위장하는 것이 특징이다.

해설 선전공작에서 회색선전은 출처를 위장하는 것이 아니고 다만 출처를 공개하지 않을 뿐이다. 출처를 위장하는

것은 흑색선전 공작의 특징이다.

답④

124. 다음 중 빈칸에 들어갈 인물로 알맞은 것은?(15기출)

> (   )은/는 미국 연방수사국(FBI)의 방첩관으로 25년간 근무하면서 1985년부터 무려 15년간 미국의 기밀을 유출했으며, 미국은 2000년 10월 경 FBI 요원이 러시아에 정보를 제공해주고 있다는 내용의 러시아 정부문서를 입수하면서부터 (   )에 대한 수사를 착수해 2001년 간첩활동 혐의로 (   )을/를 체포했다.

① 킴 필비
② 로버트 한센
③ 개리 파워
④ 올드리지 에이메스

해설 지문은 FBI 방첩관 로버트 한센에 대한 설명으로, 1994년 검거된 CIA의 이중 스파이 에임스 이후 최대의 스파이로 평가받고 있다.

답②

125. 다음 중 정보분석 기법 중 종류가 다른 하나는?(15기출)
① 핵심판단(린치핀)기법
② 인과고리기법
③ 의사결정나무기법
④ 계층분석

해설 의사결정나무기법은 양적 분석 방법에 해당한다.

답③

126. 다음 중 방첩에 대한 설명으로 옳지 않은 것은?(16기출)
① 능동적 방첩과 수동적 방첩이 있다.
② 외국의 정보활동에 대응하기 위한 기법 개발과 제도 개선도 방첩활동에 해당한다.
③ 우리나라의 방첩기관에는 국가정보원, 해양경찰청, 군사안보지원사령부 등이 있다.
④ 방첩의 대상에는 적성국만 해당하며 우방국은 해당하지 않는다.

해설 우방국도 특히 경제간첩 영역에서는 경쟁국으로 당연히 방첩의 대상이다.

답④

127. 다음 중 공개출처정보(OSINT)에 대한 설명으로 옳지 않은 것은?(16기출)

① 미디어를 통한 자료, 공공자료, 학술자료 등이 대표적인 공개출처정보이다.

② 자료수집에 위험이 수반되지 않으며 대체로 합법적인 수집이 가능하다.

③ 인터넷의 확산에 따른 정부의 정보공개 촉진으로 공개출처정보의 양은 증가하고 있다.

④ 공개출처정보는 대부분 질적으로 보장되어 있는 정보이며 신뢰성이 높기 때문에 비밀정보를 대체하여 직접적인 활용이 가능하다.

해설 공개출처정보를 통한 역공작 등은 여전히 존재한다. 따라서 공개출처정보는 바로 사용할 수 있는 것은 아니고 역시 정확한 정보분석을 통하여 그 질을 담보할 수 있고, 따라서 별도의 비밀정보수집은 필요하다.

답④

제4편

정보영역론

(☞국가정보 pp. 553-833 참조)

제1장 경제와 국가정보

제1절 경제정보 활동의 이해

제1항 경제정보 활동의 역사

I. 역사적 산업스파이 사례

1. 동양의 사례

중국의 비단 제조기술, 제지기술, 화약술 등의 유럽 전파는 모두 경제간첩의 결과였다.

2. 유럽의 사례

영국이 해가 지지 않는 대영제국으로 군림할 수 있었던 것은 제철기술에 대한 산업스파이 활동으로 가능했다. 17세기 대장장이 폴리(Foley)가 스웨덴의 주물공장에 위장 취업하여 습득한 제철기술을 영국에 전파했다. 제철기술은 산업혁명(Industrial Revolution)의 활화산이었다. 프랑스와 독일 역시 제철기술에 대한 산업스파이 활동으로 철강 산업을 발전시켰고, 독일은 2차례의 세계대전을 이끌었다.

3. 미국의 사례

신생국가 미국은 면방업의 발전이 절실했고, 영국으로부터 직조기계 디자인과 공장설립 기법을 훔쳤다. 영국에서 방적기술을 습득한 로웰(Francis, Lowell)은 매사추세츠 월담에 보스턴 제조회사를 설립하여 방직기술 발전에 크게 기여했다.

4. 제정 러시아의 경험

제정 러시아의 '스파이 왕' 피터 대제(Peter the Great)는 직접 산업스파이 활동을 했다. 네덜란드 조선소에 목수로 위장 취업해 선박제조에 대한 경험을 쌓았고, 영국의 공장, 병기창 등을 두루 살펴 선진문물에 대한 식견을 높임으로써 제정 러시아의 공업을 획기적으로 발달시켰다.

경제정보 활동에 대한 두 가지 접근	
유럽의 접근방법	유럽에서 산업간첩 활동을 국가차원에서 지원한 최초의 증거로는 1474년의 베네치아 공화국의 법이 있다. 유럽 국가들은 기술개발과 창작물에 대한 권리는 왕권 또는 국권에 복종하는 것이지만, 기술개발을 촉진하기 위해서 일반시민들에게 일정기간 허여하는 **시혜적 특권**으로 간주하는 경향이 강했다. 기술개발에 국가의 개입가능성이 높다는 것을 의미한다.
미국의 접근방법	지적 재산권에 대한 미국의 접근은, 그것은 국가를 위한 권리가 아니라 일반시민을 위한 권리라는 것으로 그 생각의 끝에는 지적재산권이 **전적으로 사유재산권**임을 전제했다. 그러므로 자유경쟁을 원칙으로 하는 사적영역에 국가개입은 생각할 수 없는 일로 간주했다.

II. 용어 개념의 구분

1. 경제와 경제정보

① 경제(經濟, economy)의 개념

경제는 재화(goods)와 용역(service)을 생산·분배·소비하는 활동을 말한다.

경제는 경제체제, 생산성을 지칭하기도 한다.

② 경제정보(Economic Intelligence)

경제정보는 '경제'에 대한 제반 지식이다. CIA는 경제정보를 "외국의 경제자원, 경제활동, 재화와 용역의 생산·분배와 소비를 포함한 경제정책, 노동력, 금융, 조세, 상거래 활동 그리고 경제체제 등에 대한 제반 정보"라고 정의했다.

칼 막스(Karl Heinrich Marx)의 경제체제를 기준으로 한 인류역사의 발달 단계론
① 원시공산사회, ② 고대노예사회, ③ 중세봉건사회, ④ 자본주의 사회, ⑤ 공산사회주의 사회

2. 산업과 산업정보

① 산업(産業, industry)의 의의

인간의 생산적 활동을 말한다. 산업 3단계 분류법에 따르면, 농림어업 부문의 산업은 1차 산업, 광공업 부문은 2차 산업, 기타 서비스 부문에 속하는 업종은 3차 산업에 속한다.

② 산업정보(Industrial Intelligence)

해당 산업의 기업비밀이다. 산업 스파이를 일명 기업 스파이라고 하는 이유이다.

3. 경제정보와 산업정보의 비교

경제정보는 산업정보를 포괄한다. **산업정보는 경제정보의 중요한 구성요소**이다.

4. 경제간첩과 산업간첩

① 경제간첩(Economic espionage) = 경제스파이

경제간첩은 국가정보기구가 **국가안보 목적**(National Security Purpose)으로 간첩 노력을 다른 나라의 경제 분야에 집중하는 것이다.

② 산업간첩(Industrial espionage) = 기업간첩(Corporate Espionage)

상업적 목적(commercial purpose)으로 수행되는 국가나 사경제 주체의 경제간첩 행위이다.

③ 경제간첩과 산업간첩의 비교

㉮ 경제간첩이나 산업간첩은 모두 경제정보를 대상으로 한다.

㉯ 따라서 경제간첩은 경제정보에 대한 스파이 활동이고, 산업간첩은 산업정보에 대한 스파이 활동이라는 형식적인 도식은 잘못된 구분이다.

㉰ 경제간첩과 산업간첩은 획득한 정보를 사용하는 목적과 주체에 차이가 있는 것이지, 수집활동의 객체(경제정보)에 차이가 있는 것은 아니다.

㉱ 양자가 근본적으로 구별되는 것은 경제간첩은 국가정보기구가 **국가안보 목적**으로 수행하는 반면에, 산업간첩은 국가정보기구나 사경제 주체 모두가 할 수 있는 간첩활동으로 **상업적 목적**이라는 점이다.

III. 경제간첩 활동에 의한 상업적 이득의 발생 성격

1. 부차적 이득론

국가정보기구에 의한 경제간첩이 국가안보를 위한다는 목적을 넘어서서, 사경제 주체에게 이득을 가져다 준 경우에도, 정보기구 활동의 주된 목적은 어디까지나 국가안보를 위한 것이고, 사경제 주체가 이득을 취한 것은 부차적인 반사적 이익일 뿐이라는 견해이다.

2. 기회균등론

상업적 이득이 해당 사기업에 돌아가는 경우에도, 공평성 확보를 위해 국가정보기구는 일정한 경제간첩 활동을 할 수 있다는 것이다. "경제활동에서의 페어플레이" 확보논리이다.

IV. 경쟁정보 활동(競爭情報, Competitive Intelligence)

기업 운용자가 안정적인 기업 운영을 위하여 소비자와 경쟁자에 대한 생산품, 국내 점유율, 영업계획과 활동 등 필요한 정보를 파악하는 활동임과 동시에 그렇게 획득한 정보를 말한다. 합법적인 활동으로 간주되는 수준에서의 기업 자체의 스파이 활동이다.

제2항 적극적인 경제정보 활동의 배경과 특색

I. 각국의 적극적인 경제정보 활동의 배경

① 냉전의 종식으로 군사정보나 비밀정보 등 경성권력(hard power)이 약화된 반면에, 경제, 기술, 문화 등 연성권력(soft power)의 중요성이 커졌다.

② 세계화(globalization)는 다양한 경쟁적 요소를 내포한다. 사활이 걸린 자국의 경제 경쟁력 확보를 위해 각국은 경제정보활동의 유혹에서 벗어나기가 쉽지 않다.

③ 과학·기술 경쟁력 증진과 정보화

④ 경제간첩의 증대에 따른 경제방첩활동의 필연적 요청

II. 경제정보 활동의 특색

1. 경제스파이 목표물의 다양화

경제스파이 목표의 하나인 기업의 거래비밀 정보는 다양하다.

2. 경제정보 주체의 특성

① 개별기업

성장 기업은 고도성장을 계속 이어가기 위해서, 기업폐쇄에 직면한 기업은 경쟁력 확보를 위한 최후의 비상수단으로 산업스파이의 유혹에 솔깃하게 된다.

② 국가

냉전이 종식된 오늘날 어느 나라 국가정보기구도 경제스파이 활동을 하는 것은 명백하다. 다만 획득한 경제정보를 어떻게 사용하는가의 방식에 있어서는 국가별로 차이가 있다.

3. 보호 대상의 다변화에 따른 보호의 어려움

오늘날 거래비밀에 대한 정보보호 문제는 통신시설의 발달, 고용의 유동성, 다국적 기업의 확장 등 세계화에 따라 중요성을 더하고 있다. 이러한 상황변화는 경제정보 보호의 중요성을 더할 뿐만이 아니라 경제정보 보호의 어려움도 가중시키고 있다.

4. 경제스파이의 방법과 추이의 변화

정보수집 방법의 발달은 마음만 먹으면 언제든지 교묘한 방법으로 실행할 수 있게 되어 행동은 훨씬 쉬워졌고, 대가는 훨씬 높아졌으며, 적발 위험성은 낮아졌다.

5. 막대한 피해액과 산정의 어려움

산업간첩에 의한 손해액은 상상을 초월하지만 피해액 산정은 간단하지 않다. 피해기업은 주주와 고객들로부터의 신뢰상실 우려 때문에 피해사실을 공개적으로 드러내기 어렵고, 경영상의 책임문제로 침해사실 자체나 피해액수를 액면 그대로 밝히기도 쉽지 않다.

III. 경제정보 활동의 국가안보화

1. 1991년 냉전의 종식은 새로운 경쟁 환경에의 진입이다. 경쟁무대가 정치 환경인 지정학(地政學, geo-politics)적 조건에 머무는 것이 아니라, 새로운 경제 환경과 질서에 따라 형성된 지경학(地經學, geo-economics)에 진입했다.

2. 냉전시대 소련의 핵무기 같은 군사적 위협을 **제1의 위협명령(the first order threat)**이라고 하고, 냉전 이후에 새롭게 등장한 테러, 국제조직범죄, 정보전 그리고 경제안보에 대한 위협을 **제2의 위협명령(second-order threat)**이라고 한다.

3. 하지만 민주국가에서 국가정보기구가 경제문제를 담당할 수 있는 것은, 먼저 경제문제가 국가안보 수준이 되어야하고, 다음으로 법적근거가 주어져야 한다. 오늘날 경제문제가 국가안보 문제화되었다는 근거로는 보통 다음의 2가지가 그 이유로 설명된다.

① 경제력은 국력의 초석

냉전 이후(Post-cold war)의 소위 "새로운 세계질서" 속에서 대외관계성을 가진 경제력이 국력의 핵심가치로 자리 잡게 되었고, 그에 따라 경제안보가 국가안보의 초석이 되었다.

② 경제력은 민주주의 유지의 기틀

경제력의 피폐는 "민주주의에의 위험(danger to democracy)"을 초래하기 때문에 경제의 안전성 확보, 즉 경제안보는 가장 중요한 국가안보 문제의 하나이다.

경제력의 피폐와 구 소비에트 공화국의 멸망

가장 실감나는 경제와 국가안보의 상관관계에 대한 역사적인 예로는 구(舊)소비에트 공화국 사태가 있다. 소련은 군사력이 약하거나 다른 나라로부터 군사적 위협을 받아서 해체된 것이 아니다. 경제실패가 소비에트 공화국 멸망의 근본적인 원인이었다. 소비에트 공화국이 해체의 길을 걸을 때도 소비에트 공화국은 엄청난 핵무기와 강력한 붉은 군대를 가지고 있었다.

제3항 국가정보기구의 경제정보 활동에 대한 논의

I. 경제정보 활동의 기능

① 정책담당자들에 대한 비밀 경제정보의 제공
② 세계 최첨단 과학·산업 기술의 모니터
③ 경제방첩공작(economic counterintelligence) 활동

국가정보기구는 전문성을 바탕으로 타국의 경제간첩에 대해 경제방첩 공작을 수행한다. 사기업을 대상으로 고도의 전문성을 가진 해외정보기구가 산업간첩 활동을 전개하는 경우에, 해당 사기업이 독자적으로 외국의 침투를 방지한다는 것은 역부족일 수밖에 없다.

II. 국가정보기구의 경제정보수집 활동의 법률문제

1. 쟁점

국가가 경제정보를 수집하여 사기업체에 제공하는 것이 국가정보기구의 역할로 정당한 것인가? 의 문제가 있다. 이에 대하여 랜달 포트(Randall M. Fort)는 그의 논문 "경제간첩(Economic Espionage)"에서 미국의 정보공동체로 하여금 미국 기업들을 대신하여 산업스파이 활동을 하게 하는 것은 결단코 가장 나쁜 아이디어라고 단언했다.

2. 논의의 전개

이러한 논의는 지적재산권의 성격에 대한 유럽과 미국의 2가지 접근방법에 기인하는 것으로서 미국 내의 특유한 논쟁이다.

1) 부정론

정보공동체가 외국의 사기업을 상대로 경제정보를 수집하고 수집한 경제정보를 사경제주체에게 제공하는 것과 같은 일은 하지 말아야 한다는 입장이다. 논거는 다음과 같다.

① 위협이 아닌 도전의 문제
설령 다른 나라의 경제간첩 행위로 인해서, 기업 경쟁력이 약화된다고 하더라도 사경제주체의 경쟁력 약화는 국가안보에 대한 '위협'은 아니다. 따라서 국가안보 문제를 취급해야 하는 국가정보기구의 임무는 아니다. 기업체의 경쟁력 상실은 경영혁신을 통해 회복될 수 있는 '도전(challenge)'의 문제이지 국가안보 문제는 아니라는 것이다.

② 다국적 기업으로 인한 자국 기업의 개념의 모호
한 이웃 글로벌 세상에서 과연 '자국기업'이 무엇인지가 명확하지 않다.

③ 경제정보 분배 기준의 불명확

④ 효용성의 한계

사경제 주체에 대한 국가정보기구의 경제정보 제공은 당연히 그 효용성이 전제된다고 생각하지만, 그것은 착각이고 그 효용이 입증된 바가 없다.

⑤ 법률규정의 불비

⑥ 부정론의 결론

부정론자들은 국가 공권력의 사경제 영역에의 개입은 자유경쟁을 근간으로 하는 WTO 체제의 이념에도 반하는 것으로 적은 이득을 바라다가 큰 손실을 자초할 것이라는 입장이다. 그리하여 전 CIA 로버트 게이츠(Robert Gates)국장은 **"우리 요원들은 조국을 위해 목숨을 바칠 준비는 되어 있지만, 포드 회사를 위해 생명을 바치려고 하지는 않는다."**라고 말했다.

2) 긍정론

국가정보기구의 상업적 목적의 경제정보활동이 가능하고도 필요하다는 견해이다. 부정론자들이 제기하는 장애 때문에 국가안보의 초석이 될 경제정보를 사경제 주체에 양도할 수 없다는 것은 본말이 전도된 견해라고 주장한다.

3) 절충론 = 공동경영론

① 의의

국가의 자산인 국가경제정보를 전적으로 사경제 주체에 제공하는 것은 문제가 있을 수 있으므로, 국가가 사경제 주체와 정보를 공유하여 회사를 직접 운영하는 방법을 택하는 것이 바람직하다는 견해이다.

② 비판

그러나 사기업체에의 일회적인 정보제공도 문제인데, 지속적으로 특정기업에만 정보를 제공한다는 것은 더욱 큰 문제라는 비판이 제기된다. 정보원천에 대한 비밀성 유지에 어려움을 겪게 되고 제공하는 정보의 지속적인 효용성도 문제될 수 있다. 또한 어떠한 형태로든지 기업체들을 정보기관의 감시대상으로 전락시킬 위험성도 있다는 점이 지적된다.

4) 결어

오늘날 경제 위협요소는 결국 국가안보와 직결되는 문제이다. 부정설은 논리적인 흥미로움에도 불구하고 경제정보의 성격 전체를 보지 못한 것으로, 국가경영의 근본 원칙을 무시하는 주장이라는 비판이 제기된다.

제2절 경제정보의 수집

제1항 경제정보 수집기법

I. 개관

인간정보(HUMINT), 기술정보(TECHINT), 공개출처정보(OSINT) 방법은 경제정보 수집에도 그대로 적용된다. 경제정보 수집활동으로 특유한 것에는 기업의 인수합병과 같이 법률적 방법에 의한 경제정보 수집이 있다. 법합치적(法合治的) 경제정보 수집은 인간정보 수집활동의 한 가지로 볼 수 있으나, 법률절차 등이 가미되어야 한다는 특성이 있다.

II. 공개출처정보(OSINT) 활동

1. 공개자료 검토

경제정보의 상당부분은 공개출처에 의해 획득이 가능하다. 기업체의 사보, 업종별 협회의 간행물, 결산보고서, 시장 조사보고서, 통계자료, 업계의 인명록 및 인터넷 사이트 등은 경쟁기업이 상대기업의 윤곽을 파악하고 심층적인 내용을 알 수 있는 좋은 정보자료가 된다.

2. 인터넷 검색

인터넷의 체계적인 검색만으로도 상당한 거래비밀을 획득할 수 있다. 각 기업은 인터넷 사이트에 기업광고와 선전을 위하여 기업거래의 상당한 내용을 공표하고 있다. 가격목록, 생산품 현황, 연구개발 소개, 피용자 자격요건 등은 훌륭한 거래비밀이다. 물론 과장 또는 오염정보도 경계해야 한다.

3. 국제회의 참석과 연구소 등 시설견학

국제회의, 세미나, 전시회, 박람회 등은 합법적으로 영업 비밀을 획득할 수 있는 좋은 기회이다. 경쟁기업의 현재의 기술력뿐만 아니라 미래의 기술력이나 추세를 파악할 수 있다.

4. 회색자료(Gray literature)의 수집

원칙적으로는 공개출처정보이지만, 통상의 방법으로는 획득하기 어려운 출처 불명 또는 출처 미공개자료이다. 일반 공개자료에서는 얻을 수 없는 고도의 경제정보를 확보할 수 있다.

III. 인간정보(HUMINT) 수집활동

1. 산업 정보원(Industrial mole)의 활용

대상 기업체 내의 신망 받는 피용인들을 매수하여 기술을 수집하는 방법이다. 민감한 정보에 접근할 수 있는 컴퓨터 기사, 비서, 기술자, 유지보수 인력 등은 좋은 정보망으로 간주된다. 직장 내에서 이들의 낮은 신분과 저 임금 등의 처우는 좋은 회유 조건이 된다.

2. 자원봉사자

정부 공무원이나 기업체 직원 중에서 자발적으로 해당 기술정보를 팔려고 하는 사람들을 활용하는 경제정보 수집방법이다.

3. 피용자 스카우트

경쟁업체의 전문 피용자를 더 좋은 조건을 제시하며 은밀하게 스카우트하는 것이다.

4. 전문 사설 경제정보 요원 활용

5. 가장취업

전문기술분야에서 기술개발 단계에서부터 취업하게 하여 체계적으로 경쟁회사의 기밀을 획득하는 방법이다. 이들은 원초적 산업두더지(mole)로 경쟁기업에서 장기간 활약하게 된다.

6. 과학자 · 사업가들의 매수

7. 유학생이나 관광객 활용

8. 수색공작 - 쓰레기통 뒤지기

고위 비즈니스맨의 사무실이나 투숙한 호텔, 자동차, 회의장소 등에 비밀리에 잠입하여 그들의 서류철·메모·지갑·컴퓨터 등을 수색해 필요한 경제정보를 수집하는 방법이다. 정보의 세계에서는 프랑스 국토감시총국(DST – 2008년 중앙국내정보총국으로 재창설됨)이 자국을 방문한 사업가들이 투숙한 호텔 등에 침입해 객실을 뒤져 정보를 수집하는 것을 빗대어 **쓰레기통 잠수(Dumpster diving)**라고 한다.

9. 강 · 절도와 범죄단체 활용

기업 사무실에 은밀하게 침입하여 각종 서류, 컴퓨터 등 데이터와 정보를 포함하고 있는 설비 등을 절취하거나 강취하기도 한다.

IV. 기술정보 수집활동(TECHINT)

1. 통신도청(Eavesdropping)

경제간첩 활동에서 국가별 수준 차이가 있다면 신호정보 획득능력이다. 프랑스 대외안보총국(DGSE)의 책임자로 프랑스 경제간첩 활동을 한 차원 높은 것으로 평가 받는 피에르 마리옹(Pierre Marion) 국장은 경제간첩 분야에 있어서의 미국의 신호정보 능력을 **원자폭탄**이라고 불렀다.

2. 컴퓨터 네트워크 침투

컴퓨터 네트워크에 침입하여 필요한 경제정보를 획득하거나 심지어는 네트워크 자체를 파괴하는 정보활동도 전개한다.

3. 사이버 절도(Cyberspace Theft)

사이버 상에서의 통신절취는 가장 많이 애용되는 경제정보 수집 방법 중의 하나이다. 컴퓨터 자료전송, 이메일 내용을 중간에서 가로채는 방법에 의한 경제정보 획득은 인간정보보다 위험성이 덜하고 고효율의 경제정보 획득활동이다.

4. 영상정보(Satellite Imagery)

최첨단 위성정보 시스템을 활용한 영상정보로, 연구소의 위치, 시제품의 양이나 생산규모 등을 파악하는 데 활용된다. 오늘날은 영상정보를 고가에 판매하는 상업적 기업이 출현하여 여러 나라가 경제정보 활동에 영상정보를 활용할 수 있게 되었다.

5. 전자정보(ELINT)

전자기기를 사용하는 항공기·자동차·선박 및 전자기를 발산하는 각종 첨단장비들에 대한 전자파를 측정하여 기계의 성능과 효과 등에 대한 경제정보를 파악할 수도 있다.

프랑스 에어버스 A340 탄생의 비밀

1998년 4월 프랑스 대외안보총국(DGSE) 소속 요원 4명이 일단의 전자 장비를 지참하고 시애틀에서 있을 예정인 보잉사의 최신형 보잉 747-400의 시험비행을 모니터링하기 위해 미국으로 건너왔다. 목적은 신형 보잉 747-400의 최신 자동항법시스템과 엔진성능 등을 파악하는 것이었다. 모니터링 팀은 거주지 뒤뜰에 신형 보잉기의 시험비행 경로를 따라서 휴대용 위성접시, 최첨단의 주파수 탐지기, 2대의 컴퓨터를 장착했다. 모니터링 팀 일부는 극초단파 송신기(Microwave transmitter) 장치로 시험비행에 대해 보잉사 관계자들이 주고받는 대화도 도청했다. 모니터링 팀의 결과는 에어버스사에 바로 건네졌고 2년이 채 지나지 않아서 프랑스는 동일한 항법성능을 갖춘 최신의 A340을 생산했다.

제2항 법합치적 방법에 의한 경제정보수집

1. 유령면접(phantom interview)

유령면접에는 다양한 방법이 있다. 경쟁회사의 공식적인 면접담당자를 포섭하는 것은 고전이다. 고임금의 허위 구직광고를 제시하여 그에 관심을 보이고 찾아온 경쟁회사 전문기술자 등에 대한 심층면접을 통해 경쟁회사의 영업 비밀을 캐내기도 한다.

2. 기업합작과 인수합병

상법상의 기업 인수합병 등을 경제정보 수집으로 사용된다. 기업합작이 중도에 포기된 경우의 적지 않은 경우가 애당초부터 거래비밀만을 파악하려는 의도에서 계획된 것이다.

3. NGO와 간판회사(Front Companies) 창설

정보기구가 NGO 단체나 전위 기업을 설립하여 경제정보를 수집하는 방법이다. 에어로 플롯은 러시아 정보공동체의 전위 기업체였고, 에어 프랑스는 프랑스 국가정보기구에 적극적으로 협조했다. 신화사 통신은 중국의 정보기구로 분류된다. 정보기구의 전위 기업은 경직된 국가 공조직에 비해 유연성을 가지고 용이하게 필요한 정보를 수집할 수 있을 뿐 아니라, 만약의 경우에도 전적으로 사기업체임을 주장하기가 용이하다.

4. 자료공개소송 – 미국 정보자유법(FOIA)

미국은 국민의 알권리를 보장하기 위해 정보자유법(Freedom of Information Act)을 시행하고 있다. 그런데 일본과 프랑스의 국가정보기구들은 정보자유법을 악용하여 수많은 정보공개 소송을 제기했다. 예컨대 1986년 일본의 미츠비시 그룹은 항공우주산업에 뛰어들기로 결심한 후에 미국의 국가항공우주국(NASA)을 상대로 1987년 한 해에만 5천 번의 자료공개소송을 제기하여 많은 정보를 획득했다.

제3항 경제정보에 대한 방첩

I. 기업의 거래비밀 보호

1. 거래비밀의 확인(Identify)

기업의 거래비밀을 보호하기 위해서는 먼저 그것이 인식되어야 한다. 미국 경제간첩법은 거래비밀은 기업 스스로가 합리적인 조치를 취하여 보호의 노력을 경주한 것에 한해서, 법적인 보호를 해주도록 했기 때문에 거래비밀의 인식은 법적 보호를 받기 위한 첫 걸음이다.

2. 거래비밀의 관리(Manage)

기업보안은 개별 거래비밀이 누구에 의해서 어떻게 어떠한 방법으로 사용되는지에 따라서 개별적인 관리기법을 개발하고 적용하는 것을 염두에 두어야 한다. 사용처에 대한 정확한 이해 없이 보호방법이 나올 수 없기 때문이다.

3. 거래비밀의 보호(Protect)

거래비밀의 보호는 수동적인 관리의 단계를 넘어서서 거래비밀에 대한 침투 등 위협상황에 대처하는 보다 적극적인 활동이다.

II. 국가보안기구의 경제방첩공작 - 경제방첩의 중점 변경

1. 보안 객체의 성격 변화

오늘날 각국은 군사시설·국가통신망 시설을 비롯한 사회기반시설 등에 각종 첨단기기를 불가피하게 사용한다. 이것은 역설적으로 해외세력에 의한 전자감시 장치에 의한 침투공작만으로도 실제 전쟁 이상의 위협을 초래할 수 있다는 말이 된다.

2. 전문적 경제방첩공작의 필요성

해외세력에 의한 산업간첩 활동에 대한 적발과 현실적인 대처는 지킨다고 하는 수동적인 보안으로 해결할 수 있는 문제가 아니다. 또한, 해외세력의 산업간첩 활동을 역이용하는 공작은 전문적인 국가정보기구가 아니면 불가능하다.

III. 경제방첩공작사례 − 페어웰(Farewell) 사건

페어웰은 KGB 소속으로 서구의 첨단 과학기술을 절취할 목적으로 창설된 T국(局)의 책임자로 실제 이름은 발디미르 페트로프(Vladimir Vetrov) 대령이었다. 페어웰 사건은 동인의 협조로 소련의 경제파탄을 유발한 CIA와 FBI 등 미국 정보공동체의 야심찬 경제방첩공작 사건이었다. 특히 시베리아 유렌코 유정의 천연가스 폭파공작은 경제방첩공작의 백미였다.

제3절 각국의 경제정보 활동

미국 국가정보위원회(National Intelligence Council) 부의장을 역임한 메이어(Herb Meyer)는 냉전시대의 산업간첩 활동에 대해 다음과 같이 언급했다.

> "지난 40년 동안 미국의 전(全) 국가적 노력은 냉전의 경쟁에서 소비에트 공화국의 승리를 저지하는 것이었다. 역사는 미국이 이를 위해 천문학적인 돈을 투자했을 뿐만 아니라 전 국가적 관심과 에너지를 투입한 것을 평가할 것이다. 영국은 우리에는 미치지 못하지만 비슷한 역할을 했다. 그러나 우리의 다른 우방들은 두 가지 일을 동시에 했다. 한 가지는 그들의 이익을 위해서 우리를 도운 일이다. 다른 하나는 우리를 상대로 경제적으로 경쟁을 한 것이다. 그들은 우리가 다른 곳(소련)에 관심을 돌리고 있는 사이에, 그들의 많은 에너지를 우리를 상대로 한 경제정보 수집에 기울이고 있었다."

또한, 프랑스 대외안보총국(DGSE) 책임자로 프랑스의 현대적 산업간첩 활동의 기틀을 마련한 것으로 평가 받는 피에르 마리용(Pierre Marion)도 다음과 같이 말했다.

> "우방은 군사문제와 외교문제에 대한 문제이지, 경제문제 등 다른 분야에서는 얼마든지 경쟁자가 된다. 냉전시대에도 경제경쟁은 존재했다. 오늘날은 정치·군사경쟁이 다만 더욱 경제경쟁으로 옮겨간 것뿐이다. 경제문제에서는 우리 모두는 경쟁자이다."

Ⅰ. 구소련 및 러시아의 산업스파이 활동

① 구소련은 체계적인 경제스파이 활동을 위해서 서구의 첨단 과학·기술 연구개발 프로그램에 대한 정보를 수집하는 **T국**을 창설했다. 세계 도처에 퍼져나간 T국 산하집행부서가 **Line X**이다. T국의 신경망인 Line X는 과학 장비와 스파이기법을 동원하여 서구 유수기업들의 우수한 다량의 정보를 어렵지 않게 획득할 수 있었다.

② 쿠바에 있는 로우르데스(Lourdes) 소련기지는 첨단기술의 신호정보 수집시설을 이용하여, 미국 본토의 경제정보를 수집할 수 있는 통로였다.

③ 한편, 미국은 소련이 데탕트 분위기를 산업간첩 활동에 악용한다는 것을 1980년대에 들어서야 깨달았고, 레이건 대통령은 구 소비에트 공화국을 "악의 제국(Empire of Evil)"으로 칭하고 다양한 경제방첩공작을 전개했다.

II. 프랑스의 산업스파이 활동

① 프랑스 정보기구들에게 경제정보 수집활동은 일상적인 일로서 전 대외안보총국장 마리용은 **"경제간첩은 삶이다(Economic espionage is a fact of life)"**라고 말했다. 캐나다 정보분석관인 포티우스는 프랑스 정보기구는 세계 경제시장에서의 단 몇 차례의 경제간첩 활동으로 전체 정보기구의 1년 치 운영비 이상의 이득을 남긴다고 말했다.

② 마리용 대외기밀방첩부장은 1981년 경제정보를 기획 · 예측하고 평가하는 특별프로젝트팀을 구성했다. 조직의 첫 번째 임무는 어느 산업분야의 어떤 내용에 대해 세계 어느 기업을 상대로 산업스파이 활동을 전개할 것인지를 결정하는 것으로, 작성된 명단이 특별 관리대상인 **핫 리스트(Hot-List)**였다.

③ 영연방 5개 국가들의 애쉴론(Echelon) 체제에 대항하여 프랑스가 발진한 것이 프렌체론(Frenchelon)이다. 애쉴론과 마찬가지로 지구상에서의 광범위한 신호정보 획득 체계로서 경제정보 수집의 촉수이다.

프랑스의 실제 경제정보 활동

1. 수색공작

1964년 미 국무부차관 볼(Ball)은 무역회담을 위하여 프랑스 칸느의 호텔에 투숙했다. 곤한 잠에 빠졌을 때 한 여성이 잠입하여 서류를 빼냈다. 동녀는 로이 대령에게 서류를 전달한 후 원위치 시켰다. 다음날 회담에서 프랑스는 유리하게 무역회담을 이끌어 갔음은 물론이다. 볼(Ball)이 투숙할 방의 문에는 미리 기름칠을 하여 놓아 개 · 폐시 소음이 발생하지 않도록 조치했다.

2. 닉슨 대통령 비서실장 할데만(H.R. Haldeman)에 대한 공작

1969년 닉슨 대통령이 프랑스와의 무역협상을 위해 파리를 방문했다. 식사자리에서 할데만의 양복을 건네받은 서비스 맨을 가장한 프랑스 정보요원은 소형 도청기를 양복에 장착했다. 할데만은 회담이 이미 시작된 며칠이 지나서야 자신이 도청당하고 있다는 사실을 알았다.

3. 레이건 대통령을 상대로 한 정보공작

1982년 레이건 대통령이 경제 정상회담을 위해 파리 호텔에 투숙했다. 미국 요원들은 투숙할 호텔에 대해 철저하게 사전보안 검색을 실시했다. 그러나 프랑스 대외안보총국 제7부 소속요원들은 미국 대표단이 사용할 호텔방의 유리창에 보안에 걸리지 않는 특수 진동 레이저 장착을 했고, 맞은편 여관에서 유리창의 미세한 진동을 획득해 이를 음성 대화로 바꾸어 무역 회담에 임하는 미국 대표단의 자유로운 대화내용을 거의 파악했다.

4. 한국에서의 경제정보 공작

1980년대에 한국은 2기의 핵발전소 건설공사를 발주했다. 프랑스와 미국이 낙찰경쟁을 벌였는데, 마리용 경제팀은 어느 고위 한국공무원에게 백만 달러와 엘리제 궁 주변의 아파트를 대가로 입찰정보를 건네받았고 결국 프랑스가 최종 낙찰자가 되었다.

III. 일본의 산업스파이 활동

① 냉전시대에 체제 경쟁에서 자유로웠던 일본은 일찍부터 공세적이고 체계적인 경제정보 수집을 하여 경제적 강국이 된 나라로 평가된다. CIA는 1980년대 일본국이 수집하는 국가정보의 약 80%는 미국과 유럽의 첨단 기술·과학정보라고 판단했다.

② 일본은 상대적으로 작은 국가정보기구를 운용한다. 일본 산업간첩 활동의 특징은 관과 민의 유기적인 협조이다. 공식적으로는 어느 국가정보기구가 경제정보를 수집하는 책임을 맡고 있는지도 명백하지 않다. 대부분의 경제정보수집은 대외무역산업성(Ministry for International Trade and Industry)의 기획·조정하에 대규모 기업 정보기구를 가진 미츠비시, 히타치, 마츠시다 등 사기업체에 의해 행해진다.

③ 준(準) 정부기구인 일본무역진흥기구(Japan External Trade Organization) 역시 직접 경제정보를 수집하거나 산업간첩 활동을 지원하는 정보조직으로 알려져 있다.

④ 닌자 학교로 불리는 산업스파이 양성학교에서 교육받은 사람들이 미국과 정밀 기계 산업이 발달한 스위스 등 서구에 퍼져나가 활동한다.

⑤ 일본 기업체들은 미국의 정보자유법(FOIA)을 활용하여 다양한 소송을 제기하여 기업체의 자료를 확보하고 미래의 경제기술 추세를 예측한다.

⑥ 한편, 일본의 국가정보기구는 일본 내에 있는 미국 기업의 본사와의 통화나 해외유관 기업 등과의 통신은 거의 모두 모니터링 하는 것으로 알려져 있다. 일본 정보기구는 동경의 호텔에 투숙하는 각국의 무역대표단이나 사업가들에 대한 전화도청 그리고 수색 공작 활동을 적극적으로 전개하여 경제정보를 수집한다.

⑦ 피터 슈바이처는 경제영역에서의 일본의 정보수집 능력을 연극무대에서 커튼 없이도 기묘하게 무대장치를 변경하는 일본의 연극무대 기술에 빗대어 **'환상적인 기술'**이라고 말했다.

⑧ 일본의 산업간첩을 연구한 메이어(David G. Major)는 일본 종합상사의 경제정보 활동을 **"진공청소기"**로 통계자료, 각종서류, 산업 또는 과학기술회의 보고서, 심지어는 식사장 소나 골프장에서의 잡담까지도 무제한 빨아들이는 것 같다고 묘사했다.

⑨ 일본은 공식적인 국가정보조직으로는 수상 직속의 내각정보조사실을 통해서 경제정보에 대한 기획·조정업무를 수행한다. 일본 방위청 소속의 전문 신호정보기구인 초베츠 (Chobetsu)는 최첨단의 신호정보수집기기를 사용하여 중국·북한·러시아 등을 상대로 광범위한 각종 정보를 감청한다.

IV. 이스라엘의 산업스파이 활동

① 미국의 안보문제 컨설턴트인 라몬트(James Lamont)는 "경제간첩을 말하면 가장 먼저

이스라엘이 떠오른다."라고 말했다. 미국 법무부 보안담당 국장 출신의 존 다비트(John Davitt)는 "이스라엘 정보기구는 시간의 반은 아랍 국가에 대한 정보활동에 나머지 반은 미국에 대한 정보수집활동에 사용하고 있다."라고 말했다.

② 이스라엘은 경제간첩 활동의 첨병으로 라캄(Bureau of Scientific Relations)을 창설했다. 국방부 산하의 라캄은 과학기술 정보만을 전문적으로 다루는 정보기구이다.

③ 라캄의 임무는 핵 관련 정보를 비롯해 과학기술 정보수집이다. 이스라엘의 해외정보기구인 모사드는 중동문제로 인해서 CIA와의 업무공조가 필연적인데, 모사드가 미국을 상대로 경제간첩을 하다가 적발되어 CIA와의 관계가 악화되면 정보공유에 어려움이 따를 수 있다는 인식으로, 미국에서의 경제정보수집은 라캄이 전담했다.

④ 또한, 라캄은 존재 자체가 비밀로 되어 있어서 그것이 이스라엘 정부 내의 공식기구인지도 불투명하기 때문에, 설령 미국에서의 활동이 적발된다고 해도 소위 '그럴듯한 부인'을 하기가 용이하고 따라서 미국과의 외교 분쟁을 막을 수 있다는 계산도 있다.

⑤ 라캄은 초대 책임자 블룸버그(Binyamin Blumberg)가 기초를 다지고 라피 아이탄(Rafi Eitan)이 넘겨받았다. 아이탄은 라캄의 역량을 10배 이상 증진시켰다는 평가를 받았다. 아이탄의 성공전략 중의 하나가 소위 "강성 타깃(hard target)"인 미국 위주에서 "연성 타깃(soft target)"인 유럽 등으로 다변화 한 것에 있었다.

⑥ 한편, 조나단 폴라드(Jonathan Jay Pollard) 간첩사건 이후에 이스라엘은 1986년 라캄의 해산을 공식적으로는 선언했지만 미국은 이를 액면 그대로 받아들이지 않는다. 조나단 폴라드는 유대계 미국인으로 미국 해군 정보실 정보분석관이었다. 폴라드가 수집한 수십만 쪽의 서류에는 미국 군수산업의 기술자료, 미국의 대 테러정책, 중동의 군사정책, 미국의 무기정책 등이 망라되어 있던 것으로 알려져 있다.

⑦ 라캄은 이스라엘 전투기 산업의 발전에도 결정적인 역할을 했다. 라캄은 프랑스 미라지(Mirage) 전투기를 본 뜬 이스라엘 최초의 전투기 네셔(Nesher)를 비롯해, 크필(Kfir)과 오늘날의 주력기인 라비(Lavi)의 생산에 기여했다.

⑧ 이스라엘 핵무기 개발도 라캄의 작품으로 알려져 있다. 이스라엘은 공식적으로는 시인도 부인도 하지 않지만, 세계원자력기구가 인정하는 8대 핵무기 보유국가 중의 하나로 현재 약 75-200기의 핵탄두를 보유하고 있는 것으로 평가된다.

V. 독일의 산업스파이 활동

① 프랑스 대외안보총국장 마리용은 "나는 정보국장으로 취임하면서 바로, 독일은 다양한 방법으로 조직적이고 치밀하게 방대한 양의 경제·기술 그리고 산업정보를 수집하는 것을 알았다."라고 말했다.

② 독일 연방정보국의 경제스파이 기법으로 높은 평가를 받는 것은 컴퓨터 네트워크 침입,

즉 컴퓨터 해킹방법으로 **라합 프로그램(Rahab Program)**이 대표적이다.

③ 1991년 3월에는 국제은행간통신협회(Society for Worldwide Interbank Financial Telecommunication : SWIFT)의 네트워크 침투에도 성공했다. 라합 요원들은 로드맵을 장착하여 최소한 3번 이상 국제은행간통신협회에 침투한 것으로 알려졌다.

④ 그 의미는 대단하여 독일은 다른 국가정보기구들은 알지 못하는 세계 주요 회사와 국가를 망라한 전 세계 금융거래 전모와 다른 거래정보 등을 파악할 수 있었을 것으로 평가된다. 정보학계에서는 이것을 **사이버 세계에서의 정찰위성**에 비견하여 독일 정보기구가 일찍이 정보활동의 새로운 미래를 본 것이라고 평가한다.

VI. 중국의 산업스파이 활동

① 중국이 경제스파이 강국으로 부상한 데에는 엄청난 인적자원이 크게 기여했다. 오늘날 중국은 거의 전 세계에 화교촌을 형성하고 있다. 그러므로 중국은 전 세계적 인적 첩보망을 갖춘 지구상의 유일한 국가라고 할 수 있다.

② 아시안 월스트리트저널은 1991년 중국 정보기구가 전 세계를 상대로 공개적으로, 누구라도 경제정보를 가지고 오면 이윤분배 등을 제의하는 유혹광고를 게재한 사실을 보도했다. 중국은 서유럽에서도 누구라도 중국에 경제정보를 매도할 수 있는 연락 전화번호를 안내하는 광고도 게재했다.

VII. 미국의 산업스파이 활동

1. 미국의 경제정보수집 활동 개관

① 미국 정보기구가 사적 영역인 산업정보에는 개입하지 않는다는 것이 미국의 정책이라는 미국의 말을 액면 그대로 믿는 국가는 거의 없다. 이론적인 논쟁은 별도로 하고 미국이 직접 산업간첩 활동을 했던 사례는 여러 군데에서 발견된다.

② 1996년 프랑스 르몽드(Le Mond) 지는 프랑스의 세계무역기구(WTO)에 대한 입법정보를 획득하려고 자국에서 다양한 산업스파이 활동을 한 혐의를 받은 다수의 CIA 공작관들이 추방당한 사실을 보도했다.

③ 미국은 미국기업을 상대로 한 외국정보기구의 경제간첩 정보를 수집한다. 경제정보만 하더라도 중앙정보국(CIA), 연방수사국(FBI), 국방정보국(DIA) 에너지부(DOE) 방첩실 등이 전문성을 바탕으로 시행하고 있다.

④ 특히 FBI는 외국의 산업스파이 활동을 국가안보위협 목록(National Security Threat List issues)에 포함시키고 경제방첩활동에 우선순위를 부여했다.

2. 미국의 경제간첩법(Economic Espionage Act)

① 미국은 1996년 경제간첩법(EEA)을 제정했다. 경제간첩법은 거래비밀을 절취하거나 오용한 행위 등을 산업간첩 행위로 분류하여 최대 15년의 징역형에 처한다.

② 미국 경제간첩법은 해외세력에 의한 산업간첩 활동을 철저히 막고, 기업 스파이가 무단으로 거래비밀을 이용하여 자신의 예전 고용주를 상대로 하여 불법적으로 이득을 취하려는 불공정한 행위를 저지하려는 데 본래의 목적이 있다.

③ 그러나 공개주의와 자유경쟁을 기본원리로 하는 미국 사회에서 경제간첩법의 제정과 관련하여 논란이 전개되었다. 논란의 핵심은 경제간첩법은 미국의 기업에게 경쟁적 이점을 제공하기 위한 것인데, 그것은 오히려 다양한 정보를 필요로 하는 기업의 발목을 잡을 수 있고, 공정한 경쟁마저 저해하고 따라서 산업발전을 저해할 수도 있는 것으로, 이른바 소탐대실이 될 수 있다는 것이었다.

④ 또한, 기업비밀만 강조하다 보면 기업내부의 창조적인 아이디어의 교환 등 건전한 의사소통을 저해할 수 있다는 지적도 있었다.

VIII. 한국의 산업스파이 활동

1. 경제정보수집 활동의 개관과 전개

① 전 CIA 부(副)국장 레이 클라인(Ray Cline)은 한국은 스파이 활동으로 엄청난 경제적 이득을 얻은 나라라고 말했다. 전직 CIA 국장 윌리엄 콜비는 한국 중앙정보부의 정보수집 능력을 규모에 비하여 이스라엘의 모사드를 능가하는 것으로 평가하기도 했다. 미국은 1965년의 소위 박동선 사건도 당시 중앙정보부가 공작금으로 26만 달러를 지원한 것으로 한국 국가정보기구가 개입한 산업스파이 사례로 보고, 한국을 산업스파이 활동의 요주의 국가 중의 하나로 지목했다.

② 미국 정보공동체는 한국 정보기구의 경제스파이 활동의 기틀과 전형은, 전두환 전 대통령이 임명한 유학성 전 국가안전기획부장에 의해 다져졌다고 보고 있다. 한편 유학성 안기부장 체제에서의 '**소조(笑鳥, The Laughing Bird)' 공작**은 공세적인 산업스파이 활동이었다. 소조공작은 특히 일본에서 재일동포들의 적극적인 협조를 받으며 전개되어 다양한 산업기술을 확보했다.

2. 부정경쟁방지 및 영업비밀 보호에 관한 법률(시행 2019. 7. 9)

① 영업 비밀은 공공연히 알려져 있지 아니하고(비밀성), 독립된 경제적 가치를 가지는 것으로(경제성), 상당한 노력에 의해 비밀로 유지된(관리노력), 생산방법·판매방법 기타 영업활동에 유용한 기술상 또는 경영상의 정보(정보성)를 말한다(법 제2조).

② 영업 기술정보뿐만이 아니라 경영상의 정보에 대한 침해행위도 형사범죄로 처벌한다.

3. 산업기술의 유출방지 및 보호에 관한 법률(시행 2020. 2. 21)

① 영업비밀 보호를 위한 법과 별도로 산업기술을 보호함으로써, 국내산업의 경쟁력을 강화하고 국가의 안전보장과 국민경제의 발전에 이바지함을 목적으로 제정되었다.

② 산업기술은 제품 또는 용역의 개발 · 생산 · 보급 및 사용에 필요한 제반 방법 내지 기술상의 정보를 말한다. 법은 산업기술을 (일반)산업기술과 국가핵심기술로 분류했다.

③ **국내에서의 일반적인 산업기술의 유출 및 침해행위에 대해서는 7년 이하의 징역 또는 7억 원 이하의 벌금에(법 제36조 제2항), 외국에서 사용하거나 사용되게 할 목적의 산업기술 침해행위는 15년 이하의 징역 또는 15억 원 이하의 벌금에(법 제36조 제1항) 그리고 국가핵심기술을 외국에서 사용하거나 사용되게 할 목적으로 한 자는 3년 이상의 유기징역과 15억 원 이하의 벌금을 병과 한다(법 제36조 제1항).**

④ 국가핵심기술 및 국가연구개발사업으로 개발한 산업기술을 보유한 기관의 장은, 유출 및 침해 행위가 발생할 우려가 있거나 발생한 때에는, 즉시 산업통상자원부장관 및 정보수사기관의 장에게 그 사실을 신고하여야 하고 필요한 조사 및 조치를 요청할 수 있다(법 제15조 제1항). 산업통상자원부장관 및 정보수사기관의 장은 요청을 받은 경우 또는 인지한 경우에는 필요한 조사 및 조치를 하여야 한다(법 제15조 제2항).

4. 국가정보원(NIS) 산업기밀보호센터

① 첨단기술 해외유출 차단활동

② 산업보안 교육/컨설팅 및 설명회 개최

③ 방산기술 · 전략물자 불법 수출 차단활동

④ 지식재산권 침해 관련 대응 활동

⑤ 외국의 경제질서 교란 차단활동

⑥ 산업스파이 신고상담소 운영

> 군의 경우에는 2018년 국군기무사령부(Defense Security Command)가 해체되고 출범한 **군사안보지원사령부(Defense Security Support Command: DSSC)**가 방위산업체 등을 대상으로 한, 외국·북한의 정보활동 대응 그리고 방위산업에 관한 정보와 관련자에 대한 불법·비리 정보의 수집·작성 및 처리 업무를 담당한다.

제2장 국가정보와 테러

제1항 테러에 대한 개념 정의

I. 테러와 테러리즘 그리고 국가안보

1. 테러

테러는 '끔찍한', '대혼란'이라는 의미를 지닌 "테르(TER)"에서 유래한 말로, 다음 단계에서는 무엇이 일어날지 모르는 것에 기인하는 점증하는 불안과 공포를 의미한다.

2. 테러리즘(terrorism)과 테러리스트(terrorists)

테러리즘은 어떤 정치적 목적을 달성하기 위해 직접적인 공포수단을 이용하는 주의나 정책을 말한다. 테러리스트는 테러리즘을 자행하는 조직이나 개인을 일컫는다.

3. 테러문제의 국가안보 문제화 – 국가쟁점의 안보쟁점화

초국가적안보위협이라고 일컬어지는 테러·마약·국제조직범죄 등의 위협 정도는 개별 국가마다 일률적이지는 않다. 그러므로 초국가적안보위협의 국가안보 문제화에 대한 국민적 공감대의 형성이 출발점이다. 왜냐하면 국가정보기구는 국가안보 문제에 대한 임무를 부여 받은 기관이기 때문이다. 이것이 소위 "국가쟁점의 안보쟁점화"라는 논의이다.

4. 미국의 경우

현재 테러와의 전쟁을 치르고 있는 미국은, 테러를 냉전 이후 소련의 위협을 능가하는 국가안보에 대한 가장 중요한 위협요소 중의 하나로 판단하고 있다. 2001년 9월 11일 테러공격 후에 부시 대통령은 국가비상사태를 발령했다. 또한, "테러와의 전쟁(war on terror)"을 선포하여 현재도 기약 없는 테러와의 전쟁을 수행중이다.

5. 테러쟁점의 국가안보 쟁점의 검토 방향

테러의 발생빈도, 위협횟수, 테러위협의 직접 상대방 여부, 우방국에 대한 테러위협 정도 등이 테러라는 초국가적 쟁점을 국가안보 쟁점화하기 위한 기초적인 출발점이다.

II. 테러의 역사적 전개와 조직의 특성

1. 테러전위조직

테러를 뒷받침하는 외형적 합법조직으로 무역회사, 보험회사가 애용되는 테러전위조직이다.

2. 자생 테러 -외로운 늑대(lone-wolf)

테러활동을 동경하여 테러조직에 자발적으로 협조하는 자들이다. 외로운 늑대(lone-wolf), 유령 조직원(phantom cell), 무(無)지도자 저항자(Leaderless resistance), 비밀 조직 요원(covert cell) 등으로 호칭된다. 이들은 검거되었을 때 "할 말이 없다(I have nothing to say)"라는 5단어만을 말한다고 한다.

3. 테러의 역사적 유형

1	적색테러 (Red Terror)	공산주의 좌익에 의한 테러이다. 자유세계에 대한 공산주의의 공격을 의미하기도 한다.
2	백색테러 (White Terror)	우익에 의한 테러이다. 프랑스 혁명 직후에 공포정치를 자행한 혁명파에 대한 왕당파의 보복을 의미하기도 한다. 프랑스 왕권의 표장이 흰 백합이었기 때문에 붙은 이름이다.
3	흑색테러 (Black Terror)	나치의 유대인 학살을 지칭한다. 무정부주의 테러를 의미하기도 한다.
4	대(大) 테러 (Great Terror)	1930년대 스탈린 통치기간 중에 자행된 대규모 숙청을 지칭한다.
5	뉴테러리즘 슈퍼테러리즘	9/11 테러 이후 불특정 다수인을 상대로 대규모 살상을 초래하는 테러.

III. 테러 개념 정의의 어려움

① 테러개념 정의는 본질적으로 논쟁적이다. 현재까지 테러 개념 정의는 많은 노력에도 불구하고, 제이슨 부르케(Jason Burke)의 주장처럼 주관적이라는 비판을 받는다.

② 테러에 대한 개념 정의에 대해 국제적으로 통일적 이해가 도출되지 못하고 극단적으로 상반된 견해대립이 있는 것은 종교적인 이해대립이 있기 때문이다.

③ 테러조직들도 자신들의 폭력사용은 심지어 신의 이름을 빌어 정당한 것이라고 주장하고, 상대방의 악에 대한 정당한 대응 즉, 불가피한 테러라고 주장한다.

테러리스트인가? 평화의 전사인가?
미국에 의해 대표적인 국제 테러조직의 대명사로 지목되고 있는 알카에다(Al Qaeda) 조직은 자신들은 자유의 투사이고, 역으로 미국을 테러의 원흉으로 보고 있다. 혹자는 **'한 국가의 테러분자는 다른 국가에게는 평화의 전사'**라고 말한다. 　일반 형사범죄는 피해자 그 자체가 범죄의 대상이지만, 테러의 경우에는 무고한 일반시민들은 테러조직에 어떤 위해가 되기 때문이 아니라, 단지 수단, 소위 '더러운 존재(corrupt being)'로 정조준된 것에 지나지 않는다. 따라서 테러는 인간을 목적으로 대접해야지 수단으로 취급해서는 안 된다는 임마누엘 칸트의 제2정언명령을 위배한 반인륜범죄라는 비판을 면할 수 없다.

IV. 테러의 개념 요소

① 피해자(victims): 테러의 피해자는 민간인이나 비전투원이다.
② 목표물(target): 궁극적인 목표물은 정부지도자들이다.
③ 의도(intent): 엄청난 공포를 확산시키는 것이다.
④ 수단(means): 인간폭탄 등 다양한 방법의 극렬한 폭력을 동원한다.
⑤ 동기(motivation): 이념적·종교적·민족적 이유를 내포한 정치적 이유이다.

V. 국민보호와 공공안전을 위한 테러방지법(시행 2018. 10. 18)

테러의 정의	국가·지방자치단체 또는 외국 정부(국제기구 포함)의 권한행사를 방해하거나 의무 없는 일을 하게 할 목적 또는 공중을 협박할 목적으로 하는 행위.
세부행위	살해 및 납치
	항공기 대상 각종 행위
	선박 및 해상구조물 대상 각종행위
	생화학 및 폭발물 이용 각종행위
	핵물질 이용 각종행위
테러단체	국제연합(UN)이 지정한 테러단체
대테러활동	테러 관련 정보의 수집, 테러위험인물의 관리, 테러에 이용될 수 있는 위험물질 등 테러수단의 안전관리, 인원·시설·장비의 보호, 국제행사의 안전 확보, 테러위협에의 대응 및 무력진압 등 테러 예방과 대응에 관한 제반 활동.
대테러조사	대테러활동에 필요한 정보나 자료를 수집하기 위하여 현장조사·문서열람·시료채취 등을 하거나 조사대상자에게 자료제출 및 진술을 요구하는 활동.

제2항 테러에 대한 각국의 대응

I. 테러대응 부대

1. 개관
○ 미국: FBI의 인질구조부대(Hostage Rescue Team : HRT)와 특별기동대(Special Weapons And Tactics : SWAT)
○ 프랑스: 국가헌병대치안개입부대(National Gendarmes Intervention Group : GIGN)
○ 영국: 특별항공서비스연대(Special Air Service Regiment : SAS)
○ 독일: 국경경비대(Border Guards, Group 9 : GSG 9)
○ 한국: 육군 특전사 707부대, 해군 SEAl, 경찰청 대테러특공대

2. 테러부대의 현실적 운용
① 전투 현장에의 군 병력 사용은 전쟁선포를 전제로 하는 것으로서, 전쟁이 선포되지 않는 평화시의 군 병력에 의한 치안의 유지문제는 순수한 테러진압 목적이라고 하더라도, **문민 통치** 원칙의 헌법상의 기본원리와 배치될 가능성이 농후하다.
② 그러므로 각국은 평화시에 군부대 동원의 경우는 그를 국가 법집행기구나 민간 정보기구에 배속시켜 운영하는 것을 원칙으로 한다.
③ 예컨대 미국은 FBI에 영국은 MI5와 스코틀랜드 야드(Scotland Yard)에 이스라엘은 모사드에 군 병력을 배속시켜 문민통제를 받도록 한다.

II. 미국의 국가테러대응센터(NCTC)와 테러단체의 지정

1. 국가테러대응센터(NCTC) 창설경과와 임무
① 9/11 진상조사위원회는 9월 11일 이전의 수준으로는 어떠한 대처를 했다고 해도 알카에다의 테러공격을 저지하고 제압하기에는 역부족이었을 것이라고 결론지었다. 그리고 부시 대통령에게 테러전담기구 창설을 권고했다.
② 이에 부시 대통령은 2003년 5월 1일 대통령 명령 제13,354호를 발령하여, CIA 내에 테러위협정보센터(Terrorist Threat Intelligence Center)를 설치했다.
③ 2004년 12월 의회는 CIA의 테러위협정보센터를, 정보개혁 및 테러방지법(IRTPA)에 명문화하여 법적기구인 테러대응센터(NCTC)로 격상했다.
④ 미국의 모든 테러 관련정보를 수합하고 전략적 행동업무를 점검하는 테러대응센터는 테러 실무에 관한 정보공동체 최고의 기구로 국가정보국장(DNI) 산하에 있다.

센터조직의 큰 강점은 융통성과 기민성이다. 그러나 센터조직에는 비판이 따른다. 먼저 센터방식은 내재적으로 유관 부처의 특정기능을 통합하는 기능적 방식이 될 수밖에 없다. 따라서 기술적 분석은 가능하지만 심층적인 전략분석에는 한계가 있고 단기 전술적 또는 현용정보 분석에 치중하게 된다. 또한, 센터조직은 특정 부처가 권한, 예산 등의 자원을 확충하기 위한 관료주의의 방편으로 남용될 수도 있다. 존속기간도 문제이다. 원 기구의 기능을 일정기간 비정상화할 수 있는 한시기구로서의 센터를 과연 언제까지 운용할 것인가? 는 조직 관리의 측면과 법치행정의 측면에서 중요한 문제이다. 국가테러대응센터(NCTC)는 센터라는 용어에도 불구하고 법에 근거한 독립부서이다.

2. 테러단체 지정 - 외교정책의 문제

① **국무부**는 자유법과 반테러법에 근거하여 테러단체를 지정할 수 있다. 국무부가 테러단체 지정권을 갖는 것은 테러단체 지정이 외교정책 문제이기 때문이다. 국무부는 테러추방목록(Terrorist Exclusion List : TEL)을 작성하여 관리한다.

② 테러단체를 지정함에 있어서 국무부 장관은 법무부 장관과 협의하여, 또는 법무부 장관의 요청을 받아 법이 규정한 요건이 있는 조직을 테러단체로 지정한다. 테러단체로 지정된 사실은 연방관보에 고지된다.

③ 테러단체 지정의 효과는 무시무시하다(dire)는 평가이다.

   ⓐ 미국 내의 자산동결은 기본이고 지정된 테러단체를 지원했거나 또는 그 일원으로 활동한 개인에 대해서는, 기한 없이 미국 입국이 거부되고, 이미 입국한 사람은 추방된다. 그러한 조치에 대하여는 난민신청은 물론이고 사법적인 구제도 제한된다.

   ⓑ 미국 시민은 어떠한 명목으로라도 테러단체에 기부금을 제공할 수 없다. 테러로 지정된 단체에 대해서는 수사·정보기구에 의하여 특별하게 강화된 감시를 행할 수 있고, 다른 국가기관에도 테러단체 지정 사실을 통보하고, 테러지정 단체를 고립화하는 조치가 따른다.

④ **테러단체 지정사실의 통보문제**

미국 법원은 무자헤딘 사건에서 미국과 직접적인 법률적 연관관계가 없거나, 미국 내 재산이나 사무실이 없는 외국단체는, 미국 헌법상의 어떤 권리를 주장할 권한이 없고, 따라서 사전에 테러단체로의 지정 사실에 대한 통지를 받거나 청문의 기회를 가질 권한이 없다고 판결했다. 또한 어떤 위해를 가할지 모를 테러단체에 대한 지원 등을 금지하는 것은 합리적인 제한으로서, 그에 대하여도 어떤 헌법상의 권리가 존재하지 않는다고 판결했다.

Ⅳ. 대한민국 국가정보원(NIS) 테러정보통합센터의 주요임무

1. 국내외 테러 관련 정보의 수집·분석· 작성 및 배포
2. 국내외 테러 관련 정보 통합관리 24시간 상황 처리체제의 유지
3. 국내침투 테러분자·조직 및 국제테러조직 색출
4. 대테러센터, 軍·警 특공대 등 대테러 관계기관 협력·지원
5. 외국 정보수사기관과의 정보협력
6. 주요 국제행사 대테러·안전대책 수립 지원

제3항 테러와 현대인권

Ⅰ. 선제공격이론(Preemptive doctrine)

1. 선제공격이론의 의의와 경과

부시 독트린으로 2003년 이라크와의 전쟁에 대한 이론적 근거이다. 부시대통령은 2001년 9월 11일 테러 공격 이후, **"미국은 향후 테러공격을 직접 자행한 테러조직과 테러조직을 지원한 국가들을 구별하지 않고 동등하게 취급하겠다. 지구상 모든 나라들은 테러조직들과 함께 할 것인지, 미국과 함께 갈 것인지를 결정해야 한다."**라고 강력한 대응을 공표했다. 이처럼 선제공격은 적대세력의 공격이 임박했음을 나타내는 부인할 수 없는 증거나, 예상에 근거하여 그 공격을 사전에 봉쇄하기 위한 한발 앞선 선제적인 공격을 의미한다.

예방공격(Preventive Attack)과 선제공격

예방공격은 적대세력의 침공이 임박하지는 않지만 침공을 당했을 경우에는 심대한 타격이 예상된다는 판단에 의해 예방적인 차원에서 미리 공격을 하는 것을 말한다. 임박한 상대의 공격에 대한 선제공격은 일반적인 예방공격과는 구분된다. 그러나 국제 정치학적으로는 선제공격과 예방공격이 모두 일방주의(unilateralism) 또는 제국주의적 과잉대응이라는 비난이 있다. 선제공격의 국제법적 인정여부에 대하여는 논란이 있고 미국 부시행정부는 국제법적인 정당성을 주장하고 실천한 것이다.

---

2. 법원에서의 선제공격 이론

① 2003년 2월 일단의 군인들과 의회의원들은 부시 대통령을 상대로 부시행정부가 선제공격 이론에 기초하여 이라크와의 전쟁을 수행하려고 하는 것을 금지하는 소송을 제기했다. 원고들은 부시 행정부의 이라크 전쟁 준비는 침략전쟁(offensive war)으로 위헌이라고 주장했다.

② 법원은 이라크와의 전쟁이 아직 시작되지도 않았고, 전쟁이 다른 해결방법으로 진전될 수도 있으며, UN의 무력사용 결의 등도 있을 수 있다는 점 등 다른 정황을 근거로 하여, 현 상황에서 법적 판단을 할 정도로 사안이 성숙하지 않았다면서, **"사건의 성숙이론 (ripeness grounds)"**을 이유로 원고들의 청구를 배척했다.

II. 변칙인도(irregular rendition) 또는 비상인도(extraordinary rendition)

① 변칙인도는 테러용의자 조사를 위한 기법이다. 세계 도처에서 체포된 테러 용의자 등을 헌법상 고문 등이 금지된 국내로 바로 이송하지 않고, 고문이 허용되는 국가로 일단 인도하여, 고문을 통해 테러에 대한 정보를 획득하는 방편이다.

② 전직 CIA 요원이었던 로버트 바이어(Robert Baer)는 **"테러용의자에 대하여 중요한 심문 을 원하면 요르단으로, 고문을 원하면 시리아로, 다시 보고 싶지 않으면 이집트로 보내라."** 라고 변칙인도의 실상을 묘사했다.

③ 휴먼 라이츠워치는 변칙인도는 고문의 외주발주, 즉 "아웃소싱(outsourcing of torture)" 이라고 지적했다. 국제사면위원회(Amnesty International)도 변칙인도는 국제법과 미국 국내법 규정에 위배된 불법행위라고 그 금지를 요청했다.

【인질사건에서의 심리동화 현상】

리마증후군 Lima Syndrome	. 인질범이 피인질자에게 정신적으로 동화되는 현상 . 시간이 지날수록 인질에게 호의를 보냄 . 페루 일본대사관에 침입했던 투팍아마르 소속 게릴라 사건에서 유래함.
스톡홀롬 증후군 Stockholm Syndrome	. 피인질자들이 인질범의 정서에 감화되는 현상 . 시간이 지날수록 인질당한 사람들이 테러리스트들을 이해하고 옹호함 . 스톡홀름 은행인질 사건에서 유래함
런던 증후군 London Syndrome	통역가나 협상가가 인질범이나 인질의 생존을 자신의 직접적인 문제와 동일시하면서 협상단계에 문제를 일으키는 현상

제3장 국제범죄조직과 마약

제1항 국제범죄조직

I. 국제조직범죄(TOC), 국제범죄(IC), 국제범죄 조직

1. 용어의 구분
① 국제조직범죄(Transnational Organized Crime)
국제범죄를 조직적으로 자행하는 국제범죄조직에 의한 범죄현상을 말한다.
② 국제범죄(International Crime)
"국제성(國際性)을 가진 범죄로, 특정 주권국가의 국경(national borders)을 가로질러서 조종되고 실행되는 범죄"이다. 좁은 의미로는 국제법에 위반한 행위에 대하여 형사적 책임이 과해지는 국제형사범죄를 의미한다.
③ 국제범죄조직
국제범죄(IC)를 국제적 그리고 조직적 수준에서 실행하는 비 주권조직이다.
※ 국제범죄조직은 국가정보원의 정보대상이다(국정원법 제3조).

2. 국제조직범죄의 유형
테러와 마약, 대량살상무기밀매, 자금세탁, 국제공사에서의 대형 뇌물거래, 해적행위, 국제 인신매매, 불법이민 조직, 국제신용카드사기, 자금세탁, 음란물 제조유포, 조직적 여권위조, 위조지폐 제조 및 유통 등이 해당된다.

3. 국제조직범죄의 발달 배경
조지 메이슨 대학 교수인 루이스 셸리(Louise I. Shelley)의 언급한 것처럼, 오늘날 국제 조직범죄는 "19세기의 식민주의, 20세기의 냉전에 이은 **21세기의 전 지구적 쟁점**으로, 지구 **글로벌(globalization)화의 최대 수혜자**"라는 말을 들을 정도로 과학 기술 문명의 발달에 따라서 지구가 한 이웃이 된 영향에 힘입은 바가 크다.

4. 국제조직범죄의 특성
① 1회성의 단발적이 아니라 주권국가를 초월하여 계속적·반복적으로 활동이 가능한 유기적 조직(국제범죄단체)에 의해 체계적으로 자행되는 범죄라는 특색이 있다.
② 국제조직범죄는 민주주의를 잠식하고, 자유시장을 좌절시키며, 국가자산의 유출을 야기하여 국가사회의 안정적인 발전을 저해한다. 결과적으로 국가안보를 위협한다.

5. 범죄수익은닉의 규제 및 처벌 등에 관한 법률(2019. 4. 23 시행)

① 자금세탁(money laundering)의 개념
    ⓐ 불법적인 재산을 합법적으로 벌어들인 것처럼 위장하는 수법
    ② 불법재산의 취득·처분 사실을 가장하거나 그 재산을 은닉하는 행위 및 외국환거래 등을 이용하여 탈세 목적으로 재산의 취득·처분사실을 가장하거나 그 재산을 은닉하는 행위(법 제1조).

② 수법
    ⓐ 스위스 은행 등 역외국가를 이용하는 수법
    ⓑ 대출형식을 가장한 수법
    ⓒ 무역거래를 가장한 수법
    ⓓ 위장기업체를 이용한 수법

③ 처벌
징역과 벌금의 병과(제6조)
범죄수익의 몰수와 추징 병행(제8조, 10조)

II. 대표적 국제범죄조직

1. 일본 야쿠자
일본의 대규모 폭력 집단으로 정계 및 재계와 깊은 커넥션을 형성하고 있어서 정부도 손쓰기 어려운 국제범죄조직이다. 호랑이 문신과 임무실패에 대한 속죄의 표시로 자른 손가락, 검은색 양복 등으로 상징된다.

2. 마피아(Mafia)
전 세계적 네트워크를 가진 최대의 국제범죄 조직으로 3대 마피아가 유명하다.

① 이탈리아 마피아
이탈리아 마피아의 기원에 대해서는 수세기 동안 시칠리아가 무법 상태에 있을 때 강도 등으로부터 토지를 보호하기 위해 부재지주들이 만든 소규모 사병 조직인 마피에(MAFIE)에서 비롯되었다는 것이 정설이다. 이탈리아 마피아는 **패밀리(Family)**로 불리는 것처럼 지역연고와 혈연을 바탕으로 하는 것이 특징이다.

② 러시아 마피아
러시아 마피아는 약 450여 개의 범죄조직 단체로, 조직원만 30만 명으로 구성되어 러시

아 영토의 10분의 1, 경제의 4분의 1을 좌지우지하고 있다고 한다. 러시아 치안상황은 러시아 마피아가 오히려 정부를 포위하고 있다고 언급될 정도로 영향력이 대단하다고 한다.

③ 미국 마피아

미국 전역을 주름잡았던 미국 마피아는 현재는 뉴욕과 시카고 정도에서만 세를 유지하고 있다. 감비, 제노베제, 루체스, 콜롬보, 보나노 등 5개 패밀리는 여전히 뉴욕에 살아남아 있지만 수십 년 동안 FBI의 끈질긴 단속 때문에 현재 뚜렷한 지도자는 없다고 한다.

3. 멕시코 마약 카르텔

세계적 범죄조직으로 콜롬비아 마약 카르텔이, 미국 정부의 단속에 고전하고 쇠퇴한 틈을 타서 급격하게 세력을 확장했다. 현재 미국 애리조나주와 텍사스주 국경지대를 중심으로 마약밀매에 집중적으로 활동 중이다.

4. 중국 흑사회 · 삼합회(三合會, Triad)

중국에 뿌리를 둔 범죄조직으로, 청조 말기 결성되었던 비밀결사였다. 삼합회는 청을 몰아내고 명을 부활시킨다는 소위 반청복명(反淸復明)을 목적으로 하던 천지회(天地會)에서 변질 발전된 조직이다. 세계 각국 차이나타운 및 화교사회 등을 기반으로 하여 각종 국제범죄에 개입하고 있다.

III. 국제조직범죄의 국가안보 문제화

1. 서언

국제조직범죄가 국가안보와 국제안보 차원의 관심이 된 것은 오랜 일은 아니다. 미국은 1995년 클린턴 행정부가 처음으로 국제조직범죄를 국가안보 문제로 인식했다.

2. 국제조직범죄의 국가안보 쟁점화

국제조직범죄가 국가안보의 문제로까지 승화하고, 따라서 국가정보기구가 국제조직범죄 쟁점을 국가정보활동 우선순위에 배치하여야 할 것인지는 국가별로 개별적으로 평가해야 할 문제이다. 사회치안이 완비되어 법집행기구가 범죄조직을 압도하고 있는 상황에서는, 국제조직범죄에 대한 대부분의 업무는 법집행기구의 대처로 가능한 것이다.

3. 팔레모 협약(Palermo Convention)

국제연합(UN)은 국제조직범죄의 문제는 국제적 협조를 통해서만 해결될 수 있다고 판단하고, 2000년 11월 2일 국제조직범죄에 대한 국제연합협약(United Nations Convention against

Transnational Organized Crime) 소위 팔레모 협약을 채택했다.

4. 국제조직범죄에 대한 국가정보기구의 역할

① 국제조직범죄에 대한 대처에는 국가 간 정보교류가 필수적이다. 이러한 현실적인 연유 등으로 오늘날 대부분의 국가에서는 국제조직범죄가 국가안보쟁점화되지 않았다고 하더라도, 국가정보기구의 영역으로 편입하고 있다.

② 한편 국제조직범죄는 대부분 국내범죄와도 연결되어 종국에는 수사와 형사처벌로 이어져 단죄되게 된다. 그러므로 정보공동체와 법집행공동체의 유기적인 업무협조는 궁극적인 형사처벌을 위해서도 준비되고 강조되어야 할 부분이다.

5. 대한민국의 국제범죄 대응기구

① 국가정보원 국제범죄정보센터(TCIC: Transnational Crime Information Center)

ⓐ 국제범죄에 관한 정보를 수집·분석하여 국내 침투 및 확산 차단.

ⓑ 국제범죄 대응실태 및 국내 위해요소를 분석하여 국제범죄 대응정책 수립 뒷받침.

ⓒ 국제기구 및 해외 정보·수사기관과 국제범죄 색출·차단 및 대응정책 수립 협력.

ⓓ 마약·위폐 등 국제범죄 대응교육

ⓔ 국제범죄 관련 신고·상담과 다양한 매체를 통한 대국민 국제범죄 피해예방 활동.

② 국가정보원 국제범죄정보센터(TCIC) 관할 국제범죄

마약, 위조지폐, 밀수, 불법입국, 금융범죄, 사이버범죄, 국제범죄조직

제2항 대량살상무기(Weapons of Mass Destruction)

I. 대량살상무기(WMD) 확산의 현실

① 대량살상무기의 확산은 분쟁지역의 분규와 내란을 심화시킬 뿐만 아니라, 국제테러조직에 손에 들어가는 경우에 세계평화와 안전에 결정적인 위험을 초래할 수 있다는 점에서 국제안보 문제로 간주되고 정보공동체가 감시의 끈을 놓지 않고 있는 영역이다.

② 대량살상무기의 종류

○ 핵무기(Nuclear Weapons: NW)

○ 화학무기(Chemical Weapons: CW)

○ 생물학 무기(Biological Weapons: BW)

○ 생화학무기(Chemical and Biological Weapons: CBW)

II. 대량살상무기확산안전조치(PSI: Proliferation Security Initiatives)

1. 의의

부시 행정부의 주도로 11개 선진국이 합의하여, 국제거래가 금지된 무기와 기술을 선적한 것으로 의심되는 선박, 항공과 육상교통에 대하여, 회원국이 정선을 명하고 수색할 수 있는 국제협력 체제를 말한다. 후술할 칸네트워크의 적발도 안전조치(PSI)에 의한 것이다.

2. PSI 체결에 대한 국가정보기구의 역할

대량살상무기확산안전조치(PSI) 정책은, 정보판단에 따라서 정보공동체가 국제협약의 필요성을 제기하고, 국제협약으로 성립된 것으로서 정보가 정책에 기여한 대표적인 사례임.

3. WMD에 대한 UN 안전보장이사회 결의안 제1540호

2004년 안전보장이사회 결의로 테러단체 등 비국가조직에 대한 대량살상무기확산을 범죄화하여 국내입법으로 형사 처벌규정을 마련하고 수출통제 절차를 구축할 것을 촉구했다.

4. 해상불법행위억제협약(SUA)에 의한 대량살상무기확산규제

① 해상불법행위억제협약(SUA: Suppression of Unlawful Acts against the Safety of Maritime Navigation)도 대량살상무기확산 방지와 관련된 내용을 담고 있다.
   ⓐ 선박을 이용한 대량살상무기(WMD)와 기술 운반을 범죄로 규정
   ⓑ WMD 프로그램 관련 해상수송 저지를 위한 국제법적인 기반 강화
   ⓒ 의심선박에 대한 제 3국의 승선 검색
② 그러나 SUA의 경우에 북한에 대한 한계가 있다. 검색을 하고 검색을 받는 행위 모두 협약에 가입한 회원국에 해당되는 것인데 북한은 SUA에 가입하지 않고 있다.

5. PSI에 대한 한국정부의 입장 변화

한국은 햇볕정책(Sunshine Policy)의 기조에서, 남. 북 대화에의 악영향과 한반도 주변에서의 군사적 충돌 개연성을 고려하며 PSI 참여를 주저하다가, 2009년 5월 25일, 북한의 제2차 핵무기 실험 이후에 PSI에 전면적으로 참여하기로 했다.

제3항 마약과 국가안보

I. 마약문제의 국가안보 문제화의 한계

범죄현상인 마약문제를 국가정보기구가 국가정보 활동의 일환으로 취급할 것인가는 마약문제가 이미 국가안보 문제화 되었는지가 1차적인 관건이다.

1. 마약문제는 기본적으로 국내문제

마약문제는 원칙적으로 국내문제이지 해외문제는 아니다. 기본적으로 국내문제인 마약문제는 국가전복의 위험을 초래할 수 있는 경제안보·환경안보, 테러문제 등과도 상이하다.

2. 마약문제는 국가소멸이 아닌 착취의 문제

국제마약조직은 대상 국가를 영원한 마약시장으로 착취하는 데 주안을 두는 것이지, 대상국가 자체를 소멸시키려는 것이 목적은 아니다. 또한 마약에 노출된 개인의 생명을 앗아가려는 것도 아니다. 다만 중독된 그들을 지속적으로 마약의 소비자로 활용하여 착취하려는 것에 이해관계가 집중된다. 마약문제가 **국가적 쟁점**은 될 수 있을지언정 당연히 **국가안보 쟁점**이 되는 것은 아니라는 것을 알려 준다.

3. 마약문제의 핵심은 개개인의 치료·교정

본질적으로 마약 문제의 핵심은 일반 국민들을 마약의 위험성에서 차단하여 보호하고, 마약에 노출된 개개인을 마약문제로부터 치료하는 것이다.

II. 마약문제와 국가정보기구

1. 입법 정책적 결정

하지만 오늘날 마약문제는 국가안보 문제인지와 무관하게 입법정책에 입각하여 국가정보기구가 관여하는 것이 보통이다.

2. 마약문제를 국가정보기구가 담당하는 실질적 이유

① 오늘날 마약은 해외에서 비밀리에 국내로 반입되는 것이 대부분이다. 그러한 비밀 루트를 파악하고 유입을 차단하기 위해서는 해외정보가 필수적이다.

② 마약거래로 형성되는 막대한 자금은 다른 국제조직범죄의 주요한 자금원이 된다. 해외정보망을 갖추고 있는 국가정보기구는 외국정보기구와의 정보협조·공유체제도 이룰 수 있기 때문에 마약의 국제적인 불법거래에 대한 정보를 수집할 수 있다.

III. 마약류 관리에 관한 법률(약칭: 마약류관리법, 2017. 6. 3 시행)

1. 입법목적과 경과입법 정책적 결정

① 마약·향정신성의약품·대마 및 원료물질을 적정히 관리하여 그 오용 또는 남용으로 인한 보건상의 위해를 방지하여 국민보건 향상에 이바지함을 목적으로 제정된 법률.

② 마약법, 향정신성의약품관리법, 대마관리법을 폐지하고 **마약류관리법**으로 통일함.

2. 마약의 종류

3대 마약류	구분	종류
1. 마약	천연마약	양귀비(앵속), 아편, 모르핀 잎(엽).
	합성마약	아세틸메타돌(Acetylmethadol), 페치딘계, 메사돈계, 프로폭시펜.
	반합성마약	코카인(Cocaine), 모르핀(Morphine), 헤로인(Heroin), 코데인, 벤질모르핀.(헤로인은 모르핀보다 독성이 약 10배 이상 강함)
2. 대마		대마초(마리화나, 칸나비스 사티바 엘(Cannabis sativa L), 대마수지(해시시), 대마수지기름(해시시 오일). ※ 대마초와 그 수지(樹脂) 및 그를 원료로 하여 제조된 모든 제품
3. 향정신성의약품		인간의 중추신경계에 작용하는 것으로서 오용하거나 남용할 경우 인체에 심각한 위해가 있다고 인정되는 약물로 대통령령으로 정한 것.
	각성제 (흥분제)	메스암페타민(필로폰), 페네틸린(Fenetylline) XTC(엑스터시, MDMA), 케타민(전신마취제).
	환각제	엘·에스·디(LSD), 페이오트, 싸이로시빈.
	억제제	바르비탈염류제, 벤조디아제핀염류제.

3. 형사처벌 대상행위

① 매매, 매매의 알선, 수수, 소지, 소유, 사용, 관리, 조제, 투약, 제공, 제조, 수출입, 취급, 처방전 발급, 장소·시설·장비·자금 또는 운반수단의 제공.
② 법정형 최고: 무기 또는 5년 이상의 징역(58조).

IV. 마약정책의 한계

1. 현실적 한계

런던대학 경제학 교수인 리처드 하이네스(Richard Davenport-Hines)는 저서 '망각을 추구하며(The Pursuit of Oblivion)'에서 "마약과의 전쟁으로 약 10-15%의 헤로인과 약 30%의 코카인이 압수되고 있다. 그런데 마약 밀거래자들은 통상 300%의 이득을 남긴다. 그러므로 마약 밀거래자들의 이득에 타격을 주려면 최소 75% 이상의 마약을 압수해야 하는데 그것은 불가능하다"고 지적하면서 마약과의 전쟁의 비현실성을 비판했다. 하이네스 교수에 따르면 마약과의 전쟁은 끝이 있을 수 없는 무한정의 단지 **일상적인 새로운 환경**"이 되어버린 것 이외에는 아무것도 아니라고 설명한다.

2. 밀주단속의 경험

마약 단속은 1920년대 미국이 시행했던 밀주단속에 비유되기도 한다. 철의 금주법(Iron Law of Prohibition)으로 불린 강력한 단속법을 근거로 한 밀주단속은, 초기에는 성공을 거두는 것처럼 보였지만, 밀주에 대한 꾸준한 소비가 있고 이득이 남는 관계로 1930년대에는 오히려 단속 초기보다 더욱 증대했다.

3. 소비근절을 위한 교육 및 교정정책이 중요

결국 마약문제는 사건 위주의 단속만으로는 결코 해결될 수 없는 문제임을 각국의 사례가 경험적으로 보여 주고 있다. 철저한 정보에 바탕을 둔 차단과 예방 그리고 처벌도 중요하고 필요하지만, 궁극적으로 **교육 및 교정정책**이 가장 중요하다.

4. 국제공조의 실천적 필요성 – 풍선효과의 피해 방지

마약은 대표적으로 풍선효과를 가진 이득이 많이 남는 물질이다. 어느 국가의 강력한 마약과의 전쟁은 필연적으로 그 소비처를 전쟁의 강도가 약한 나라로 옮겨가게 만든다. 세계적인 마약 정보와 법 집행 공격추세에 뒤떨어지지 않아야 하는 이유이다.

제4장 국가정보와 사이버 안전

제1항 사이버 정보와 사이버 공격(Cyber Attack)

Ⅰ. 사이버 정보(Cyber Information)

1. 개념과 가치

① 사이버 정보는 인터넷 등 가상공간에서 생성되고 수집되는 정보이다.

② 통상 국가정보학에서 인포메이션(Information)은 가공과 분석 전의 생(raw) 자료를 의미하고, 그러한 생자료가 가공·분석되어 정보(intelligence)가 된다.

③ 그러나 사이버 공간상에서는 첩보는 그 자체가 분석정보의 가치를 가진다고 할 수 있기 때문에 이를 사이버 정보(Cyber Information)라고 호칭한다.

2. 사이버 정보의 중요성

사이버 정보는 사이버 공간에서 획득한 단순한 지식이라는 이상의 커다란 가치를 가진다. 오늘날 각국은 사이버상의 정보 자체가 별도의 특별한 고유 가치를 창출하는 국익의 새로운 영역이라고 인정하는 데 주저하지 않는다. 사이버 정보는 그 자체가 중요한 국가 자산이면서 전쟁무기이다.

Ⅱ. 사이버 공격(Cyber Attack)

1. 용어의 다양성

① 사이버 공간에서의 위협과 위해를 야기하는 각종 범죄나 사이버테러위협 그리고 국가 간의 전쟁을 표현하는 용어는 다양하다. 일반적으로 사이버 테러, 정보공작, 정보작전 (Information Operation), 사이버 전쟁, 정보전쟁, 사이버정보 작전, 네트워크 전쟁, 인공두뇌전쟁(Cybernetic war) 등으로 불린다.

② 이들은 인터넷 등 전자적 통신망을 활용하고, 전자기장을 이용하는 공격행위라는 점에서 공통점이 있다. 상대방 컴퓨터 네트워크를 무력화 또는 파괴시키고 기능을 마비시키는 행위로 포괄적으로 사이버 공격(Cyber Attack)이라고 할 수 있다.

2. 사이버 공격의 유형

① 사이버 테러(Cyber-terrorism)

정책변경 목적으로 하는 사이버 공간에서의 테러공격이다.

② 사이버 전쟁(Cyberwar)

사이버 진주만 공습, 사이버 제3차 세계대전 등 **국가소멸을 목적**으로 사이버 공간에서 실전적 형태로 전개하는 전쟁을 말한다. 사이버 전쟁은 필연적으로 전쟁 수행에 필요한 정보활동을 요구하게 되는바, 그것이 사이버 정보공작(Information Operation)이다.

③ 전자전쟁(Electronic Warfare : EW)

사이버 공간은 물론이고, 현실의 물리적인 세계에서 전자장치를 사용하여 전자기장이 형성되는 전자기기를 대상으로 수행되는 공격이다.

3. 사이버 공격의 현실

① 사이버 공격을 빌미로 실제 전장이 형성되면, 사이버 테러, 사이버 전쟁, 전자전쟁의 3가지 공격이 총체적으로 전개될 것이다.

② 2001년 9/11일 테러공격 후 미국은 아프가니스탄을 상대로 전쟁을 개시했다. 이에 아랍권 일부에서는 "사이버 지하드(cyber jihad)"를 조직하여 미국에 대해 사이버 테러 공격을 감행할 것이라고 선언했다. 그러자 미국은 사이버 공격을 가해 올 경우, 선전포고로 간주하여 군사적 물리력으로 보복할 것이라고 강력하게 경고했다.

III. 사이버 방첩공작활동

1. 수동적 사이버 방첩공작활동

사이버 방첩공작 활동은, 해외세력이 아국의 컴퓨터 망에 침투해 정보를 수집하려고 하거나, 또는 사이버 공격을 감행하여 컴퓨터 시스템에 손상을 초래하려는 각종 음모와 활동을 사전에 적발하는 것이다. 이러한 활동은 아국의 컴퓨터와 네트워크에 대한 상대국의 공격에 대한 제반 방위 활동을 총칭하는 것으로 정보 보증, 즉 보안 필(畢)(Information Assurance : IA)을 포함한 컴퓨터 네트워크 방위(Computer Network Defense : CND)라고 호칭된다.

2. 적극적 사이버 방첩공작활동

적극적으로 상대세력의 네트워크에 침투하여, 도발이나 스파이 음모 등 침투 프로그램을 적발해 그를 선제적으로 무력화시키는 것과, 외국세력이 전통적인 스파이 방법으로 아국 컴퓨터의 총합적 능력과 컴퓨터 시스템의 의도를 파악하려는 간첩활동을 사전에 적발하고 중립화시키는 제반 활동을 포함한다.

제2항 사이버 테러

I. 사이버 테러(Cyber Terror) 개관

1. 의의

사이버 테러는 정보 통신망을 이용해 사이버 공간에서, 대상 컴퓨터와 네트워크를 목표로 하는 테러행위이다. 사이버 테러는 상대방의 정책목표를 수정하게 하고, 정치적 목적을 달성하기 위해 특별히 인터넷을 통해 대상 컴퓨터와 정보기술에 영향을 미쳐 물리적으로 대규모 손해나 붕괴를 야기함으로써 공포심을 조성하는 것이 주된 목적이다.

2. 사이버 테러의 전개

① 현재 사이버 테러공격은 물리적 테러의 한정성의 제약을 받지 않고, 정치적 목적의 달성 이상의 국가소멸·국가전복을 목적으로 자행될 수도 있는 상황으로 실제로 국가기간망 전체에 대한 손해를 야기해, 국가의 존망을 위협하고, 심리적 선동 등으로 정부전복을 도모할 수 있는 충분한 위험수준까지 올라가 있다.

② 물론 이 단계는 이미 사이버 전쟁단계라고 할 수 있는 것으로, 공포심 유발을 통해 정책변경을 유도할 목적인 사이버 테러(Cyber-terrorism)와 국가소멸과 정부전복을 도모하는 사이버 전쟁(Cyberwar)을 명백하게 구분해야 한다는 견해가 통설이다.

③ 하지만 논자에 따라서는 실제 사이버 테러는 존재하지 않고 사이버 공격은 해킹이나 (성패를 떠난) 사이버 전쟁 두 가지 중의 하나일 뿐이라는 견해도 있다.

사이버 테러의 아이디어 – 밀레니엄 버그(millennium bug)

오늘날 사이버 테러는 그 잠재적 대량 피해의 가능성만으로도 그리고 사이버 전쟁으로 비화될 수 있다는 위험성으로 사이버 공격의 대표적 내용이 되었다. 사이버 테러의 관심이 증대된 것은 2000년도가 가까이 오게 됨에 따라 소위 컴퓨터가 2000년을 1900년으로 잘못 인식하는 "밀레니엄 버그(millennium bug)"에 대한 두려움과 불확실성이 고조되면서 잠재적인 사이버 테러 공격에 대한 흥미와 그 피해 정도에 대해 인류의 호기심이 증대되었던 것이다. 현재 미국 언론들은 2001년 알카에다 조직에 의한 9/11 테러 공격 이후 또 다른 잠재적 가능성이 높은 테러공격 방법으로 사이버 테러공격을 손꼽는 데 주저하지 않는다.

II. 사이버 테러의 유형

1. 웹 반달리즘(Web vandalism)

컴퓨터에 대한 초보적 공격으로 웹 페이지를 손상하거나 속도를 저감하는 등의 공격이다.

2. 사이버 선전(Propaganda)

인터넷을 통해 정치적 메시지를 살포하여 여론을 오도하는 것이다. 사이버 공간에서의 여론조작 또는 새로운 허위여론을 형성하는 것으로 인터넷을 통한 심리공작이다.

3. 비인가 접근과 데이터 수집(Gathering data)

사이버 공간에서의 간첩활동이다. 보안장치가 취약한 곳에 침투하여 정보를 수집하거나 상대방의 정보를 새롭게 각색하여 몰래 가공해 놓는다. 네트워크, 전산시스템, 전산자료 등에 인가를 받지 않은 채 또는 인가권한을 초과하여 논리적 또는 물리적으로 불법 접근 해, 자료를 획득하는 제반 행위로, 불법접근 행위를 전문용어로 크래킹(cracking)이라 칭한다.

4. 서비스 거부공격(Denial-of-Service Attacks : DoS)

서비스 정지공격(停止攻擊), 불능공격(不能攻擊), 방해공격(妨害攻擊) 등으로도 지칭된 다. 컴퓨터 시스템을 파괴하지 않고 컴퓨터를 이용할 수 없게 만드는 공격이다.

5. 시스템 파괴(Equipment disruption)

악성코드 등을 사용하여 목표 전산시스템 자체를 아예 파괴하는 것이다.

6. 국가 기간시설망 공격(Attacking critical infrastructure)

대상국가의 물과 전력 공급체계, 통신시스템, 운송시스템, 금융시스템 등 국가기간시설 에 대한 운용상의 장애를 초래하여 국가의 제반 서비스 활동을 마비시키는 컴퓨터 공격 이다.

제3항 사이버 전쟁과 정보공작

I. 사이버 전쟁의 이해

① 사이버 전쟁은 사이버 영역에서의 정보적 우위를 확보하는 것이 요체로 정보전쟁, 네트전(net war) 등으로 불린다. 물리적 혹은 전자적 방식으로 적국의 컴퓨터 망을 포함하여 적의 지휘 체계를 파괴하는 것을 모두 포함한다.

② 정보공작(IO)은 사이버 전쟁을 주도하기 위한 정보활동으로 사이버 전쟁 수행의 핵심적인 수단이다.

II. 사이버 전쟁의 핵심 능력

1. 사이버 심리공작(Psychological Operations : PSYOP)

상대방 국민들의 감정 등 여론에 영향을 끼칠 목적으로, 의도된 정보를 사이버 공간을 통해 상대방에 전달하는 것이다. 사이버 심리공작에서도 역류 현상이 발생할 수 있다.

2003년 이라크 전쟁에서의 사이버 심리공작
이라크 전쟁에서 미국은 이메일, 팩스, 휴대전화 등을 통해 이라크 정치·종교 지도자를 포함한 정책결정자들과 오피니언 리더들에게, 더 이상 정상적이지 아니한 사담 후세인 대통령을 지지하지 말라는 메시지를 지속적으로 대량 발송하여 이라크 정부 내에 심각한 내부 동요를 야기했다.

2. 군사기망작전(Military Deception : MILDEC)

상대세력으로 하여금 오판을 하게 해, 특정한 행동을 하거나 또는 필요한 대책을 강구하지 못하게 함으로써 아국의 군사작전을 성공적으로 수행하기 위한 제반 행위이다.

2003년 이라크 전쟁에서의 군사 기망작전
미국은 이라크의 방어와 공격을 방해하기 위해, 이라크의 레이더에 포착되게 가상의 비행공격편대의 허위영상을 유도하여, 이라크 군이 그곳에 집중하도록 하여 실제의 전투현장에는 아무런 피해 없이 성공적으로 작전을 수행할 수 있었다.

3. 작전보안(Operational Security : OPSEC)

평시에는 비밀 분류된 정보는 아니지만, 사이버 상에서의 공개정보를 유사시에는 이용하지 못하도록 삭제하는 등의 통제를 말한다.

4. 컴퓨터 네트워크 공작(Computer Network Operations)

① 컴퓨터 네트워크 방위(Computer Network Defense: CND)

아국의 사이버 정보나 컴퓨터 네트워크를 상대세력으로부터 보호하는 제반 조치

② 컴퓨터 네트워크 착취(Computer Network Exploitation: CNE)

상대방의 컴퓨터와 네트워크에 침투해 정보를 획득하는 것. 상대국의 컴퓨터 네트워크를 계속적으로 활용하는 것을 가능케 하는 접근이다.

③ 컴퓨터 네트워크 공격(Computer Network Attack: CNA))

컴퓨터 네트워크 자체 또는 내장된 정보를 붕괴하거나 괴멸하는 행위이다.

이라크 전쟁과 네트워크 공격
일반인의 상식과는 달리, 미국은 2003년 이라크 전쟁 당시 이라크에 대한 네트워크 공격을 충분히 준비했지만 컴퓨터 네트워크 공격은 최종 단계에서 승인되지 않았다. 정책당국자들은 이라크 컴퓨터 네트워크는 유럽의 은행을 비롯한 각국 네트워크와 연결되어 있는데, 네트워크공격은 유럽지역의 은행과 ATM, 각종 전자거래에 직접적인 영향을 끼치고, 간접적으로는 미국 경제에도 영향을 미칠 수 있고 또한 세계인들에게 미국이 야기한 전쟁에 대한 반감을 불러일으킬 정치적 위험성도 있다고 보고 네트워크 공격을 유보했다.

제4항 전자전쟁(Electronic Warfare : EW)

I. 전자전쟁의 의의

① 전자전쟁은 상대방의 컴퓨터와 컴퓨터 네트워크, 전자부품에 대해 전자무기를 사용하여 전개하는 군사작전이다.

② 통상 광의의 사이버 전쟁의 일환으로 일컬어지기도 하지만, 사이버 공간 이외의 실제 사회생활 공간에서도 전개된다는 점에서 사이버 전쟁과 차이가 있다.

③ 미국은 전 세계에서 유일하게 실전적 전자전쟁을 경험한 국가이다. 미국은 시리아에 대한 공격을 시발로 2차례에 걸친 걸프전쟁과 2003년의 이라크 전쟁, 아프가니스탄 전쟁 등지에서 전자전쟁의 능력을 유감없이 발휘하고 실험해 보았다.

II. 전자전쟁 능력

1. 전자기장의 지배(Domination of the Electromagnetic Spectrum)

전자전쟁은 전자기장의 우월적 지배에 성패가 달려 있다. 아국의 전자기장은 정상상태를 유지하고, 상대방의 전자기장에는 타격을 가해 통신과 원격 조종장치 및 각종 무기에 장착되어 있는 전자적 회로에 장애를 유발하는 것이 전자전쟁의 요체이다.

2. 전자전쟁의 무기 - 비역학성 무기(Non-Kinetic Weapons)

① 전자무기의 종류

극초단파(High Power Microwave : HPM)나 강력한 단파 전자기장(Electromagnetic Pulses : EMP)을 가진 전자폭탄과 전자총이 있다.

② 전자전쟁 무기의 현황

현재 전자전쟁 무기에 대한 미국과 중국, 러시아, 일본의 능력이 어느 정도인지에 대하여는 누구도 알지 못한다. 혹자는 오늘날 전자전쟁 무기를 논하는 것은 전투 비행기를 상상하기 힘들었던 1900년대 초에 초음속 공중 폭격기를 생각하는 것과 같다고 말한다.

III. 미국의 실전형 사이버 전투 사령부

1. 개 관

미국은 21세기 최첨단 사이버 특수부대로 "네트워크 전쟁을 위한 기능적 합동사령부(Joint Functional Component Command for Network Warfare)"를 운용했다. 구체적인 임무는 비밀 분류되어 있는바, 2010년부터 United States Cyber Command에 배속되었다.

2. 실전적 사이버 전쟁능력 – 특별기술공작(Special Technical Operations)

① 어떤 적대세력 컴퓨터 네트워크도 원하면 파괴한다.
② 어느 순간, 어느 컴퓨터에도 침투할 수 있다.
③ 상대방의 어떠한 보안이 확보된 지휘체계도 불능화시킬 수 있다.

제5항 사이버 공격과 국가정보

I. 사이버 세계에 대한 국제협약 제정 노력

① 1999년 러시아는 UN에서 사이버 무기 군축제안을 했었다.
② 2001년 유럽연합이사회(EU Council)는 총 48개조로 구성된 『사이버 범죄에 대한 유럽협약(Council of Europe, Convention on Cybercrime)』을 준비했다.
③ 또한 2002년 G-8 정상들은 하이테크 범죄대책 회의를 개최하여 악성 컴퓨터 코드를 분류하고 통제하는 국제적 합의를 도출한 바가 있다.

II. 미국 대통령 국가안보명령 제16호

① 적극적 사이버전쟁 능력의 고양

2003년 부시 행정부는 『To Develop Guidelines for Offensive Cyber-Warfare』라는 명칭의 대통령 국가안보 명령 제16호를 발령했다.

② 사이버 전쟁 선포 가이드라인

국가안보 사이버 명령은 미국이 언제, 어떻게 상대국의 컴퓨터와 네트워크에 공격을 할 수 있는지의 기준을 제시한 사이버 가이드라인이다. 비밀 분류되어 있어서 내용을 알 수는 없지만 ⓐ 상대세력의 사이버 공간에서의 어떠한 행위를 사이버 전쟁으로 간주하고, ⓑ 어떠한 조건에서 상대방에 대해 사이버 대응 공격을 할 수 있는지와 ⓒ 그것을 누가 결정할 것인지 법적인 기준을 제시했다고 한다.

III. 국가정보원(NIS) 국가사이버안전센터

1. 목적

국가사이버안전센터는 2003년 1월 25일, 슬래머 웜으로 인해 우리나라 전체 인터넷이 몇 시간 동안 마비된 인터넷 대란을 계기로, 사이버안전에 대한 국가 차원의 종합적·체계적인 대응을 위해 2004년 2월 20일 국가정보원에 설립되었다.

2. 주요임무

① 국가사이버안전 정책 총괄
② 사이버위기 예방활동
③ 사이버공격 탐지활동 - 24시간 365일 각급기관 보안관제
④ 사이버 사고조사 및 사이버 위협정보 분석

04 연습문제

1. 경제정보 활동에 대한 접근 방법에 대한 설명으로 잘못인 것은?

① 유럽에서 산업간첩 활동을 국가차원에서 지원한 최초의 법은 베네치아 공화국 법이다.

② 유럽 국가들은 기술개발과 창작물에 대한 권리는 원래는 왕권에 복종하는 것이지만, 일반 시민들에게 일정기간 허여되는 시혜적 특권으로 간주하는 경향이 강했다.

③ 지적 재산권에 대한 미국의 접근은 지적재산권이 전적으로 사유 재산권임을 전제했다.

④ 그러므로 지적재산권에 대한 미국의 접근은 그 자유분방함을 통제하기 위해 기술개발에 대하여 어떠한 방향에서건 국가의 개입가능성이 높다는 것을 의미한다.

해설 지적재산권에 대한 미국의 접근은 자유로운 무한 경쟁을 원칙으로 하는 사적 영역에서의 기술개발에 원칙적으로 국가가 지원하고 획득활동에 개입할 여지는 없는 일로 생각한 것이다(pp. 559~561).

답④

2. 다음의 설명 가운데 잘못된 것은?

① 경제는 재화(goods)와 용역(service)을 생산·분배·소비하는 산업 활동 및 그와 관련되는 질서와 행위의 총체를 말한다.

② 경제는 생산성을 지칭하기는 하지만 경제체제와는 무관하다.

③ 산업(産業, industry)은 생계를 유지하기 위해 종사하는 생산적 활동을 말한다.

④ 칼 막스(Karl Heinrich Marx)는 경제체제를 기준으로 한 인류역사의 발달 단계를 원시공산사회, 고대노예사회, 중세봉건사회, 근대 자본주의 사회, 공산사회주의로 분류했다.

해설 경제는 경제체제를 의미하기도 하고 생산성을 지칭하기도 한다(pp. 562~569).

답②

3. 경제정보(Economic Intelligence)와 산업정보(Industrial Intelligence)에 대한 설명으로 잘못된 것은?

① 경제정보는 경제에 대한 지식이고 산업정보는 산업에 대한 지식이다.

② CIA는 경제정보를 "외국의 경제자원, 경제활동, 재화와 용역의 생산·분배와 소비를 포함한 경제정책, 노동력, 금융, 조세, 상거래 활동 그리고 경제체제 등에 대한 제반 정보"라고 정의했다.

③ 경제문제 전략 분석가인 포티우스는 경제정보를 "정책 또는 기술적 데이터를 포함하는

상업적 경제첩보, 재정정보, 독점적인 상업 및 정부첩보 등으로, 외국기관이 입수할 경우 국가의 생산성이나 경쟁력을 직·간접적으로 도울 수 있는 정보"라고 정의했다.

④ 미국 대외관계위원회는 경제정보를 "무역정책, 외환보유고, 천연부존자원과 농업 생산품의 가용 정도 그리고 경제정책과 실제 활동의 제반 측면에 대한 정보"라고 정의했다.

해설 정의적으로 경제정보는 산업정보를 포괄한다. 산업정보는 경제정보의 매우 중요한 구성요소가 된다. 그밖에 경제정보에 대한 구체적인 내용은 국가정보(p. 567).

답①

4. 경제간첩(EE)과 산업간첩(IE)에 대한 설명으로 올바른 것은?

① 상대국의 경제문제에 대한 것이 경제간첩이고, 산업문제에 대한 것이 산업간첩이다.

② 상대국의 경제정보에 대한 것이 경제간첩이고, 산업정보에 대한 것이 산업간첩이다.

③ 경제간첩은 국가정보기구가 국가안보 목적(National Security Purpose)으로 간첩 노력을 다른 나라의 경제 분야에 집중하는 것이다.

④ 경제간첩과 산업간첩은 수집활동의 객체에 차이가 있다.

해설 경제간첩은 국가안보 목적(National security purpose)으로 상대국가의 제반 '경제정보'를 은밀하고 불법적인 방법으로 수집하는 활동이다. 반면에 산업간첩 또는 기업간첩(Corporate Espionage)은 상업적 목적(commercial Purpose), 즉 영리목적으로 수행되는 국가나 사경제 주체의 경제간첩 행위이다(pp. 568–570).

답③

5. 경제간첩 활동에 의한 상업적 이득에 대한 설명으로 잘못된 것은?

① 경제간첩 활동은 국가안보 목적인 것으로 원칙적으로는 사경제 주체의 영업적 이득을 도모하기 위한 것이 아니다.

② 국가정보기구에 의한 경제간첩 활동이 사경제 주체에게 막대한 이득을 가져다 준 경우에도 활동의 주된 목적은 어디까지나 국가안보를 위한 것으로서 사경제 주체가 이득을 취한 것은 반사적 이익일 뿐이라는 주장이 부차적 이득론이다.

③ 기회균등론은 경제활동에서의 페어플레이를 확보하기 위한 노력이라고 하더라도, 경제스파이 활동은 어디까지나 국가안보 목적이기 때문에 국가정보기구의 경제스파이 활동을 통해서 사경제 주체가 상업적 이득을 취득하는 것은 부당하다고 한다.

④ 애당초부터의 상업적 목적인 산업간첩과 달리 경제간첩의 경우에도 상업적 이득이 발생할 수 있다.

해설 기회균등론은 경쟁하는 경제주체 사이에도 참가권을 비롯하여 기회는 서로 공평하게 가져야 하는 것으로, 그를 위해 상업적 이득이 해당 사기업에 돌아가는 경우에도 공평성 확보를 위해 국가정보기구는 일정한 경제간첩 활동을 할 수 있다는 것이다(pp. 570–572).

답 ③

6. 기업 등 조직의 운용자가 조직의 안정적인 운영을 위하여 소비자와 경쟁자에 대한 생산품, 국내 점유율, 영업계획과 활동 등 필요한 정보를 파악하는 활동을 무엇이라고 하는가?

① 산업간첩(Industrial espionage)

② 기업간첩(Corporate Espionage)

③ 경제간첩(Economic espionage)

④ 경쟁정보 활동(競爭情報, Competitive Intelligence)

해설 기업의 경쟁정보 활동은 규범적으로도 합법적인 활동수준으로 간주되는 기업스파이 활동이다.

답 ④

7. 오늘날 각국의 적극적인 경제정보 활동의 배경이 아닌 것은?

① 냉전의 종식과 국가안보 개념의 변화

② 연성권력(soft power)에서 경성권력(hard power)으로의 권력 변동

③ 세계화(globalization)

④ 과학·기술 경쟁력 증진과 정보화와 경제방첩의 필요성

해설 냉전의 종식으로 군사안보가 차지하는 비중은 작아졌다. 국가권력의 구성요소에도 변화가 있어 군사, 비밀정보 등 경성권력(硬性權力, hard power)이 약화된 반면에 경제, 기술, 문화 등 연성권력(軟性權力, soft power)의 중요성과 비중이 커졌다(pp. 577–578).

답 ②

8. 오늘날 경제정보 활동의 특색이 아닌 것은?

① 경제스파이 목표물의 다양화

② 보호 대상의 다변화에 따른 보호의 어려움

③ 경제정보 활동 주체들의 기업윤리의 제고에 따른 활동의 획일화

④ 막대한 피해액과 산정의 어려움

해설 경제정보 활동의 주체는 개별기업과 국가의 2가지로 대별된다. 그런데 예나 지금이나 기업의 입장에서는 산업간첩은 비용을 절감하고 시간을 단축하여 경쟁기업을 바로 따라 잡아 경쟁력을 확보할 수 있는 첩경으로 기업번영의 가장 손쉬운 방법이었다. 그러므로 사경제 주체는 지속적으로 산업스파이의 유혹을 받는다. 또한 국가의 경우에도 경제안보가 국가안보의 중심개념이 된 오늘날 필연적으로 상업목적의 산업간첩활동까지도 전개한다(pp. 576–580).

답 ③

9. 경제정보 활동의 국가안보화 쟁점과 관련된 설명으로 잘못된 것은?

① 냉전의 종식은 경쟁무대가 지정학(geo-politics)적 조건에 머무는 것이 아니라, 국가 간 경제 환경과 경제 질서에 따라 형성된 세계지도인 지경학(geo-economics) 속에서 경제전쟁을 전개하게 만들었다.

② 냉전 이후의 소위 "새로운 세계질서(new world order)" 속에서 국력의 여러 가지 요소 중에서도 가장 커다란 대외관계성을 가진 경제력이 국력의 핵심가치로 자리 잡게 되었고 그에 따라 경제안보가 국가안보의 초석이 되었다.

③ 경제력의 피폐는 민주주의에의 위험을 초래하는 것이기 때문에 경제안보는 가장 중요한 국가안보 문제 중의 하나이다.

④ 구 소비에트 공화국의 멸망은 개혁과 개방의 당연한 결과로서 경제안보와 무관하다.

> **해설** 소비에트 공화국은 군사력이 약하거나 다른 나라로부터 군사적 위협을 받아 해체된 것이 아니다. 경제실패가 소비에트 공화국 멸망의 근본적인 원인이었다. 한편 피터 부르케(Peter Burke)는 더 나아가서 지정학과 지경학의 단계를 넘어서서 오늘날에는 지식정보의 중요성에 기초한 지지학(地知學, geo-knowledge)의 시각에서 세계지도를 그려볼 수도 있다고 한다. 즉 과학·기술·정보·지식의 중요성이 부각되면서 세계무대에서의 진정한 강국은 전통적인 군사력 등이 아니라 지식 경쟁력이 제일 중요한 국가경쟁력의 요소라는 것으로 21세기의 핵심적 권력자원은 국방력이 아닌 정보지식이라는 것이다.
>
> 답 ④

10. 국가정보기구의 경제정보수집 활동의 법률문제에 대한 설명으로 잘못된 것은?

① 랜달 포트(Randall M. Fort)는 미국의 정보공동체로 하여금 산업스파이 활동을 하게 하는 것은 글로벌 경쟁 환경에서 시대적 요청이라고 주장했다.

② 경제정보 활동의 기능으로는 정책담당자들에 대한 비밀 경제정보의 제공, 최첨단 과학·산업 기술의 모니터, 경제방첩공작 활동의 전개가 있다.

③ CIA 로버트 게이츠(Robert Gates)국장은 "우리 요원들은 조국을 위해 목숨을 바칠 준비는 되어 있지만, 포드 회사를 위해 생명을 바치려고 하지는 않는다."라고 하여 국가정보기구의 산업간첩활동의 부당함을 웅변했다.

④ 국가정보기구에 의한 산업간첩활동 부정론은 정보공동체가 외국의 사기업을 상대로 경제정보를 수집하고 수집한 경제정보를 사경제 주체에게 제공하는 것과 같은 일은 하지 말아야 한다는 입장이다.

> **해설** 국가가 경제정보를 수집하여 이를 직접 사기업체에 제공하는 것이 국가기구인 정보기구의 역할로 정당한 것인가? 라는 문제와 관련하여 랜달 포트는 그의 논문 "경제간첩(Economic Espionage)"에서 미국의 정보공동체로 하여금 미국 기업들을 대신하여 산업스파이 활동을 하게 하는 것은 결단코 가장 나쁜 아이디어라고 단언했다(p. 597).
>
> 답 ①

11. 국가정보기구에 의한 산업간첩활동 부정론자들의 근거가 아닌 것은?

① 다른 나라의 산업간첩행위는 위협이 아닌 도전의 문제

② 다국적 기업으로 인한 자국 기업의 개념의 모호

③ 경제정보 분배 기준의 불명확성과 법률규정의 불비

④ 산업간첩 활동의 부도덕성

해설 나열된 이유이외에 부정론자들은 국가 공권력의 사경제 영역에의 직접 개입은 자유경쟁을 근간으로 하는 WTO 체제의 이념에도 반하는 것으로 결국 적은 이득을 바라다가 큰 손실을 자초할 것이라는 입장인 것이지, 산업간첩활동의 부도덕성과는 거리가 멀다(pp. 598-601).

답④

12. 다음 중 경제정보 수집활동으로 특유한 것은?

① 인간정보(HUMINT)

② 기술정보(TECHINT)

③ 공개출처정보(OSINT)

④ 법합치적(法合治的) 정보수집활동

해설 기업합작 또는 인수합병이나 미국 정보자유법(FOIA)을 활용한 자료공개 소송은 경제정보 수집활동에 특유한 방법이다(pp. 621-623).

답④

13. 라캄(Bureau of Scientific Relations)에 대한 설명으로 잘못된 것은?

① 이스라엘 국방부 산하의 과학기술 정보만을 전문적으로 다루는 정보기구이다.

② 2대 책임자인 아이탄의 성공전략 중의 하나가 연성 타깃에서 강성 타깃(hard target) 으로 다변화한 것에 있었다.

③ 이스라엘 핵무기 개발의 선봉이었다.

④ 네셔(Nesher), 크펄(Kfir), 라비(Lavi)로 이어지는 이스라엘 전투기 생산의 개척자였다.

해설 라캄은 초대 책임자 블룸버그(Binyamin Blumberg)의 지도 아래 후 탄탄한 기초를 만들고, 라캄의 경제스파이 역량을 질적인 측면에서 10배 이상 증진시켰다는 평가를 받은 라피 아이탄(Rafi Eitan)이 넘겨받았다. 아이탄의 성공전략 중의 하나가 소위 "강성타깃(hard target)"인 미국 위주에서 "연성타깃(soft target)"인 유럽 등으로 다변화 한 것에 있었다(pp. 665-666).

답②

14. 테러에 대한 설명으로 잘못된 것은

① 테러는 '끔찍한', '단념하게 하는', '대혼란'이라는 의미를 지닌 "테르(TER)"에서 유래한 말로, 발생한 사건의 다음 단계에서는 무엇이 일어날지 모르는 것에 기인하는 점증하는 불안과 공포를 뜻한다.

② 테러리즘은 어떤 정치적 목적을 달성하기 위해 직접적인 공포수단을 이용하는 주의나 정책을 말하고, 테러리스트는 테러리즘을 자행하는 조직이나 개인을 일컫는다.

③ 자생 테러원을 의미하는 '외로운 늑대(lone-wolf)'는 민주주의 국가에서의 사상 자유의 원칙에 따라서 법으로 처벌할 수는 없다.

④ 테러의 발생빈도, 위협횟수, 테러위협의 직접 상대방 여부, 정책을 공유하는 우방국에 대한 테러위협 정도, 대외정책의 테러에 대한 위험도 등을 측정한 산술적인 자료에 의한 논의는 테러라는 초국가적 쟁점을 국가안보쟁점화하기 위한 기초적인 출발점이다.

> **해설** 테러조직에 대한 편무적인 자발적 협력자들인 자생 테러원에 대해서도 미국 애국법(후신이 미국 자유법)은 이들을 '외로운 늑대(lone-wolf)'로 규정한다. 유령 조직원(phantom cell), 무(無)지도자 저항자, 비밀조직 요원(covert cell) 등으로도 호칭된다. 이들은 검거되었을 때 "할 말이 없다(I have nothing to say)"라는 5단어만을 말한다고 한다(p. 722).
>
> 답③

15. 테러에 대한 미국의 대응으로 잘못된 것은?

① 미국은 국가정보국장(DNI)이 테러 단체를 지정한다.

② 테러문제 최고 실무기구로 국가테러대응센터(NCTC)가 창설되었다.

③ 국가테러대응센터(NCTC)는 CIA가 아닌 DNI 산하에 설치되어있다.

④ 국가테러대응센터(NCTC)는 대통령, 국토안보위원회(Homeland Security Council), 그리고 국가안보회의(NSC)의 지시를 받는다.

> **해설** 미국 자유법과 반 테러법(Anti-Terrorism and Effective Death Penalty Act of 1996)에 따라서 국무부장관이 테러 단체를 지정한다. 정보기구가 아닌 정책부서인 국무부가 테러단체지정권을 갖는 것은 그것이 외교 안보정책의 문제이기 때문이다. 국무부는 테러추방 목록(Terrorist Exclusion Lis)을 작성하여 관리한다. 테러단체로 지목되면 미국 내 자산이 동결되고, 우방국 내의 자산도 동결될 수 있다. 단체의 대표자 등 관련자들은 입국이 금지되고 단체를 지원하면 15년 형까지 처할 수 있다(pp. 741-743).
>
> 답①

16. 마약문제에 대한 설명으로 잘못된 것은?

① 마약문제는 기본적으로 국내문제이다.

② 마약문제는 국가소멸이 아닌 개인 착취의 문제이다.

③ 마약문제의 핵심은 개개인의 치료·교정이다.

④ 오늘날 마약과의 전쟁은 국가정보기구의 활발한 역할로 국가의 승리가 예상된다.

해설 마약과의 전쟁은 소위 승리할 수 없는 전쟁이라고 말해진다. 일찍이 런던대학 경제학 교수인 리처드 하이네스(Richard Davenport-Hines)는 "마약 밀거래자들의 이득에 타격을 주려면 최소 75% 이상의 마약을 압수해야 하는데 그것은 불가능하다"고 지적하면서 마약과의 전쟁의 비현실성을 비판했다. 그는 마약과의 전쟁은 끝이 있을 수 없는 무한정의 단지 "일상적인 새로운 환경"이라고 주장한다(pp. 774-775).

답 ④

17. 사이버 테러(Cyber-terrorism)와 사이버 전쟁(Cyberwar)의 차이점은 무엇인가?

① 사이버 전쟁에서는 사이버 방첩공작활동이 중요하지만 사이버 테러에서는 그러하지 않다.

② 사이버 테러는 정책변경을 목적으로 하는 사이버 공간에서의 테러공격이고, 사이버 전쟁은 국가소멸을 목적으로 사이버 공간에서 전개하는 전쟁이다.

③ 사이버 테러는 사이버 선전(Propaganda)을 병행하지만 사이버 전쟁은 사이버 심리공작을 전개하지는 않는다.

④ 웹 반달리즘(Web vandalism)은 오직 사이버 테러에 특유한 공격방법이다.

해설 사이버 테러와 사이버 전쟁의 근본적인 차이는 국가소멸이나 정부전복 목적인가 아니면 단지 정책변경 목적인가? 에 차이가 있는 것으로서 양자는 모두 사이버 공격에 해당하는 것으로서 그 수단이나 방법에서 차이가 있는 것은 아니다(pp. 795-796).

답 ②

18. 사이버 공격(Cyber Attack)에 대한 설명으로 잘못된 것은?

① 사이버 가상공간에서의 무정형의 실천적인 행동인 것으로 법규범화가 불가능하다.

② 미국은 21세기 최첨단 사이버 특수부대로 "네트워크 전쟁을 위한 기능적 합동사령부(Joint Functional Component Command for Network Warfare)"를 창설했다.

③ 미국의 기능적 합동사령부(JFCC-NW)는 "어떤 적대세력 컴퓨터 네트워크도 원하면 파괴한다. 느 순간, 어느 컴퓨터에도 침투할 수 있다. 상대방의 어떤 보안이 확보된 지휘체계도 불능화시킬 수 있다." 라고 하는 것처럼 무한경쟁의 활동이다.

④ 국가정보기구의 전자적 정보역할로는 경쟁국과 적대세력의 사이버 공격 의도와 능력 파악, 전자전쟁 신병기의 과학기술 추이 추적 및 파악, 국제 사이버 규범의 파악과 분석 그리고 (사이버) 민간영역에 대한 보안과 교육이 중요하다.

해설 규범화가 불가능할 같은 사이버 세계에 대해서도 국제법적 논의가 진행되어 예컨대 1999년 러시아는 UN에서 사이버 무기군축제안을 했다. 한편 2003년 부시 행정부는 『To Develop Guidelines for Offensive Cyber-

Warfare』라는 명칭의 대통령 국가안보 명령 제16호를 발령했다. 동 령은 미국이 언제, 어떻게 상대국의 컴퓨터와 네트워크에 공격을 할 수 있는지의 기준을 제시한 것으로 알려져 있다.

정답 ①

19. 다음 중 대량살상무기확산안전조치(Proliferation Security Initiatives)에 대한 설명으로 잘못된 것은?

① 대량살상무기확산안전조치(PSI)는 미국의 주도로 11개 선진국이 합의하여 국제거래가 금지된 무기와 기술을 선적한 것으로 의심되는 선박을 비롯하여 항공, 육상교통에 대하여 회원국이 정선을 명하고 수색할 수 있는 국제협력 체제를 말한다.

② 부시 행정부의 국무부 등 정책공동체의 자체 판단에 따라서 국제적 협약으로 성립된 것으로서 정보공동체의 역할은 국제협약 성립 후에 사후적으로 기대되었다.

③ 2004년 안전보장이사회는 강제성 있는 결의로 회원국들에게 테러단체 등 비국가조직에 대한 대량살상무기확산을 범죄화하여, UN 회원국들은 국내 입법으로 형사 처벌규정을 마련하고 효율적인 수출통제 절차를 구축할 것을 촉구했다.

④ 대한민국 정부는 2009년 5월 25일 북한의 제2차 핵무기 실험 이후에 비로소 PSI에 전면적으로 참여하기로 했다.

해설 부시 대통령의 대량살상무기확산안전조치(PSI) 정책은 정보공동체의 정확한 정보판단에 따라서 정보공동체가 국제협약의 필요성을 제기하고, 그것이 국제적 협약으로 성립된 것으로서 정보가 정책에 기여한 대표적인 사례이다(pp. 823-828).

정답 ②

20. 칸 네트워크(Khan network)와 국제조직범죄에 대한 설명으로 잘못된 것은?

① 칸 네트워크는 압둘 칸 박사가 1970년대에 만든 국제 핵무기 밀거래 조직이다.

② CIA의 노력으로 2003년 10월 리비아로 향하는 독일 국적의 BBC China호에서 핵관련 부품을 압수함으로써 칸 네트워크의 전모를 밝힐 수 있었다.

③ 칸네트워크의 적발은 대량살상무기확산안전조치(Proliferation Security Initiatives)에 의한 것이었다.

④ 국제범죄(International Crime)는 국제성을 가진 범죄로 특정 주권국가의 국경을 가로질러서 조종되고 실행되는 범죄의 성격상 국제법규범은 불가능하고 또한 강제력을 발휘할 수 없기 때문에 오늘날 국제범죄는 개별 국가의 사법정책에 일임되어 있다.

해설 UN은 국제조직범죄의 문제는 국제적 협조를 통해서만 해결될 수 있다고 판단하고, 2000년 11월 2일 국제조직범죄에 대한 국제연합협약(United Nations Convention against Transnational Organized Crime) 소위 팔레모 협약을 채택했다(pp. 832-833).

21. 전직 CIA 요원이었던 로버트 바이어(Robert Baer)가 말한 "테러용의자에 대하여 중요한 심문을 원하면 요르단으로, 고문을 원하면 시리아로, 다시 보고 싶지 않으면 이집트로 보내라" 는 문장과 관련이 있는 용어들의 묶음은?

① 외로운 늑대(lone-wolf), 유령 조직원(phantom cell), 무(無)지도자 저항자(Leaderless resistance), 비밀조직 요원(covert cell).
② 변칙인도(irregular rendition), 비상인도(extraordinary rendition), 고문의 아웃소싱(outsourcing of torture).
③ 적색테러(Red Terror), 대 테러 (Great Terror), 백색테러(White Terror).
④ 선제공격론, 할 말이 없다(I have nothing to say).

해설 테러용의자 조사를 위한 새로운 기법을 묘사한 문장으로 세계 도처에서 체포된 테러 용의자 등을, 헌법상 고문 등이 금지된 국내로 바로 이송하지 않고, 고문이 허용되는 국가로 일단 인도하여 고문을 통해 테러에 대한 정보를 획득하는 방법을 말한다.

답②

22. 다음 중 테러리즘의 특성이 아닌 것은?(기출유형)

① 테러리즘이란 정치·사회적인 영향력을 증대하기 위해 비합법적인 폭력을 사용하는 것을 뜻한다.
② 제한된 물량과 소규모의 희생으로 큰 효과를 거둘 수 있다.
③ 테러는 군사 활동과 유사한 정확성을 지니는 등 전술적으로도 진화했다.
④ 테러의 대상은 사람에게만 국한된다.

해설 테러의 대상은 사람뿐만이 아니라 각종 시설물 심지어 민간 여객기도 대상으로 한다.

답④

23. 프랑스 혁명 직후에 공포정치를 자행한 혁명정부에 대한 왕당파의 공격을 가리키는 말이기도 했는데, 현재는 우익에 의한 테러를 지칭하는 테러리즘(terrorism) 유형은?(기출유형)

① 백색 테러리즘
② 흑색 테러리즘
③ 적색 테러리즘.
④ 청색 테러리즘

해설 백색은 프랑스 왕권의 표장이 흰 백합이었기 때문에 붙은 이름이었다.

답①

24. 다음 설명에 해당하는 미국의 군사조직으로 대테러임무도 수행하는 조직은?(기출유형)

> . 1977년 창설되었으며, 인질구출 및 테러진압작전을 수행함
> . 미 합동특수작전 사령부 소속으로 기밀 유지를 위해 정확한 부대명칭은 수시로 변경된다.

① SEAL Team

② Delta Force

③ Green Berets

④ SWAT(Special Weapons Assault Team)

해설 SEAL Team은 미 해군의 특수부대, SWAT는 경찰 특수기동대이다. Green Berets는 1952년 제2차 대전에서 활약했던 특수부대원들로 구성한 미 육군의 특수부대이다.

답②

25. 다음 중 스톡홀름 증후군이란 무엇인가?(기출유형)

① 인질범이 인질에게 동화되는 현상

② 인질이 인질범에게 동화되는 현상

③ 인질이 인질범에 대해 적대감을 갖는 현상

④ 인질범이 인질에 대해 적개심을 표출하는 현상

해설 인질범이 인질에게 동화되는 현상은 리마(Lima) 증후군이다.

답②

25. 다음 중 국민보호와 공공안전을 위한 테러방지법상의 내용으로 옳지 않은 것은?(기출유형)

① 공중을 협박할 목적으로 사람을 인질로 삼는 행위는 법에서 정의하는 테러에 해당한다.

② 폭행이나 협박으로 운행 중인 선박을 강탈하는 행위도 테러에 해당한다.

③ 테러단체는 국가정보원장이 지정한다.

④ 대테러활동에는 국제행사의 안전 확보도 포함된다.

해설 테러단체는 UN이 지정한 단체이다(법 제2조 제2호).

답③

26. 마약류에 관한 설명 중 옳은 것은?(기출유형)

① 한외마약은 천연마약의 주성분을 원료로 하는 비합법적인 마약이다.

② 생아편은 액즙을 채집하여 건조시킨 것으로 녹색을 띤다.

③ 모르핀은 헤로인보다 독성이 약 10배 이상 강하고, 물뽕(GHB)은 정글주스라고도 한다.

④ 현행법상 3대 마약류는 마약, 대마, 향정신성의약품이다.

해설 한외마약은 의약품으로 사용되는 합법적인 약품이다. 생아편의 액즙은 백색이고 산화되면 암갈색이나 검은색을 띠게 된다. 헤로인은 모르핀보다 독성이 약 10배 이상 강하고, 물뽕(GHB)은 성범죄 약물로 오용되어 데이트 강간약물로도 불린다. 정글주스는 러미라(덱스트로메트로)를 가리킨다.

답④

27. 다음 중 헤로인에 대한 설명으로 옳지 않은 것은?(기출유형)

① 1949년 독일에서 식욕 감퇴제로 개발되었다.

② 스피드 볼(Speedball)은 헤로인과 코카인을 합성하여 만든 것이다.

③ 헤로인은 모르핀에 비해 독성이 강하고 금단증상 또한 매우 강하다.

④ 헤로인이 모르핀보다 독성이 10배 이상 강하다.

해설 1949년 독일에서 식욕감퇴제로 개발된 것은 엑스터시이다

답①

28. 다음 중 제시된 특징에 해당하는 국제테러단체는?(2016)

> 2002년 모하메드 유수프가 서양식 민주주의와 교육체계 전면폐지를 주장하며 결성했다.
> 이슬람 샤리아 법에 의해 나이지리아 북부지역을 통치하는 것을 투쟁목표로 한다.
> 이슬람 극단주의 성향을 보이며 무장공격이 주요한 활동수법이다.

① 헤즈볼라(Hezbulah) ② 약속의 날 여단(PDB)

③ 보코하람(Boko Haram) ④ 알 샤바브(AS)

해설 지문은 보코하람에 대한 설명이다. 헤즈볼라는 레바논 중심의 시아파 이슬람 극단주의 단체이고, 약속의 날 여단은 이라크 내 시아파 무장단체였다. 알 샤바브(AS)는 아랍어로 '청년'을 의미하며 소말리아에 근거를 둔 이슬람 극단주의 단체이다.

답③

29. 다음 중 국민보호와 공공안전을 위한 테러방지법 상의 내용으로 옳지 않은 것은?(16기출)

① 공중을 협박할 목적으로 운항 중인 항공기를 추락시키거나 전복·파괴하는 행위는 테러에 해당한다.

② 국가 및 지방자치단체는 테러로부터 국민의 생명·신체 및 재산을 보호하기 위하여 대책을 수립하여 시행해야할 책무가 있다.

③ 국가테러대책위원회의 위원장은 국가정보원장이 맡는다.

④ 국가정보원장은 테러위험인물에 대하여 출입국·금융거래 및 통신이용 등 관련 정보를 수집할 수 있다.

해설 국가테러대책위원회의 위원장은 국무총리이다(법 제 5조).

답③

30. 다음 중 사이버 정보에 대한 설명으로 잘못된 것은?(15기출)

① 통상 국가정보학에서 인포메이션(Information)은 가공과 분석 전의 생(raw) 자료를 의미하고 그러한 생자료가 가공·분석되어 정보(intelligence)가 된다. 그러나 사이버 공간상에서는 첩보는 그 자체가 분석정보의 가치를 가진다고 할 수 있기 때문에 이를 사이버 정보라고 호칭한다.

② 사이버 공간에서의 엄청난 위험성 때문에 사이버 테러리즘과 사이버 전쟁 사이에는 학문적으로도 개념구분을 하지 않는다.

③ 사이버 정보는 인터넷 등 사이버 공간상에서 발생하는 각종 데이터에서 자료축적을 하고, 그중에서 가치 있고 의미 있는 내용을 정보로 추출한다.

④ 사이버 정보는 사이버 공간에서 획득한 지식이라는 이상의 커다란 가치를 가진다. 오늘날 각국은 사이버상의 정보 자체가 별도의 특별한 고유 가치를 창출하는 국익의 새로운 영역이라고 인정하는 데 주저하지 않는다. 사이버 정보는 그 자체가 중요한 국가 자산이면서 전쟁무기이다.

해설 사이버 테러(Cyber-terrorism)는 정책변경 목적으로 하는 사이버 공간에서의 테러공격이고, 사이버 전쟁(Cyberwar)은 국가소멸을 목적으로 사이버 공간에서 실전적 형태로 전개하는 전쟁을 말한다.

답②

31. 다음 중 경제간첩(Economic espionage)과 산업간첩(Industrial espionage)에 대한 설명으로 잘못된 것은?(15기출)

① 경제간첩은 "국가의 경제적 이익"을 위해 상대국가의 제반 '경제정보'를 은밀하고 불법적인 방법으로 수집하는 제반활동으로, 국가정보기구가 국가안보 목적(National Security Purpose)으로 간첩 노력을 다른 나라의 경제 분야에 집중하는 것이다.

② 경제간첩은 경제정보에 대한 스파이 활동, 산업간첩은 산업정보에 대한 스파이 활동이다.

③ 경제간첩과 산업간첩은 획득한 정보를 사용하는 목적과 주체에 차이가 있는 것이지 수집활동의 객체(경제정보)에 차이가 있는 것은 아니다.

④ 양자가 근본적으로 구별되는 것은 경제간첩은 국가정보기구가 국가안보 목적으로 수행하는 반면에 산업간첩은 상업적 목적, 즉 영리목적이다.

해설 경제간첩이나 산업간첩은 모두 경제정보를 대상으로 한다. 따라서 경제간첩은 경제정보에 대한 스파이 활동, 산업간첩은 산업정보에 대한 스파이 활동이라는 도식은 명백하게 잘못된 구분이다.

답②

32. 다음 중 테러리즘(terrorism)에 대한 설명으로 잘못된 것은?(15기출)

① 테러에 대한 개념 정의는 본질적으로 논쟁적으로, 미 육군의 테러 연구에 따르면 테러에 대한 개념정의는 약 109개에 달하고, 테러를 정의하기 위해 요구되는 공통된 개념요소는 약 22개에 달한다고 한다.

② 대표적인 국제 테러조직의 대명사로 지목되고 있는 알카에다(Al Qaeda) 조직은 자신들은 자유의 투사이고 역으로 미국을 테러의 원흉으로 보고 있다. 이에 혹자는 '한 국가의 테러분자는 다른 국가에게는 평화의 전사'라고 말한다.

③ 테러범죄와 일반범죄의 가장 커다란 차이는 피해자와 목표물의 불일치로 테러의 피해자는 민간인이나 비전투원이다. 이처럼 테러는 무고한 일반시민들은 '더러운 존재(corrupt being)'로 테러조직의 목적달성을 위해 정조준 된다.

④ 그 논쟁적인 성격 때문에 미국은 국가정보국장(DNI) 산하에 국가테러대응센터(NCTC)를 설치했고, 국제테러조직 지정도 국가정보국장(DNI)이 관장한다.

해설 미국은 애국법등에 근거하여 국무부에게 테러단체 지정권한이 있다. 정보기구가 아닌 정책부서인 **국무부**가 테러단체지정권을 갖는 것은, 테러단체 지정이 외교정책 문제이기 때문이다. 국무부는 테러추방 목록(Terrorist Exclusion List : TEL)을 작성하여 관리한다.

답④

33. 경제간첩 활동에 의한 상업적 이득에 대한 설명으로 잘못된 것은?(기출)

① 애당초부터의 상업적 목적인 산업간첩과 달리 경제간첩은 국가안보 목적이라고 하는 경우에도 경제간첩활동으로 상업적 이득이 발생할 수도 있다.

② 기회균등론은 경제활동에서의 페어플레이를 확보하기 위한 노력이라고 하더라도, 경제스파이 활동은 어디까지나 국가안보 목적이기 때문에 국가정보기구의 경제스파이 활동을 통해서 사경제 주체가 상업적 이득을 취득하는 것은 부당하다고 한다.

③ 국가정보기구에 의한 경제간첩 활동이 사경제 주체에게 막대한 이득을 가져다 준 경

우에도 활동의 주된 목적은 어디까지나 국가안보를 위한 것으로서 사경제 주체가 이득을 취한 것은 반사적 이익일 뿐이라는 주장이 부차적 이득론이다.

④ 경제간첩 활동은 국가안보 목적인 것으로 원칙적으로는 사경제 주체의 영업적 이득을 도모하기 위한 것이 아니다.

해설 기회균등론은 경쟁하는 경제주체 사이에도 참가권을 비롯하여 기회는 서로 공평하게 가져야 하는 것으로, 그를 위해 상업적 이득이 해당 사기업에 돌아가는 경우에도 공평성 확보를 위해 국가정보기구는 일정한 경제간첩 활동을 할 수 있다는 것이다.

정답②

---

34. 전직 CIA 요원이었던 로버트 바이어(Robert Baer)가 말한 "테러용의자에 대하여 중요한 심문을 원하면 요르단으로, 고문을 원하면 시리아로, 다시 보고 싶지 않으면 이집트로 보내라"는 문장과 관련이 있는 용어들의 묶음은?(기출)

① 외로운 늑대(lone-wolf), 유령 조직원(phantom cell), 무(無)지도자 저항자(Leaderless resistance), 비밀조직 요원(covert cell).

② 변칙인도(irregular rendition), 비상인도(extraordinary rendition), 고문의 아웃소싱(outsourcing of torture).

③ 적색테러(Red Terror), 대 테러 (Great Terror) 백색테러(White Terror).

④ 선제공격론, 할 말이 없다(I have nothing to say).

해설 테러 용의자 조사를 위한 새로운 기법을 묘사한 문장으로, 세계 도처에서 체포된 테러 용의자 등을, 헌법상 고문 등이 금지된 국내로 바로 이송하지 않고, 고문이 허용되는 국가로 일단 인도하여 고문을 통해 테러에 대한 정보를 획득하는 방법을 말한다.

정답②

제5편

정보기구론

(☞국가정보 pp. 837-1099 참조)

제1장 국가정보기구의 분류

제4판에서의 변경사항

1. 미국 CIA 국가비밀정보부를 '국가비밀정보국(NCS)'으로 법무부 마약청을 '마약단속국(DEA)'으로, 국가정찰실(NRO)을 '국가정찰국'으로, 국가지구공간정보국(NGA)을 '국가지리정보국'으로, 일본의 국방성 정보본부를 '방위성 정보본부(DIH)'로 명칭을 수정했다.

2. 미국 FBI, 러시아 연방보안부(FSB), 일본 공안조사청(PSIA)을 기존의 국내정보 기구에서 국내정보와 해외정보를 모두 담당하는 **통합형 정보기구**로 평가했다. 2001년의 9/11 테러이후에 정보와 수사 그리고 국내정보와 해외정보가 융합되는 추세에 따라서 FBI는 전 세계에 수십 개의 해외정보기지를 운영하고 있고, 러시아 연방보안부는 러시아뿐만이 아니라, 독립국가인 과거의 러시아 연방에 대해서도 정보수집 권한을 가지고 있기 때문이다. 법무성 산하의 공안조사청도 한반도를 포함하여 해외정보에 대한 활동을 늘린 것으로 알려져 있다.

I. 활동지역별 분류

1. 국내정보 기구

중국 공안부(MPS), 영국 보안부(MI5), 프랑스 중앙국내정보총국(DCRI), 독일 헌법수호청(BFV), 이스라엘 샤박(Shabak).

2. 해외정보 기구

미국 CIA, 영국 비밀정보부(MI6), 프랑스 대외안보총국(DGSE), 러시아 해외정보부(SVR), 독일 연방정보국(부)(BND), 이스라엘 모사드(Mossad).

3. 국내외 종합정보기구

중국 국가안전부(MSS), 한국 국가정보원(NIS)이 대표적이다. 본연의 임무인 국내정보에 비해 상대적으로 적지만 미국 연방수사국(FBI), 러시아 연방보안부(FSB), 일본 공안조사청(PSIA)은 해외정보도 수행하므로 종합정보기구라고 평가할 수 있다.

II. 수행 기능별 분류

1. 통합형 정보기구

국내정보와 해외정보를 총괄하여 단일기관이 수행하는 정보기구이다. 구소련의 KGB, 중국 국가안전부(MSS), 한국 국가정보원(NIS)이 이에 속한다.

2. 분리형 정보기구

영국은 비밀정보부(MI6) 해외-보안부(MI5) 국내, 프랑스는 대외안보총국(DGSE) 해외-중앙국내정보총국(DCRI) 국내, 독일은 연방정보국(BND)이 해외-헌법수호청(BFV)이 국내, 이스라엘은 모사드(MOSSAD)가 해외-샤박(Shabak)이 국내정보를 담당한다.

III. 소속별 분류

1. 행정수반 직속 정보기구

국무원 소속인 중국 국가안전부(MSS), 총리 산하의 일본 내각정보조사실(CIRO), 대통령 직속인 러시아 해외정보부(SVR), 총리 직속인 이스라엘 모사드(MOSSAD)와 샤박(SHABAK), 총리 직속인 독일 연방정보국(부)(BND), 대통령 직속의 한국 국가정보원.

2. 행정부처 소속 정보기구

미국은 CIA를 제외한 나머지 15개 정보기구는 모두 행정부처 소속이다. 영국도 모든 정보기구가 행정부처 소속이다. 비밀정보부(MI6)와 정부통신본부(GCHQ)는 외무성, 보안부(MI5)는 내무성, 국방정보참모부(DIS)는 국방성 소속이다. 프랑스의 대외안보총국(DGSE)은 국방성, 중앙국내정보총국(DCRI)은 내무성에 포진하고 있다. 독일 연방헌법수호청(BFV)은 내무성 소속이다. 이스라엘의 아만(AMAN)은 국방부 소속이다.

3. 중앙정보기구

행정부 수반이나 어느 행정부처에 소속되지 않고, 일반 행정부처와 병렬되거나 또는 상위에 위치하여 전 부처를 위한 경우의 정보기구를 말한다. 미국 중앙정보국(CIA)이 대표적이다.

IV. 담당 수준별 분류

1. 국가정보기구

특정부처가 아닌 국가 전체의 정보수요에 서비스하는 정보기구이다. 미국의 CIA, 국가안보국(NSA), 국가정찰국(NRO), 국가지리정보국(NGA), 일본의 내각정보조사실(CIRO), 러시아 해외정보부(SVR), 독일 연방정보국(BND), 이스라엘 모사드와 샤박, 중국의 국가안전부(MSS), 한국의 국가정보원이 이에 해당한다.

2. 부문정보기구

특정한 행정부처에 소속되어 부처의 정보수요에 대처함을 원칙으로 하는 정보기구들이다. 개별행정부처 소속 정보기구들은 대부분 부문정보기구들이다.

V. 행정 영역별 분류

1. 민간부문 정보기구

일반 행정부처 소속 정보기구와 대부분의 국가 중앙정보기구는 민간부문 정보기구이다.

2. 군 정보기구

국방부나 각 군에 소속되어 군의 정보업무를 수행하는 정보기구이다.

VI. 활동 방법별 분류 – 첩보수집의 주된 방법에 의한 분류

1. 인간정보(휴민트, HUMINT)기구

인적자원을 정보활동의 주된 요소로 하는 정보기구이다.

2. 과학기술정보(테킨트, TECHINT)기구

대표적인 것은 신호정보기구와 영상정보기구이다.

제2장   주요 국가의 정보기구

제1절 미국의 정보기구

제1항 미국의 국가 현황

미국은 1776년 7월 4일 영국의 식민지에서 독립을 쟁취하여 1783년 파리 조약에 의해 국제법적으로 미합중국(United States of America)으로 공식 승인받았다. 최초 13개 주에서 현재는 총 50개 주로 구성된 연방 국가이다. 러시아와 캐나다에 이어 세계에서 3번째로 큰 나라이다. 대한민국 전체의 약 45배에 달한다. 인구는 2018년 기준으로 약 329,256,465명이다. 일찍이 조지 워싱턴 초대 대통령이 이민자로 구성된 국가라고 호칭하였을 정도로 이민정책은 인구증대를 위한 중요한 정책으로 매년 난민을 지구상에서 가장 많이 받아들이고 있다. 세계 최대 코카인 소비국이기도 하다.

제2항 정보공동체 발전의 역사적 사건

1. 진주만 공격

1941년 12월 7일 진주만 공격은 1947년 CIA의 창설을 이루게 한 역사적 사건이다.

2. 제2차 세계대전

미국은 제2차 세계대전 중에 일본에 대한 매직(MAGIC) 신호정보와 독일에 대한 울트라(ULTRA) 신호정보를 해독하여 역공작을 펼치는 등으로 다양한 공작적 정보활동에서 신호정보의 중요성과 필요성을 실전적으로 체험했다.

3. 한국전쟁

1950년의 한국전쟁은 미국에게 3가지의 좋은 경험을 가져다주었다. 첫 번째는 6.25 전쟁 발발을 예측하지 못한 정보실패에 대한 경험이다. 두 번째는, 한국전쟁은 공산주의를 상대로 한 정보활동을 강화하게 만든 기폭제가 되었다. 마지막으로 한국전쟁에서의 실천적 공작정보 활동은 1947년 창설된 초창기 중앙정보국(CIA)의 실전에서의 정보 역량을 배가할 수 있게 해 준 경험의 장(場)이 되었다.

4. 50년대 각국의 쿠데타 사건

1953년 이란과 1954년의 과테말라의 쿠데타 사건 등은 공산주의 정부의 전복공작을 포함한 CIA의 다양한 비밀공작 활동을 경험할 수 있게 해주었다.

5. 쿠바 피그만 공작사건

1961년의 피그만 공작실패는 1947년 출범 이후 약 15년 가까이 안주해 오던 정보요원들의 세대교체로 이어져 젊은 정보기구로 재탄생될 수 있게 했다.

6. 베트남 전쟁

약 11년 동안의 베트남 전쟁(1964~75)은 비밀공작과 방첩공작활동을 마음껏 경험할 수 있게 해주었다. 정보학적으로는 3가지 경험을 하게했다. 첫 번째는 정보의 정치화 현상의 초래였다. 두 번째는 CIA 단일 기관에 의한 정보분석은 상당부분 오류가 많았다는 것을 알게 해주었다. 세 번째는 국제협약 이행 감시와 같은 정보기구의 새로운 영역발굴이다.

7. 워터게이트 사건(Watergate Affair) 및 이란-콘트라 사건

두 사건으로 정보에 대한 의회의 밀착통제를 가져왔다. 그 결과 미국 정보공동체는 민주화와 공개화 그리고 정보활동에 대한 감시와 감독이라는 새로운 정보환경을 맞게 되었다.

8. 소비에트연방공화국의 소멸

1991년 소비에트공화국의 소멸은 미국 정보공동체에 두 가지의 반성을 전했다. 첫 번째는 소련의 소멸은 정보 성공인가? 아니면 정보실패인가? 하는 논쟁이다. 두 번째는 정보공동체는 과연 소비에트공화국의 소멸 과정과 공화국 재편 과정에서 무엇을 하였는가? 하는 점이다.

9. 2001년 9/11 테러공격

2001년 9/11 미국 본토에 대한 테러공격은 정보 역사상 최대의 정보실패로 간주되었다. 결과적으로 국가정보국장(DNI) 직위 신설이라는 미국 정보공동체 최대의 변혁을 가져왔다.

10. 2003년 이라크 전쟁

2003년 이라크 전쟁 정보분석은 잘못된 것으로 판명되었다. 그것은 CIA 등 정보기구의 개별적인 실패가 아니라 **미국 정보시스템의 총체적인 실패**였다. 결국 9/11 테러공격의 정보실패보다 더 가혹하게 미국 정보공동체의 대변혁을 결단케 한 중요한 원인이 되었다.

제3항 미국 정보공동체와 정보공동체 유관기구

I. 정보공동체(Intelligence Community)

미국 정보공동체는 정보의 제국(帝國)으로 국가정보국장(DNI)을 정점으로 CIA를 비롯하여 16개의 정보기구로 구성되어 있다. 그러나 단순한 16개 정보기구의 병렬체가 아니라 유기적인 업무협조를 이룸으로써 미국을 넘어서서 전 세계의 촉수로 기능한다.

II. 국가안보회의(National Security Council)

1. 의의와 기능

국가안보회의(NSC)는 국가안보정책과 외교정책에 대하여 대통령에게 자문하고 지원하는 백악관 내 자문기구로 국가안보정책과 외교정책을 조종하는 대통령의 팔로서 기능한다.

2. 국가안보회의 구성원

국가안보회의 의장은 대통령이다. 고정 멤버는 부통령, 국무부 장관, 재무부 장관, 국방부 장관, 국가안보보좌관, 합참의장, 국가정보국장(DNI)이다.

3. 국가안보회의 국가안보 업무 수행의 한계

참석자 면모를 보면 정보업무에 정통하지 않은 경제 관련자도 있어서 업무방향이 국가정보활동의 지향과 반드시 일치하는 것은 아닌 것으로 다음의 비판이 있다.

① 정보업무에 대한 국가안보회의의 검토는, 높은 위험을 수반하는 정보공작을 수행하는 경우에는 소극적이거나 비효율을 초래할 위험성이 있을 수 있다.

② 국가안보회의는 정권을 잡은 현 집권세력의 국가안보정책과 외교정책 결정기구로, 집권세력의 안보정책이 반드시 국민과 국가의 안보정책과 일치하는 것은 아니다.

③ 국가안보회의 구성원들은 국가안보와 외교 업무에 단기간 종사하여 전문성에 있어서도 많은 차이가 있고, 정치적 책임에 민감할 수밖에 없어서 정치적 부담이 따를 것 같은 내용에 대해서는 회피하려는 경우가 많다.

④ 현 집권세력의 국가안보회의는 영속적인 운영체가 아니다. 다음 정권과 임무를 교대하는 한시적인 조직이라는 특성으로 정보가 정치화 될 수 있다.

4. 국가안보회의의 국가안보 업무 수행의 올바른 방향

이에 피터 라빈 한센과 윌리엄 뱅크스는 국가안보회의는 대통령의 참모조직으로 전략기획 (To plan strategy), 조정(To coordinating), 감독(To supervise) 임무의 수행과 대통령

보좌임무만을 하는 것으로 족하고, 적극적이고 장기 지속적인 비밀공작 업무를 포함한 정보업무 수행에 관여하는 것은 좋지 않은 영향을 줄 수 있다고 강조했다.

III. 정보공동체에 대한 의회 통제기구

1. 상원특별정보위원회(Senate Select Committee on Intelligence : SSCI)

예산권과 입법권을 무기로 정보공동체에 대한 전반적인 업무감독을 담당한다. 정보예산 승인과 감독·조사 그리고 필요한 청문활동을 한다.

2. 하원상임특별정보위원회(House Permanent Select Committee on Intelligence)

상원정보위원회(SSCI)의 카운터 파트너로 예산승인, 정보업무 감독, 청문회를 실시한다.

3. 기타 위원회

국방위원회, 법사위원회, 대외위원회도 정보공동체 업무를 감독하는 기능이 있다.

제4항 국가정보국장(Director of National Intelligence)

I. 연혁과 특성

국가정보국장(DNI)은 미국 정보공동체(IC)를 통솔하는 수장으로 2004년 정보개혁법에 의거하여 탄생했다. 기존의 중앙정보국장(DCI) 체제를 대체한 것으로 요체는 수하에 어떤 **집행정보기구**도 거느리지 못하게 한 것이다.

II. 국가정보국장(DNI)의 권한과 임무

1. 국가정보의 생산과 배포
2. 국가안보 정보에 대한 총괄 접근권
3. 정보우선순위 결정권
4. 정보공동체 업무조종·감독권
5. 정보기구 장(長) 임면에 대한 권한과 예산배분권

III. 국가정보국(ODNI)의 대표적인 조직

1. 국가정보위원회(National Intelligence Council)

NIC는 정보공동체와 정책공동체를 연결해 주는 핵심부서이다. NIC는 국가정보에 대한 전략적 사고의 중심처로 국가정보예측보고서(NIEs)를 생산하여 매 5년마다 15년 후의 지구 미래상황을 예측하는 **미래예측보고서**를 생산한다.

2. 수석첩보실(Chief Information Officer)

정보공동체의 단순한 분석정보 공유가 아니라 각 기관이 획득한 **원시정보의 공유**, 즉 **첩보공유(Information sharing)**를 책임지는 부서이다.

3. 시민의 자유보호실(Civil Liberties Protection Officer)

4. 감찰감(Inspector General)

5. 국가대테러센터(National Counterterrorism Center: NCTC)

미국의 테러대응 최고기구이다. 국가대테러센터 국장은 상원 인준으로 대통령이 임명한다.

제5항 중앙정보국(Central Intelligence Agency)

I. 연혁 및 개관

2차 세계대전 당시의 군 전략정보국(OSS)의 후신으로 1947년 국가안보법에 의해 창설되었다. **'회사(Company)'** 또는 **'기관(Agency)'**으로 불린다. 정보요원에 대한 일반적인 비하적인 말로 **'유령(Spook)'**, 그리고 CIA 요원들만을 지칭하는 용어로는 본부 소재지를 빗대 **'버지니아 촌놈(Virginia farmboys)'**이라고 호칭된다.

《버지니아 랭글리 소재 CIA》

국가정보국장(DNI) 체제로 변하면서 CIA의 임무범위와 역할이 상당히 축소되었다고 하지만, 여전히 인간정보활동(HUMINT)을 총괄하는 책임을 맡고 있다. 사안에 따라서는 DNI를 거치지 않고 대통령에게 직접보고 할 수 있다. 오늘날에도 CIA는 국가안보와 국가이익을 수호하는 세계 **'비밀의 손'**으로 통한다.

II. 임무

① 해외정보 수집
② 인간정보 활동에 대한 전반적인 지침의 제공과 업무조정
③ 국가안보와 관련된 정보에 대한 상호 연관화와 평가 및 배포
④ 국가정보국장(DNI)이 지시한 임무의 수행
⑤ 기타 대통령과 국가안보회의(NSC)가 지시한 임무 수행

III. 조직

1. 국가비밀정보국(NCS: National Clandestine Service)

미국 정보공동체의 휴민트(HUMINT)활동의 총본산으로 예전의 공작국(Directorate of Operations)을 확대 개편한 것이다. 국가비밀정보국 창설 입법 제안자인 상원의원 패트릭 로버츠(C. Patrick Roberts)가 지적한 것처럼 신호정보기구인 국가안보국(NSA)이나 영상정보기구인 국가지구공간정보국(NGA)의 창설에 비견되는 역사적인 일로 간주된다. 현장 정보의 중요성을 강조하여 일선 정보요원들의 사기를 크게 진작시킬 수 있게 되었다.

2. 정보분석국(Directorate of Intelligence & Analysis)

정보국(DI)은 최종 분석정보를 정보 수요자에게 제공하는 책임을 담당한다.

3. 과학 · 기술국(Directorate of Science and Technology)

정보활동에 필요한 최첨단의 정보장비를 개발하여 현장요원들에게 제공하고 장비의 문제점을 해결해 준다. CIA 과학기술국장은 비영리 벤처기업인 In-Q-Tel의 관리자를 겸임한다.

4. 임무지원국(Directorate of Support to Mission)

일반 행정지원업무는 물론이고 특별 인적 자원, 예컨대 미인계에 필요한 인력자원, 절취전문가, 변장기술자, 의성(疑聲)전문가 지원을 포함한다. 재정문제, 의료문제, 계약서 확보, 필요한 허위문서 생산, 필요한 시설확보와 기술지원 업무도 담당한다.

제6항 국방부 산하의 8개 정보기구

I. 개 관

국방부의 정보조직은 업무성격에 비추어 3가지 유형이 있다. 첫 번째는 소속은 국방부이지만 미국 전체에 대한 봉사를 목적으로 하는 정보기구들이 있다. 이름에 국가(National)라는 명칭이 붙어 있는 국가안보국(NSA), 국가지리정보국(NGA), 국가정찰국(NRO)이 그것이다. 두 번째로는 행정부의 한 부문인 국방부의 정보수요에 대하여 정보서비스를 제공하는 정보기구로 국방정보국(DIA)이 있다. 마지막으로 각 군의 개별수요에 따른 육군, 해군, 공군 그리고 해병대 4개의 군별 독립된 정보기구가 있다.

II. 국가안보국(NSA: National Security Agency)

1. 연혁과 임무

국방부 산하의 신호정보 전문 정보기구로, 가장 방대한 조직과 예산을 사용한다. 획득정보를 자체적으로 활용하는 공작활동은 하지 않고, CIA나 FBI 등 다른 정보기구에 제공하는 지원역할을 한다. 수년 동안 존재 자체가 비밀로 분류되어 있어 "그런 기관은 없다(No Such Agency)" 또는 "입에 담지 마라(Never Say Anything)"라고도 말해진다. NSA는 지구 도처에서 발산되고 통신되는 신호정보를 지구상에서 현존하는 가장 강력한 슈퍼컴퓨터를 이용한 데이터마이닝 기법으로 정보를 생산한다.

2. 구성과 활동

워싱턴 DC 근처 메릴랜드 포트미드(Ft. Meade)에 본부를 두고 있고, 텍사스에 암호학센터(Cryptology Center)가 있다. 단일기관으로서는 세계에서 가장 많은 수학자를 보유

《NSA headquarters in Fort Meade, Maryland》

하고, 역사학자, 물리학자, 화학자, 암호전문가, 정보분석 전문가, 언어학자, 컴퓨터 과학자와 기술자 등으로 구성된 인적자원은 수적인 면에서나 질적인 면에서 해당분야에서 최강이라고 알려져 있다.

또한 전국에 걸쳐 있는 과학과 산업부분의 실험소나 연구소와 네트워크를 구축함으로써 막강한 정보왕국을 구축한다. 조직에 대한 모든 것이 비밀 분류되어 있고 출입구도 일방통행의 폐쇄도로로, NSA로 통하는 길은 직원 전용의 외길이다. 세계 최대의 통신 감청시스템인 애쉴론

(ECHELON)의 미국 측 담당이다.

3. 이용과 전망

신호정보는 국가정보 체계의 중추이다. NSA는 다양한 고객을 위하여 소비자 중심의 주문 제작형 정보를 제공한다. NSA는 미국의 국책연구기관으로 미국 **미래의 초석**이라는 평가를 받는다. 즉 정보기구로 탄생하여 오늘날도 정보기구로 기능하고 있지만 세계 과학기술을 주도함으로써 국가발전의 원동력이라는 평가를 받는다.

III. 국가지리정보국(NGA: National Geospatial - Intelligence Agency, 국가지구공간정보국)

① 국가지리정보국(NGA)은 지구공간의 지질학적 정보를 생산하는 정보기구이다.
② 비전은 "지구를 알고, 길을 인도하라(Know the Earth, Show the Way)"로 '현재, 다음 그리고 다음의 다음(Now, Next and After Next)'에 대한 정보생산이 목표이다.
③ 지구 공간에 대한 '총괄적 정보생산자'이자 '정보매니저'로 평가된다.

IV. 국가정찰국(NRO: National Reconnaissance Office)

① 영상정보기구이다. 신호정보기구인 국가안보국(NSA)이 '지구의 귀'라고 한다면 국가정찰국은 **'지구의 눈'**으로 평가된다.
② 국가정찰국이 수집한 자료는 '국가기술자산(National Technical Means : NTM)'으로 분류하여 국가비밀로 관리된다.
③ 국가정찰국은 인류 최초의 원자폭탄 개발계획인 맨해튼 프로젝트에 비견되는 차세대 정찰인공위성 프로젝트인 **미래화상체제(Future Imagery Architecture)**를 구축했다.
④ 국가정찰국이 운용하는 미래화상체제는 평시에는 위성자료를 통해 적대세력의 잠재적 군사 공격가능성을 사전에 파악하고, 대량살상무기의 전개와 이동을 감시하며, 테러분자들의 활동을 추적한다. 군축합의와 국제조약에 따른 환경의무를 잘 이행하는지를 점검하고 인재(人災)와 천재(天災)의 영향을 측정·평가하는 역할도 담당한다고 한다.

V. 국방정보국(DIA: Defense Intelligence Agency)

① 군사정보를 생산하고 총체적으로 관리하는 국방부 산하 정보기구로 CIA, 국무부 정보조사국(INR)과 함께 3대 종합정보분석기구이다.
② 국방정보국은 러시아의 정보총국(GRU), 영국의 국방정보참모부(DIS), 이스라엘의 아만(Aman)에 비견된다.
③ 국방정보국의 산하에 석·박사과정을 운용하는 합동군사정보대학(Joint Military

Intelligence College)이 있다.

VI. 육군정보부대(Army Intelligence and Security Command)

① 육군정보부대는 전 세계의 미군 기지를 바탕으로 24시간 미국과 우방의 이익에 대한 위협을 추적하여 관련정보를 수집하고 분석하는 종합 정보기구이다.
② 생산되는 정보분석보고서가 '위협 평가보고서'로 국방정책결정자들은 물론이고 미국 정보공동체와 무기개발 및 전투체계 개발자에게도 제공된다.
③ 미국 정보공동체에서 육군정보부대의 중요성은 그 **맨 파워**에 있다. 즉 일반 민간부문 정보요원들은 활동하기 어려운 전투현장에서 전투에도 직접 참가하며 정보를 획득할 수 있다는 데에 필요성과 강점이 인정된다.

VII. 해군정보실(Office of Naval Intelligence)

해군정보실(ONI)은 1882년 3월 23일 창설되어, 미국 정보기구 가운데 **가장 오랜 정보역사**를 가지고 있다. 국토가 광대한 바다로 싸인 자연적 조건으로, 해상에 대한 안전 확보가, 건국부터 국가존립의 당면한 과제였다. 해상전쟁 수행과 항해의 자유권을 확보하고 외국의 공격을 저지하는 것을 목적으로 하여 해양관련 정보를 제공함을 기본임무로 한다.

VIII. 공군정보감시정찰대(Air Force Intelligence Surveillance & Reconnaissance)

① 공군정보감시정찰대(AF-ISR)는 공군의 독자적인 정보기구이면서도, 기능적 체제상 국가안보국(NSA) 내의 한 기구로 기능한다. 독립적 정보기구라는 성격과 함께 국가안보국(NSA)을 중심으로 정보협력체를 형성하는 이중적 지위를 가진다.
② 강점은 지구상에서 **가장 빠르게 현장에 접근할 수 있는 정보기구**로 단순한 참모부서가 아닌 8번째 공군력(Eighth Air Force)이라 불리는 실전형 전투부대이다.

IX. 해병정보대(MCIA: Marine Corps Intelligence Activity)

① 미국 해병대는 육군, 공군, 해군, 해안경비대와 더불어 5대 정규군이다. 해병정보대는 해병대의 CIA로 '**군대 내의 비밀의 손**'으로 통한다. 해병정보대는 독립된 정보기구임에도 스스로를 '**협력자(Corporate enterprise)**'라고 부른다.
② 미국 정보공동체에서 해병정보대의 가치는 그 맨 파워(man-power)로 인해 능력을 인정받는다. 즉 과학 장비가 한계가 있는 영역에서 막강한 전투력을 갖춘 인적능력을 활용해 언제, 어떤 조건, 어떤 곳에서도 성공적으로 필요한 정보활동을 수행해 낼 수

있다고 평가받는다.

③ 그래서 해병정보대는 **원정·탐험 정보부대**라고도 불린다. 남들보다 먼저 투입되어 상황을 파악하여 전투에 사용할 정보를 획득하고, 위험을 무릅쓴 전투현장에서의 기동 활동과 정보활동을 병행 수행하는 것에서 붙여진 이름이다.

제7항 행정부 부문 정보기구

I. 에너지부 정보방첩실(Office of Intelligence & Counterintelligence)

① 에너지부 정보방첩실(IN)은 약칭하여 에너지부 정보실(IN)로 불린다. 활동기원은 제2차 세계대전 후에 핵무기 개발 계획인 맨해튼 프로젝트의 진행과정에서 시작되었다.

② 정보실(IN)의 임무는 시대상황을 반영하여 1970년대 국제 에너지 위기상황에서는 에너지의 안정적 수급문제에 대한 정보수집과 분석에서 전문성을 발휘했다. 1990년대 핵무기 확산 문제가 국제적 이슈로 대두되면서 핵무기 확산방지와 핵무기 테러에 대한 방지에 임무의 방점이 옮겨가 있다.

③ 오늘날은 핵무기 개발문제, 핵확산 문제, 평화적인 원자력 이용 문제, 방사성 폐기물 및 에너지 확보분야에 대한 정부수집과 분석이 주된 임무이다.

II. 국무부 정보조사국(INR: Bureau of Intelligence and Research)

① 정보조사국(INR)은 제2차 세계대전 당시의 전략정보국(Office of Strategic)의 단위부서였던 조사분석실(R&A)을 바탕으로 1946년에 창설되었다.

② 국무부 소속 국 단위의 작은 기관이지만 정보분석 생산물은 정보공동체의 보고서 중에서 가장 권위 있는 것 중의 하나로 의회도 높이 평가한다.

③ 정보물이 권위를 인정받는 이유는 외교업무의 연장선에서 수시로 각국의 외교담당 고위 관계자, 심지어는 외국 최고통수권자의 의중을 직접 확인할 수 있다는 것이 여타의 다른 정보획득 기법으로는 수집할 수 없는 좋은 정보원천이 된다.

④ 매년 국내·외 공식회의를 개최하여 저명한 외부 전문가의 아이디어를 청취하는 기회를 가짐으로써 또 다른 중요한 정보획득의 기회도 갖는다.

III. 재무부 정보분석실(OIA: Office of Intelligence and Analysis)

① 재무부 정보분석실(OIA)은 테러그룹과 대량살상무기확산그룹 등에 대한 재정지원을

포함한 원조 네트워크에 대한 정보와 금융정보를 생산한다.

② 글로벌 정보기구인 금융활동특별조사단(FATF)과 유기적 협조를 맺으며, 소위 불량국가(Rogue Regimes)들에 대한 재정루트 차단과 경제제재 임무도 수행한다.

IV. 법무부(Department of Justice)의 2개 정보·수사기구

1. 마약단속국(DEA: Drug Enforcement Administration)

① 마약단속국(DEA)은 연방경찰 업무도 수행하는 법무부 산하의 법집행기관이다. 1973년 7월 1일 리처드 닉슨 대통령은 기존의 마약관련 부서를 모두 통합하고 마약에 대한 총괄적 대책기구로 법무부에 마약단속국(DEA)을 창설했다.

② 마약단속국은 2006년 16번째로 정보공동체의 정식 멤버에 편입했다. 이것은 그 동안 사회치안 문제로만 인식되어 오던 마약문제를 정보공동체의 정보협력으로 범국가적으로 대처하여야 할 국가안보 문제로 인식하였다는 것을 의미한다.

2. 연방수사국(FBI: Federal Bureau of Investigation)

① 1908년 7월 보나파르트 법무부 장관은 연방수사국(Bureau of Investigation)을 창설했다. 수사국(BI)이 1935년 후버(J. Edgar Hoover) 국장에 의해 연방수사국(FBI)으로 확대 개편되었다. 1924년 제 6대 수사국장으로 취임한 에드거 후버 국장은 FBI의 초대국장으로 취임하여 1972년 사망할 때까지 총 48년간 국장으로 재직했다.

② FBI는 첫 글자인 '충성(Fidelity), 용기(Bravery), 성실(Integrity)'을 복무방침으로 하여 연방범죄에 대한 최고 수사기구이자 방첩기구이다. 세계 각국은 수사·방첩정보기구를 구축함에 있어서 FBI를 본받으려고 노력해왔다.

《워싱톤 D.C 소재 FBI 본부》

③ FBI는 56개의 국내 지역사무소와 50개 해외지부가 있는 기구로 엄밀하게는 국내정보와 해외정보를 모두 담당하는 **종합정보기구**이다. 국가안보실(National Security Branch: NSB)이 정보업무를 총괄한다. 주된 임무는 연방범죄 수사와 방첩임무이다.

④ 전통적으로 미국은 정보와 수사를 엄격히 구분했다. 그러나 9/11 위원회 조사에서 나타난 것처럼 현실은 정보와 수사의 유기적 융합을 통해서만 테러범죄에 효율적으로 대처할 수 있음이 드러났다. 또한 현실적으로 기동화·조직화·국제화되어 가는, 테러 등 국제범죄에 대해서는, 정보와 수사의 공조 없이는 궁극적인 처벌로 연결시킬 수 없으므로 양자의 결합은 필연적이라고 할 수 있다.

⑤ 이에 법은 FBI에 수사업무와 법집행업무 담당자 사이에 유기적 관계를 구축할 수 있도록 했다. FBI 내에서의 정보와 수사의 장벽도 철폐했다. 정보와 수사 결합의 강화추세는 FBI 조직 내에서뿐만 아니라 국토안보부(DHS)와의 공조에도 이어졌다.

V. 국토안보부(Department of Homeland Security)의 2개 정보기구

① 국토안보부(DHS)는 2001년 9/11 테러 공격 이후 창설된 조직이다. 국방부(DOD), 원호부(Department of Veterans Affairs)에 이어 미국의 행정부처 가운데 3번째로 큰 부처이다.

② 국토안보부 정보분석실(Office of Intelligence and Analysis)과 국토안보부 해안경비대정보실(Coast Guard Intelligence)의 2개 기구가 정보공동체의 멤버이다. 해안경비대정보실은 정보기능과 함께 법집행 기능도 수행한다.

제2절 중국의 정보기구

제1항 중국 개관

중국은 1949년 중화인민공화국을 창설한 마오쩌뚱의 강력한 지도력 하에 사회주의 국가로 탄생했다. 1978년 마오쩌뚱의 후계자가 된 등소평은 검은색이든 흰색이든 쥐를 잘 잡는 고양이가 최고라는 '흑묘백묘론(黑猫白猫論)'의 실용주의 노선에 입각하여 경제비약을 이루었다. 그러나 중국은 현재도 사회주의 국가로 국가정보기구를 활용한 정치적 통제를 한다. 면적 기준으로 러시아, 캐나다, 미국에 이어서 세계에서 4번째로 큰 나라로 인도와 북한을 비롯한 총 14개 국가와 국경선을 접하고 있고 인도, 파키스탄, 베트남과는 국경분쟁이 끊이지 않는다. 인구는 2018년 기준으로 약1,384,688,986명이다. 공식명칭은 중화인민공화국(People's Republic of China)이며 차이나(China)로 호칭된다. 수도는 베이징으로 23개 성(省)과 5개 자치구역으로 이루어져 있다. 남동아시아의 황금의 삼각지대(Golden Triangle region)에서 생산되는 헤로인의 중요한 환적 지역이다.

제2항 중국의 정보기구

I. 개 관

중국은 모택동이 1921년 중국 공산당을 창당하고, 1927년 중국군을 창설했고, 이후 장개석의 국민당 정부와의 투쟁에서 승리함으로써 1949년 10월 1일 중화인민공화국을 건국하여 당→ 군→ 국가 순서로 성립했다. 그 결과 중국의 정보기구는 처음에는 당에 의하여, 그 다음에는 군에 의하여, 마지막으로 행정부인 국무원에 의해 주도되었다.

II. 국가안전부(MSS: Ministry of State Security)

국가안전부(MSS)는 중국에서 가장 크고 활발한 활동을 하는 국가중앙정보기구다. 다른 정보기구들을 기획·조정하며 국내정보와 해외정보를 모두 담당하는 종합정보기구이다. 정치 불만세력에 대한 감시활동도 병행하여 중국의 비밀경찰로 지칭된다. 1997년 조직 책임자 조우 지하우(Zou Jiahua)는 "전방에서의 특별한 임무에 대하여 경의를 표하며"라는 제하의 연설에서 "수만 명의 이름 없는 영웅들이 어려운 환경의 전 세계 170여개 특별한 위치에서 조용히 일하고 있다(Tens of Thousands of Them Scattered Over 170-Odd Cities Worldwide)."라고 격려하여 **인해전술**의 규모를 짐작케 한 바가 있다.

III. 공안부(MPS: Ministry of Public Security)

공안부(MPS)는 국가경찰조직이자 국내보안 기구이다. 인민의 생활영역에 관여함으로써 서구의 경찰보다 광범위한 책무를 가지고 있다. 수사, 체포, 심문은 물론이고, 인민의 출생, 사망, 결혼, 이혼관계를 조사하며 가구에 대한 불시 방문도 실시한다. 숙박시설 통제권과 운송수단과 총기에 대한 규제업무를 실시한다. 인민이 대도시로 이주하는 경우에 주거지 변경 통제 임무와 인터넷 사용자에 대한 등록제, 속칭 인터넷 검열제도 담당한다.

IV. 신화사(NCNA: New China News Agency)

신화사(NCNA)는 외국의 최신정보를 제공하는 정보기능을 수행한다. 국무원 산하 기구로 세계에서 가장 큰 선전 방송사이자, 중국의 가장 큰 정보수집기구이다. 중국 공산당의 선전을 여과 없이 바로 국내·외에 전달하고 전 세계 지부를 통해 각국의 정보를 직접 수집하고 각국에 중국의 공식 정보를 배포하는 일을 담당한다. **'참고자료'**라는 이름의 일일 발간물과 신화사 통신 국제부가 일주일에 두 번씩 전 세계에 걸친 내용으로 **'국제 정세에 대한 국내참고'**라는 이름의 정보문건을 생산하는 것으로 알려져 있다.

V. 군정보기구

1. 중앙보안부대(8341부대, Central Security Regiment)

8341부대는 최고실권자를 경호하기 위한 목적으로 군 정예요원으로 구성된, 특수경호 및 정보부대이다. 북경 보안부대로도 호칭된다.

2. 총참모부(General Staff Department) 산하 군 정보기구

2000년 사이버공격 및 정보교란 모의훈련을 임무로 하는 전자전 부대인 'NET Force'를 창설했으며 **홍커(red hacker)**라고 불리는 약 100만 명의 해커들이 활동하고 있다.

3. 총정치부 산하 군 정보기구

중국 인민해방군 총정치부 산하의 군정보기구로는 국제연락부(International Liaison Department)가 있다. 중국 국제우호협회(China Association for International Friendly Contacts)라고도 알려져 있다.

제3절 일본의 정보기구

제1항 일본 개관

일본은 도쿠가와 막부 이래로 약 250년간 폐쇄·고립정책을 취하다가, 1854년의 미국과의 가나가와 조약(일·미 화친조약)에 의해 문호를 개방한 이래로 급속도로 산업화되었다. 인구는 2018년 기준으로 약126,168,156명이고, 국토면적은 캘리포니아 주보다 약간 작다. 하지만 태평양 곳곳의 섬을 기준으로 바다를 포함한 실질적인 국가면적은 세계에서 약 6번째로 큰 나라이다. 주변 4개 지역에서 영토분쟁이 있다. 쿠릴열도상의 4개 섬에 대해 러시아와 영토분쟁이 있고, 조어도(釣魚島)에 대하여는 중국·대만과의 3각 영토분쟁이 있다. 독도에 대한 영유권 주장도 계속하고 있고, 동중국해(East China Sea)에서 탄화수소 등 부존자원을 겨냥하여 선포한 경제수역 해양 분쟁도 있다.

제2항 일본국 정보기구

I. 정보역사와 정보공동체 개관

1. 메이지 유신 이후 정보를 내세운 강국 건설의 기치

1878년에는 육군 특무부대를 1881년에는 군 헌병대를 설립했다. 1906년에는 남만주철도 조사부(소위 만철)를, 1938년에는 나가노 정보학교를 창설하여 정보엘리트를 양성했다.

2. 사경제 주체와의 융합 – 분산형 운용 체계

일본은 사기업 중심의 경제정보 수집활동이 국가정보보다 발달했다. 그 결과 일본의 국가정보 체계는 경제규모와 인구에 비례하면 적은 규모이고 분산형 운용체계이다.

3. 일본 정보공동체

해외정보는 외무성과 법무성이, 국내정보는 법무성이, 군사정보는 방위청이, 방첩과 경호는 경찰청이 분담한다.

II. 내각정보조사실(Cabinet Intelligence and Research Office)

내조(內調)는 총리를 보좌하는 관방장관 산하에 소속되어, 총리에게 직접 보고하는 중앙 정보기구이다. 군 정보기관을 포함한 모든 정보기관들의 업무를 조종하고 조율하는 총괄기능을 수행한다. 내조는 내각소속이라는 권위와 막대한 자금력을 바탕으로 일본방송협회, 세계정경조사회, 국제문제연구회 등 약 25개에 달하는 외곽 단체의 인건비와 사업비를 지원하면서 그들을 십분 활용하는 것으로 알려져 있다.

III. 공안조사청(PSIA: Public Security Investigation Agency)

법무성 소속의 현장 활동 정보기구이다. 1952년 7월 21일 제정된 파괴활동방지법과 공안조사청법에 근거하여 정부전복 활동에 대한 예방·조사와 통제를 임무로 한다. 국가안보 문제와 관련한 **국·내외정보**를 수집하고 극좌와 극우 그리고 공산당을 모두 대상으로 하는 방첩기능을 수행한다. 재일 조선인들과 조총련 활동에 대한 감시도 한다.

IV. 외무성 정보분석실(Intelligence and Analysis Service)

해외정보 수집 및 분석업무를 담당한다. 외무성 정보분석실의 특기할 정보수집 활동 중의 하나가 세계 현지에 파견된 **일본 특파원**들을 적극 활용하여 정보수집을 한다는 점이다.

V. 방위성 정보본부(Defense Intelligence Headquarters)

1997년 1월부로 탄생했다. 미 국방부 국방정보국(DIA)의 일본판으로 불린다.

VI. 초베츠(Chobetsu)

1958년에 설립된 신호정보 전문기관이다. 북한군 지휘관들의 음성도 식별한다고 한다. 감청 능력은 러시아 동쪽, 중국, 북한, 대만, 남아시아 그리고 남중국해까지 미친다.

VII. 일본 자위대(Self-Defense Force) 각 군 정보기구

통합·집중형의 방위성 정보본부의 창설에도 불구하고 일본 자위대 각 군 부문정보기구는 고유한 주특기를 살려 전술정보의 수집과 분석에 탁월한 능력을 발휘한다. 일부에서는 방위성 정보본부에 이관된 정보업무 자체가 오히려 극히 일부에 지나지 않는다고 말한다.

VIII. 일본무역진흥회(JETRO: Japan External Trade Organization)

1958년 수출 증진을 위하여 창설된 독립법인이다. 그러나 미국은 기능상 일본의 주요한 정보기구로 간주하고 감시의 끈을 늦추지 않는다. 제트로(JETRO)도 FBI와 CIA의 그들에 대한 감시활동을 잘 알고 미국 법을 준수하며 주로 공개 자료를 통해 경제정보를 획득하지만 비상수단의 정보수집 활동도 전개하는 것으로 알려져 있다.

제4절 러시아의 정보기구

제1항 러시아 개관

I. 러시아의 전개

1. 전통적 영토 확장 정책

구 소비에트 공화국의 모태인 제정 러시아는 12세기에 탄생했다. 제정 러시아는 약 200년 동안 몽골의 지배를 받았으며, 영토 확장을 국가의 기본정책으로 추진해 왔다. 대표적으로 피터 대제(Peter I. 1682-1725)는 발트 해로 진출하여 서구 진출의 발판을 구축한 후에, 제정 러시아를 러시아 제국(Russian Empire)으로 개명했다. 1945년 5월

제2차 세계대전 종료 후에 소련은 총 한방 쏘지 않고 한반도(북한)와 쿠릴열도에 진출했다.

2. 페레스트로이카(Perestroika)와 글라스노스트(Glasnost)

1985년 고르바초프(Gorbachev)의 등장은 소련 사회에 대변혁을 가져왔다. 그는 대내적 **'개혁'**인 페레스트로이카와 대외적 **'개방'**인 글라스노스트라는 실용주의 정책을 펼쳐 사회주의 통제체제를 완화했다. 한편 민족주의에 기초한 공화국들의 자립요구는 1990년 옐친의 러시아로 하여금 독립선언을 하게 했고 소비에트 연방의 해체를 촉진시켰다.

3. 소비에트 연방 해체와 독립국가연합(Common wealth of Independent States)의 탄생

연방의 해체를 막기 위해 KGB는 소위 KGB 쿠데타를 감행했으나 실패했고 오히려 연방 해체를 촉진시켰다. 1991년 12월 1일 러시아와 11개 공화국이 독립국가연합(Common wealth of Independent States), 즉 러시아 연방으로 탄생했다.

II. 러시아 국가 정보

국가 공식명칭은 러시아 연방(Russian Federation)이지만 통상 러시아(Russia)로 약칭된다. 국토의 상당 부분이 불모지이지만 미국 면적의 1.8배에 달하는 세계 최대의 국가로 엄청난 부존자원이 있다. 향후 캐나다와 더불어 지구 온난화의 커다란 수혜자가 될 것으로 미국 국가정보위원회(NIC)는 예상하고 있다. 2018년 기준으로 인구는 약 142,122,776명이다. 사회문제로는 인신납치 및 매매가 심각하고, 국제적으로 남자·여자·아동을 상대로 한 인신매매의 원천지이자 경유지이며 목적지이다.

제2항 러시아 정보기구

I. 러시아 정보기구의 변천

1. 오프리치니나(Oprichnina)와 체카

러시아 최초의 정보기구는 1565년 모스크바 대공국의 왕 이반(Ivan) 4세가 반역자와 부정행위자를 처벌하기 위해 설립한 보안·정치경찰 조직인 오프리치니나이다. 하지만 정규조직의 경찰은 1917년 레닌에 의해 창설된 비밀경찰 체카(Cheka) 또는 베체카(V-Cheka)이다.

2. 국가보안위원회(KGB) 탄생

스탈린 사후 권력을 장악한 흐루시초프는 1954년 국가보안위원회, 즉 KGB를 창설했다. KGB는 단일 집행기구가 아니라 치안·보안·정보의 종합기능을 가진 회의체 조직이다.

3. 흐루시초프의 1956년 2월 스탈린 격하 비밀연설과 고르바초프의 등장

스탈린 격하 비밀연설은 스탈린 치하에서 자행된 소름끼치는 범죄들에 대해 경악과 경각심을 촉구했다. 결과적으로 KGB의 권위 추락을 가져오고 핵심 간부들의 축출을 불러왔다. 한편 1985년 3월 권력을 장악한 고르바초프는 당과 정부에 대대적인 쇄신을 단행했다.

4. KGB의 반동과 KGB 쿠데타

하지만 KGB 내부에서는 개방정책을 반대하는 기류가 형성되었다. 서열 2위의 리가초프 등 내부 불만의 목소리는 높아졌다. KGB는 1991년 8월 21일 알파(Alpha)부대를 동원하여 고르바초프 대통령을 가택연금하고 러시아 의사당을 포위하여 독립운동 주동자인 옐친 러시아 대통령의 검거에 나서는 소위 **'KGB 쿠데타'**를 단행했다. 그러나 민중의 편에 선 KGB 일부 책임자들과 일선 알파부대 지휘관들의 명령 불복종으로 KGB 쿠데타는 실패했다. 1991년 10월 24일 고르바초프는 KGB를 폐지하는 공식 문건에 서명했다. KGB의 후계자는 해외정보 임무를 인수한 해외정보부(SVR)와 보안기능을 인수한 연방보안부(FSB)이다.

II. 해외정보부(SVR: Foreign Intelligence Service)

해외정보부는 **"역사 문제와 세계에서 가장 강력한 비밀정보에 대한 전문가적인 견해를 제공한다."** 라고 선포하여 정보기구임과 동시에 국책연구기구를 지향한다. 비밀공작, 경제간첩, 정부요인 경호, 전자감시 활동, 변절자 암살공작도 전개한다. 여행사, 금융기관, 언론사, 무역회사 등 다수의 물적 자산을 운용한다. 에어로 플롯(Aeroflot)이 대표적이다.

III. 연방보안부(FSB: Federal Security Service)

① 국내 보안·수사기관이다. 법적 근거는 1995년 4월 3일 제정된 "러시아내의 연방보안기구에 대한 법률"이다. 방첩, 대테러, 조직범죄, 밀수, 부패사범, 불법자금세탁, 불법이민, 불법무기, 마약유통, 무장폭동에 대한 정보수집 및 방첩활동을 수행한다.

② 미국 연방수사국(FBI), 국가안보국(NSA), 국토안보부의 세관 및 국경경비대, 마약청(DEA) 업무를 총괄한 것과 같은 대규모 정보·수사 조직이다. 산하에 특수부대를 설치하고 부장에게는 육군소장 계급을 부여한다.

③ 원칙적으로 러시아의 국내보안기구이지만 해외 전자감시 업무도 수행하며, 과거 소비에트 연방 영역은 자유롭게 출입할 수 있다. 이에 순수한 국내정보기구는 아니다. 연방보안부장 출신의 푸틴 대통령은 연방정보부를 초강력 종합 행정집행기구화 했다.

④ 소련 붕괴 후 신흥귀족으로 부상한 독점재벌 세력인 올리가르히(Oligarchy)는 연방보안부의 비호를 받으며 마피아의 재정적 후원자 겸 실질적 몸통으로, 대통령 선거에도 영향력을 행사하며 국가경제를 장악하고 있다고 한다.

⑤ 그를 위해 연방보안부는 펠이라는 전위조직을 조직하거나 비밀후원조직인 크리샤(Krysha)가 되어 신흥 올리가르히 귀족 집단의 뒤를 돌보아 주기도 한다고 한다.

소련군 소장으로 대통령 안보보좌관 출신의 이온 미하이 파세파(Ion Mihai Pacepa)의 비판

과거 KGB는 국가 내의 또 다른 국가였다. 후임인 연방보안부는 더욱 심해졌다. KGB요원 1명이 시민 428명을 담당했는데, 푸틴의 연방보안부는 요원 1명이 시민 297명을 맡고 있다.

IV. 참모부 정보총국(GRU: Organization of the Main Intelligence Administration)

① 참모부 정보총국(GRU)은 러시아 정보공동체 중에서 가장 규모가 큰 정보기구이다. 미 육군의 델타 포스(Delta Force)나 해군의 네이비 실(Navy Seal)과 유사한 특수부대인 **스페츠나즈(Spetsnaz)**를 운영한다.

② KGB와 달리 창설 후, 한 번도 분리되지 않고 유구한 전문성을 이어가는 강력한 정보기구이다. 국내 군사정보는 물론이고, 해외정보를 수집하고, 비밀공작 임무도 수행하며 해외 거주 러시아 사람들을 대상으로 정보활동을 한다.

③ 쿠바 로우르데스(Lourdes) 기지국과 중국에 대한 정탐활동을 한 베트남 캄란 기지(Cam Rahn Bay) 등 세계에 막강한 신호정보 기지국을 설치하여 미국과 서유럽에 대한 광범위한 신호정보 수집활동을 한다고 한다.

제5절 북한의 정보기구

제1항 북한 개관

1948년 9월 9일 소련의 지원을 받은 조선민주인민공화국(Democratic People's Republic of Korea)이 한반도 북부에 탄생했다. 행정구역은 자강도, 강원도, 양강도, 함경북도-함경남도, 황해북도-황해남도, 평안북도-평안남도의 9개도와 개성시, 나진·선봉시, 남포시, 평양시의 4개시이다. 인구는 2018년 기준으로 약 25,381,085명이다. 육·해·공군과 민병대 체제이고 17세 이상의 의무복무제이다. 1991년 대한민국과 함께 UN에 가입했다. 북한은 부자세습의 현대판 왕족국가로 평가된다. 미국 로스쿨에서는 **병영국가, 터널국가, 깡패국가, 실패국가, 21세기 동토의 왕국 마지막으로 종교집단**으로 불린다. 정상적인 3권 분립이나 법치주의 원리가 작동되지 않는다. 조선노동당이 권력의 핵심이다. 그 결과 조선인민민주주의 사회주의 헌법(2019년 제14차 개정)위에 **조선노동당 강령**이 군림한다.[54]

제2항 북한 정보기구 개관

> 북한 **정찰총국**은 2009년 2월에 기존에 대남 공작을 담당하던 인민무력부 정찰국, 조선노동당 작전부, 조선노동당 대외정보조사부(35호실)를 통합하여 신설되었다. 기존의 국가안전보위부와 인민무력부, 인민보안부는 2016년에 부에서 성으로 변경되어 현재는 **국가보위성, 인민무력성, 인민보안성**이 되었다고 한다. 그러나 **동토의 왕국**이라는 속성상 정확한 파악은 불가능하다.

I. 국가보위성(國家保衛省, State Security Department)

국가보위성은 조선민주주의인민공화국의 9~10만 명 규모의 비밀경찰 및 정보기관으로 김정은 직속의 초법적 기관이다. 북한 체제유지의 첨병이다. 2013년 장성택의 처형을 주도했다. 사회 각 부분에 거미줄처럼 영향력을 미치고 내부고발 제도 그리고 전자감시에 의해 인민들에 대한 일상적인 감시활동을 한다. 주민들의 이념적 성향 등 정치적 태도도 감시하고 전향자들의 동태도 관찰한다.

II. 정찰총국(偵察總局)

① 북한군의 정보공작 기구이다. 군인들의 당성을 파악하는 군대 내에 당 조직이기도 하다. 각종 대남·해외 공작업무를 총괄한다. 2010년의 천안함 공격과 황장엽 암살조를 파견한 것으로 알려져 있다. 특별임무 수행을 위해 약 6만 명에서 10만 명 규모로 세계에서 가장 대규모의 정예 공작부대를 운용한다고 한다. "특별임무"는 일단 유사시에 남한 내에 혼란 상태를 유발하는 공작침투활동으로 알려져 있다.

② 2009년 새롭게 탄생한 정찰총국은 6국 체제로 운용되는 것으로 추정된다. 제1국(작전국)은 간첩양성 및 침투, 제2국(정찰국)은 테러 및 군사작전을 담당한다. 제3국은 과거

---

54) 조선민주주의인민공화국의 성격을 "자주적인 사회주의 국가"로 명확히 했다. 수도를 '평양'으로, '위대한 김일성, 위대한 김정일을 위대한 수령, 김일성 위대한 령도자 김정일'로 변경했고, 구체적인 직위로 할아버지 김일성을 공화국의 영원한 주석, 아버지 김정일을 영원한 국방위원회 제1위원장으로 명정했다. 마르크스−레닌주의를 대체한 "주체사상"과 함께 "선군사상"을 통치이념에 추가했고, 선당정치도 명문화했다. 김정은 본인은 **"국무위원회 위원장, 국가대표, 국가수반, 무력최고사령관"**이라고 명명했다. 헌법 서문에 핵보유국 지위와 국무위원회 위원장 명령이 최고인민회의 법령보다 우선함을 명정했다.

해외정보를 담당했던 노동당 35호실의 역할과 대남침투를 지원하고 있는 것으로 알려져 있다. 제4국은 없고 제5국은 남북대화 관여 및 협상기술 연구, 제6국은 사이버테러와 침투 장비 개발에 관여하고 있으며, 제7국은 지원국으로 추정된다.

III. 결어

① 북한은 정보기구이외에도 통일전선부, 조국통일민주주의전선, 조국평화통일위원회(조평통) 등 많은 대남 선전선동기구를 운영한다. 북한의 이러한 동향을 보면 북한은 절대로 적화노선을 포기할리가 없고 적화 통일될 때까지, 대남도발은 더욱 빈번해지고 형태도 다양해질 것으로 예상하는 것이 결코 냉전적 사고가 아니라고 할 것이다.

② 한편 국가정보기구는 이상적인 인권가치 기구가 아니다. 평화시에 소리 없는 전쟁을 수행하면서 국가의 존립·발전·위상의 확보를 상대세력과의 무한경쟁을 통해서 수행하는 국가의 공조직이다.

③ 북한 정보기구는 정보학 기준의 정보기구는 아니고 **절대적 통치수단**이다. 이것이 암시하는 바는 정보는 상대세력과의 무한경쟁의 소리 없는 전쟁 기구로, 자유대한민국의 정보기구도 **정보기구운영 상대성의 원**칙에 입각하여 북한의 정보기구에 즉응할 수 있는 권한과 체제가 요청된다는 점이다.

④ 따라서, 북한 정찰총국은 할 수 있는데, 우리의 국가정보원은 할 수 없다면 정보 불균형 더 나아가 공작(operation) 불균형의 문제를 초래할 것이다. 그러므로 정보기구의 이상적인 형태에 대한 정답은 없고 경쟁기구와의 상관관계 속에서 권한과 체계가 결정되고 변형되는 것이 국가정보기구의 상대적 정의론이다.

제6절 영국의 정보기구

제1항 개관

영국의 국가공식 명칭은 '대영·북아일랜드제국(United Kingdom of Great Britain and Northern Ireland)', 약칭하여 대영 제국(United Kingdom)이다. 국제사회에서는 'United Kingdom(영국)'으로 불리며 약어는 UK이다. 국토면적은 일본보다 작고 북한 면적의 2배에 조금 못 미친다. 인구는 2018년 기준으로 약 65,105,246명이다. 영국은 18세기 산업혁명(産業革命)을 거치면서 급속한 국가발전을 이루었다. 19세기의 빅토리아 시대에는 **'세계의 공장'**으로, 영토에 있어서는 지구 면적의 1/4을 관할하여 **'해가 지지 않는 제국'**으로 번성했고, 경제번영은 민주주의의 꽃을 피울 수 있게 했다. 두 차례의 세계대전은 영국 정보기구로 하여금 현대적 정보기구의 선두주자가 되게 했다.

제2항 영국 정보공동체

I. 개 관

영국 국가정보기구는 1573년 엘리자베스 여왕 시대의 월싱햄(Francis Walshingham) 경이 해외정보망을 구축한 것에서 유래한다. 영국의 정보업무는 1차 세계대전 중에 형성된 군사정보가 주축을 이루었다. 정보기구는 **군사정보번호(Military Intelligence : MI)가** 부여되어 번호대로 호칭되었다. 미국 CIA 창설 요원들도 영국의 정보기관에서 연수했다.

II. 정보공동체의 운영

내각책임제의 영국은 업무수행에 대한 해당 부처 장관의 정치적 책임이 명백하다. 각 정보기구의 책임자는 소속 장관에게 인적책임을 부담하고 장관은 관리책임을 부담한다. 내각에 "정보관계 장관회의(Ministerial Committee on the Intelligence)"를 구성하여 정보업무에 대한 심사와 평가업무를 수행한다.

III. 정보공동체에 대한 감독(Accountability and oversight)

1. 합동정보위원회(Joint Intelligence Committee)

합동정보위원회는 영국 정보 체계의 중심에 있는 기획·조종기구로, 정보기구들의 업무와 전략에 대한 지시와 통제 업무를 담당하여 **'정보조율사(Intelligence Coordinator)'**라고 불린다. 정책공동체와 정보공동체의 중요한 연결고리로 유관부서 장관과 고위 공무원에게 국가이익에 대한 장기 전략정보를 제공한다. 이를 합동정보위원회의 **"감시와 경고책임"**이라고 한다. 정보기구 업무수행 정도를 평가하는 사정(査定) 임무도 수행하고 평가보고서는 수상과 소속 장관에게 제출된다.

2. 의회 정보·보안위원회(Intelligence and Security Committee)

정보공동체에 대한 의회의 감독기구이다. 활동 결과를 매년 총리에게 서면으로 직접 제출한다. 보고서의 민감한 부분은 삭제하여 다른 의원들도 열람할 수 있게 의회에 비치된다.

3. 정보업무 감독관과 특별법원

영국 정보기구들은 정보·보안업무의 일환으로 통신감청 등을 하는 경우에는 "조사권한규제법(Regulation of Investigatory Powers Act 2000)"상의 정보업무 감독관에 의한 감독을 받는다. 법은 또한 정보업무에 대해 전속 관할권을 행사하는 특별법원(Tribunal)을 창설했다. 정보업무 감독관은 매년 총리에게 업무활동에 대한 보고서를 직접 제출한다.

제3항 영국의 정보기구들

I. 보안부(Security Service : SS 또는 MI5)

보안서비스법(Security Service Act 1989)이 근거법으로 내무부 장관 소속이다. 과거 중앙정보부가 '남산'으로 호칭했던 것처럼 사서함 주소를 따라서 **'Box 500'** 또는 단순히 **'Five'**라고 지칭된다. 개정 보안서비스법은 법집행기구들을 지원하도록 보안부의 역할을 확대했다. 중대범죄, 분리운동, 테러리즘, 간첩활동에 대한 대처가 주된 임무이다.

II. 비밀정보부(Secret Intelligence Service : SIS 또는 MI6)

정보서비스법에 근거한 국무부 장관 소속의 해외정보기구이다. 창설자인 스미스 - 커밍 경에서 연원하여 **'커밍부'**나 **'코드명 C'**로도 불린다. 소재지 우편함 번호를 따서 **'박스 850'**이라고도 한다. CIA가 회사 또는 집단을 의미하는 '컴패니(Company)'로 호칭되는 반면에 비밀정보부(SIS)는 기업을 뜻하는 **'Firm'**으로 불리고, 다른 정보기관들에게는 **'친구(Friends)'**로 호칭된다. 법은 비밀정보부의 목적이 국가안보이익, 경제복지이익, 중대범죄의 적발 또는 예방을 지원하기 위함이라고 명정하고 있다.

III. 정부통신본부(GCHQ: Government Communications Headquarters)

비밀정보부(SIS)와 함께 국무부 장관 산하의 정보기구이다. 전신은 1919년 창설된 정부암호학교(Government Code and Cipher School)이다. 정부암호학교는 제2차 세계대전 중 독일의 극비 암호체계인 에니그마(ENIGMA)를 해독하여 전쟁 상황을 연합국에 유리하게 이끄는 데에 지대한 공로를 세웠다. 전쟁종료 후인 1946년 정부통신본부로 확대 개편되었다.
2003년 도넛(Doughnut) 형태의 최신 건물로 이전하여

《도넛(doughnut)으로 애칭되는 GCHQ 본부건물》

애칭이 **"도넛"**이다. 지구상 최대의 전자 감시 장치인 애쉴론(ECHELON) 운용의 영국 담당이다.

IV. 합동테러분석센터(Joint Terrorism Analysis Centre)

보안부(MI5) 산하에 테러방지 임무를 수행하며 국가 모든 테러관련 정보에 접근 가능한 합동테러분석센터(JTAC)가 있다. 합동테러분석센터는 보안부와 별도로 정보공동체의 공식구성원으로 독립 정보기구로 평가 받는다.

V. 국방정보참모부(DIS: Defence Intelligence Staff)

군사정보 이외에도 지구상의 정치적 분쟁문제, 테러관련정보, 대량살상무기 관련정보를 수집한다. 생산한 정보를 국방부는 물론이고 국무부, 내각의 유관부서, 북대서양방위기구(NATO), 유럽 연합(EU) 그리고 영연방국가에도 제공한다.

VI. 특별수사대(Special Branch)

영국 경찰의 특별조직이다. 2005년 스코틀랜드 야드(Scotland Yard)라고 불리는 런던 경시청 특별수사대는 '대테러사령부(Counter Terrorism Command)'로 재창설되었다. 재창설의 중요한 이유는 '**요원의 현장화**'였다.

VII. 비고

2006년 영국판 FBI로 창설되었던 중대조직범죄청(SOCA: Serious Organised Crime Agency)은 범죄법원법(Crime and Courts Act)에 의해 2013년에 출범한 내무부 장관 소속의 **국립범죄청(National Crime Agency)**으로 확대 개편되어 폐지되었다.

제7절 프랑스의 정보기구

제1항 프랑스 정보기구의 전개

프랑스의 역사는 **내부혁명과 외부전쟁의 역사**라고 할 수 있다. 남한 면적의 약 6.5배이고 대한민국 전체의 약2.9배이다. 2018년 기준으로 인구는 약67,364,357명이다.

1. 음모의 나라 프랑스 – 피터 대제 계명(誡命)조작 사건

프랑스의 정보활동은 100년 전쟁(1337-1453)에서 실천적으로 전개되어 **음모의 나라 또는 스파이의 천국**으로 불렸다. 국가차원의 정보음모 사례는 인접국들의 관심을 러시아에 돌리고 프랑스에 대한 견제를 없애려고 한, 피터 대제의 계명조작 사건이 있었다.

피터 대제의 계명(The Testament of Peter the Great)조작 음모
프랑스가 러시아 제국 피터 대제의 뜻을 조작한 것으로 다음과 같은 내용을 담고 있다.   ① 러시아 군인에게는 휴식을 주지 말고 항상 비상대기 상태로 있도록 해야 한다.   ② 독일과의 좋은 관계를 위해 독일국의 행사에는 빠짐이 없어야 한다. 폴란드는 분할되어야 한다.   ③ 러시아는 많은 영토를 스웨덴으로부터 획득해야 한다. 스웨덴이 먼저 러시아를 공격하도록 유도하여 그것을 빌미로 공격하여 점령해야 할 것이다. 그 전제로 스웨덴과 덴마크 사이를 갈라놓아야 한다.

2. 비밀의 방(블랙 챔버)과 포크스톤 국

프랑스의 정보체계의 기틀은 재상 리슐리외(Cardinal Richelieu)가 구축했다. 그는 상설 국가정보조직으로 비밀의 방으로 알려진 **블랙 챔버(Cabinet Noir)**를 창설했다. 블랙챔버 창설 목적을 "첫째는 황제를 지키는 것이고, 둘째는 위대한 제국을 수호하는 것"이라고 말했다. 한편 1차 세계대전에서 수많은 간첩을 검거한 **포크스톤 국**을 영국과 공동운영했다.

3. 프랑스 정보체계의 초석을 이룬 드골(De Gaulle) 장군

2차 세계대전 당시 영국에 거점을 둔 망명 정부인 "자유 프랑스(Free France)"를 이끈 드골은 독일의 꼭두각시 정권인 페탱(Petain) 대통령의 비시 정권(Vichy regime)에 저항한 레지스탕스 운동을 수행했다. 드골은 전쟁 종료 후 현재의 프랑스 정보체계를 구축했다.

제2항 프랑스 정보공동체

I. 개 관

1982년까지 주된 국가정보기구는 해외기밀방첩부였다. 그것이 미테랑 대통령 취임 후 대외안보총국(DGSE)으로 개편되어, 현재는 해외정보를 취급하는 대외안보총국(DGSE), 국내정보를 담당하는 중앙국내정보총국(DCRI), 군사정보를 담당하는 군사정보총국(DRM) 그리고 군의 방첩·보안업무를 수행하는 국방보안총국(DPSD)의 4대 기구로 대별된다. 국가경찰의 정보업무를 담당하던 중앙정보총국(RG)을 국토감시총국(DST)에 흡수 통합하여 내무성 소속의 **중앙국내정보총국(DCRI)**으로 재편했다.

II. 대외안보총국(DGSE: General Directorate of External Security)

① 대외안보총국(DGSE)은 국방성 소속의 해외정보기구로 모토는 "필요성이 있는 모든 곳에 우리가 있다(In every place where necessity makes law)"이다.
② 군사전략정보, 전자감시, 국외에서의 방첩공작 임무, 국가이익에 반하는 활동을 하는 사람들에 대한 물리적 저지(action homo, 암살)를 포함한 비밀공작업무를 수행한다.
③ 대외안보총국의 암호명은 **'CAT'**으로 본부는 파리에 위치한다. 인근에 프랑스 수영협회가 있는 관계로 대외적으로는 **'수영장'**이라고 불린다. 소위 '그럴듯한 부인'의 전범(典範)으로 여겨지는 레인보우 워리어, 일명 "마왕(魔王)의 작전(Operation Satanic)"이 대외안보총국의 작품이었다.

III. 중앙국내정보총국(DCRI: Central Directorate of Interior Intelligence)

① 중앙국내정보총국(DCRI)은 기존의 국가경찰조직이던 중앙정보총국(RG)을 국토감시총국(DST)에 흡수 통합하여 2008년 7월 1일 창설된 국내정보기구이다. 대간첩, 대테러, 사이버범죄와 제반 잠재적 위협세력에 대한 감시활동이 주된 임무이다.
② 중앙정보총국(RG)은 비시 나치정권에서 탄생한 경찰조직으로 폐지하고 일반 경찰화하거나 국토감시총국(DST)과 통합시키자는 문제가 끊이지 않고 제기되어 왔었다.
③ 중앙국내정보총국(DCRI)의 전신인 국토감시총국(DST)은 국내 보안·방첩공작기구로 1944년도에 창설되어 대표적인 경제정보기구로 활약했었다. 커다란 성공의 하나가 암호명 '페어 웰(Farewell)'로 잘 알려진 KGB 요원 블라디미르 페트로프의 전향공작이었다. 그동안 국토감시총국은 미국·소련과 중국을 포함한 주요 국가의 정보기관 중에서 유일하게 외부침투를 당하지 않은 정보기관으로도 알려져 있었다.

제8절 독일의 정보기구

제1항 독일의 전개

1. 신성로마 제국

독일은 AD 843년의 동프랑크 왕국에서 기원한다. 동프랑크 왕국이 AD 962년에 오토 대제의 신성로마제국, 즉 제1제국이 되었다. 1871년에 프로이센이 프랑스를 물리치고 독일 전역을 통일하여 비스마르크의 독일제국, 즉 제2제국이 탄생했다. 오늘날 독일은 유럽에서 가장 경제 규모가 크다. 2018년 기준으로 인구는 약 80,457,737명이다.

2. 나치(Nazis)의 탄생

1차 세계대전에서 참패하여 몰락의 길을 걷던 독일은 1929년 세계 대공황의 여파까지 닥쳐 극도의 혼란에 빠졌다. 이에 힌덴부르크(Hindenburg) 대통령은 나치 지도자 히틀러(Adolf Hitler)를 수상에 임명하여 1933년 1월 나치정권이 탄생했다. 히틀러는 "수권법"을 제정하여 나치 일당독재 체제를 확립했고, 총통이 되어 최고 실권자가 되었다. 히틀러는 대외적으로는 인종차별 이론에 입각하여 게르만 민족 중심의 대제국을 건설하는 것을 목표로 하여 1차 세계대전 종전협정을 무시하고 재군비정책을 강력히 추진했다.

3. 제2차 세계대전

히틀러는 1939년 폴란드에 대한 기습공격을 시작으로 제2차 세계대전을 일으켰다. 진주만 공격을 당한 미국이 참전했다. 1945년 독일은 항복하고 히틀러는 자살했다. 전쟁에 패한 독일은 포츠담 협정에 의해 무장해제 당하고 미국·영국·프랑스·소련의 4개국 점령통치에 놓여, 1949년에 미국·영국 주둔의 독일연방공화국(Federal Republic of Germany)과 소련 주둔의 독일민주공화국(German Democratic Republic)으로 분단되었다.

4. 1990년 10월 3일 통일 독일 탄생

강력한 통일독일을 우려하는 주변 국가의 인식을 고려하지 않을 수 없었던 서독정부는 **"유럽평화질서 구축의 일환으로서의 통일"**이라는 실용노선을 택했다. 1989년 11월 9일 베를린 장벽이 무너졌다. 1990년 8월 31일 동독의 당 서기장 크라우제와 서독의 내무성 장관 셔이블레는 통일조약에 서명했다. 국제법적으로 동·서독 당사자(2)와 4대 전승국인 미국, 영국, 프랑스, 소련(4)의 6개국이 1990년 9월 12일 모스크바에서 오데르-나이세 국경선을 통일 독일이 존중한다는 원칙하에 (2+4)합동**조약**을 체결함으로 통일이 이루어졌다. 1990년 10월 3일 통일독일이 국제법적으로 승인되어 대외적으로 독립 주권국가가 되었다.

제2항 독일의 정보공동체

Ⅰ. 독일 정보기구의 전개

독일은 두 차례에 걸친 세계대전의 중심국가로 최선진의 정보기구를 구축했다. 히틀러는 나치 친위대(SS)와 비밀경찰 게쉬타포를 창설했다. 하지만 2차 세계대전 패망으로 독일 정보기구는 와해되었다. 한편 독일은 양차 세계대전의 경험으로 헌법 정신을 수호하는 것 자체가 국가안보를 공고히 하는 지름길이라는 실천적 경험을 했다. 그리하여 헌법과 직접 관련하여 정보기구를 운용하는 특색이 있다.

Ⅱ. 독일민주공화국(동독)의 정보기구 - 스타시(STASI 또는 슈타지)

동독의 비밀경찰 겸 정보·보안기구로 복무 방침은 **"당의 방패와 창(Shield and Sword of the Party)"**이었다. 즉 목적 자체가 공산당에 대한 충성이었다. 스타시는 1989년을 기준으로 주민 50명당 1명의 요원이 존재했다. 이러한 수치는 역사상 최고 수준의 주민 감시 체제라는 평가를 받았다. 동독 멸망에 임박하여 1989년과 1990년 사이에 스타시는 상당한 비밀서류들을 파쇄 했지만 CIA는 이미 뒷거래와 절취 등으로 스타시의 상당한 비밀서류를 확보했던 것으로 알려졌다. 그것은 CIA가 독일 여러 지도자의 신상 비밀 그리고 동독이 서독에 대하여 파악하고 있는 정치·경제·사회·문화의 제반 분야에 대해서 어느 나라도 알지 못하는 비밀자료를 확보하고 있다는 것을 의미한다.

Ⅲ. 헌법수호청(BFV: Protection of the Constitution)

① 독일은 역사적 경험으로 헌법질서 파괴는 그 자체가 국가파괴로 연결되고 헌법수호에

관한 노력은 많으면 많을수록 국가발전에 이로우며, 다수의 기관에 의한 헌법수호 노력은 더 이상 독일을 인류 참상의 현장으로 내몰지 않을 것이라는 것을 깨달았다. 연방 헌법수호청과 16개의 주 헌법수호청이 있다.

② 방첩정보기구인 헌법수호청은 1993년까지 377개의 반체제와 이적단체, 극렬분자 단체를 찾아내 이들 조직을 해체하고 재산을 모두 몰수했다. 또 1986년까지 공무원이 되려는 사람 350여만 명에 대해 '헌법 충성도'를 심사하여 2250명을 탈락시켰다. 현직 공무원과 교사에 대해서도 '헌법 충성도'를 조사해 2000여 명을 중징계하고 256명을 파면시켰다. 독일이 이렇게 반체제 자들을 가혹하게 탄압하는 이유는 헌법체제 자체를 부정하는 이들은 사회적 통합의 대상이 아니라고 판단하는 것이다.

IV. 연방정보국(BND: Federal Intelligence Service)

총리실 직속으로 해외정보기구이다. 연방정보국의 전신은 겔렌(Gehlen) 장군이 이끌었던 동부군 정보국(German eastern military intelligence agency)이다. 미국에 의해 전범에서 사면을 받은 겔렌은 미국의 후원 하에 1946년 7월 **'겔렌조직(Gehlen Organization)'**이라는 비밀정보조직을 창설했다. 겔렌조직은 미국 정보공동체의 하부조직으로서 냉전시대 소비에트 블록에 대한 지상의 눈과 귀로 소련에 대한 수많은 정보를 미국과 나토에 제공했다. 이 겔렌 조직이 1956년 연방정보국(BND)으로 탄생했다. 겔렌은 1968년까지 연방정보국의 초대 국장을 역임했다.

V. 군 보안부(MAD: Military Protective Service)

독일군 보안부(MAD)는 1956년 창설된 군정보기구로, 헌법수호청, 연방정보국과 함께 독일의 3대 정보기구이다. 군 방첩 활동, 군 관련 정보수집과 분석, 군대 내에서의 반 헌법적 활동과 적대국에 대한 비밀정보 활동 그리고 독일과 동맹국의 안보상황에 대한 정보업무를 수행한다. 연방헌법수호청의 군대 내 조직으로 비유된다.

VI. 연방정보보호청(BSI: Federal Office for Information Security)

컴퓨터와 통신보안에 대한 주무 정보기구이다. 미국의 국가안보국(NSA)과 영국의 정부통신본부(GCHQ)와 유사한 임무를 수행한다.

제9절 이스라엘의 정보기구

제1항 이스라엘 개관

I. 이스라엘의 전개

1. 유대인의 망명과 시오니즘(Zionism)

유대인이 팔레스타인에 최초로 정착한 것은 BC 20세기 무렵이다. BC 1세기에는 유대왕국이 성립되었으나 로마제국의 탄압을 받게 되었고, AD 70년부터 세계 유랑이 시작되었다. 19세기 후반의 민족주의 운동에 힘입어 나라를 건설하려는 움직임이 일어났다. 유대인이 건국을 희망한 땅은 기원전 정착지였던 시온 산이 있는 팔레스타인이었다. 팔레스타인 지역에 유대인 국가 건설을 목적으로 한 민족주의 운동이 시오니즘이다. 그러나 시온 산이 있는 팔레스타인 지역은 이미 팔레스타인 등 아랍인의 거주지로 무인지대가 아니었다.

2. 영국의 이중 약속과 UN의 분할 결정

제1차 세계대전 중에 영국은 아랍민족에게 전쟁 종료 후에 팔레스타인 지역에서의 독립을 약속하며 반란을 일으켜 줄 것을 요구했다. 또한 유대인에게도 독일에 대한 무장투쟁을 요구했고 후일 팔레스타인에서의 유대인 국가 수립을 약속했다. **이중 약속**을 한 것이다. 종전 후 문제를 해결할 수 없었던 영국은 팔레스타인을 떠났고, 공은 UN에 넘겨졌다. UN은 1948년 팔레스타인 지역을 아랍지구와 유대지구 2곳으로 분할하는 결의안을 채택했다. 분할 안은 팔레스타인 지역 전체인구의 1/3에 지나지 않는 유대인이 팔레스타인 지역의 57%를 소유하는 것이었다. 시오니스트는 결의안을 받아들이고 1948년 이스라엘의 건국을 선언했다. 그러나 아랍측은 UN의 분할 안을 거부하고 중동전쟁을 일으켰다.

3. 오슬로 합의(Oslo Accords)

1993년 9월 13일 이스라엘과 팔레스타인해방기구(PLO)는 워싱턴에서 이스라엘이 팔레스타인에서 UN이 인정한 영역 외의 점령지에서 물러나고, 팔레스타인해방기구의 자치 지배를 인정하는 것을 주요 골자로 하는 오슬로 합의(Oslo Accords)를 체결했다. 오슬로 합의는 역사적인 것으로 평가되지만, 오늘날까지도 팔레스타인 지역의 분쟁은 지속되고 있다.

II. 이스라엘 국가정보와 정보공동체

지중해 동남쪽 끝인 팔레스타인 지방에 위치하는 이스라엘은 북쪽으로 레바논, 동쪽으로 시리아, 남서쪽으로 이집트와 국경을 접하고 있다. 남한 면적의 약 1/4에 못 미치는 작은 나라로 인구는 2018년 기준으로 약 8,424,904명이다. 유대인들은 아랍과의 무역충돌에 대비하여 촌락별로 방위조직을 구축했다. 방위 조직인 하가나(Irgun Haganah) 산하에 정보조직인 **쉐이(SHAI)**가 있었다. 다른 한 축에는 세계 유대인들의 팔레스타인으로의 유입 업무를 담당하던 **이민협회 B(Institute of Immigration B)**가 있었다. 쉐이와 이민협회가 건국에 필요한 정보업무를 수행했다. 건국에 핵심역할을 한 정보기구는 국민들의 사랑을 받는다.

제2항 이스라엘 정보공동체

I. 모사드(Mossad: The Institute for Intelligence and Special Tasks)

총리 직속의 해외정보기구이다. 모사드(Mossad)는 히브리어로 '조직(Institute)'이라는 뜻으로 미국 CIA, 영국 MI6 등과 비견된다. 군 정보기관인 아만, 국내 보안기구인 샤박과 함께 이스라엘의 3대 정보기구이다. 부훈(部訓)은 **"조언자가 없으면 멸망한다, 다수의 조언자가 있으면 안전하다."**이다. 모사드는 암살을 포함하여 특별한 비밀공작활동도 전개하고 해외의 유대인을 본국으로 안내하여 정착하는 업무도 담당한다.

II. 샤박 또는 신벳(Security Service : Shabak, 또는 Shin Bet)

샤박은 방첩공작 임무를 수행하는 국내 보안기구로 이스라엘의 FBI로 불린다. 모사드와 함께 총리실 산하에 있다. 샤박의 모토는 **"눈에 보이지 않는 수호자"**이다. 방첩공작, 극우·극좌세력의 정부전복활동과 사보타주, 대(對)테러를 담당한다. 이스라엘을 주기적으로 방문하는 요주의 방문객과 그들과 접촉하는 내·외국인들은 샤박의 조사를 받을 수 있다.

III. 아만(Aman: Military Intelligence)

아만은 군정보기구이다. 이스라엘 군 자체와 동격의 독립적인 전투형 군정보기구로서 전쟁에서 이스라엘의 존립을 지켜낸 정보기구이다. 산하에 신호정보 8200부대가 있다.

IV. 외무부 정치연구센터 (Center for Political Research of Ministry of Foreign Affairs)

각국의 정치정보를 수집·분석하고 평가하며 전 세계에 이스라엘의 미션에 대한 설명 및 안내를 한다. 외의 유대인 거주지인 '다이아스포라 공동체(Diaspora communities)'와 관계를 증진하며 해외 이스라엘 국민들의 권익보호에도 책임이 있다.

제10절 글로벌 정보기구(Global Intelligence Agencies)

제1항 글로벌 정보기구 개관

I. 배 경

오늘날의 국제정보환경은 개별국가의 국가정보기구가 아무리 막강한 능력을 가졌다고 해도 독자적인 힘만으로는 부족한 부분이 발생하는 상황이 되었다. 이러한 정보의 새로운 환경에 대처하기 위하여 국가 사이의 합의에 의해 탄생한 것이 글로벌 정보기구이다.

II. 의 의

글로벌 정보기구는 특정국가의 전속 정보기구가 아니라, 가입국가가 협조적으로 운용하는 회원국 공동의 세계정보기구이다. 글로벌 정보기구로 세계경제협력개발기구의 자금세탁에 대한 금융활동태스크포스와 국제형사경찰기구(인터폴) 그리고 북대서양조약기구(NATO) 산하 정보기구의 3가지가 거론된다. 그 이외에도 EU의 27개 회원국으로 구성된 EU의 유로폴(European Police Office)도 있다.

제2항 금융활동태스크포스(Financial Action Task Force)

① 금융활동태스크포스(FATF)는 국제 자금세탁과 국제테러 조직의 자금조달 문제에 대비하기 위하여 1989년 창설된 국제경제협력개발기구(OECD)산하의 국가간 조직이다. 본부는 OECD 본부가 있는 프랑스 파리에 있다.
② 금융활동태스크포스의 정보수집 방법을 '**피닌트(FININT)**'라고 한다. 금융정보인 피닌트는 FINancial INTelligence의 철자약어이다.

제3항 인터폴(International Criminal Police Organization)

I. 개관

국제형사경찰기구(ICPO)는 국제범죄의 신속한 해결과 각국 경찰의 기술협력을 목적으로 1923년 설립된 국제정보이다. 전신약호(電信略號)로 인터폴(INTERPOL)이라고 한다. 세계 최대의 범죄 대응 정보조직이다. 그러나 인터폴은 직접수사와 압수·수색이나 체포권 등 강제 수사권을 행사하는 기구는 아니다. 정보자료를 필요한 국가에게 넘겨주어 범죄인 체류국가와의 협조를 유도하는 것으로서 법집행기관이 아닌 정보기구로 평가된다.

II. 기능

1. 세계 의사소통 서비스 확보

2. 데이터 제공 서비스 및 데이터베이스 구축

인터폴의 데이터베이스에는 수백만 건의 용의자에 대한 이름과 범죄수법을 포함한 범죄기록 데이터, DNA 프로필, 지문자료, 분실 여권 및 신분증 현황 등이 망라되어 있다. 또한 최신 수사·정보 장비와 수사기법에 대한 정보를 회원국에 제공한다.

3. 회원국 경찰지원 서비스

인터폴은 연중무휴 가동체제를 갖추고 기술 저개발국가에 대해서는 기능적 활동지원을 한다.

III. 임무 영역

인터폴은 정치적, 군사적, 종교적 또는 인종적 성격의 문제에 대한 개입을 금지하고 어느 한 국가에 한정된 범죄에도 관여하지 않는다. 주요 대상범죄는 테러범죄와 조직범죄, 전쟁범죄, 마약생산 및 밀거래, 무기밀반입 등 무기거래, 인신매매, 자금세탁, 아동에 대한 성학대, 화이트칼라 범죄, 컴퓨터 범죄, 지적재산권 관련범죄, 부정부패 범죄이다.

IV. 인터폴 지명수배(INTERPOL Notice)

국제 지명수배라고도 하는데 인터폴이 회원국들의 요구사항이나 또는 인터폴의 자체 요구사항, 또는 확보한 정보를 회원국들에 전파하는 것이다. 수배등급 가운데 최고수준인 적색 수배(Red Notice)는 국제 체포, 청색 수배(Blue Notice)는 신원 확인·소재 확인, 황색 수배(Yellow Notice)는 실종자·신원 미상자 신원 확인이다. UN 안전보장이사회 요청의 제재 대상 특별수배도 있다.

제3장 정보공유

I. 정보공유의 의의와 필요성

일찍이 캐스퍼 와인버거(Caspar Weinberger) 미국 국방장관은 "미국은 우리가 필요로 하는 모든 정보를 자체적으로 조달할 방법이나 기회를 가지고 있지 못하다. 우리는 전 세계의 여러 나라와 다양한 정보공유를 통하여 그것을 보충하고 있다."라고 말하여 정보공유의 필요성과 중요성을 설파했다.

II 정보공유의 형태

1. 정보의 교환

수집한 첩보자료를 교환하거나 최종 정보생산물에 대한 정보를 교환하는 것이다.

2. 수집활동의 분담

① 지역 분담

국가의 지정학적인 위치를 고려하여 서로 분담하여 정보활동을 전개하는 것이다.

② 목표 분담

정보공유를 약속한 국가 사이에 목표를 분담하는 것으로, A국은 바다에서 B국은 육지에서와 같이 정보활동 목표물을 분담하는 것이다.

3. 지역 수집기지의 공동활용

정보 연락사무소인 리에종(Liaison) 관계를 맺고 정보를 공유하는 방법과 자국의 정보수집 기지를 임대해 주고 수집된 정보를 공유하는 방법이 있다.

4. 복수국가의 정보공유

정보공유는 두 나라 사이의 정보공유가 일반적이지만, 복수국가의 정보공유도 있다. 이념과 체제를 달리하는 국가사이에서도 정보공유는 이루어진다.

■ 다음에 나열된 각국의 정보기구를 보고 ( )에 그 명칭을 기재하라.

1.CIA, 2.금융활동태스크포스(FATF), 3.국가안전부(MSS), 4.국가정찰국(NRO), 5.국방정보국(DIA).

6.마약단속국(DEA), 7.헌법수호청(BFV), 8.FBI, 9.공안부(MPS), 10.신화사(NCNA), 11.보안부(SS).

12.내각정보조사실(CIRO), 13.초베츠(Chobetsu), 14.연방정보국(BND), 15.JETRO, 16.해외정보부(SVR).

17.연방보안부(FSB), 18.참모부 정보총국(GRU), 19.샤박(Shabak) 또는 신벳(Shin Bet).

20.연방정보보호청(BSI), 21.국가보위성, 22.비밀정보부(SIS), 23.방위성 정보본부(DIH).

24.정부통신본부(GCHQ), 25.INR(국무부 정보조사국), 26.공안조사청(PSIA), 27.쉐이(SHAI).

28.이민협회 B(Institute of Immigration B), 29.아만(AMAN), 30.대외안보총국(DGSE).

31.해병정보대(MCIA), 32.군사정보총국(DRM), 33.국가지리정보국(NGA).

34.군사안보지원사령부(DSSC), 35.공안부(MPS), 36.모사드(Mossad), 37.겔렌조직(Gehlen Organization).

38.국가안보국(NSA), 39.국가정보원(NIS), 40.인터폴(INTERPOL), 41.국토안보부 정보분석실(I&A).

42.스타시(STASI), 43.중앙국내정보총국(DCRI), 44.오프리치니나(Oprichnina), 45.KGB.

---

1. 일본의 정보기구는?

( )

답 12.내각정보조사실(CIRO), 13.초베츠, 15.JETRO, 23.방위성 정보본부(DIH), 26.공안조사청(PSIA).

2. 독일의 정보기구는?

( )

답 7.헌법수호청(BFV), 14.연방정보국(BND), 20.연방정보보호청(BSI).

3. 프랑스의 정보기구는?

( )

답 30.대외안보총국(DGSE), 32.군사정보총국(DRM), 43.중앙국내정보총국(DCRI).

4. 영국의 정보기구는?

(   )

> 답11.보안부(SS), 22.비밀정보부(SIS), 24.정부통신본부(GCHQ).

5. 현재 이스라엘의 정보기구는?

(   )

> 답19.샤박(신벳), 29.아만(AMAN), 36.모사드(Mossad).

6. 북한의 정보기구는?

(   )

> 답21.국가보위성.

7. 러시아의 정보기구는?

(   )

> 답16.해외정보부(SVR), 17.연방보안부(FSB), 18.참모부 정보총국(GRU).

8. 중국의 정보기구는?

(   )

> 답3.국가안전부(MSS), 10.신화사(NCNA), 35.공안부(MPS).

9. 미국의 정보기구는?

(   )

> 답1.CIA, 4.국가정찰국(NRO), 5.국방정보국(DIA), 6.마약단속국(DEA), 8.FBI, 25.국무부 정보조사국(INR), 31.해병정보대(MCIA), 33.국가지리정보국(NGA), 38.국가안보국(NSA), 41.국토안보부 정보분석실(I&A).

10. 회원국가가 공동으로 이용하는 글로벌 정보기구는?

(   )

> 답2.금융활동태스크포스(FATF), 40.인터폴(INTERPOL)

11. 역사문제와 세계에서 가장 강력한 비밀정보에 대한 전문가적인 견해를 제공한다!

(   )

답러시아: 해외정보부(SVR).

12. 국가비밀정보국, 셔먼 켄트 연구소, 세계 비밀의 손?

(   )

답미국 CIA.

13. 그런 기관은 없다, 입에 담지 마라!

(   )

답미국 - 국가안보국(NSA).

14. Now, Next and After Next.

(   )

답미국 - 국가지리정보국(NGA).

15. 지구의 눈, 미래화상체제

(   )

답미국 - 국가정찰국(NRO).

16. 협력자, 원정 · 탐험 정보부대, 군대 비밀의 손

(   )

답미국 - 해병정보대(MCIA).

17. 수만 명의 조국에 대한 충성을 간직하는 이름 없는 영웅들이 어려운 환경의 전 세계 170여개 특별한 위치에서 조용히 일하고 있다.

(   )

답중국 - 국가안전부(MSS).

18. 올리가르히, 펠, 크리샤 그리고 푸틴!

(   )

답 러시아 - 연방보안부(FSB).

19. 도넛, 애쉴론?

(   )

답 영국 - 정부통신본부(GCHQ).

20. 애쉴론의 미국과 영국 담당 정보기구는?

(   )

답 미국: 국가안보국(NSA), 영국: 정부통신본부(GCHQ).

21. Box 500 또는 FIVE?

(   )

답 영국 - 보안부(SS 또는 MI5).

22. 필요성이 있는 모든 곳에 우리가 있다!

(   )

답 프랑스 - 대외안보총국(DGSE).

23. 피닌트(FININT)?

(   )

답 글로벌 정보기구 – 금융활동태스크포스(FATF).

24. 국제형사경찰기구(ICPO), 국제지명수배

(   )

답 글로벌 정보기구 – 인터폴(INTERPOL).

25. 암호명 페어웰(Farewell)과 관련된 기구로 2008년 국토감시총국을 통합 탄생한 조직은?

(   )

답 프랑스 - 중앙국내정보총국(DCRI).

26. 겔렌조직(Gehlen Organization)?

(   )

답 독일 - 연방정보국(BND).

27. 눈에 보이지 않는 수호자?

( )

                                             ▣이스라엘 - 샤박(Shabak) 또는 신벳(Shin Bet).

28. 조언자가 없으면 멸망한다. 다수의 조언자가 있으면 안전하다?

( )

                                             ▣이스라엘 - 모사드(MOSAD).

29. 당의 방패와 창(Shield and Sword of the Party)!

( )

                                             ▣동독 - 스타시(STASI).

30. 유대인 건국의 정보업무 수행기구?

( )

                                 ▣이스라엘 - 쉐이(SHAI)와 이민협회 B(Institute of Immigration B).

31. 냉전시대 소비에트 블록에 대한 지상의 눈과 귀로 소련에 대한 수많은 정보를 미국과 나토에 제공한 조직?

( )

                                     ▣독일 - 겔렌조직(Gehlen Organization).

32. 러시아 최초의 정보기구로 체카의 전신은?

( )

                                           ▣오프리치니나(Oprichnina).

33. CAT, 수영장, 마왕(魔王)의 작전(Operation Satanic)?

( )

                                           ▣프랑스-대외안보총국(DGSE).

34. 커밍부, 코드명 C, Firm, 친구(Friends)?

( )

                                           ▣영국 -비밀정보부(SIS 또는 MI6).

35. 정보기구를 활동지역별로 분류하는 경우에 성격이 다른 것은?

① MI5

② 공안조사청

③ 연방정보국(부)(BND)

④ 샤박

해설 다른 3개는 국내정보기구이지만 연방정보국(부)은 독일의 해외정보기구이다(pp. 1034-1036).

답③

36. 정보기구를 활동지역별로 분류하는 경우에 성격이 다른 것은?

① CIA

② 대외안보총국(DGSE)

③ 샤박 또는 신벳

④ 국무부 정보조사국(INR)

해설 다른 3개는 해외정보기구이지만 이스라엘 샤박 또는 신벳은 원칙적으로 국내정보기구이다(p. 975).

답③

37. 정보기구를 수행기능별로 분류하는 경우에 성격이 다른 것은?

① 구소련의 KGB

② 국가안전부(MSS)

③ 중앙정보국(CIA)

④ 한국 국가정보원(NIS)

해설 다른 3개는 통합형 정보기구이지만 CIA는 분리형 정보기구이다(pp. 882-801).

답③

38. 정보기구를 수행기능별로 분류하는 경우에 잘못 설명된 것은?

① 비밀정보부(MIS)는 해외, 보안부(MI5)는 국내정보

② 헌법수호청(BFV)은 국내정보, 연방정보국(BND)은 해외정보

③ 신벳은 해외정보, 모사드(MOSSAD)는 국내정보

④ 대외안보총국(DGSE)은 해외정보, 중앙국내정보총국(DCRI)은 국내정보

해설 이스라엘의 경우 신벳 또는 샤박은 국내정보, 모사드(MOSSAD)는 해외정보 담당이다(pp. 1042-1049).

답③

39. 정보기구를 소속별로 분류하는 경우에 성격이 다른 것은?

   ① 모사드(MOSSAD)

   ② 국가안전부(MSS)

   ③ 국가정보원(NIS)

   ④ CIA

   해설 중국의 국가안전부(MSS)는 국무원 소속, 이스라엘의 모사드(MOSSAD)는 총리 직속, 한국 국가정보원은 대통령 직속으로 행정수반 직속의 정보기구이다. CIA는 독립된 중앙정보기구이다.

          답④

40. 정보기구를 소속별로 분류하는 경우에 성격이 다른 것은?

   ① 내각정보조사실(CIRO)

   ② 정부통신본부(GCHQ)

   ③ 국방정보참모부(DIS)

   ④ 연방헌법수호청(BFV)

   해설 일본의 내각정보조사실(CIRO)은 총리 산하로 행정수반 직속 정보기구이다. 한편 영국은 모든 정보기구가 행정부처 소속이다. 즉 비밀정보부(MI6)와 정부통신본부(GCHQ)는 외무성, 보안부(MI5)는 내무성, 국방정보참모부(DIS)는 국방성 소속이다. 독일 연방헌법수호청(BFV)은 내무성 소속이다.

          답①

41. 정보기구를 업무의 담당 수준별로 분류하는 경우에 성격이 다른 것은?

   ① 모사드(MOSSAD)

   ② 국가정찰국(NRO)

   ③ 국가지리정보국(NGA)

   ④ 미국 법무부 마약단속국(DEA)

   해설 정보기구는 담당수준별로 특정부처가 아닌 국가 전체의 정보수요에 대하여 서비스하는 국가정보기구와, 특정한 행정부처에 소속되어 부처의 정보수요에 대처함을 원칙으로 하는 정보기구인 부문정보기구로 분류된다. 국가정찰국과 국가지리정보국은 미국 국방부 소속이지만 명칭에 National이 들어 있는 것에 알 수 있듯이 국가 전체 그러므로 정보공동체에 직접 봉사가 주된 임무이다. 하지만 미국 법무부 마약단속국(DEA)은 부문정보기구이다(p. 932-933).

          답④

42. 정보기구를 행정 영역별로 분류하는 경우에 성격이 다른 것은?

① 방위성 정보본부(DIH)

② 아만(Aman)

③ 군사안보지원사령부(DSSC)

④ 연방수사국(FBI)

해설 정보기구는 행정 영역별로 구분하여 민간부문 정보기구와 군정보기구로 분류된다. FBI는 민간부문 정보기구이다 (pp. 925-931).

답④

43. 정보기구를 활동 방법별로 분류하는 경우에 성격이 다른 것은?

① CIA

② 국가안보국(NSA)

③ 정부통신본부(GCHQ)

④ 국가지리정보국(NGA)

해설 정보기구는 첩보수집의 주된 방법인 활동 방법별로 분류하여, 인간정보기구와 과학기술정보기구로 분류할 수 있다. CIA가 대표적인 인간정보기구로 다른 정보기구에 산재되어 있는 휴민트 업무를 CIA의 국가비밀정보국(NCS)이 총괄하여 미국 정보기구의 모든 스파이 활동은 CIA가 조종·감독한다.

답①

44. 정보기구를 수행 기능별로 분류하는 경우에 성격이 다른 것은?

① CIA

② MI6

③ 해외정보부(SVR)

④ 국가정보원(NIS)

해설 정보기구를 수행 기능별로 국내정보와 해외정보를 총괄하여 단일기관이 수행하는 통합형과, 국내정보와 국외정보를 분리하는 분리형 정보기구로 구분할 수 있다. 한국의 국가정보원은 대표적인 통합형 정보기구이다.

답④

45. 미국 국가정보국장(DNI)에 대한 설명이나 직접 관련된 용어가 아닌 것은?

① 2004년 정보개혁 및 테러방지법

② 국가정보위원회(National Intelligence Council)

③ 국가대테러센터(National Counterterrorism Center: NCTC)

④ 국가비밀정보국(National Clandestine Service)

해설 국가비밀정보국(NCS)은 미국 정보공동체의 휴민트(HUMINT) 활동의 총본산으로 예전의 공작국(Directorate of Operations)을 확대 개편한 세계 비밀의 손으로 통하는 CIA의 핵심조직이이다.

답④

46. 미국 국가정보국장(DNI)의 권한과 임무가 아닌 것은?
① 국가안보 정보에 대한 총괄접근권
② 정보우선순위 결정권
③ 정보공동체 업무조종 · 감독권
④ 전문 신호정보의 수집

해설 국가정보국장(DNI)은 미국 정보공동체의 수장으로 구체적인 정보업무 수행기구는 아니다.

답④

47. 미국 CIA의 임무가 아닌 것은?(2009 기출)
① 국가안보와 관련한 정보로 국가안전보장회의에 자문한다.
② 미국의 국가이익을 위해 국내외에서 비밀공작을 수행한다.
③ 해외에 정보관을 파견해서 중요 군사, 정치정보를 수집한다.
④ 국가안보 관련 정보를 분석 · 평가하여 대통령 등 주요기관에 배포한다.
⑤ 정보공동체 공동의 관심사인 정보수집을 한다.

해설 해외정보기구인 CIA는 미국 **국내에서** 비밀공작을 수행하지는 않는다.

답②

48. 다음 중 각국의 정보기구에 대한 설명으로 틀린 것은?(2009 기출)
① BfV는 독일의 헌법수호청으로 방첩활동을 담당한다.
② BND는 독일의 연방정보국(부)으로 해외정보를 담당한다.
③ NSA는 미국 국가안보국으로 암호개발과 보호업무도 수행한다.
④ NRO는 미국 국가정찰국(영상정보국)으로 첩보위성의 개발 및 운용을 담당한다.
⑤ NGA는 미국 국토안보부 산하의 국가지리정보국(국가지구공간정보국)으로 테러범 관련 정보를 수집 · 분석한다.

해설 NGA는 미국 국방부 산하의 지구공간/지질 분석 정보기구로 지구공간의 지질학적 정보를 생산한다.

답⑤

49. 다음 중 정보기관과 소속부서에 관한 연결로 맞지 않는 것은?(2009 기출)

① 미국 NSA는 국방부 소속이다.

② 미국 NRO는 소속이 없는 독립된 정보기관이다.

③ 독일의 BND는 총리실 직속 정보기구이다.

④ 영국의 MI5는 내무부 소속 정보기구이다.

⑤ 프랑스의 DGSE는 국방성 소속정보기구이다.

해설 NRO(국가정찰국)는 미국 국방부 산하의 영상정보기구이다.

답②

50. 다음에 해당하는 북한의 정보기관으로 알맞은 것은?(16 기출)

> 북한의 대남해외공작을 총괄 지휘하는 이 기관은 2009년에 기존 조직이 통합되면서 신설되었다. 인민무력부 산하의 이 기관은 해외정보국, 작전국, 정찰국 등의 부서로 구성되어 있으며, 국방위원장에게 직접 보고하는 것으로 알려져 있다.

① 국가보위성

② 정찰총국

③ 통일전선부

④ 인민보안성

해설 북한 정찰총국은 2009년 2월에 기존에 대남 공작을 담당하던 인민무력부 정찰국, 조선노동당 작전부, 조선노동당 대외정보조사부(35호실)를 통합하여 신설되었다. 기존의 국가안전보위부와 인민무력부, 인민보안부는 2016년에 부에서 성으로 변경되어 현재는 **국가보위성, 인민무력성, 인민보안성**이 되었다고 한다.

답②

51. 다음 중 북한의 정보기관에 대한 설명으로 옳지 않은 것은?(17기출)

① 국가보위성은 비밀경찰 및 정보기관으로 김정은 직속의 초법적 기관이다.

② 보위사령부는 북한군 내 반체제활동을 감시하고 군사 쿠데타를 방지 임무를 수행한다.

③ 정찰총국은 북한군의 정보공작 기구로 군인들의 당성을 파악하는 군대 내 당 조직이다.

④ 대외연락부는 대한민국과의 교류업무를 수행하고 있다.

해설 대외연락부는 간첩교육 및 파견과 공작거점구축 및 통일전선 형성을 담당한다.

답④

52. 러시아 정보기관 중 해외정보활동을 담당하는 기관은?(기출유형)

① 정보총국(GRU)

② 국가보안위원회(KGB)

③ 해외정보부(SVR)

④ 연방보안부(FSB)

해설 해외정보부의 모토는 '요원은 차가운 두뇌와 뜨거운 가슴과 깨끗한 손을 가져야 한다.'라고 한다.

답 ③

53. 암호해독 및 슈퍼컴퓨터를 통한 전자감시 임무를 수행하는 정보기구는?(기출유형)

① CIA

② NSA

③ DHS

④ FBI

해설 지구의 귀로 통하는 미국 국가안보국(NSA)의 임무이다. DHS는 미국 국토안보부이다.

답 ②

54. "No Such Agency", "Never Say Anything"의 경구로 대변되는 정보기구는?(기출유형)

① 국가정찰국(NRO)

② 마약단속국(DEA)

③ 국가안보국(NSA)

④ 국가비밀정보국(NCS)

해설 수년 동안 존재 자체가 비밀로 분류되어 미국 국가안보국(NSA)에 붙여진 경구이다.

답 ③

55. 다음 중 미국의 정보기구에 속하지 않는 것은?(15기출)

① FBI   ② JIC

③ NSA   ④ DNI

해설 합동정보위원회(JIC: Joint Intelligence Committee)는 영국 정보 체계의 중심에 있는 영국의 정보기구이다.

답 ②

56. 다음 중 미국의 국방부 소속의 정보기구가 아닌 것은?(16기출)

① INR   ② NSA

③ NRO   ④ NGA

해설 INR은 미국 국무부 소속 정보조사국이다.

답①

57. 다음 중 미국의 정보기관 중 인간정보(휴민트) 주무 기관은?(17기출)

① NGA   ② NSA

③ CIA   ④ NRO

해설 구체적으로는 CIA의 국가비밀정보국((NCS)이 휴민트 주관부서이다.

답③

58. 일본의 정보기관 중 조총련 계열에 대한 감시활동과 극우와 극좌를 모두 감시대상으로 하는 정보기관은?(기출유형)

① 공안조사청   ② 신화사

③ 방위성 정보본부   ④ 내각정보조사실

해설 1952년 파괴활동방지법에 의해 창설된 공안조사청이 조총련계에 대한 감시업무도 수행한다.

답①

59. 다음에서 설명하는 영국의 정보기관으로 알맞은 것은?(기출유형)

미국의 국가안보국(NSA)처럼 암호나 비밀 등을 보호하며 개발을 담당한다.

① 정부통신본부   ② 보안부

③ 국토감시국   ④ 비밀정보부

해설 영국 정부통신본부(GCHQ)의 전신이다. 전신은 정부암호학교였다.

답①

60. 총리 직속의 독일의 해외정보기구는?(기출유형)

① 연방정보보호청   ② 연방정보국(부)(BND)

③ 군 보안부   ④ 슈타지

해설 연방정보국(부)에 대한 설명으로 그 전신이 겔렌조직(Gehlen Organization)이다.

답②

61. 이스라엘의 핵개발 보안 유지를 위해 창설된 과학기술정보기구는?(기출유형)

① 라캄(Lakam, 과학관계국)

② 아만(Aman)

③ 모사드(Mossad)

④ 샤박(Shabak)

해설 모두 이스라엘 정보기구이다. 아만은 군, 모사드는 해외, 신벳 또는 샤박은 국내정보기구이다. 이스라엘의 라캄(과학관계국)에 대한 설명은 경제정보 영역 참조.

답①

62. 정보공유에 대한 설명으로 잘못된 것은?

① 정보의 제국을 형성하는 미국은 정보공유의 필요성을 전혀 느끼지 못하는 정보왕국이다.

② 정보공유는 정보의 교환으로도 이루어진다.

③ 정보공유를 위해서라면 수집기지를 다른 나라와 공동으로 활용하기도 한다.

④ 정보공유는 두 나라 사이의 정보공유가 일반적이지만, 복수국가의 정보공유도 있다. 이념과 체제를 달리하는 국가사이에서도 정보공유는 이루어진다.

해설 캐스퍼 와인버거(Caspar Weinberger) 미국 국방부 장관은 "미국은 우리가 필요로 하는 모든 정보를 자체적으로 조달할 방법이나 기회를 가지고 있지 못하다. 우리는 전 세계의 여러 나라와 다양한 정보공유를 통하여 그것을 보충하고 있다."라고 말하여 정보공유의 필요성과 중요성을 설파했다.

답①

63. 다음 중 미국 국가정보국장(DNI) 탄생 배경과 성격에 대한 설명으로 잘못된 것은?(15기출)

① 2001년 9월 11일 알카에다 테러조직은 역사상 최초로 미국 본토에 대한 테러 공격이 성공했다. 그것은 미국 정보공동체의 커다란 정보실패였다.

② 9/11 진상조사 위원회의 조사 결론은 정보기구 상호간의 정보공유의 실패가 가장 커다란 원인이라는 것이었다.

③ 중앙정보국장(DCI) 체제에서 중앙정보국장(DCI)의 지시와 명령은 자신이 책임자로 있는 CIA에만 미쳤고 다른 정보기관들을 제대로 통솔하지 못하고 점검도 못했던 것으로 드러났다.

④ 결국 미국은 2004년 12월 '정보개혁 및 테러방지법(IRTPA)을 제정하여 미국 중앙정보국(CIA)을 폐지하고 그에 대한 대체조직으로 정보공동체의 신 황제(Czar)로 불리는 국가정보국(ODNI)을 창설했다.

해설 미국은 2004년 12월 '정보개혁및테러방지법(IRTPA)을 제정하여 중앙정보국장(DCI) 체제를 폐지하고 정보공동체의 신황제(Czar)로 불리는 국가정보국장(DNI) 직위를 창설했다. 결코 중앙정보국(CIA)을 폐지한 것은 아니다.

답④

64. 미국 국가정보국장(Director of National Intelligence)에 대한 설명이나 직접 관련된 용어가 아닌 것은?(기출)

① 2004년 정보개혁 및 테러방지법

② 국가정보위원회(National Intelligence Council)

③ 국가대테러센터(National Counterterrorism Center: NCTC)

④ 국가비밀공작국(National Clandestine Service)

해설 국가비밀공작국(NCS)은 미국 정보공동체의 휴민트(HUMINT)활동의 총본산으로 예전의 공작국(Directorate of Operations)을 확대 개편한 세계 비밀의 손으로 통하는 CIA의 핵심조직이다.

답④

제6편

정보환경론

제1장 정책과 정보

제1절 정보와 정책의 관계

I. 정보와 정책의 관계에 대한 학설

1. 상호 독립성설
① 정책공동체와 정보공동체 사이의 절연과 상호간의 독립성을 주장한다.
② 자유민주주의 국가에서의 정보와 정책의 관계에 대한 전통적인 입장이다.

2. 공생관계설
정보는 궁극적으로 정책결정을 위한 방법이자 자료이므로 정보와 정책은 서로의 영역을 넘어서서라도 긴밀한 관계를 유지해야 한다는 견해이다.

3. 유기적 조화설
① 불가피한 공생관계까지는 아니지만 상호 절연된 독립관계는 아니라는 견해이다.
② 정보는 정책에의 대표적인 독립변수이지만, 정책은 다른 인자에 기초하여 추진될 수도 있는 것은 정보와 정책의 유기적인 관계를 보여 주는 것이라고 설명한다.

4. 결 어
정보와 정책의 완전한 절연을 주장하는 학자는 없다. 전통적으로 정보와 정책의 분리론자로 소개되는 셔먼 켄트도 **"정보는 정책과 밀접해야 한다. 다만 판단의 객관성과 완전성을 상실할 정도로 밀접해서는 안 된다."**라고 말했다. 마크 M, 로웬탈도 정책입안자와 유기적인 협조 없이 생산되는 정보는 의미가 없는 것이라고 주장했다. 유기적 협조설이 타당하다.

II. 정보와 정책의 관계 구축

1. 정보와 정책영역의 레드라인(red line) 설정 – 반투성의 경계

2. 정보의 객관화 – 정보수요자 측의 적극적 책무

3. 정보수요와 정보수요자에 대한 충분한 이해

정책담당자는 정보공동체의 정보 이외에도 다양한 경로를 통하여 정책 자료를 제공받는다.

4. 정보수요처 불특정의 정보제공 원칙

① 정보공동체는 비밀등급 분류하지 않은 이상 원칙적으로 생산한 정보의 수요자로 특정한 대상을 지정하지 않고 정보수요부처에 배포해야 한다.
② 정보를 제공받은 부처는 자신의 판단으로 필요한 정보를 사용하게 한다.
③ 정보공동체는 보안 이외에 정보전달 이후의 정보사용 문제를 고민할 필요가 없다.

III. 국가안보 정책결정 주체와 특성

1. 대통령

대통령은 유한한 임기 동안에 공약과 관련한 역사적 업적을 고려하는 속성이 있다.

2. 행정 각 부처

행정부처는 업무 속성과 문화에 따라서 국가안보 정책을 결정하려는 경향이 있다.

3. 국가안전보장회의

국가안전보장회의는 국가최고 통수권자의 국가안보 정책에 대한 의중을 정책부서와 정보부서에 정확히 전달하고, 양자의 업무가 조화롭게 진행될 수 있게 하는 매개체로서 역할하며 정보가 반영된 해당 국가안보정책이 현장에서 제대로 집행되도록 한다.

4. 의회

국민의 대표기관으로 궁극적인 정보수요자의 하나임에도, 의회는 조직 규모가 작고 주기적인 선거에 의해 선출되기 때문에 전문화를 기대하기는 어렵다는 근본적인 한계가 있다.

5. 구매자 중심의 정보시장(buyer's market)

① 제임스 바리(James A. Barry)는 정보담당자들은 정보수요자가 구매하지 않을 수 없는 고품질의 정보를 "판매(sell)"하는 역할을 해야 한다고 했다.
② 오늘날 정보의 판매시장에 인터넷 및 24시간 뉴스 방송 같은 다양한 정보채널이 등장하여 국가정보기구의 독점적인 지위가 상실됨에 따라서 "생산자 중심의 정보시장"에서 "구매자 중심의 정보시장"으로 변경되고 있다.

제2절 정책결정과 정보조작

I. 정보조작(Intelligence manipulation)의 의의

① 정보조작은 정책결정권자의 특정한 행동을 유도할 목적, 또는 정책결정권자의 정치적 선호도 등에 부응하기 위하여 오류의 정보를 생산·전달하는 것이다.

② 맥코넥(McCornack)은 정보조작을 협력적 방식으로 일하고 있다는 믿음을 위반하여 상대방을 잘못으로 인도하는 행위라고 말하면서, 정보생산과 전달에 관한 일련의 합리적 기대에 대한 위반이라고 정의했다.

③ 정보조작은 진실한 정보를 공개하지 않는 부작위에 의하거나, 의도적으로 거짓정보를 생산하고 제공하는 작위적 방법에 의해 할 수 있다.

④ 정보조작은 (1)정책결정권자 주도형 정보조작, (2)정보공동체 주도형 정보조작 그리고 정책과 정보의 (3)상호 협력에 의한 정보조작의 3가지 유형이 있을 수 있다.

II. 정보조작의 유형 - 메츠(Metts)의 분류

① 정보위작(falsification): 진실에 반하는 허위내용의 정보를 만들어내는 것이다.

② 정보왜곡(distortion): 정보내용을 변질시키는 것이다.

③ 정보누락(omission): 정보의 일부를 빠뜨리고 참고자료의 전달을 보류하는 등으로 진실 판단을 힘들게 하는 것이다.

III. 정보조작과 정보실패의 구분

① 정보실패는 정책실패로 연결된다. 하지만 정보조작은 정책성공을 유도할 수도 있다.

② 역사적으로 선진국들이 정보조작으로 대외정책의 타당한 근거를 마련하여 영토를 넓힌다거나 타국의 내정에 간섭한 사례는 적지 않다.

> ### 2003년 이라크 전쟁에서의 정보조작과 정책성공
>
> 미국은 이라크 전쟁의 명분으로 이라크 내의 대량살상무기를 문제 삼았다. 정보분석이 결과적으로 입증되지 못했다는 이유로 이를 정보실패로 규정하는 견해가 있다. 그러나 그 경우에 있었다면 그것은 정보실패가 아니라 중동에서의 지속적인 영향력을 확보하기 위한 의도된 **정보조작**이 있었다는 것이 다수의 견해이다. 즉 의도된 정보조작으로 중동에서의 안정적인 석유수급권을 확보하기 위하여 이라크 전쟁의 정당한 근거로 삼았다는 것이다. 이러한 견해에 따르면 이라크 전쟁 정보오판 또는 정보조작 사건은 일각에서 말하는 정보실패가 아니라 결과적으로 정보의 성공이라고 할 수 있다.

제2장 국가안보와 정보

제1절 국가이성 - 국가안보와 국가이익

레종 데타(*Raison d'etat*)는 국가이성 또는 국가의 존재이유로 주권국가의 행동기준이다. 국가이성은 국가의 존속과 발전 그리고 위신을 확보함으로서 국민의 생명권·자유권·재산권을 지켜내는 것에 있다. 국가안보와 국가이익의 확보와 증대가 제대의 국가이성이다.

제1항 국가안보(National Security)

① 안보는 어떤 위험과 손해로부터 보호되는 상태를 말하는 것으로, 어떤 외부위협으로부터 국가의 안전이 보호되는 상태를 말한다.

② 로버트 맨델(Robert Mandel)은 국가 및 시민의 핵심적 가치가 대·내외로부터 위협받는 상황을 방지하여 심리적 그리고 물리적인 안정을 확보하는 것이라고 말했다.

※ 국가의 핵심가치
① 국가의 존속, ② 국가의 번영(prosperity), ③ 국가위신(prestige), ④ 국민의 생명, 자유, 재산.

③ 국가안보에 대한 위협에는 정치적, 경제적, 군사적, 생태적 , 사회적 위협 등이 있다. 그러므로 국가안보는 이와 같은 제 분야에 위협이 없는 상태를 확보하는 것이다.

제2항 국가이익(National Interests)

I. 국가이익(NI)

① 국가이익은 국가의 보존과 번영·발전, 국위선양 및 국민이 소중히 여기는 국가의 가치로 국가목표, 국가야망, 국가가치이다.

② 국가이익은 주권국가의 대외정책의 중심개념으로 역사, 문화, 전통, 규범 및 시대상황에 따라서 변할 수 있다.

③ 국가이익은 정치현실론자(Realism)들의 중요한 정책수단이다. 정치 현실론자들은 무력을 사용하는 한이 있더라도 국가이익을 최우선으로 하는 현실적인 국가정책의 추진과

집행을 주창한다.

II. 국가이익의 분류

1. 도날드 네털레인(Donald Nuechterlein)

① 존망의 이익(survival interests)
② 결정적 이익(vital interests)
③ 중요한 이익(major interests)
④ 지엽적 이익(peripheral interests)

2. 미국 국익검토위원회(The Commission on America's National Interests)

① 결정적 이익(vital interests)

국가의 존립과 관계된 것으로 자유롭고 안전한 국가로 확보해 주고 자국민들의 생활을 보장하고 증진하는 데 반드시 필요한 것이다.

② 핵심적 이익(extremely important interests)

양보할 경우 자유롭고 안전한 국가로 만들어 국민들의 생활을 보장하고 증진하려는, 국가의 능력을 심각하게 손상시키지만 아주 위태롭게 하지는 않는 것들이다. 대량살상무기의 확산과 동맹국에 대한 침략방지를 예로 들고 있다.

③ 중요한 이익(important interests)

국가의 존립이나 번영과 무관하지는 않으나 핵심적이지는 않은 것을 지칭한다. 대규모 인권위반 사례, 전략적으로 중요한 지역에서의 자유 민주주의 고양, 국제테러조직으로부터 자국민 보호가 대표적이다.

④ 부차적 이익(secondary interests)

본질적으로 바람직하지만 자유롭고 안전한 국가에서 국민들의 생활을 보장하고 증진하는 국가의 능력에 중요한 영향을 미치지는 않는 것이다. 무역 역조의 시정과 범세계적 민주주의 확산을 예로 든다.

제3항 국가안보와 국가이익의 관계

I. 국가이익과 국가안보는 동전의 양면

① 국가안보가 불안한 상태에서 핵심적인 국가이익이 확보되고 증진될 수도 없다. 확고한 국가안보는 자국의 국가이익을 수호하고 더욱 확장하는 가장 중요한 여건이다. 결국 국가안 보와 국가이익은 대부분의 경우에 동전의 양면과 같다.

② 한편, 아놀드 월포스(Arnold Wolfers)는 "국가안보의 개념은 절대적일 수 없다. 왜냐하면 국가안보는 국가이익을 위한 것으로서 국가이익은 시대상황과 주변 환경에 따라서 변할 수밖에 없기 때문이다." 라고 하여 국가안보 상대성론을 주장했다.

II. 국가안보와 국가이익의 공통사례

다음의 경우 국가안보가 확보되어 국가이익이 도모된다.

① 국토를 방위하고 국민을 보호하는 것.

② 자국에 대한 주변국들 간의 적대적 관계 형성을 예방하는 것.

③ 우주와 항공 그리고 영해상의 자유통행권을 확보하는 것.

④ 통신선의 안전을 확보함으로써 통행·통신 등에서 자유로운 국가 교류권을 확보하는 것.

⑤ 국제시장과 에너지 공급 및 전략적 자원에 제한받지 않는 접근권의 확보.

III. 국가안보와 국가이익의 대립

정치현실론자의 입장에서 국가이익을 도모하기 위하여 정치체제를 변경한다고 하는 경 우에는 국가이익과 국가안보가 대립될 수 있다. 예컨대 자유시장경제질서를 사회주의나 공산주의 계획경제 체제로 변경하려는 정치세력의 시도는, 국가이익과 국가안보의 대립 구조를 야기할 수 있다.

제4항 국력(National Power)

I. 국가안보와 국가이익의 기초로서의 국력

1. 개념

국력(NP)은 국가의 힘(Power) 또는 국가능력(capabilities)의 총합이다. 사실상의 힘인 국력은 한 국가가 국제사회에서 자국의 독립과 안전을 유지하고 번영을 누리기 위해서,

또는 국가이익을 추구하기 위해서, 타국의 정책에 영향을 미치거나 타국의 행동을 지배할 수 있는 물리력을 포함한 총체적인 능력이다.

2. 국력의 가변성

국력은 양적으로나 질적으로 끊임없이 변화하고 유동하는 것으로, 정치지도자와 국민들의 일치단결과 노력으로 얼마든지 증대시킬 수 있는 상대적인 것이다.

II. 레이 클라인(Ray S. Cline) 박사의 국력방정식

1. 【P=(C+E+M) X (S+W)】

P는 국력(Power), C는 임계량(Critical Mass)으로 국토 면적, 인구규모 같은 고정변수로서의 국가의 자연적 조건, E는 경제력, M은 군사력, S는 정치 지도자의 전략, W는 국민의 의지를 뜻한다.

2. 정치지도자의 전략과 국민의 의지의 중요성

국력에서 결정적으로 중요한 부분은 국민의 의지(W)와 정치지도자의 전략(S) 항목이다. 이것이 0이 되거나 기준치인 1보다 낮으면 전체 국력이 영(zero)이 될 수 있다.

III 국력의 구체적 내용의 의미

① 인구, 영토, 천연자원, 군사력, 경제력, 국민 의식 수준을 포함한 정신력, 또한 국민의 교육수준, 건강상태, 단결력 등 국민의 질적 수준을 포함한 인적요소와 국가지도자의 지도력은 국력의 중요한 구성부분이다.

② 외교력, 군사력, 국가 경영능력, 국가 정보력, 법집행 능력, 입법능력, 국민 총화력 등이 모두 일국의 국가안보 확보 수단들이다.

③ 결국 **국가정보력**은 국가안보를 확보하는 데 필요한 여러 가지 수단들 중의 하나일 뿐, 유일한 수단은 아니라는 법적 의미를 가진다. 여기에서 국가정보의 국가안보에의 기여에의 한계가 있고 국가정보의 겸손함과 활동의 법적근거가 필요한 이유가 있다.

IV. 국가안보전략과 집단안전보장 체제

주권국가의 국가안보전략은 중요하고, 또한 냉전시대가 종료된 오늘날에도 UN과 NATO를 비롯한 지역방위 체제를 통한 국가안보 확보 방법은 여전히 유효하다.

제2절 국가안보와 법률문제

제1항 문제의 제기

① 국가안보를 수호하고 국가이익을 확보하기 위한 국가정보 활동은 시민의 자유 제약을 가져올 수 있다. 이 경우에 어느 정도까지 시민의 자유와 권리가 제한될 수 있을까?

② 국가안보를 이유로 시민의 자유와 권리를 어느 정도까지는 제약할 수 있지만, 현대 문명국가에서 국가안보 절대주의는 궁극적으로 평시에는 비밀경찰국가 비상시에는 군정 통치를 초래할 것이기 때문에 절대로 받아들여질 수 없다.

미국 연방대법원의 1968년 로벨 사건(United States v. Robel)
국가방위는 그 자체가 완결적 목적이라고 할 수는 없다. 국민을 보호하기 위한 것이다. 그러므로 국가안보라는 이름으로 국민의 자유를 억압한다면 그것은 아이러니라고 하지 않을 수 없다. 그러한 국가방위는 아무런 값어치가 없는 것이다.

제2항 국가비밀특권 (State Secrets Privilege)

I. 개념

① 비밀 분류 정보를 일반 공중에 대한 공개에서 배제할 수 있는 권한, 즉 공개거부권한으로 국가정보보안정책(security of information policy)이라고도 한다.

② 미국 법원에서 재판을 통하여 증거법상의 원칙으로 발전한 개념이다. 국가안보 문제가 개재된 사안에 대해서는 공개증거심리주의를 제한하는 것이 주된 내용이다.

II. 레이놀즈 사건(United States v. Reynolds, 345 U.S. 1, 1953)

1. 사실관계

1948년 소련 영공에서 비밀정탐 활동을 수행하던, '하늘의 요새'로 불리던 B-29기가 추락했다. 조종사의 유족들은 국가를 상대로 손해배상 청구소송을 제기했다. 유족들은 비행기의 운항기록지를 증거로 제출해 줄 것을 요구했다. 그러나 국가는 운항기록지에는 최고 기밀임무가 포함되어 있다며 공개를 거부하고 소송기각 판결을 구했다. 여기에서의 국가안보를 이유로 한 정보공개 거부가 바로 국가비밀특권이다.

2. 연방대법원 판결 내용

① 연방대법원은 국가는 국가안보를 이유로 정보공개를 거부할 수 있다고 판결했다. 또한 국가안보 항변은 원칙적으로 국가에 불리하게 적용해서는 안 된다고도 판결했다. 레이놀즈 사건은 국가비밀특권을 인정한 미국 연방대법원의 기념비적인 판결이다.

② 하지만 추후에 공개된 바에 따르면 운항기록지에는 아무런 비밀자료도 없었던 것으로 밝혀져 국가가 국가비밀특권을 남용한 것으로 판명되었다.

제3항 국가안보 관련사건

I. 코레마츠 사건(Korematsu v. United States, 323 U.S. 214,1944)

1. 사실관계

1941년 12월 7일의 진주만 기습공격 후에 일본의 추가 침공을 우려하여 의회는, 루즈벨트 대통령에게 국가안보를 수호하기 위해 대통령의 재량으로 특히 일본계 시민의 이동의 자유와 주거의 제한을 명할 수 있는 포괄적인 권한을 부여했다. 당시 20대 초반의 일본계 2세인 코레마츠는 대통령 명령을 위배하여 도주했다가 체포되어 기소되었다.

2. 쟁점

똑같은 미국 시민인데 (일본계)미국 시민에 대한 거주제한 명령이 동등(同等)보호원칙을 규정한 제14차 연방수정 헌법을 위반했는가? 라는 문제와, 대통령과 의회가 국가안보 문제를 이유로 일반시민을 강제로 이주시킨 것이 헌법상의 권한 내의 것인가? 하는 점이었다.

3. 판결

연방대법원은 자신의 뿌리인 일본에 동조하여, 미국 국가안보를 위태롭게 할 위험성이 있는 일본계 미국 시민의 강제수용을 명령한 시민소개 명령은 위헌이 아니라고 판결했다.

4. 재판 이후의 경과

① 그러나 비록 국가안보가 걸려 있기는 했지만 "대규모의 무고한 시민에 대하여 주거지에서의 차별적인 집단추방은 민주주의를 지향하는 미국의 기본적인 정부가치와 일치하지 않는다. 국가를 보호하기 위한 권한은 위협의 정도에 걸맞은 내용이어야 한다."라는 취지로 반대의견을 표명한 블랙(Black) 대법관의 의견이 잘 말해준다.

② 1980년에 이르러 미국 정부는 과잉조치를 사과하고 거액의 배상금을 지불했고, 클린턴 대통령은 코레마츠에게 최고의 시민훈장인 자유의 훈장을 수여했다.

II. 함디 사건(Hamdi v. Rumsfeld, 542 U.S. 507,2004)

1. 사건개요

2001년 아프가니스탄에서 탈레반 북부동맹군에 가담한 용의자로 체포되어, 관타나모 베이 테러 수용소에 인치된 사우디아라비아 출신의 미국 시민권자인 함디(Yaser Esam Hamdi)에 대한 불법구금 사건이다. 함디는 불법전투원으로 간주되어 변호인의 접견이 금지되고 재판 없이 약 3년간 구금되었다. 사실관계에서도 함디는 자신은 단순 노동자로 아프가니스탄에 있었고 오인 체포되었다고 주장했다.

2. 쟁점

함디는 자신은 미국 시민권자인데도 아랍계라는 이유로 구속영장 없이 체포되어 구금되었고, 변호인의 접견권이 보장되지 않았으며, 신속한 재판을 받을 권리가 무시되고, 무기한 구금되는 등 헌법상 일반 시민의 자유가 전반적으로 침해되었다고 주장했다.

불법 전투원(enemy combatant) = 구금인(detainee)

원래 **전쟁포로(prisoner of war)**는 전쟁에서 체포된 사람일 뿐으로 범죄자는 아니다. 따라서 전쟁포로는 전쟁책임자라는 특별한 경우이외에는 재판 없이 전쟁종료 후에 포로교환 등으로 석방된다. 전쟁포로는 또한 제네바 협약상의 다양한 권리가 있다. 하지만 미국 행정부는 테러 용의자들을 전쟁포로가 아닌 **불법 전투원**으로 규정하고, 헌법상의 적법절차 규정을 배제할 수 있는 대통령의 권한은 테러와의 전쟁을 수행하는 데 절대적으로 필요한 것이라고 항변했다. 이처럼 불법 전투원은 제네바 협정상의 전쟁포로(POW)와 대비되는 국제법적 개념으로 전쟁법상의 제반 권리가 없는 사람이다.

---

3. 재판경과

2004년 연방대법원은 어떠한 경우에도 미국 시민에 대한 재판 없는 무기한 구금조치는 헌법위반이라고 판결했다. 그러므로 미국 시민권자인 함디가 가령 불법 전투원이라고 하는 경우에도 적법절차를 위배한 기한 없는 구금은 헌법위배라고 판결했다. 법무부는 함디를 미국 시민권을 포기하는 조건으로 사우디아라비아로 추방했다.

Ⅲ. 오사마 빈 라덴의 운전사 함단(Salim Ahmed Hamdan) 사건

1. 사실관계

테러 용의자인 함단은 예멘 사람으로 테러와의 전쟁 중에 아프가니스탄에서 체포되었다. 함단은 전쟁포로(POW)가 아닌, 불법 전투원으로 관타나모 베이 구금시설에 유치되었고, 인신보호영장을 청원했다. 함단은 2004년 7월 테러공격을 공모한 혐의로 기소되었다.

2. 쟁점

함단은 자신에 대한 재판을 담당하는 당시의 군사 특별위원회는 제네바 협정과 미국 통일군사재판법이 요구하는 인권보호에 대한 적법절차 규정이 결여되어 위헌이라고 주장했다.

인신보호영장(habeas corpus) 청원
인신보호영장(人身保護令狀)은 신체의 자유를 보장하는 영미법의 제도이다. habeas corpus는 라틴어로 "당신은 신체를 가진다(You (shall) have the body)"라는 의미이다. 영국은 1679년 인신보호법(Habeas Corpus Act)을 제정하여 구금되었을 때, 인신보호영장을 신청해 구금의 정당성에 대한 판단을 받고 부당구금에서 풀려날 수 있는 길을 열었다.

3. 연방대법원 판결

연방대법원은 2006년 6월 29일 불법 전투원이라고 하더라도, 비상시가 아님에도 헌법상의 적법절차 규정이 상당히 적용되지 않는 군사위원회를 설치할 권한이 의회나 대통령의 내재적 권한으로도 인정되지 않는다고 판결했다.

제3장 정보실패

제1절 정보실패

제1항 정보실패(Intelligence Failure) 개관

I. 개념

국가정보기구가 국가안보와 국가이익에 대한 위협을 제대로 예측하거나 판단하지 못해 사전에 적절한 정책이 수립되고 집행되는 등 예방책이 작동되지 않음으로써, 국가안보에 위협을 초래하거나 국가이익에 손해를 가져온 정보과정상의 제반 잘못을 말한다.

II. 정보실패 · 정책실패(policy failure) · 정부실패(government failure)

정보실패는 통상 정책실패와 정부실패로 귀결된다. 하지만 정책실패는 잘못된 정보에 기초한 경우도 있지만, 정책결정권자들의 정책왜곡 때문에 이루어지는 경우도 적지 않다. 물론 국민들 입장에서는 정보실패나 정책실패는 모두 정부실패로 귀결되게 된다.

III. 정보실패의 교훈

정보실패를 사실적인 경험으로 받아들여서는 의미가 없다. 중요한 것은 사후 대처 방법으로 정보실패가 초래된 경우에 치밀한 조사절차를 거쳐 정보공동체의 발전적 계기로 삼는 것이다. 미국 정보공동체가 오늘날의 모습을 갖춘 진정한 이유이다.

제2항 정보실패 요인

I. 정보내적 요인

1. 정보공동체 수집능력상의 한계

레바이테(A. Levite)와 크노르(K. Knorr)는 정보실패의 주요 원인은 **정보수집**에 있다고 설명한다. 크노르는 오늘날과 같은 성능을 가진 해양 감시위성을 가지고 있었다면 일본의 진주만 기습공격을 미연에 충분히 방지할 수 있었을 것이라는 것이다.

2. 정보공동체 분석능력상의 문제

정보실패는 정보분석의 잘못에 기인하는 바가 가장 크다. 분석실패는 사회적 동물인 인간의 인지적 오류와 능력부족에서 유래한다. 잦은 경고발령으로 정작 결정적인 순간의 경고를 불신하게 하는 "늑대소년 효과(cry wolf effect)"도 정보분석관의 능력의 문제이다.

1) 인지적 오류(cognitive failure)

① 정설이론(Received Opinion)
② 경상이론(鏡像理論, Mirror-Imaging)
상대방의 동기나 가치 또는 의도를 자기 기준에 맞추어 분석하는 심리상태를 말한다. 과학기술 분야에서의 "아직 여기까지 증후군(not invented here syndrome)"이 대표적이다.
③ 집단사고(Group-thinking) 이론
의사결정을 함에 있어서 "우리 의식"에 따른 분석 실패이다.

2) 능력부족(capability failure)

분석관의 능력부족은 정보실패를 유발할 수 있는 기본적인 요소이다.

II. 정보외적 요인

① 정보의 정치화
② 관료주의적 경직성
③ 정보공동체 정보공유상의 문제
④ 정보배포상의 문제

제3항 정보실패 사례와 상대성

1. 역사적인 정보실패 사례 – 미국 정보공동체가 보는 정보실패이다.

① 1941년 제2차 세계대전 당시 일본의 진주만 기습공격 사건
② 1941년의 독일의 러시아 침공과 일본의 필리핀 기습
③ 1950년의 한국전쟁과 1951년 중국의 한국전 개입 공격
④ 1962년의 중국의 인도 침공
⑤ 1973년의 욤키푸르 전쟁(Yom Kippur War)
⑥ 1973년의 중국의 베트남 침공

⑦ 1990년 이라크의 쿠웨이트 침공

⑧ 인도(1974년)와 파키스탄(1998년)의 핵무기 개발성공

⑨ 2001년 9월 11일의 알카에다 테러조직의 미국 본토 공격

⑩ 2006년 10월의 북한의 핵무기 개발성공

2. 정보실패의 상대성

실패와 성공은 본래 상대적이다. 아국의 정보실패는 상대국의 정보성공이 된다. 또한 베츠(Richard K.Betts)가 예를 든 것처럼, 유리병에 물이 반쯤 있을 때 물이 반이나 찼다고 볼 수도 있고 반밖에 없다고 볼 수도 있듯이, 정보실패와 정보성공은 혼합되어 있다.

제2절 진주만 기습공격(Attack on Pearl Harbor)

1. 진주만 공습의 정보학적 의미

① 진주만 공격은 1941년 12월 7일 일본군이 하와이 진주만에 있는 미국 태평양 함대 기지에 가한 기습적인 군사공격이다. 12척의 함선과 188대의 비행기가 파괴되었고, 2,403명의 군인 사상자와 68명의 민간인 사망자가 발생했다.

② 진주만 공격은 미국 정보공동체가 일본의 기습공격을 사전에 파악하지 못한 전형적인 **군사적 기습(Military Surprise)**에 해당하는 정보실패이다.

2. 정보실패의 유형과 사후대처

① 미국은 1947년 국가안보법을 제정하여 국가 중앙정보기구인 CIA를 창설했다. CIA 창설은 **제2의 진주만 공격**을 방어하기 위함이라고 말해질 정도이다.

② 한편 루스벨트 대통령은 미국 젊은이들을 유럽의 전쟁터에 보내지 않겠다는 공약으로 3선에 당선되었음에도 불구하고, 미국이 제2차 세계대전에 참전하는 계기가 되었다.

③ 영국 수상 처칠은 짐머만 전신으로 독일의 미국에 대한 음모를 알려주었고, 직접 참전이 어려우면 군사원조라도 해달라고 수차례 편지를 보냈다. 이에 루스벨트 대통령은 의회에 다음과 같이 호소하면서 **무기대여법**을 의회에 제출했고 승인받았다.

> "가까운 이웃에 큰불이 났다고 합시다. 우리는 불을 끄는 소방수는 아니라도 불을 끌 수 있도록 소방용 호수를 빌려줄 수 있는 것은 아니겠습니까?"

제3절 2001년 9/11 테러공격

제1항 경과

I. 나인 일레븐(nine eleven) 또는 9/11 테러공격

1. 내용

19명의 알카에다 조직원들에 의한 미국 본토에서의 자살 테러공격을 말한다. 19명의 테러분자들은 팀당 조종사 1인이 포함되어, 4팀으로 나누어 미국 본토에서 4대의 상업용 비행기를 공중 납치하여, 2대는 뉴욕 맨해튼 세계 무역센터 빌딩, 1대는 국방부 펜타곤 건물, 마지막 비행기는 의회 의사당을 목표로 했다. 총 2,996명이 사망했다. 연이어 미국 의회와 언론사 등에 우편물을 이용한 탄저균 테러가 발생하여 5명이 숨지고 미국과 세계는 공포에 떨었다. 2001년 9월 11일 벌어진 이러한 일련의 사태를 9/11 테러공격이라고 한다.

《세계 무역센터 쌍둥이 빌딩에 대한 9/11 attacks》

2. 9/11공격 실행 주체

사우디아라비아 출신의 오사마 빈 라덴이 이끄는 알카에다(Al Qaeda) 테러 조직이다.

3. 테러 동기

오사마 빈라덴은 자신이 발령한 이슬람교의 칙령인 **파트와**에서 미국의 이슬람에 대한 3대 범죄를 지적했다. 또한 중동 지역에서의 미국의 원유 수탈을 강력하게 비난했다.
① 아랍 반도에 대한 미국의 군사적 점령
② 미국의 이라크 침략
③ 미국의 일방적인 이스라엘지지

4. 사용 무기

테러범들은 단단한 소형 자, 금속형 필기구와 박스용 소형칼, 최루가스(Mace), 자극성 후추 스프레이와 피부 자극제로 1등석 승객들을 제압하고 조정석도 점거했다. 그들이 가진 가장 강력한 무기는 다용도 칼의 대명사인 레더만(Leatherman) 이었다.

II. 사고 후 미국의 대처와 수사

1. 펜트봄(Pentagon/Twin Towers Bombing Investigation)

FBI는 암호명 **펜트봄(PENTTBOM)**이라는 이름으로 FBI 범죄수사 역사상 가장 방대하고 복잡한 수사에 착수했다.

2. 외교·군사조치

테러와의 전쟁(war on terror)을 공식 선포했고 **국가비상사태**를 발령했다. 미국은 NATO와 합동으로 **아프가니스탄을 공격**하여 탈레반 정권을 붕괴시켰고, 2003년 9/11 테러공격을 후원한 사담 후세인 정권을 상대로 **이라크 전쟁**을 벌여 후세인 정권을 붕괴시켰다.

3. 외국인 등록과 격리수용 그리고 테러용의자 구금시설 구축

외국인등록법에 따라 8만 명의 무슬림 이민자들에 대한 지문채취와 등록을 재 실시했다. 또한 약 5,000명의 외국인들이 의회 결의에 따라 격리 수용되었다. 국가안보국(NSA)의 전자감시 활동을 강화하여 광범위한 테러인식프로그램을 가동했다. 한편 세계 각처에서 체포된 테러용의자들을 수용하기 위해 관타나모 베이(Guantanamo Bay) 구금시설을 구축했다.

4. 9/11 테러공격 진상조사 국가위원회의 구성

뉴저지 주지사 토머스 킨(Thomas Kean)을 책임자로 하고, 민주당과 공화당 의원 각 5명으로 구성된 "미국에 대한 테러 공격 조사 국가위원회(National Commission on Terrorist Attacks Upon the United States)"를 창설했다.

9/11 위원회는 현직 대통령까지 조사하도록 한 삼권을 초월한 독립적 국가기구였다. 약 2년간의 활동을 마치고 2004년 7월 22일 베스트셀러가 된 9/11 위원회 보고서를 발간했다. 테러공격에 약 40만 달러에서 50만 달러의 직접비용이 소요된 것으로 판단했다. 정보공동체의 대표적인 정보실패로 규정했고, CIA와 FBI의 치명적인 **정보공유 실패**를 원인으로 지적했다.

III. 9/11 위원회 조사 보고서 내용

1. 알카에다 테러위협에 대한 CIA의 보고 내용 및 경과

① CIA는 약 40회의 테러위협 정보를 생산하여 정보저력을 알 수 있게 해 준다.

② 2001년 6월 28일 자 CIA의 대통령 일일보고서(PDB)는 "무언가 대단히, 대단히, 대단히,

대단히 커다란 것이 발생하려 한다(Something "very, very, very, very" big is about to happen)."고 예측했다.

③ 2001년 8월 6일 생산한 36번째 대통령 일일보고서(PDB)의 제목은 『**빈 라덴 미국본토 공격 결정(Bin Ladin Determined to Strike in US)**』으로, CIA의 결론은 빈 라덴의 미국 본토 공격위협은 "현실적(current)이고 중대하다(serious)"라는 것이었다. 다만 테러의 일시와 장소를 몰랐다.

④ CIA의 보고를 받은 부시 대통령은 테러 정보보고 중에서 가장 중요한 역사적인 것이라고 평가하고 "알카에다는 미국에 매우 위협적인 존재이다." 라고 강조했다.

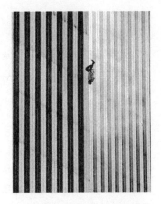

110층 빌딩에서 무조건 허공에 몸을 던진 약 200명의 추락하는 사람(The Falling Man), 9:41:15 촬영

2. 비행기 하이재킹 유도 미사일 사용 테러 수법 –위원회 보고서의 잘못 판단

① 9/11 위원회 보고서는 공중 납치된 비행기가 유도 미사일로 테러에 이용된 것은 처음으로 미국은 대응 훈련이 없었다고 했지만 이는 잘못된 분석이었다.

② USA Today는 북미 합동 항공방위 사령부인 노라드(NORAD)가 여객기가 유도무기로 사용되는 상황에 대한 대응 연습훈련을 했다고 보도했다.

③ 역사적으로도 1974년 조셉 빅(Samuel Joseph Byck)이 볼티모어와 워싱턴을 운행 중이던 비행기를 공중 납치하여 당시 대통령 닉슨을 살해하려고 백악관으로 돌진을 시도했던 **보징카 테러** 전례가 이미 있었다.

IV. 점의 연결 실패(failure connecting the dots), 법률지식의 부재 그리고 정보공유 실패

1. 점의 연결 실패의 의의

9/11 테러공격의 정보실패의 대표적인 원인이다. 점의 연결 실패는 개별적으로는 사소하고 무관해 보이는 점 같은 사안들을 면밀히 검토하고 조사하여, 상호간의 내적 연결고리를 찾아보면 큰 그림을 그릴 수 있었을 것임에도 점들을 개별사태로 간과한 것을 말한다.

2. 국무부 요주의 감시인 목록과 FBI의 볼로 프로그램의 불가동

국무부 요주의 감시인 목록(TIPOFF watchlist)
출입국을 저지하고 특별검색을 실시할 수 있는 경계인물 목록(TIPOFF List)이다. 등재되면 비자신청이나 항공기 탑승에서 제외될 수 있다.

FBI의 BOLO(Be On the Look Out) 프로그램
FBI의 테러 용의자 공개수배 프로그램이다. 하지만 FBI는 국민들에게 충격을 가져올 볼로 프로그램의 작동을 여러 차례 주저했다.

3. 피닉스 메모와 점의 연결 실패

2001년 7월 애리조나 주 피닉스 FBI 현지요원은 본부에 자문 요청 메모를 발송했다. 메모내용은 빈 라덴이 미국의 항공학교에 사람들을 보내 항공교육을 받게 할 가능성이 있는지에 대한 질문과 다음 4가지 건의였다. 그러나 메모를 전달받은 FBI 책임자들은 이 메모를 9/11 테러공격 후까지도 보지 않았다. 또 하나의 점이 그대로 사라진 것이다.

① 미국 전역의 항공학교 리스트를 만들 것.
② FBI가 항공학교와 연락체계를 갖출 것.
③ 이 같은 정보 착안점을 정보공동체에서 정식으로 논의해 줄 것.
④ 비행학교에 지원한 외국인에 대한 비자정보 조사권한의 허용.

4. 자카리아스 무사이(Zacarias Moussaoui)와 점의 연결 실패

1) 사실관계

2001년 8월 15일 미니아폴리스 FBI 지부에는, 무사이에 대한 특이상황 정보가 접수되었다. 그는 미국에 입국하여 비행학교에서 보잉 747기 비행교육을 받았다. 조종사가 되려는 것은 아니고 자랑 삼아 배우는 것이라고 교관에게 말했고, 비행훈련비를 현금으로 납부하고 유달리 비행기 문의 개폐작동에 많은 관심을 보였다.

2) FBI의 방첩활동

FBI는 그가 지하드 신자이고 출처를 알 수 없는 32,000달러의 은행계좌를 가지고 있음을 확인했다. 또한 그가 아프가니스탄 알카에다 훈련캠프로 가는 길목인 파키스탄에 여행한 것도 알았다. 그러나 **CIA와의 정보공유 부재**로 빈 라덴과 연결할 해외정보는 없었고, 다만 불법체류자에 의한 독자적인 비행기 납치 우려에만 혐의를 두었다.

3) FBI 조치의 한계

결국 FBI는 우선 비행훈련을 중단시키는 것이 중요하다고 판단하고 비자기간 초과의 불법체류를 이유로 이민국(INS)의 협조로 무사이를 구금 조치하고 추방 명령했다.

4) 법률지식의 부재

① 이민법상의 행정적 추방사건에 압수영장이 필요하다고 본 오류
   ⓐ FBI 요원은 무사이의 랩탑 컴퓨터에 대한 조사를 위해 영장이 필요하다고 판단했다. 또한 "범죄수사에 필요한 상당한 이유"를 증명하여야 하는 일반형사법원의 영장획득에 자신이 없어, 화이자 법원(FISC)의 특별영장을 신청하기로 했다.
   ⓑ 그러나 이번에는 "외국세력"과 연결되어 있다고 볼만한 상당한 이유에 대한 입증이 필요하다고 판단했다.

익명의 화이자 법원 영장전담판사의 법률판단
무사이의 컴퓨터 수색에 영장이 필요했는지는 의문이었다. 그는 이미 이민법 위반으로 추방대기 중인 상태로 예외적인 사후영장정신을 활용하면 검증할 수 있었을 것이기 때문이다.

② 해외정보감독법 상의 요청인 "외국세력"과 연결 문제
   ⓐ 미네소타 요원은 FBI 본부, 무사이의 국적지인 프랑스와 거주지인 영국, CIA 대테러 담당자에게 무사이의 외국세력과의 연계여부에 대한 자료제공을 요청했다.
   ⓑ 프랑스 정보기구가 가장 먼저 무사이가 러시아 체첸 공화국 반군지도자 카탑(Ibn al Khattab)과 연결되어 있다는 회신을 FBI에 했다.
   ⓒ 그러자 이번에는 FBI 내에서 체첸 반군은 해외정보감시법상의 "외국세력"에 해당하는가? 라는 또 다른 법률문제가 제기 되었다.
   ⓓ FBI 본부는 반군을 테러세력으로 볼 수는 없다는 이유로 영장신청을 보류했다.

제2항 9/11 테러공격 정보실패의 원인 분석

I. 기관별 정보실패 요인

1. FBI의 사정

1993년 세계무역센터 지하주차장 폭발물 테러사건 이후에 FBI에 대 테러부가 신설되었지만 해외정보가 많지 않아 테러업무의 체계가 잡혀 있지 않았다. 예산상의 문제로 아랍어에 능통한 분석관은 없었고, CIA 등과의 테러정보공유도 충분치 않았다. 업무 속성상으로도 FBI는 수사를 위해 사건해결 위주의 전술적인 분석에 치중했다. FBI의 한계는 2001년 9/11일 이전까지 종합적인 테러분석보고서가 하나도 없었다는 것에서도 나타났다.

2. CIA의 사정

① 중앙정보국장(DCI) 체제의 한계
DCI의 역할은 정상적으로 작동되지 않았다. 중앙정보국장인 테닛은 자신이 이끄는 CIA 국장에 지나지 않았다. 정보공동체를 총체적으로 조율하는 지도자가 사실상 없었다.
② 공작능력의 현저한 저감: 냉전의 종식은 CIA의 특수비밀 수행부서의 예산과 인원을 대폭 축소하고 감원하여 비밀공작 수행능력은 현저히 떨어졌다.
③ 냉전시대 정보분석관의 신(新) 안보위협 요소에 대한 지식부족
④ 형식적 보안통제로 기관 사이의 정보공유는 전혀 이루어지지 않았다.

II. 9/11 정보실패의 결론 = 기관 사이의 정보공유의 실패

① CIA는 기본적으로 자신들이 가지고 있는 해외정보를 FBI와 공유하지 않았다.
② 보고를 위한 형식적 보고서화
CIA는 대통령에 대한 일일보고서(PDB)를 실무상 가장 필요로 하는 대테러 방첩부서인 FBI와 공유하지 않았다. 2001년 8월 6일자 CIA의 대통령 일일보고서(PDB)는 실제 9/11 테러공격과 아주 유사한 큰 그림이었지만, 비밀해제하지 않았고 FBI에는 배포하지 않았다.
③ 실무 필요부서에의 불 배포
정보는 생산되어 필요부서에 배포되어야 한다는 정보순환의 기본도 준수되지 않았다. 테일러 마쉬는 정보기관의 대통령 지향 현상을 비판하며, "대통령의 자존심을 그 무엇보다 최상의 것으로 여겼다."라고 통렬히 비판했다.

④ FBI 요원들의 국제테러조직에 대한 인식부족

테러문제 기획·조종의 총책임자인 백악관의 클락(Clarke)이 FBI 일선 현장사무소를 방문하여, 알카에다에 대하여 무엇을 대비하고 있는지를 물었을 때, 현장 요원들의 대답은 "알카에다가 무엇인가요(What is al-Qa'ida)?"라고 되묻는 듯 한 느낌을 받았다고 한다.

⑤ **영국과의 정보공조 실패** - 영국 정보당국은 9/11 테러공격이 발생하고서야 무사이의 신원파악에 나섰고, 뒤늦게 무사이가 오사마 빈라덴과 정확히 연결되는 인물임을 파악하고 이를 FBI에 통보했다.

III. 정보실패에 대한 정치적 책임을 물어 특정인을 퇴출하지는 않았다.

① 테닛 CIA국장을 비롯하여 애시크로프트 법무부장관, 라이스 국가안보보좌관 등 누구도 자리에서 물러날 것을 의회나 언론에서도 요구 받지 않았고 부시 대통령도 인사조치하지 않았다.

② 테닛 CIA 국장은 계속하여 자리를 지키면서 2003년 이라크와의 전쟁수행을 위한 정보활동을 총지휘했다. 국가정보국장(DNI) 직위가 신설되자 2004년 7월에 이르러 물러났다.

③ 애시크로프트 법무부장관도 2005년 1월에 물러났고, 콘돌리자 라이스 국가안보보좌관은 오히려 국무부 장관으로 영전하여 자리를 옮겼다.

④ 딕 체니 부통령은 이라크 정보조작 논쟁에도 불구하고 정권교체 때까지 부통령직을 유지했다.

⑤ 테러업무에 대한 실무 총책임을 담당했던 국가안보회의의 리처드 클락도 2003년 1월에 이르러 사임했다.

⑥ 결론적으로 직접적인 정치적 책임으로 하여 물러난 사람은 아무도 없었다.

제3항 사후 대책과 미국 정보공동체의 대변혁

I. 입법 조치

① 미국 애국법(PATRIOT Act) 제정 - 2015년 미국 자유법으로 대체되었다.[55]
② 2004년 정보개혁 및 테러방지법의 제정
③ 정보환경에 맞춘 해외정보감독법(FISA of 2008)의 개정

II. 9/11 테러공격에 따른 행정부 조직개편

① 국가정보국장(DNI) 직위의 창설
② 국가대테러센터(National Counterterrorism Center: NCTC)의 창설
③ 국토안보부(Department of Homeland Security: DHS)의 창설

---

55) 기존의 2001년 미국 애국법(USA PATRIOT Act)의 공식명칭이(Uniting and Strengthening America by Providing Appropriate Tools Required to Intercept and Obstruct Terrorism Act: 테러이즘을 제압하고 저지하는데 필요한 적정한 수단을 제공함으로써 미국을 통합하고 강화하기 위한 법)이듯이 애국법의 후신인 2015년 미국 자유법(Freedom Act)의 정식 명칭은 "Uniting and Strengthening America by Fulfilling Rights and Ending Eavesdropping, Dragnet-collection and Online Monitoring Act(도청을 금지하고 온라인에 대한 모니터링을 규제하여 시민의 자유를 보호함으로써 미국을 통합하고 강화하기 위한 법)"이다.

제4장 국가정보의 도전과 극복

제1항 국가정보에 대한 재 숙고

I. 국가 정보에 대한 셔먼 켄트의 견해

1. 셔먼 켄트(Sherman Kent)가 말하는 진정한 정보의 의미

① 국가의 장기 비전을 그릴 수 있는 전략정보가 고차원적인 정보이다. 현용정보나 전술정보는 국가정보가 주로 할 일은 아니다.

② 국가정보기구의 주된 임무는 해외정보 수집활동에 있는 것으로 자국민을 대상으로 하는 국내정보는 진정한 의미의 국가정보가 될 수 없다. 또한, 모호하며 구체적이지 아니하고 한계가 없는 방첩공작 정보는 원칙적으로는 국가정보 영역이 아니다.

③ 국가가 전 세계의 평화와 자유를 위해 기여할 수 있는 유익한 건설적인 지식과 국가목표를 달성하고 방위하기 위해 필요한 지식이 국가정보이다.

2. 셔먼 켄트의 비밀 부재설

셔먼 켄트는 비밀은 정보의 본래적인 요소가 아니라고 말했다. 따라서 오염되기 쉬운 비밀정보만을 추구하는 것은 잘못된 것으로 공개정보의 중요성을 강조했다.

셔먼 켄트의 6.25 한국전쟁을 통한 "절대비밀 부존재의 원칙"

북한과 함께 한국전쟁을 도모한 소련은 1950년 자신들의 남한침공에 대한 절대적 장애물인 미국의 의도, 즉 군사비밀을 파악하려고 했을 것이 명백하다. 그러나 당시 전 세계 최고의 정보기구 중의 하나였던 KGB가 북한과 협동하여 최고의 정보기법을 동원했다고 하더라도, 절대로 미국의 군사·외교 비밀을 탐지해낼 수는 없었다. 왜냐하면 6.25 침략전쟁에 대한 미국의 국방·외교정책은 6.25 전쟁이 시작한 연후에 비로소, 트루먼 대통령이 최종 결정했기 때문에 KGB가 몰래 훔쳐보고 뒤져본 어떠한 서류, 그리고 감청한 미국 측 누구의 대화 속에서도 그 비밀은 존재할 수 없었기 때문이다. 셔먼 켄트는 그러한 비밀은 오로지 사회과학적인 연구와 분석을 통해서 미국의 가능한 행동경로를 예측할 수 있을 뿐이라고 설명한다.

II. 셔먼 켄트 정보개념에 대한 슐스키의 반론

1. 현용정보나 전술정보의 가치도 중요하다.

현용정보나 전술정보는 고차원적인 고급정보는 아니지만, 전투현장에서 바로 사용할 수 있는 것으로서 정보가치는 충분하다.

2. 국내정보도 중요하다.

국가에 대한 위협은 해외세력뿐 아니라 국내 자생세력에 의해서도 존재하며, 또한 국내세력이 해외세력과도 얼마든지 연결 될 수 있기 때문에 국내정보는 중요하다.

3. 방첩공작정보도 필요하다.

국가안보와 국가이익의 수호는 외국 정보기구의 아국을 상대로 한 정보활동을 저지하는 것으로도 달성되고, 그것은 반드시 필요한 일이기 때문에 방첩공작은 자체로 긍정적이고 명백한 가치를 가진다.

4. 비밀성은 정보의 속성이다.

비밀성은 정보와 다른 인지적 활동을 구별 지어 주는 중심적인 요소이다. 과학은 자연의 비밀을 알려는 노력이고 정보는 상대세력의 비밀을 파악하려는 노력이다.

제2항 국가정보의 역할과 기능에 대한 또 다른 시각

I. 정보기능에 대한 전통적 견해

1. 의의

정보란 간첩활동과 그것을 통해 얻은 비밀정보의 실천적인 활용에 있다고 보는 견해를 말한다. 정보의 기능과 역할에 대한 전통적 견해는 정보는 상대세력의 비밀스러운 내용의 정보를 획득하고, 아국의 비밀정보는 보호하며 획득한 비밀정보를 활용하는 것에 정보기구의 주된 역할과 기능이 있다고 본다.

2. 손자(孫子)의 손자병법에 나타난 전통적 정보개념

손자는 계몽된 군주와 장군이 백전백승 적군을 물리칠 수 있는 것은 정보 때문이라고 설명한다. 그를 위해 정보는 적군의 상황을 잘 아는 사람, 또는 적군의 진영에 접근할 수 있는 사람에게서 직접 획득되어야 함을 강조한다. 그러므로 손자에 있어서는 간첩활동이 정보의 중심 개념이 된다.

II. 정보기능에 대한 새로운 견해

1. 의의

미래장기예측능력이 정보기능의 요체임을 강조하는 견해이다. 국가정보는 비밀정보에서
가 아니라 **공개자료** 등을 통한 상대세력의 전체적인 국력을 대상으로 하는 종합적인 평
가 작업이라고 보는 견해이다. 정보에 대한 새로운 견해의 대표적인 주창자는 셔먼 켄트
이고 CIA 국장을 역임한 콜비(Colby)와 터너(Turner) 역시 대표적인 선구자들이다.

2. 국가정보기구는 **국책 싱크탱크(Think-tank)이다.**

국가정보기구는 다양한 국책문제에 대하여 연구조사와 분석업무를 수행하고 종합적인
해결책을 제시하는 실용적인 "국책 연구기관"이 되어야 한다.

3. 국가정보는 **살아있는 백과사전(living encyclopedia)이다.**

국가정보기구는 국가경영에 대한 전반적인 참조 서비스를 상시적으로 제공하는 아이디
어 제공 기관이고, 국가정보는 살아있는 백과사전이다. 그 결과 정보수요자는 현재 정권
을 담당하고 있는 정책결정권자를 훨씬 넘어서게 된다.

III. 신 정보이론에 따른 정보 성격의 변화 내용

1. 정보활동의 중심으로서의 정보분석

정보에 대한 새로운 견해는 정보순환 중에서 **정보분석**을 가장 중요시한다.

2. 정보 비밀의 상대성

정보에 대한 새로운 견해는 정보에 있어서 비밀은 상대적인 것으로서, 정보수집과 획득
단계에서의 비밀첩보는 진정한 의미의 비밀정보가 아니라고 본다.

3. 과학적 정보수집과 공개출처정보의 중요성

정보활동의 중점을 연구조사와 정보분석 업무활동이라고 이해하는 결과 공개 자료가 중
요시되고, 과학·기술적인 정보수집 활동이 강조된다. 인간정보에 의한 단편적인 한두
가지 비밀자료만으로는 상대세력에 대한 전체적인 큰 그림을 그릴 수는 없다고 보고, 또
한 기계는 거짓말을 하지 않는다고 생각하기 때문이다.

4. 보안등 방첩공작 활동의 저평가

정보에 대한 새로운 견해의 시각에서는 비밀을 지킨다는 보안(保安)과 방첩공작의 중요성을 높게 평가하지 않는다.

5. 정보 수요자 문제

정보수요자는 현재의 정책결정권자들만이 아니라, 정치적으로 반대 입장에 있는 정치인들, 국내 연구·학술단체를 포함한 일반인들이 모두 정보수요자가 된다.

오픈 스카이 에이전시(Open Skies Agency)와 "정보의 자유거래"

전직 CIA 국장 터너(Stansfield Turner)는, 미국이 UN의 위임을 받아 또는, UN을 대신하여, 미국의 이익과 전 인류의 공영을 위하여 세계의 모든 나라가 활용할 수 있는 세계정보기구로 「오픈 스카이 에이전시(Open Skies Agency)」를 창설하자고 제안했다. 또한 전직 CIA 국장 콜비(Colby)는 더 나아가 국가정보의 자연스러운 흐름과 교환으로 각 국가가 상호간에 이득을 얻을 수 있는 국제무대에서의 **"정보의 자유거래"**를 예견했다.

제3항 냉전의 종식은 간첩의 위협을 감소시켰나?

① FBI가 인터넷 사이트 Q & A 코너에서 잘 설명하지만 냉전의 종식은 국가정보수요의 감소가 아니었다. 다양한 안보위협 인자로 인해서 더 많은 정보활동이 요구된다.
② 전통적인 간첩의 유형도 변모하여, 비주권국가, 개인, 조직, 단체 등이 더 커다란 안보위협을 초래한다. 결국 정보수요는 많아졌는데 정보활동은 어려워졌다.

1. 정보와 정책의 관계에 대한 학설로 잘못된 것은?

① 독립성설은 정책공동체와 정보공동체 사이의 단절과 상호간에 독립성을 주장한다.

② 정보는 궁극적으로 정책결정을 위한 방법이자 자료이므로, 양자는 서로의 영역을 넘어서서라도 긴밀한 관계를 유지해야 한다는 공생관계설은 자유민주주의 국가에서의 정보와 정책의 관계에 대한 전통적인 입장이다.

③ 힐스만(Hilsman)과 베어리(Barry)는 정보와 정책의 공생관계를 주장하면서 양자의 밀접한 협력을 강조했다.

④ 유기적 조화설은 정보공동체와 정책공동체는 공생관계까지는 아니지만 상호 절연된 독립관계는 아니라는 견해이다.

해설 정책공동체와 정보공동체 사이의 절연과 상호간에 독립성을 주장하는 독립성설이 자유민주주의 국가에서의 정보와 정책의 관계에 대한 전통적인 입장이다(p. 1106).

답②

2. 셔먼 켄트가 정보와 정책의 관계에 대해 "정보는 가능한 많은 지침을 받기 위해서, 기획과 운영에 필요한 만큼 정책과 밀접해야 하지만, 판단의 객관성과 완전성을 상실할 정도로 밀접해서는 안 된다." 라고 언급한 것은 다음 중 어디에 해당하는 견해인가?

① 정책공동체와 정보공동체 사이의 절연과 상호간에 독립성을 주장하는 독립성설

② 정보와 정책은 상호 영역을 넘어서서라도 긴밀한 관계를 유지해야 한다는 공생관계설

③ 정보영역과 정책영역은 전혀 별개라는 무관계설

④ 정보공동체와 정책공동체는 공생관계까지는 아니지만 상호 단절된 독립관계는 아니라는 유기적 조화설

해설 전통적으로 정보와 정책의 분리론자로 소개되는 셔먼 켄트도, 지문에서의 언급처럼 양자의 유기적 관계를 주장했던 것으로 정보와 정책의 단절을 주장한 것은 아니었다. 마크 M, 로웬탈 또한, 정책입안자와 유기적인 협조 없이 생산되는 정보는 의미가 없는 것이라고 주장했다(pp. 1105-1107).

답④

3. 정보 공동체와 정책 공동체의 관계 구축으로 필요하거나 바람직하지 않은 것은?

① 정보와 정책영역의 레드라인(red line) 설정

② 정보수요처 불특정의 정보제공 원칙

③ 정보공동체와 정책공동체 쌍방향 차원에서의 장벽제거로 상호 투명한 경계막 형성

④ 국가정보의 자동 활용체계 구축

해설 마크 M. 로웬탈의 지적처럼 정보공동체와 정책공동체 사이에는 정책공동체에서 정보공동체로 향하는 **일방향의 반투성의 경계막**이 형성되는 것이 필요하고 중요하다(p. 1109).

답 ③

4. 미국의 합동배치정보지원시스템(Joint Deployable Intelligence Support System)에 대한 설명으로 잘못된 것은?

① 국가정보의 자동 활용체계의 일종이다.

② 정보소비를 의미하는 아웃 풋(Output)은 용이하지만, 정보사용자가 직접 새로운 정보를 입력하는 인 풋(Input)은 불가능하다.

③ 인텔링크(INTELINK)도 미국의 국가정보의 자동 활용체계의 일종이다.

④ 미국 국방부가 개발하여 전 세계 군 현장지휘관 등 정보수요자가 컴퓨터 단말기를 통해 손쉽게, 그리고 수시로 필요한 정보를 확인하고 추가적인 정보를 요청할 수 있는 정보와 정책의 자동연계시스템이다.

해설 미국의 합동배치정보지원시스템은 정보와 정책의 자동연계 시스템으로 필요한 정보를 정보수요자가 손쉽게 검색할 수 있다는 이점 외에도, 정보에 대한 인 풋(Input)과 아웃 풋(Output)을 손쉽게 할 수 있는 정보 활용 방안이다(pp. 1125-1127).

답 ②

5. 국가안보 정책결정 주체와 정보시장의 특성에 대한 설명으로 잘못된 것은?

① 대통령은 유한한 임기 동안에 공약과 관련한 정책결정권을 행사하며 정권의 역사적 업적을 고려하는 속성이 있다.

② 행정 각 부처는 업무 문화에 따라서 국가안보정책을 결정하려는 속성이 있어서, 외교부는 외교적 협상으로, 국방부서는 국방력으로 문제를 해결하려는 경향이 있다.

③ 오늘날 정보의 판매시장에 인터넷 및 24시간 뉴스 같은 다양한 정보채널이 등장하여 국가정보기구의 독점적인 지위가 상실되고 따라서 "생산자 중심의 정보시장"에서 "구매자 중심의 정보시장"으로 변경되고 있다.

④ 의회는 국민의 대표기관임에도 불구하고 조직 규모가 작고 주기적인 선거에 의해 선출되기 때문에 전문화를 기대하기는 어렵다는 근본적인 한계로 인해서 궁극적인 국가정보의 수요자라고는 할 수 없다.

해설 자유민주주의 국가에서의 의회는 궁극적인 국가정보의 수요자로 미국 의회의 경우에는 국사로 매우 바쁜 대통령 못지않게 정보공동체로부터 많은 보고를 받고 감독의 끈을 행사하는 감독자로도 기능한다.

정답 ④

6. 정보조작(Intelligence manipulation)에 대한 설명으로 잘못된 것은?

① 정책결정권자를 잘못된 판단에 이르게 하거나, 특정한 행동을 유도할 목적 또는, 정책결정권자의 정치적 선호도 등에 부응하기 위하여 기만된 정보를 생산하여 전달하는 것이다.

② 맥코넥(McCornack)은 정보조작을 협력적 방식으로 일하고 있다는 믿음을 위반하여, 상대방을 잘못으로 인도하는 행위라고 말하면서, 대화 상대자들 간의 정보전달에 관한 일련의 합리적 기대에 대한 위반이라고 정의했다.

③ 정보실패는 정보조작의 대표적인 결과이다.

④ 메츠(Metts)가 분류한 정보조작의 유형에는 정보위작(情報僞作, falsification), 정보왜곡(distortion), 정보누락(omission)의 3가지가 있다.

해설 정보실패와 정보조작은 구별된다. 정보실패는 정책실패로 연결되지만, 정보조작은 정책성공을 유도할 수도 있다(pp. 1134–1136).

정답 ③

7. 다음 중 정보조작(Intelligence manipulation)의 대표적인 사례로 논의되는 사례는?

① 2001년 9/11 테러공격

② 인도와 파키스탄의 핵실험

③ 2003년 이라크 전쟁에서의 미국 정보공동체의 이라크 대량살상무기 존재에 대한 정보분석

④ 9/11 테러공격 이후의 2001년 아프가니스탄 공격

해설 ①과 ②는 모두 정보실패 사례이다. ④는 정보판단에 따른 정책적 결정이었다. ③의 경우에 미국은 이라크 전쟁의 명분으로 이라크 내의 대량살상무기 존재를 삼았다. 그러나 이라크에서 대량살상무기는 발견되지 않았다. 정보분석이 결과적으로 입증되지 못했다는 이유로 정보실패로 규정하는 견해가 있다. 그러나 그 경우에 있었다면 그것은 정보실패가 아니라 오히려 중동에서의 지속적인 영향력을 확보하기 위한 의도된 **정보조작**이 있었다는 것이 다수의 견해이다. 즉 의도된 정보조작으로 중동에서의 안정적인 석유수급권을 확보하기 위하여 이라크 전쟁의 정당한 근거로 삼았다는 것이다(pp. 1136–1141).

정답 ③

8. 국가안보(National Security)에 대한 설명으로 잘못된 것은?

① 안보 또는 보안은 어떤 위험과 손해로부터 보호되는 상태를 말하는 것으로, 국가안보는 어떤 외부위협으로부터 국가의 안전이 보호되는 상태라고 할 수 있다.

② 로버트 맨델(Robert Mandel)은 탈 냉전시대에 국가안보는 국가의 책임으로써 국가

및 시민의 핵심적 가치가 대·내외로부터 위협받는 상황을 방지하여 심리적 그리고 물리적인 안정을 확보하는 것이라고 했다.

③ 아놀드 월포스(Arnold Wolfers)의 국가안보 가치와 기준의 불변성을 주장했다.

④ 국가안보는 국가이익을 위한 것으로서 국가이익은 시대상황과 주변 환경에 따라서 변할 수밖에 없기 때문에 국가안보는 상대적이다.

해설 아놀드 월포스(Arnold Wolfers)는 ④와 같은 이유로 **국가안보 상대성론**을 주장했다(p. 1144).

정답③

9. 국가안보와 국가이익을 논함에 있어서 국가의 핵심가치로 간주되는 것이 아닌 것은?

① 국가의 생존(survival)과 번영(prosperity)

② 국가지도자와 주요 정책결정권자들의 안전

③ 국가의 위신(prestige)

④ 국민의 생명과 재산

해설 민주주의 국가에서 국가안보와 국가이익과 관련된 국가의 핵심가치로는 국가의 생존(survival), 국가의 번영(prosperity), 국가위신(prestige), 국민의 생명과 재산이다(p. 1145).

정답②

10. 국가이익(國家利益, National Interests)에 대한 설명으로 잘못된 것은?

① 국가이익은 국가이성을 의미하는 프랑스어 레종 데타(Raison d'etat)에서 유래한 것으로 국가가치 또는 국가목표라고도 한다.

② 국가이익은 주권국가의 대외정책의 중심개념으로 역사, 문화, 전통, 규범 및 시대상황에 따라서 변할 수 있다.

③ 역사적으로 국가이익의 개념은 정치지도자들이 전쟁을 일으키거나 전쟁에 개입하기 위한 훌륭한 개념으로 활용되었다.

④ 국제사회에서 국가이익은 정치이상론자들의 중요한 정책수단이다.

해설 국가이익은 **정치현실론자(Realism)**들의 중요한 정책수단이다. 정치 현실론자들은 무력을 사용하는 한이 있더라도 국가이익을 최우선으로 하는 현실적인 국가정책의 추진과 집행을 주창한다(pp. 1147-1152).

정답④

11. 미국 국익검토위원회(The Commission on America's National Interests)가 분류한 국가이익이 아닌 것은?

① 국가의 존립 자체가 걸려 있는 존망의 이익(survival interests)

② 국가의 존립과 관계된 것으로 자유롭고 안전한 국가로 확보해 주고 미 국민들의 생활을 보장하고 증진하는 데 반드시 필요한 결정적 이익(vital interests)

③ 양보할 경우 자유롭고 안전한 국가로 만들어 국민들의 생활을 보장하고 증진하려는 미국의 능력을 심각하게 손상시키는 핵심적 이익(extremely important interests)

④ 본질적으로 바람직하지만 자유롭고 안전한 국가에서 미 국민들의 생활을 보장하고 증진하는 국가의 능력에 중요한 영향을 미치지는 않는 부차적 이익(secondary interests)

> **해설** 국가의 존립 자체가 걸려 있는 존망의 이익은 도날드 네털레인(Donald Nuechterlein)의 분류로 동인은 국가이익을 ① 존망의 이익(survival interests), ② 결정적 이익(vital interests), ③ 중요한 이익(major interests) ④ 지엽적 이익(peripheral interests)의 4가지로 분류했다(p. 1150).
>
> 답①

12. 미국 국익검토위원회(The Commission on America's National Interests)의 분류에 의하는 경우 다음 사례는 어디에 해당하는 국가이익인가?

> a. 대량살상무기의 사용 방지와 사용위협의 억제
> b. 전쟁의 평화적 해결을 위한 국제규범 강화
> c. 동맹국에 대한 침략방지

① 존망의 이익(survival interests)

② 결정적 이익(vital interests)

③ 핵심적 이익(extremely important interests)

④ 중요한 이익(important interests)

> **해설** 미국 국익검토위원회는 국가이익을 ① 결정적 이익(vital interests), ② 핵심적 이익(extremely important interests), ③ 중요한 이익(important interests), ④ 부차적 이익(secondary interests)으로 분류했다. 설문의 사례는 핵심적 국가이익으로 그리고 대규모 인권위반 사례의 발생 방지, 전략적으로 중요한 지역에서의 자유민주주의 고양, 국제테러조직으로부터 미국민 보호를 중요한 이익의 예로 들었다.
>
> 답③

13. 국가안보와 국가이익의 관계에 대한 설명으로 잘못 된 것은?

① 국가안보와 국가이익은 대부분의 경우에 동전의 양면과 같다.

② 외부세력의 제반위협으로부터 안전하게 보호하는 것은 가장 중요한 국가이익으로, 이 경우의 국가안보는 결정적 국가이익이 된다.

③ 국토를 방위하고 국민을 보호하는 것, 자국에 대한 주변국들 간의 적대적 관계 형성을 예방하는 것과 같은 경우에는 국가안보가 확보되어 국가이익이 도모된다.

④ 그러므로 국가안보와 국가이익이 대립되는 경우는 없다.

해설 냉혹한 국제질서에서 국가안보와 국가이익이 대립되는 경우도 있는바, 정치현실론자의 입장에서 국가이익을 도모하기 위해 정치체제를 변경한다고 하는 경우에는 국가이익과 국가안보가 대립될 수 있다.

답④

14. 레이 클라인(Ray S. Cline) 박사의 국력방정식에 대한 설명으로 잘못인 것은?

① 국력은 양적으로나 질적으로 끊임없이 변화하고 유동하는 것으로, 정치지도자와 국민들의 일치단결된 노력으로 얼마든지 증대시킬 수 있는 상대적인 것이다.

② 국토면적, 인구규모 같은 고정변수로서의 국가의 자연적 조건인 임계량(臨界量, Critical Mass)은 국력의 주요 요소가 못된다.

③ 정치지도자의 전략은 가변변수로서 국력을 변화시킬 수 있는 요소이다.

④ 경제력(E)과 전통적인 군사력(M)도 국력의 중요한 요소가 된다.

해설 클라인 박사의 국력 계산 방정식은 【P=(C+E+M) X (S+W)】로, P는 국력(Power), C는 임계량(臨界量, Critical Mass)으로 국토 면적, 인구규모 같은 고정변수로서의 국가의 자연적 조건, E는 경제력, M은 군사력, S는 정치 지도자의 전략, W는 국민의 의지를 뜻한다. 그러므로 국토 면적, 인구규모 같은 고정변수로서의 국가의 자연적 조건인 임계량도 국력의 주요 요소임을 알 수 있다(p. 1157).

답②

15. 미국 법원에서 형성된 국가비밀특권 (State Secrets Privilege)에 대한 설명으로 잘못된 것은?

① 비밀분류된 정보를 일반 공중에 대한 공개에서 배제할 수 있는 권한, 즉 공개를 거부할 수 있는 권한으로 국가정보보안정책(security of information policy)이라고도 한다.

② 재판을 통하여 증거법상의 규칙으로 발전한 개념으로, 국가안보문제가 개재된 사안에 대해서는 일반 공개증거심리주의를 제한하는 것이 주된 내용이다.

③ 국가비밀특권을 주장한 경우 법원의 심리는 비밀특권 주장을 뒷받침할만한 이유가 있는가의 문제에 집중된다.

④ 코레마츠 사건(Korematsu v. United States, 323 U.S. 214,1944)이 연방대법원이 국가비밀특권을 인정한 최초의 사건이다.

해설 국가비밀특권은 레이놀즈 사건(United States v. Reynolds, 345 U.S. 1, 1953)에서 최초로 인정되었다. 연방대법원은 국가는 국가안보를 이유로 정보공개를 거부할 수 있고 국가안보 항변은 원칙적으로 국가에 불리하게 적용해서는 안 된다고 국가비밀특권 항변의 불이익 금지 원칙도 인정했다 (pp. 1169-1170).

답④

16. 주권재민의 민주주의 국가에서 국가안보 문제에 대한 법률적 인식으로 잘못인 것은?

① 국가안보를 위해 시민의 자유가 제약될 수 있는가의 문제가 제기된다.

② 시민의 자유가 제약될 수 있다면 국가안보를 위해 어느 정도까지 시민의 자유와 권리가 제한될 수 있는가의 문제가 뒤따른다.

③ 국가안보 확립을 절대적 요소인 국가정보 활동은 민주주의의 기본원칙인 적법절차(due process of law)에 기속을 받지 않아도 되는 것은 아닐까라는 문제가 이어진다.

④ 미국 연방대법원은 1968년 로벨(Robel) 사건에서 국가안보를 위해서는 시민의 자유와 권리가 부당하게 제약되는 것도 불가피하다고 국가안보절대원칙을 천명했다.

해설 미국 연방대법원은 로벨 사건에서 "국가방위는 그 자체가 완결적 목적이라고 할 수는 없다. 국민을 보호하기 위한 것이다. 국가안보라는 이름으로 국민의 자유를 억압한다면 그것은 아이러니라고 하지 않을 수 없다. 그러한 국가방위는 아무런 값어치가 없는 것이다." 라고 천명하여 민주 법치국가에서 국가안보 문제를 이유로 시민의 자유와 권리를 부당하게 침해할 수 없음을 명백히 했다(pp. 1165~1166).

답 ④

17. 정보실패의 원인 가운데 인지적 오류(cognitive failure)가 아닌 것은?

① 정설이론(Received Opinion)

② 늑대소년 효과(cry wolf effect)

③ 집단사고(Group-thinking) 이론

④ 아직 여기까지 증후군(not invented here syndrome)

해설 정보실패에서 "늑대 소년효과"란 정보분석관의 잦은 경고발령의 경고 효과를 저감시키고, 따라서 정작 결정적인 순간의 경고마저 무감각하게 받아들이게 만듦으로써 정보실패에 이르는 것으로 정보분석관의 타성적 능력의 문제이다(pp. 1192~1196).

답 ②

18. 다음 사례의 공통점을 모두 포괄하는 용어는 무엇인가?

○ 1941년 일본의 진주만 기습공격 사건

○ 1950년의 한국전쟁과 1951년 중국의 한국전 개입 공격

○ 1973년의 욤키푸르 전쟁(Yom Kippur War)

○ 인도(1974년)와 파키스탄(1998년)의 핵무기 개발성공

○ 2006년 10월의 북한의 핵무기 개발성공

① 정보실패(Intelligence Failure)

② 정책실패(policy failure)

③ 정부실패(government failure)

④ 정보조작(Intelligence manipulation)

해설 이들은 모두 경고가 발령되지 않은 역사적인 정보실패 사례이다. 정보실패는 통상 정책실패와 정부실패로 귀결되지만 정보실패와 정책실패는 구별된다. 정책실패는 잘못된 정보에 기초한 경우도 있지만 정책결정권자들의 업적을 중시한 무리한 정책추진 때문에 이루어지는 경우도 적지 않다. 물론 국민들 입장에서는 정보실패나 정책실패는 모두 정부실패로 귀결되게 된다(p. 1186).

답①

19. 2001년 9/11 테러공격과 관련된 설명으로 잘못된 것은?

① 19명의 알카에다(Al Qaeda) 조직원들에 의한 미국 본토에서의 자살 테러공격이다.

② 알카에다는 사우디아라비아 출신의 오사마 빈 라덴이 이끄는 테러 조직이다.

③ 테러범들은 단단한 소형 자, 금속형 필기구와 박스용 소형칼, 최루가스(Mace), 자극성 후추 스프레이와 피부 자극제로 간단하게 1등석 승객들을 제압하고 공중 납치했다.

④ 펜트봄(Pentagon/Twin Towers Bombing Investigation)은 FBI의 9/11 테러공격을 저지하기 위한 사전 공작활동이었다.

해설 펜트봄(PENTTBOM)은 9/11 테러공격 수사에 대한 FBI의 사후 수사 암호명이다. FBI 전체 11,000명의 특별수사요원 중에 약7,000명을 동원한 미국 범죄수사 역사상 가장 방대하고 복잡한 수사였다(p. 1212).

답④

20. 글로벌 국제경쟁시대에 초국가적안보위협의 대두에 따른 국가안보 쟁점이 아닌 것은?

① 기후변화(climate change) 문제

② 사이버 안보

③ 테러, 마약, 국제조직범죄 문제 등 사회안보

④ 외사문제와 사회치안 확보문제

해설 외사문제와 사회치안 확보 문제는 소위 국가 내에서의 국토안보 문제로 원칙적으로 국가정보기구가 아닌 법집행기구의 업무소관인 공공질서와 안녕의 문제이다. 한편 기후변화 쟁점은 미국 국가정보국장(DNI)인 데니스 블레어Dennis C. Blair)가 2009년 11월 6일 World Affairs Council of Philadelphia 에서 강연한 바와 같이 그 위험성과 국가안보 쟁점으로서 매우 중요하다.

답④

21. 미국의 2001년 나인 일레븐(nine eleven), 즉 9/11 테러공격과 무관한 것은?(기출)

① 국가안보국(NSA)의 노스콤(NORTHCOM)과 탈론(TALON)

② 점의 연결의 실패(failure connecting the dots)와 애국법(PATRIOT Act)

③ 카오스 공작(Operation Chaos)과 코인텔 프로(COINTELPRO)

④ 펜트봄(Pentagon/Twin Towers Bombing Investigation)

해설 카오스 공작(Operation Chaos)과 코인텔 프로(COINTELPRO)는 9/11 테러공격 이전의 국가정보기구에 의한 인권 유린적 활동으로 불법적인 민간인 등 사찰 사례이다.

답③

제7편

국가정보기구에 대한 감독과 책임

(☞국가정보 pp. 1349-1478 참조)

제1장 정보기구에 대한 감독과 책임

제1항 정보기구 업무통제

I. 정보기구의 업무에 대한 통제와 감독

1. 업무의 통제와 감독

정보기구의 업무의 일탈을 교정하고, 업무의 순수성을 도모함으로써 업무의 전문성을 확보하고 효율성을 증진하려는 제반 행위이다. 처벌이 목적인 것은 결코 아니다.

2. 업무통제의 내용

① 예산의 집행과 결산을 적절히 했는가?
② 정보기구가 정책적 요구에 적시에 적절히 대처하여 정보수요를 충족시켜 주었는가?
③ 정보분석의 질은 부족함이 없었는가?
④ 자체통제를 제대로 수행하여 조직이 긴장성을 유지하며 역동적으로 활동하고 있는가?
⑤ 정보기구의 활동방향과 목표가 적절하게 계획되었고 계획을 차질 없이 수행했는가?

3. 정보기구 업무통제의 필요성과 효용

① 국가정보기구가 국가안보 무한책임기구로 국가와 국민을 보호하는 역할을 하지만 "수호자는 과연 누가 지켜줄 것인가(But who will guard the guards)?"라는 문제는 여전히 남기 때문에 업무 통제와 감독의 필요성이 있다.
② 정보기구 업무통제의 효용
   ⓐ 업무의 전문성과 책임성 도모
   ⓑ 예산남용 방지를 통한 업무의 긴장성과 효율성 도모로 조직의 부패방지
   ⓒ 국민인권보호
   ⓓ 정치적 중립성 확보로 정보기구에 불필요한 정치적 부담 제거

4. 업무통제의 전제와 수단

① 미션 크립(Mission Creep) - 임무 일탈
   업무의 감독과 통제는 통제대상의 업무일탈 가능성을 전제로 한다. 기계적인 업무로서

월권 또는 간섭이 일어날 여지가 없는 업무의 경우에는 통제의 필요성이 제기되지 않는다.

② 업무통제 목표와 기준의 확립

통제는 미리 정해진 목표 또는 기준의 존재를 전제로 한다.

③ 업무통제의 수단(means)과 자원(resources)의 확보

통제에 필요한 수단과 자원을 가져야 한다.

④ 정보업무에 대한 이해와 전문성

통제를 효율적으로 수행하기 위해서는 정보업무에 대한 깊은 이해와 전문성이 필요하다.

II. 정보기구 업무감독에 대한 언론의 역할

자유 민주국가에 있어서의 언론은 행정권과 입법권 그리고 사법권에 이은 제4의 권력으로 불린다. 언론은 정보기구의 업무 실상을 국민들에게 보도함으로써, 정보기구의 공개성과 민주성을 확보할 수 있다. 하지만 언론의 보도기능에 따른 고발자적 역할은 정보기구에만 특유한 것은 아니고 국정 전반에 미친다.

제2항 정보기구 업무에 대한 제도적 통제

I. 행정부 통제

1. 행정부 자체통제의 내용

정보기구에 대한 1차적인 감독은 행정부 자체통제 이다.

2. 행정부 자체통제의 한계

자체통제는 '제 식구 감싸기'의 정분주의로 흐를 위험성도 있다. 또한, 행정부 자체통제의 정점에는 국정최고책임자가 위치하는데 최고책임자의 정보에 대한 자의적 인식이 정보기구를 사유화시킬 위험성도 있다.

3. 국가안전보장회의(National Security Council)의 한계

① 통상적으로 국가안전보장회의(NSC)는 각국을 통틀어서 국가안전보장 정책수립에 대해 최고통수권자를 자문하는 권력 핵심의 안전보장 회의체이다.

② 그러나 국가안전보장회의는 현재의 집권세력, 즉 정권에 대한 참모조직이다. 그런데 정권의 참모나 자문조직이 국가정보 업무를 전반적으로 기획·조종하게 되면, 국가정보 기구는 집권세력을 위한 정치정보 기구화가 될 우려가 높아진다.

II. 입법부 통제

1. 입법부 통제의 수단 - 입법권과 예산권

① 입법부 업무통제는 사법부에 의한 업무통제와 비교하여 거의 무제한적이다. 입법부에 의한 통제수단의 대표적인 것이 법률제정권, 즉 입법권이다.

② 소위 '돈줄인 지갑', 즉 예산을 장악함으로써 정보기구의 업무를 통제할 수도 있다.

③ 국정감사와 조사, 청문회, 정보기구 책임자에 대한 임명동의권, 자료제출 요청권, 미국의 경우에는 심지어 조약에 대한 비준동의권을 비밀정보에 대한 적절한 접근 방법으로 사용하여, 정보기구에 대한 감독과 통제의 수단으로 활용했다.

2. 입법부 통제의 한계와 효용

1) 의회 소관 위원회의 국가정보활동에 대한 정확한 파악

입법부의 통제와 감독이 실효성을 이루려면 국가정보활동을 파악해야 한다. 그러므로 자동적인 보고채널과 수시 브리핑제도는 필수적이다. 더 나아가 비밀공작을 포함한 정보활동의 사전 통보 문제도 해결책이 강구되어야 할 부분이다.

Gang of 4 또는 Gang of 8
미국 정보공동체는 휴-라이언법 등을 통하여 정보위원회 핵심관계자 4인방 또는 8인방에게는 모든 비밀공작을 포함한 핵심적인 정보활동을 사전에 통보한다.

2) 입법부 통제의 효용에 대한 인식

정보공동체는 입법부 통제가 단순한 법적인 요구 때문인 것으로만 생각해서는 안 된다. 입법부 또한 국가정보 문제를 정쟁의 대상으로 삼아서는 안 된다.

3) 의회 의원들의 정보 전문성 확보

의원들의 사명감과 전문성 그리고 전문성을 갖춘 참모진의 확보는 절대적으로 필요하다.

4) 보안 문제

보안 문제는 입법부의 통제와 감독을 부적절하게 만드는 대표적인 요인이기도 하다.

3. 대한민국 국회 정보위원회

① 국회법에 의해 1993년 6월 28일 창설되었다.

② 국가정보원과 국가정보원법 소정의 정보 및 보안업무의 기획·조정 대상 부처 소관의 정보예산안과 결산심사에 관한 사항을 심사한다(국회법 제37조 제1항 제16호).

③ 정보위원회의 회의는 공개하지 아니한다. 다만, 공청회 또는 인사청문회를 실시하는 경우에는 위원회의 의결로 이를 공개할 수 있다(국회법 제54조의2 제1항).

④ 정보위원회의 위원 및 소속 공무원(의원 보좌직원 포함)은 직무수행상 알게 된 국가기밀을 공개하거나 타인에게 누설해서는 아니 된다(국회법 제54조의2 제2항).

⑤ 정보위원회의 활동을 보좌하는 소속 공무원에 대해서는 국가정보원장에게 신원조사를 의뢰하여야 한다(국회법 제54조의2 제3항).

III. 사법부 통제

1. 사법심사의 특성

① 법원은 구체적인 사건에 대한 판결을 통하여 영향력을 행사한다. 입법부 통제가 정책과 연결된 정치적 쟁점에 대한 것이라면 사법부 통제는 법적 책임문제에 집중된다. 또한, 입법부 통제가 전반적이고 광범위한 분야에 미친다면, 사법부 통제는 개별사건을 통한 미세한 접근으로 이루어진다.

② 사법심사의 가장 큰 잣대는 민주국가에서의 개방성 및 공개성의 원칙과 국가안보 문제에 대한 정보활동의 비밀성과의 조화의 문제이다.

2. 주체적인 사법책임 추궁의 방법과 준사법적 통제

① 형사책임을 통한 통제

국가정보기구도 평시의 국내정보 활동에 있어서 면책될 수는 없다.

② 행정소송에 의한 통제

정보기구도 행정기구이므로 일반 국민의 손해에 대해 손해전보책임이 있을 수 있다.

③ 민사책임을 통한 통제

정보기관의 행위로 손해를 입은 일반 국민은 민사구제를 통한 배상을 받을 수도 있다.

정보기관의 불법행위에 대한 손해배상책임
정보기관의 형사책임이 인정되는 경우에는 불법적 행위로 인한 민사상의 손해배상 책임도 이어진다. 2008년 4월 법원은 국가정보원이 1999년 - 2001년 사이에 행한 불법도청의 피해자들에게 국가가 손해배상으로 위자료를 지급해야 한다고 판결했다.

④ 정보활동에 대한 탄원·청원·이의신청 등도 준사법적 통제로 작동한다.

IV. 정보공개의 한계 - 『공공기관의 정보공개에 관한 법률』

1. 법의 목적

공공기관이 보유·관리하는 정보 공개를 통해 **국민의 알권리**를 보장하고 국정에 대한 국민의 참여와 **국정 운영의 투명성**을 확보함을 목적으로 한다.

2. 공개 대상과 방법 및 공개청구권자

① "정보"란 공공기관이 직무상 작성 또는 취득하여 관리하고 있는 문서(전자문서 포함)·도면·사진·필름·테이프·슬라이드 및 매체 등에 기록된 사항을 말한다.

② "공개"란 법에 따라 정보를 **열람**하게 하거나 사본·복제물을 **제공**하는 것 또는, "정보통신망"을 통하여 정보를 **(전자적으로)제공**하는 것을 말한다.

③ **"모든 국민"**은 정보의 공개를 청구할 권리를 가진다(법 제5조).

3. 비공개 대상 정보(법 제9조)

① 다른 법률 또는 법률에서 위임한 명령에 따라 비밀이나 비공개 사항으로 규정된 정보

② 국가안전보장·국방·통일·외교관계 등에 관한 사항으로서 공개될 경우 국가의 중대한 이익을 현저히 해칠 우려가 있다고 인정되는 정보

③ 공개될 경우 국민의 생명·신체 및 재산의 보호에 현저한 지장을 초래할 우려가 있다고 인정되는 정보

④ 진행 중인 재판에 관련된 정보와 범죄의 예방, 수사, 공소의 제기 및 유지, 형의 집행,

교정, 보안처분에 관한 사항으로서 공개될 경우 그 직무수행을 현저히 곤란하게 하거나 형사피고인의 공정한 재판을 받을 권리를 침해할 만한 상당한 이유가 있는 정보

⑤ 공개될 경우 업무의 공정한 수행이나 연구·개발에 현저한 지장을 초래한다고 인정할 만한 상당한 이유가 있는 정보.

⑥ 공개될 경우 사생활의 비밀 또는 자유를 침해할 우려가 있다고 인정되는 정보.

⑦ 공개될 경우 법인 등의 정당한 이익을 현저히 해칠 우려가 있다고 인정되는 정보.

⑧ 공개될 경우 부동산 투기, 매점매석 등으로 특정인에게 이익 또는 불이익을 줄 우려가 있다고 인정되는 정보

제2장 미국 정보공동체의 경험

제1절 정보공동체 업무의 팽창적 전개

제1항 정보공동체의 국내정보 수집의 문제

정보기관에 의한 국내정보 수집이 문제가 되는 것은 두 가지 경우이다. 하나는 해외정보 기구가 국내정보 수집활동을 한 경우의 법적 책임문제이다. 또 다른 하나는 국내정보 기구가 국내정보 수집활동을 함에 있어서 인권침해적인 활동을 하는 경우이다.

I. 국내정보 불법 활동 - FBI의 불법 활동

1. 코인텔프로

코인텔프로는 방첩공작 프로그램(Counter Intelligence Program)의 철자약어로, FBI가 1956년부터 1971년 사이에 전개한 반체제 파괴 정보활동이었다. 코인텔프로는 미국의 정보학계에서는 국내정보 활동에 있어서 대표적인 인권유린 사례로 전해 내려온다.

2. 대상 단체

블랙 팬더(Black Panthers), 인디아 운동(American Indian Movement), KKK단(Ku Klux Klan), 웨더맨(Weatherman), 미국 나치당(American Nazi Party), 마틴 루터 킹 목사의 남부기독교지도자회의(Southern Christian Leader-ship Conference) 등이 대상이었다.

3. 코인텔 프로에 사용된 작전의 종류와 내용

블랙팬더당 대변인이었던 프레드 햄튼 (Fred Hampton), 코인텔 공작에서 소위 치명적 타격을 당한 모습

① 감시활동
② 위장침입 · 밀고자와 협조자 활용
③ 불법 수색공작(black bag jobs)
④ 혐의조작 공작(Bad-jacket, snitch-jacket)
⑤ 거짓 통신(False communications)
허위내용의 각종 소문과 유언비어를 조직 내부에 퍼뜨려 서로가 불신하게 만들고, 오히려 선수를 쳐 상대방

을 살해하게 하는 등 조직 내의 극도의 분열을 유도하는 공작활동이다.

⑥ 언론공작(Media disinformation)

우호적인 언론매체의 협조를 받아 대상 조직에 대한 거짓내용을 보도하는 것이다.

⑦ 치명적 타격(Lethal force)

암살 공작으로 검거작전 중에 고의적으로 살해하는 것이다.

⑧ 준군사작전(Assisting Paramilitary Death Squads)

상황을 극도로 악화시킨 후 폭동진압 명목으로 살상을 포함한 공격을 하는 것이다.

4. 법적 문제점 및 비판

① 법집행기관이자 국내정보 수집기관인 FBI의 코인텔프로 활동이 불법적인 것이라고 하는 데는 이론이 없었다. 이에 따라 1976년 일부 시민들은 FBI의 코인텔프로 공작에 대한 위법성을 근거로 FBI를 상대로 여러 건의 소송을 제기했다.

② 법원은 적법한 조직을 분열하고 파괴하려는 의도 또는 조직원들을 이탈시키려는 의도 아래에서 행하여진 공권력 행사는 헌법위반이라고 판결했다.

II. 해외 정보기관의 국내정보 수집 활동

1. 해외세력과 연관된 국내세력에 대한 정보수집 문제

해외정보와 연계된 국내정보활동을 적법한 해외정보 임무로 볼 것인가의 문제가 있다. CIA는 외국세력과 연계된 국내세력에 대한 활동은 해외정보 활동의 연장선으로 적법한 업무에 속한다고 주장했다.

2. 처치위원회(Church Committee)의 해석

그러나 의회 처치위원회의 해석은 달랐다. 처치위원회는 CIA의 의견은 의회의 입법의도에 반하는 위법이라고 천명했다. 1947년 국가안보법은 오히려 국내안보의 문제를 광의로 해석하여 외국세력과 연계된 국내세력의 활동에 따른 정보활동은, 해외정보가 아닌 국내문제로 간주된다고 판단했다.

3. 카오스 공작활동(Operation Chaos)

카오스 공작활동은 대통령 존슨(Johnson)이 베트남 정책을 반대하는 월남전 반대 비판가들을 지원하거나 영향을 주는 공산주의자들과 단체를 파악하라는 지시에 따라 실행된 **CIA의 미국 내에서의 비밀정보 활동**이었다. 프로젝트 레지스탕스(RESISTANCE)와 프로젝트 II 등이 구체적인 공작활동이었다.

《CIA 카오스 공작에 대한 비밀해제 문서》

제2항 군 특별활동의 문제점

I. 쟁점

자유민주주의 국가에서의 문민통제 원칙은 헌법상의 대원칙이다. 그렇다면 군 정보기관도 평시에 일반 민간영역에의 정보활동이 가능한가의 문제가 제기된다.

II. 군의 개입에 대한 미국의 사례

1. 군의 역할에 대한 미국의 전통

군대는 원칙적으로 평화시의 자원봉사활동 이외에는, 외국과의 전쟁에 대비하라고 조직된 특별한 기구이다. 민간영역에 군을 사용함은, 문민정부를 군사 통치에 굴복시키는 것으로 금지되어야 하며 이러한 원칙은 미국의 오랜 헌법 전통이다.

2. 군의 민간인 사찰과 처치위원회의 판단

① 미국의 경우에 군 정보기관의 일반시민에 대한 정보활동은 1960년대에 절정을 이루어, 베트남 전쟁에 반대하는 약 10만 명의 정치 활동가에 대한 자료를 수집했고, 민간인 신분으로 위장한 약 1,500명의 군 정보원들이 데모 주동자들을 감시하고 저항조직에 위장 침투하여 요주의 민간인을 사찰했다.

② 처치위원회는 모두 위법적 월권행위로 불법임을 선언했다.

3. 일반 시민들의 소송

시민단체들은 군 정보기관의 불법 사찰활동으로, 수정 헌법 제1조상의 표현의 자유와 집회결사의 자유가 침해당했고, 불법 수집된 증거로 직업과 명예에 위해를 초래했다는 이유 등으로 국가를 상대로 다수의 소송을 제기했다.

4. 미국 의회의 대처

의회는 군 정보기관 등의 권한 남용에 대응하여, 발 빠르게 1974년 프라이버시 법, 1978년 해외정보감독법(FISA)을 제정하여 군 정보기관 본연의 임무를 벗어난 활동을 규제하고 일반시민들의 헌법상의 권리를 구체적으로 보장하는 내용의 입법조치를 했다.

5. 기술정보 수집활동(TECHINT)에서의 예외

① 레이건 대통령 명령 제12,333호는 국방부 산하의 국가안보국(NSA) 등은 민간영역에서 신호정보와 영상정보활동을 수행할 것을 규정하고 있다.

② 이처럼 기술의 영역에서는 평시에도 군 정보기구에 의한 정보활동이 가능한 영역이 존재한다. 미국의 기술정보기구들은 국방부에 속해 있지만 명칭에 "국가(National)"라는 단어가 들어가 있는 것처럼 국가 전체를 위한 중앙정보기구이다.

6. 군 정보기관의 역할 증대

① 평시의 전쟁 – 테러와의 전쟁

9/11 테러 공격은 정보와 수사의 엄격한 임무분리가 정보공유를 어렵게 하는 등 문제점이 많았음을 인식하게 하고, 군 정보기관의 국내에서의 역할증대를 요청하였다. 결국 테러와의 전쟁은 민간 영역에서의 군의 역할을 더욱 크게 만들었다.

② 노스콤(NORTHCOM)

국방부는 이러한 추세에 대한 대응으로 노스콤(NORTHCOM)이라고 명명된 북부 사령부를 신설했다. 이 노스콤이 총체적 테러인식프로그램을 총괄하는 부서이다.

③ 탈론(Threat and Local Observation Notice)

탈론(TALON)은 노스콤의 야전 방첩활동의 하나로, 요주의 인물이나 의심스러운 활동가들에 대한 위협에 대한 현장목격 탐지활동이다. 용의자를 자동적으로 추출하여 지목하는 그 생생함과 현장성으로 인하여 혹자는 "마치 옆집에서 살펴보는 것 같다." 라고 묘사했다.

제3항 정보자산 운용과 관련한 법률문제

I. 정보기구의 물적 자산

1. 필요성

정식적인 국가예산의 결산과 감사체계에서 벗어난 정보기관 자체의 사적소유로서의 자산운용은 원활한 정보활동을 위해 필요성이 인정된다.

2. 문제점

하지만 정보기구의 물적 자산은 많은 법적 문제점을 야기한다. 먼저 예산회계법상 그러한 자산을 인정할 근거가 없을 뿐 아니라, 국가의 감독을 벗어난 소위 비밀금고로 책임예산의 원칙에 벗어나는 것이기 때문이다. 최소한 대통령 명령 등에 의한 규범통제는 마련되어야 할 것이다.

3. 미국의 운용사례

현재 미국에서의 법률논의는 일정한 범위의 정보기구 자체의 물적 자산은 인정한다. 다만 취득한 영업이득은 합리적인 조직운영비용으로 사용하는 이외에는, 반드시 의회의 예산 통제를 거쳐야 하고, 결코 비밀공작금의 조달창구로 활용되어서는 안 된다고 판단한다. 왜냐하면 그것은 의회의 입법권과 예산권을 무력화하고 비밀공작에 대한 의회통제를 정면으로 회피하는 것이기 때문이다.

II. 정보기구의 인적 자산(정보 협조자)

1. 인적자산의 의의

상대국의 정보를 수집하여 아측에게 제공해 주는 현지의 정보 제공인이다. 사적인 정보제공자를 고용하는 경우의 위험성의 하나는, 협조 약속의 비밀성을 얼마나 잘 유지할 수 있는가의 문제와, 협조할 내용을 법률적으로 고용계약의 틀 속에 담을 수 없기 때문에 정보제공자의 활동을 적절히 통제할 수 없다는 점이다.

2. 현지 인적 자산의 협조이유

① 자국정부를 반대하여 이념적인 문제로 협조하거나,
② 금전 등 경제적 대가를 바라고 협조하거나,
③ 아측 정보기구에게 약점을 잡혀 협박을 받고 협조하거나,
④ 실제로는 그 나라 국가나 조직에 충직한 사람들이지만, 그들 자신이 정보제공자로 이용되고 있는지 자체를 모르고 정보제공자로 활용되는 경우이다.

제2절 미국 정보공동체에 대한 민주적 통제

제1항 정보공동체에 대한 행정부 자체 통제

1. 행정입법 - 대통령 명령(Executive Order)

2. 행정부 자체 통제 조직
① 국가안보회의(National Security Council)
② 대통령정보자문위원회(President's Intelligence Advisory Board)
③ 정보감독위원회(Intelligence Oversight Board : IOB)
④ 관리·예산실(Office of Management and Budget : OMB)
⑤ 사생활과시민의자유감독위원회(Privacy and Civil Liberties Oversight Board)

제2항 정보공동체에 대한 입법부 통제

I. 입법부 통제에 대한 견해의 대립

① 일부에서는 정보공동체 업무에 대한 의회의 감독은 참견적·개입적·근시안적 그리고 비생산적이라고 비판한다.
② 반면에 일부는 정보를 충분히 이해한 의회의 전폭적인 지원을 끌어 낼 수 있는 커다란 밑거름이 되고, 활동과 예산에 대한 검증으로 정보공동체의 역량을 강화하도록 하여 오히려 커다란 도움이 되었다고 주장한다.

II. 의회 관련 위원회

① 상원특별정보위원회(Senate Select Committee Intelligence)
② 하원상임특별정보위원회 (House Permanent Select Committee on Intelligence)
③ 국방위원회, 법사위원회, 예산·결산심사위원회, 대외문제위원회 등.

III. 정보공동체에 대한 각종 통제입법

① 휴-라이언 개정법(Hughes-Ryan Amendment)
② 정보감독법(Intelligence Oversight Act of 1980)

③ 정보자유법(Freedom of Information Act : FOIA)

④ 프라이버시법(Privacy Act : PA)

⑤ 해외정보감독법(Foreign Intelligence Surveillance Act)

IV. 의회 보고와 통제의 실상

CIA 통계자료에 의하면 1991년 한 해에 의회는 CIA 하나의 정보기구로부터만 약 1,000번의 개별 브리핑을 받았고 7,000건의 정보보고서를 제출 받았다. 1999년도에는 정보기구 내부의 문제점을 고발할 수 있는 **내부 고발자(whistle blowers)**를 보호하도록 정보권한법을 개정했다. 법은 의회가 정보공동체 내부에 들어가기 위한 현관문이라는 호칭을 받았다.

제3항 정보공동체의 예산공개

I. 정보예산 공개의 단초 - 리처드슨 사건 (United Stated v. Richardson)

1. 사안의 개요

1967년 미국 시민권자로 납세자인 리처드슨은 재무부에 CIA의 예산내역을 요청하는 서신을 보냈다. 재무부는 불가능하다는 민원회신을 했다. 그러자 리처드슨은 소송을 제기했다.

2. 항소심 법원의 판단

제3 순회재판소는 "일반 국민은 세금사용에 대한 정보가 없으면 의회와 행정부의 정책을 따르기 곤란하고 유권자로서의 의무를 다할 수 없을 것이다. 헌법 제정권자들은 예산에 대한 정보는 유권자들이 그들이 선출한 대표자들을 다음 선거에서 재선임해 줄 것인지를 판단하는 데 필요하고, 또한 민주시민으로 국가가 부과하는 의무를 이행함에 있어서도 인식할 필요가 있다고 판단하고 헌법을 제정했다." 라고 원고 승소 판결했다.

3. 연방대법원 판결과 이후의 전개

① 그러나 연방대법원은 리처드슨의 주장은 모든 시민들과 동일한 입장인 것으로, 리처드슨이 구체적인 손해를 본 특별한 납세자라는 등 별도의 이해관계를 갖춘 것이 아니어서 소송적격을 갖추지 않았음을 이유로 기각했다.

② 그러나 연방대법원은 의회는 사인(私人)과 달라서, 정보기구에 적당하다고 판단되는

모든 보고와 설명을 요구할 수 있는 전권을 가졌다고 판시했다.

③ 그러자 1991년부터 미국 의회 모든 의원들에게 미국 정보공동체 예산에 대한 상세한 정보를 포함한 정보예산의 부속서류에 대한 열람 접근이 시작됐다.

④ 더 나아가 의회는 정보예산의 총액을 공개하는 내용의 입법을 추진하려 했다. 전면적인 공개를 추진한 법안은 부결되었으나 입법 활동을 위한 의원들의 정보기구예산에 대한 개별적인 접근권은 인정되었다.

II. 과학자연맹(FAS)의 정보공동체 예산공개 소송

1. 사실관계

1997년 5월 19일 미국 과학자연맹은 정보자유법(FOIA)을 근거로 CIA를 비롯한 미국 정보공동체의 예산을 공개하라는 소송을 제기했다.

2. 정보공동체의 자발적 예산공개

그러나 법원의 최종 판단 전에, CIA는 1997년 10월 15일 정보관련 예산총액은 약 266억 달러라고 최초로 공개했다. 당시 CIA 국장은 정보공동체 예산공개는 클린턴 대통령의 재가를 얻은 것으로, 국가안보를 위험하게 하지는 않는 것으로 판단했고 국민에게 정보기구의 예산정보를 제공하여 봉사하기 위한 것이라고 설명했다. 이듬해인 1998년도에도 정보공동체의 정보관련 예산총액은 전년도에 비해 1억 달러 증액된 약 267억 달러라고 공개했다.

3. 계속된 정보예산 공개 소송

① 1998년 이후에도 과학자연맹은 예산공개 청구소송을 제기했다.

② 그러나 테닛(Tenet) 국장은 2년간의 연속적인 정보예산 공개 이후, 더 이상의 예산공개는 너무나 많은 추세정보를 공개하는 것이고, 적들에게 비교와 분석을 가능하게 하여 정보원(源) 노출이 우려된다는 등의 이유로 공개를 거부했다.

③ 법원도 CIA의 주장이 합리적이라고 판단했고 CIA의 불공개 항변을 받아들였다.

III. 공개된 정보공동체의 예산 규모

오늘날에도 많은 나라는 정보기구의 예산을 비밀 분류한다. 그러나 예산을 공개적으로 심의하는 영국과 프랑스 등의 정보예산을 공개한다. 국가안보 상대성의 원칙인 것이다.

07 연습문제

1. 정보기구의 업무에 대한 통제와 감독의 의의와 내용이 아닌 것은?
   ① 정보예산의 집행과 결산을 적절히 했는가?
   ② 정보기구가 정책적 요구에 적시에 적절히 대처하여 정보 수요를 충족시켜 주었는가?
   ③ 국가정보기구의 활동 방향과 목표가 적절하게 계획되었고 계획을 차질 없이 수행했는가?
   ④ 통제는 기본적으로 권한 남용 등에 대한 처벌로 일벌백계함이 가장 중요하다.

   해설 정보기구에 대한 민주적 통제의 본질적인 쟁점은 법에 근거한 업무의 순수성을 도모함으로써 전문성을 확보하고 효율성을 증진하려는 것이지 권한남용 사례를 적발하여 그에 대한 처벌을 목적으로 하는 것은 결코 아니다(p. 1352).

   답④

2. 정보기구의 업무에 대한 통제와 감독의 당위성이 아닌 것은?
   ① 국가정보기구의 존재이유가 궁극적으로는 국민을 위한 것에 기초한다.
   ② 헌법의 최고결정권자인 국민들에 의한 당연한 요구이다.
   ③ 국가정보업무는 반드시 남용된다는 속성에서 연원한다.
   ④ "수호자는 과연 누가 지켜줄 것인가(But who will guard the guards)?"하는 의문에서 연유한다.

   해설 정보기구에 대한 민주적 통제의 요청은 본질적으로 국가정보기구의 존재 이유가 궁극적으로는 국민을 위한 것이라는 명료한 사실과 국가목적을 달성하는 방향으로 국가업무를 제대로 수행하고 있는지에 대한 통제는 헌법의 최고결정권자인 국민들에 의한 당연한 요구에서 기초한다. 또한 비록 국가정보기구가 자체 동력을 가진 국가안보에 대한 무한책임기구이지만"수호자는 과연 누가 지켜줄 것인가 하는 논리적 귀결에 따른 문제이다. 국가정보 업무는 반드시 남용된다는 근거는 없다(p. 1350).

   답③

3. 국가정보기구 업무통제의 효용으로 거리가 먼 것은?
   ① 국가정보기구에 대한 밀착 감시로 업무의 수월성을 도모하고 행정의 일사 분란함을 확보할 수 있다.
   ② 예산남용 방지를 통한 업무의 긴장성과 효율성 도모
   ③ 행정의 책임성 도모
   ④ 정보기구에 불필요한 정치적 부담 제거

해설 정보기구 업무통제의 효용은 행정의 책임성 도모, 예산남용 방지를 통한 업무의 긴장성과 효율성 도모, 정보기구에 불필요한 정치적 부담 제거 등에 있는 것이지, 정보기구를 잘 통제하여 임의대로 활용할 수 있음을 과시하는 것에 있는 것은 아니다(pp. 1350-1353).

답①

4. 국가정보기구 업무의 제도적 통제에 대한 설명으로 잘못된 것은?

① 행정부 자체통제는 소위 제 식구 감싸기라는 내재적 한계가 있을 수 있다.

② 미국의 경우에도 입법부 통제는 본질적으로 보안문제를 제기하여 국가정보업무의 통제와 친하지 않다.

③ 사법부 통제에는 개별사건을 통한 형사적·행정적·민사적 통제 등이 있다.

④ 입법부 통제는 정책과 연결되어 있는바 입법권과 예산권이 수단이다.

해설 보안의 문제는 정보업무에 대한 입법부의 통제와 감독을 부적당하다고 주장하는 대표적인 논리이지만 비밀누설은 오히려 스스로의 문제해결 능력이 없는 행정부에서 이루어질 가능성이 더 높다. 테닛(George Tenet) CIA 국장도 국가안보 문제에 대한 비밀은 의회에서가 아니라 행정부 관료들에 의해서 더 많이 누출된다고 시인했다(p. 1366).

답②

5. 정보업무에 대한 입법부 통제에 대한 설명으로 온당치 않은 것은?

① 정보공동체는 입법부 통제가 단순한 법적인 요구 때문인 것으로만 생각해서는 안 된다. 입법부 또한 국가정보에 대한 감독의 문제를 정쟁의 대상으로 삼아서는 안 된다는 점을 인식해야 한다.

② 유능하고 실전적인 경험이 있고 전문성을 갖춘 스탭의 확보는 입법부 통제를 위해 절대적으로 필요한 요체이다.

③ 의원들의 사명감과 전문성은 매우 중요하다.

④ 국회의원은 헌법제정권자인 국민들의 대표기관이라는 특성상 국가안보 비밀누설의 경우에도 정보·수사기관의 조사에 대한 협조의무는 없다.

해설 입법부에 의한 비밀누설의 경우에는 당연히 안보차원의 조사가 이루어지고 의회는 성실한 협조를 다해야 한다. 그것은 국가안보적 요청으로 국회의원이 주권자인 국민의 대표자인 것과는 무관한 것으로 2002년의 FBI의 국가기밀 유출사건에 대해 상원의원 그레이엄(Graham)이 각종 자료제출 협조, 전화통화기록 제출 협조는 물론이고 심지어 거짓말 탐지기 조사에 응한 사실에서도 잘 나타난다(pp. 1366-1367).

답④

6. 카오스 공작활동(Operation Chaos)에 대한 설명으로 잘못인 것은?

① 해외정보기구가 국내정보 수집활동을 한 경우의 법적책임이 문제된 대표적 사례이다

② CIA는 외국세력과 연계된 국내세력에 대한 활동은 해외정보활동의 연장선으로 적법한 업무 범위로 간주했다.

③ 처치위원회(Church Committee)도 외국세력과 연계된 국내세력에 대한 정보활동은 CIA의 임무범위 내의 것임을 인정했다.

④ 카오스 공작활동은 월남전 반대 비판가들을 지원하거나 영향을 주는 공산주의자들과 단체를 파악하기 위해서 실행된 CIA의 미국 내에서의 비밀정보수집 활동이었다.

해설 정보활동 남용에 대한 의회 조사위원회인 처치위원회의 해석은 CIA와 달랐다. 1947년 국가안보법은 오히려 국내안보의 문제를 광의로 해석하여 외국세력과 연계된 국내세력의 활동에 따른 정보수집활동은 해외 문제가 아닌 국내안보의 문제로 간주한다고 명백히 했다(pp. 1380~1382).

답③

7. 코인텔프로의 설명으로 잘못 된 것은?

① 국내정보 기구의 국내정보 수집활동에서의 위법적인 활동의 대표적인 사례이다.

② 코인텔프로에 사용된 위장침입·밀고자와 협조자 활용, 불법 수색공작(black bag jobs), 혐의조작 공작(Bad-jacket, snitch-jacket), 치명적 타격(Lethal force) 등의 활동은 어떤 경우에도 사용될 수 없는 정보활동이다.

③ 일부 시민들은 코인텔프로 공작에 대한 위법성을 근거로 여러 건의 소송을 제기했고, 법원은 적법한 조직을 분열하고 파괴하려는 의도 또는 조직원들을 이탈시키려는 의도 아래에서 행하여진 공권력 행사는 헌법위반이라고 판결했다.

④ FBI의 방첩공작 프로그램(Counter Intelligence Program)의 철자약어로 반체제 단체에 대한 붕괴를 목적으로 1956년부터 1971년 사이에 전개한 적극적 정보활동이었다.

해설 법원 판결에서도 알 수 있는 바와 같이 코인텔프로에 사용된 위장침입·밀고자와 협조자 활용, 불법 수색공작, 혐의조작 공작(Bad-jacket, snitch-jacket), 치명적 타격 등의 활동은 적법한 조직을 분열하고 파괴하려는 의도 또는 조직원들을 이탈시키려는 의도 아래에서 행하여진 공권력 행사로 불법적인 것이고, 암살을 포함하여 외형상으로는 불법성을 가진 것 같은 정보활동이라도, 비밀공작에서와 같이 정당한 국가안보수호 목적인 경우에는 허용되는 경우가 있다(pp. 1383~1387).

답②

8. 군의 정보활동에 대한 설명으로 잘못인 것은?

① 오늘날 문민우위의 헌법 원칙상 전쟁이나 국가재난사태가 선포된 비상시를 제외한 평화시에는 시민활동에 군의 개입은 용납되지 않는 것이 대다수 민주국가의 헌법 원칙이다.

② 군대는 원칙적으로 평화시의 자원봉사활동 이외에는, 외국과의 전쟁에 대비하라고 조

직된 특별한 기구이다. 민간 영역에 대한 법 집행에 군을 사용함은 문민정부를 군사통치에 굴복시키는 것으로 금지되어야 하며 이러한 원칙은 미국의 오랜 헌법전통이다.

③ 신호정보와 영상정보활동을 포함한 어떤 경우에도 평시에는 군정보기구가 민간인을 상대로 한 정보활동이 가능한 영역이 존재하지 않는다.

④ 국가안보국은 노스콤(NORTHCOM) 이라는 사령부를 신설하여 일반인을 포함한 총체적 테러인식프로그램을 전개했다. 그 가운데의 하나가 탈론(TLON)으로 요주의 인물이나 의심스러운 활동가들에 대한 위협의·현장목격 탐지활동이다.

해설 레이건 대통령 명령 제12,333호는 국방부 산하 국가안보국(NSA) 등은 민간영역에서 신호정보와 영상정보활동을 수행하고, 수집정보를 정보공동체에 전달할 책임을 규정하고 있다. 이처럼 기술의 영역에서는 평시에도 군정보기구에 의한 정보활동이 가능한 영역이 존재한다(pp. 1388-1391).

답③

9. 다음 중 정보공동체에 업무에 대한 미국의 행정부 자체통제기구가 아닌 것은?
① 사생활과 시민의자유감독위원회(Privacy and Civil Liberties Oversight Board)
② 법사위원회
③ 관리·예산실(Office of Management and Budget : OMB)
④ 정보감독위원회(Intelligence Oversight Board : IOB)

해설 법사위원회는 의회의 통제기구이다(p. 1423).

답②

10. 미국 정보공동체에 대한 통제입법 가운데 정보기구 내부의 문제점을 고발할 수 있는 내부고발자(whistle blowers)제도를 규정한 법안은 무엇인가?
① 휴-라이언 개정법(Hughes-Ryan Amendment)
② 1999년도 개정 정보권한법
③ 정보감독법(Intelligence Oversight Act of 1980)
④ 해외정보감독법(Foreign Intelligence Surveillance Act)

해설 미국 의회는 1999년도의 개정 정보권한법으로 정보위원회에 정보기구 내부의 문제점을 고발할 수 있는 내부고발자(whistle blowers) 보호 법안을 제정했다. 동 법안은 의회가 정보공동체 내부에 들어가기 위한 현관문이라는 호칭을 받았다(p. 1440).

답②

11. 정보공동체의 정보예산에 대한 설명으로 잘못된 것은?

① 오늘날 각국을 통틀어서 정보기구의 정보예산을 공개하는 것은 일반적인 것이 되었다.

② 미국의 경우에 정보예산 공개의 단초는 일반시민으로 납세자인 리처드슨이 제기한 CIA의 예산지출내역에 대한 자료공개사건(United Stated v. Richardson)이다.

③ 1997년 5월 19일 미국 과학자연맹도 정보자유법(FOIA)을 근거로, CIA를 비롯한 미국 정보공동체의 예산을 공개하라는 소송을 제기했다.

④ 과학자연맹의 계속된 예산공개 청구소송에 대해 테닛(Tenet) 국장은 연속적인 예산공개는 너무나 많은 추세(趨勢)정보를 공개하는 것으로 정보원(源)과 활동의 노출이 우려된다는 등의 이유로 공개를 거부했고 법원도 CIA의 공개거부 주장을 받아들였다.

> **해설** 오늘날 의회에서 정보예산을 공개적으로 심의하는 프랑스를 비롯하여 몇몇 나라가 정보예산을 공개하지만 국가안보 상대성의 원칙에 따라서 일반적인 현실은 아니다. 미국의 정보예산은 2006년 약 440억 달러, 2008년 약 500억 달러였다. 영국 정보공동체의 2007-2008년 정보예산은 1,553million이었다(pp. 1435-1436).
>
> 답①

12. 미국 정보공동체에 대한 기념비적인 통제입법 가운데 비밀공작 등에서 대통령의 특권으로 되어 있던 '그럴듯한 부인(plausible deniability)권'을 폐지한 것으로 인식되는 법은?

① 정보감독법(Intelligence Oversight Act of 1980)

② 1999년도 개정 정보권한법

③ 정보자유법(Freedom of Information Act : FOIA)

④ 1974년 휴-라이언 개정법(Hughes-Ryan Amendment)

> **해설** 1974년 휴-라이언 개정법(Hughes-Ryan Amendment) 으로 대통령이 비밀공작을 "확인(finding)"한 후에 서면 승인하는 것을 예산사용의 전제조건으로 걸어 놓음으로써 대통령이 제반 비밀공작을 모를 수가 없도록 했기 때문에 그 동안 대통령의 특권으로 되어 있던 그럴듯한 부인(plausible deniability)권을 폐지한 것으로 간주된다 (pp. 1438-1439).
>
> 답④

13. 미국 애국법 (USA PATRIOT Act)에 대한 설명으로 잘못된 것은?

① 미국 애국법은 2001년 9/11 본토에 대한 테러공격을 당한 후 미국 시민들의 애국심을 고양할 목적으로 제정된 영구입법이다.

② 4년 한시법이었지만 재 연장되었고 일부조항은 영구조항으로 편입되었다.

③ 침입과 정탐(Sneak-and-Peek searches)"조항은 연방형사소송 영장신청 요건을 배제하고 합리적 필요성(Reasonable necessity), 즉 가능성에 대한 개연성만 있으면 가능하도록 했다.

④ 사서조항은 양심과 학문의 자유에 대한 기본권을 근본적으로 침입한다는 비판을 받는다.

해설 정식 명칭은 "테러행위에 대하여 요구되는 감청과 수색에 적절한 수단을 부여함으로써 미국을 통합하고 강화하기 위한 2001년의 법(Uniting and Strengthening America by Providing Appropriate Tools Required to Intercept and Obstruct Terrorism Act of 2001)"으로 PATRIOT(애국)는 첫 문자의 조합이고 4년 한시법이었다. 그동안의 인권침해 논란으로 2015년에 미국 자유법으로 대체되었다. 정보·수사기관의 원활한 테러범죄 수사를 위한 적법절차의 완화법이다. (pp. 1442-1447).

답①

14. 미국의 2004년 정보개혁 및 테러방지법(Intelligence Reform and Terrorism Prevention Act)에 의해 변모된 미국의 국가안보와 정보공동체의 모습이 아닌 것은?
① 국가정보국장(DNI) 직위의 창설
② 국가대테러센터(National Counterterrorism Center)의 창설
③ 국토안보부(Department of Homeland Security)의 창설
④ 노스콤(NORTHCOM) 창설

해설 노스콤(NORTHCOM)은 국가안보국(NSA)의 내부조직으로 2004년 정보개혁 및 테러방지법에 의해 창설된 조직은 아니다.

답④

15. 해외정보감독법(Foreign Intelligence Surveillance Act)에 대한 설명으로 잘못된 것은?
① 미국 영토 내에서 해외세력이나 그 대리인을 대상으로 하거나 또는 해외세력과 연관된 세력을 대상으로 실시하는 물리적 수색과 전자감시활동 등 국가정보 활동에 대한 절차를 규정한 연방법이다.
② 그동안 미국 내에서의 전자감시 문제에 대한 복잡했던 법률문제에 대한 법원 판결을 입법에 반영하여 종합한 것이다.
③ 일반 법원은 영장심사에서 "확실성에 대한 개연성(probability of a certain fact)" 즉 "상당한 이유"를 요건으로 하는 반면에 화이자 법원은 "가능성에 대한 개연성(probability of a possibility)" 즉 "합리적 이유"를 기준으로 한다.
④ 해외세력을 대상으로 한 정보·수사기구의 정보활동 업무를 감독하는 특별법원으로 단심의 해외정보감독 특별법원(Foreign Intelligence Surveillance Court)이 있다.

해설 연방대법원장에 의해 임명되는 7년 임기의 11명의 법관으로 구성되는 1심의 해외정보감독 특별법원(Foreign Intelligence Surveillance Court)에 대한 상급심으로 3인의 재판관으로 구성되는 화이자 항소심 법원(Court of Review)도 있다(pp. 1449-1467).

답④

16. 정보기구에 대한 업무통제와 감독의 내용이 아닌 것은?

① 정보예산의 집행과 결산을 적절히 했는가?

② 정보기구가 정책적 요구에 적시에 적절히 대처하여 정보수요를 충족시켜 주었는가?

③ 정보분석의 질은 부족함이 없었는가?

④ 비밀공작과 방첩공작의 횟수를 충족했는가?

해설 정보기구의 비밀공작과 방첩공작은 일반 행정부처의 행정수요처럼 그 횟수를 예상할 수 있는 것이 아니다.

답④

17. 정보기구 업무통제의 효용이 아닌 것은?

① 정보기구의 전문성과 책임성 도모

② 정보예산의 남용 방지를 통한 업무의 긴장성과 효율성 도모로 조직의 부패방지

③ 여러 행정부처 가운데 특별히 국가안보를 담당하는 정보기구의 위상 확보

④ 정치적 중립성 확보로 정보기구에 불필요한 정치적 부담 제거

해설 정보기구를 포함한 행정부처 업무의 통제와 감독은 법치행정을 도모하고 업무의 순수성과 전문성을 고양해 주고자 하는 것이지 결코 부처의 위상을 높여주고자 하는 것이 아니다.

답③

18. 정보기구에 대한 업무 통제와 감독 가운데 사법통제나 준사법적 통제와 거리가 먼 것은?

① 국가안보 무한책임기구라는 속성상 형사책임을 통한 통제는 어떤 경우에도 불가능하다.

② 행정소송에 의한 통제가 가능하다.

③ 민사책임을 통한 통제도 가능하다.

④ 정보활동에 대한 탄원 · 청원 · 이의신청 등은 준사법적 통제로 작동한다.

해설 국가정보기구도 실정법을 위반한 정보활동에 대해서는 책임가자 형사책임을 면할 수는 없다.

답①

19. 다음 중 『공공기관의 정보공개에 관한 법률』에 대한 설명으로 잘못된 것은?

① 법의 목적은 공공기관이 보유 · 관리하는 정보 공개를 통해 국민의 알권리를 보장하고 국정에 대한 국민의 참여와 국정 운영의 투명성을 확보하려함이다.

② 공개대상이 되는 "정보"란 공공기관이 직무상 작성 또는 취득하여 관리하고 있는 문서 (전자문서 포함) · 도면 · 사진 · 필름 · 테이프 · 슬라이드 및 매체 등에 기록된 사항이다.

③ "공개"란 법에 따라 정보를 열람하게 하거나 사본 · 복제물을 제공하는 것 또는, "정보

통신망"을 통하여 정보를 (전자적으로)제공하는 것을 말한다.

④ 직접적인 이해관계가 있는 국민만이 정보의 공개를 청구할 권리를 가진다.

해설 **"모든 국민"**은 정보의 공개를 청구할 권리를 가진다(법 제5조).

답④

20. 『공공기관의 정보공개에 관한 법률』상의 비공개 대상 정보가 아닌 것은?

① 다른 법률 또는 법률에서 위임한 명령에 따라 비밀이나 비공개 사항으로 규정된 정보

② 국가안전보장·국방·통일·외교 문제에 대한 국가정보원의 정보 일체

③ 공개될 경우 국민의 생명·신체 및 재산의 보호에 현저한 지장을 초래할 우려가 있다고 인정되는 정보

④ 진행 중인 재판에 관련된 정보와 범죄의 예방, 수사, 공소의 제기 및 유지, 형의 집행, 교정, 보안처분에 관한 사항으로서 공개될 경우 그 직무수행을 현저히 곤란하게 하거나 형사피고인의 공정한 재판을 받을 권리를 침해할 만한 상당한 이유가 있는 정보

해설 법은 국가안보관련 정보라고 하는 경우에도, 공개될 경우 국가의 중대한 이익을 현저히 해칠 우려가 있다고 인정되는 정보에 한정하여 비공개 하도록 하고 있다(법 제9조 제1항 제2호).

답②

21. 『공공기관의 정보공개에 관한 법률』상의 비공개 대상 정보가 아닌 것은?

① 국가안전보장·국방·통일·외교관계 등에 관한 사항으로서 공개될 경우 국가의 중대한 이익을 현저히 해칠 우려가 있다고 인정되는 정보

② 공개될 경우 업무의 공정한 수행이나 연구·개발에 현저한 지장을 초래한다고 인정할 만한 상당한 이유가 있는 정보.

③ 사생활의 비밀 또는 자유와 관련된 사적 정보는 비공개대상이 아니다.

④ 공개될 경우 부동산 투기, 매점매석 등으로 특정인에게 이익 또는 불이익을 줄 우려가 있다고 인정되는 정보

해설 법은 공개될 경우 사생활의 비밀 또는 자유를 침해할 우려가 있다고 인정되는 정보도 비공개정보라고 규정하고 있다(법 제9조 제1항 제6호).

답③

22. 미국의 정보경험에서 해외세력과 연관된 국내세력에 대한 해외정보기구인 CIA의 국내정보 활동에 대한 설명으로 잘못인 것은?

① 해외정보와 연계된 국내정보활동을 적법한 해외정보 임무로 볼 것인가의 문제에 대해, CIA는 해외정보 활동의 연장선으로 적법한 업무에 속한다고 주장했다.

② 의회의 정보기구에 대한 감독기구인 처치위원회(Church Committee)의 해석도 CIA의 의견과 같았다.

③ 대표적으로 카오스 공작활동(Operation Chaos)이 CIA의 국내정보활동이었다.

④ 카오스 공작활동은 베트남 정책을 반대하는 월남전 반대 비판가들을 지원하거나 영향을 주는 공산주의자들에 대한 CIA의 미국 내에서의 비밀정보 활동이었다.

> **해설** 처치위원회의 해석은 CIA와 달랐다. 처치위원회는 CIA의 의견은 의회의 입법의도에 반하는 위법이라고 천명했다. 1947년 국가안보법은 오히려 국내안보의 문제를 광의로 해석하여 외국세력과 연계된 국내세력의 활동에 따른 정보활동은, 해외정보가 아닌 국내문제로 간주된다고 판단했다.

답 ②

23. 미국 정보공동체의 경험에서 정보자산의 운용과 관련한 설명 가운데 잘못인 것은?

① 정보기구의 물적 자산은 정식적인 국가예산의 결산과 감사체계에서 벗어난 정보기관 자체의 사적소유로서의 자산운용은 원활한 정보활동을 위해 필요성이 인정된다.

② 국가예산을 낭비하지 않는 이상은 정보기구의 물적 자산 운영은 아무런 문제가 없다.

③ 현재 미국에서의 법률논의는 정보기구 자체의 물적 자산은 인정한다. 다만 취득한 영업이득은 합리적인 조직운영비용으로 사용하는 이외에는, 반드시 의회의 예산 통제를 거쳐야 하고, 결코 비밀공작금의 조달창구로 활용되어서는 안 된다고 판단한다.

④ 정보기구의 인적 자산인 정보제공자를 고용하는 경우의 위험성의 하나는, 협조 약속의 비밀성을 얼마나 잘 유지할 수 있는가의 문제와, 협조할 내용을 법률적으로 고용계약의 틀 속에 담을 수 없기 때문에 정보제공자의 활동을 적절히 통제할 수 없다는 점이다.

> **해설** 정보기구의 물적 자산은 많은 법적 문제점을 야기한다. 먼저 예산회계법상 그러한 자산을 인정할 근거가 없을 뿐 아니라, 국가의 감독을 벗어난 소위 비밀금고로 책임예산의 원칙에 벗어나는 것이기 때문이다.

답 ②

24. 정보기구에 대한 민주적 통제 가운데 공개의 필요성으로 짝지어진 것은?(기출유형)

> ㉠ 정보의 공개는 행정통제의 근본적 요소
> ㉡ 국민의 인권보호
> ㉢ 국민의 참여와 정보기관 운영의 투명성 제고
> ㉣ 국민의 알권리 보장

① ㉠, ㉡　　　　　　　　　　② ㉠, ㉡, ㉢
③ ㉡, ㉢, ㉣　　　　　　　　④ ㉠, ㉡, ㉢, ㉣

해설 지문 모두가 정보공개의 필요성이다.

답④

25. 정보기구에 대한 민주적 통제에 대한 설명으로 옳은 것은?(15기출)

① 정보기관은 체제·정권안보를 위하여 존재하기 때문에 민주적 통제가 필요 없다.
② 정보기구 수장에 대한 공청회나 정보기구에 대한 법률제정은 행정부 자체통제이다.
③ CIA는 카니보어(Canivore)라는 프로그램으로 이메일을 검색 또는 감시했다.
④ 국회 정보위원회는 국가정보원의 예산을 비공개로 심의한다.

해설 정보기구에 대한 통제와 감독은 필수적이다. 공청회와 입법은 입법부에 의한 통제이다. 카니보어(Canivore)는 FBI의 감시 프로그램이었다.

답④

26. 정보기구에 대한 민주적 통제 유형에서 사전적 통제에 해당하는 것은?

> ㉠ 국회 예산결산권　　　　㉡ 국회의 입법권
> ㉢ 행정심판　　　　　　　　㉣ 정보공개청구권

① ㉠, ㉡
② ㉡, ㉢
③ ㉡, ㉣
④ ㉢, ㉣

해설 정보기구에 대한 사전적·사후적 통제의 유형

사전적 통제	사후적 통제
국회의 입법권, 행정절차법, 정보공개청구권, 예산 심의권	사법부의 사법심사, 행정소송, 국회 예산 결산권, 국정조사권

답 ③

제8편

한국의 정보기구

(☞국가정보 pp. 1481-1599 참조)

제1장 정보기구의 기원과 발전

제1항 근대 이전

① 우리나라 첩자의 역사는 고대 삼국시대에 이미 절정에 이르렀다. 전쟁은 첩자의 온상이다. 삼국시대는 **한반도의 춘추전국시대**로 삼국 간 전쟁 횟수는 약 275회였다.

② 김유신 장군이 간첩 조미곤을 위장 침투시켜 백제의 최고위층 실세인 좌평 임자를 포섭하여 백제를 멸망시킨 사례, 601년 신라의 일본 첩자인 가마다(迦摩多) 사례, 살수대첩에서 을지문덕 장군과 연개소문의 간첩활용 사례, 고구려 장수왕이 바둑 고수인 승려 도림을 활용하여 백제 개로왕의 정책판단 오류를 유도한 사례 등이 있었다.

> **삼국사기에 나타나는 첩자(諜者)**
>
> 삼국사기 '김유신 전'에는 「高句麗 諜者浮屠德昌」이라고 하여, 삼국사기에 이미 **첩자(諜者)**라는 용어가 나타난다. 첩자는 간첩 또는 세작(細作), 간자라고도 불렸다.

③ 고려시대는 새로운 문물과 기술개발에 대한 정보활동이 특징적이다. 최무선 장군의 **화약제조비밀** 입수와 문익점의 **목화씨 반입**사건은 국방력의 강화와 의복혁명을 일으켜준 것으로 오늘날의 경제정보활동에 비견할 수 있는 역사적 사건이었다.[56] 안향, 백이정, 이제현 등이 원나라로부터 신학문인 성리학을 공부하고 관련 서적을 숨겨 가져와 전파함으로써 고려개혁의 이념적 토대를 삼았던 사례도 중요한 정보활동이다.

④ 조선시대 후기에는 박제가, 박지원 등 실용주의 북학파 학자들에 의한 정보활동이 있었다. 특히 박지원의 열하일기는 **"대중국 첩보보고서"**라는 평가를 받는다. 외국과의 접촉을 할 위치에 있는 사신, 통신사, 승려, 상인들도 정보수집 활동의 주체가 되었다. 암행어사 제도, 상소제도, 구언(求言)제도, 권당제도, 신문고, 격쟁제도가 모두 민심 정보를 알게 되는 중요한 통로로 기능했다. 전국망을 갖춘 **장돌뱅이와 보부상**은 유사시 조종의 명을 받아 특수임무를 수행했다. 이들은 조선건국과 임진왜란, 동학혁명, 독립협회 해산 등 국가적 대사에 적지 않은 역할을 했다.

---

56) 고려사, 고려사절요, 태종실록이 최무선 장군의 화약제조기법 정보활동을 서술하고 있다.

제2항 근대 이후

1. 제국익문사(帝國益聞社) 창설

① 대한민국은 1876년의 강화도 조약으로 강압적 개항 이후, 국가정보 활동은 주권회복 운동의 일환으로 통치시설 파괴, 요인암살 등 적극적 현장 활동으로 전개되었다.

② 고종황제는 1902년 6월 황제 직속으로 **제국익문사**라는 최초의 정보기구를 창설했다.

제국익문사(帝國益聞社)

제국익문사는 표면적으로는 출판사로 위장했다. 통신원, 밀정, 밀사 등의 이름으로 정보원이 정부 고관과 서울 주재 외국 공관원의 동정, 반국가 행위 등을 탐지해 고종황제에게 직보(直報)하는 고종황제 직속의 국가정보 활동 기구였다. 그것은 조정 대신들이 일본에 매수되거나 협박당해 어전회의 내용이 빈번하게 유출되자 비밀 정보기관의 필요성을 절감하고 창설한 것이었다.

---

2. 일제통치 하의 비밀정보활동

① 상해 임시정부의 교통국과 연통제[57] 지방선전부[58], 사료편찬부[59] 활동이 이어졌다.

② 의열단(義烈團) 활동

   ⓐ 의열투쟁은 조선총독을 비롯한 일본 고관, 밀정·반민족적 토호 암살과 조선총독부·동양척식주식회사·매일신보사 등 일제 통치시설에 대한 폭파활동이다.

   ⓑ 1920년의 부산경찰서 폭탄사건, 1921년의 조선총독부 투탄사건, 1923년의 종로경찰서 투탄사건, 1926년의 동척 및 식산은행 투탄사건 등이 대표적이다.

③ 한인애국단(韓人愛國團) 활동

   ⓐ 임시정부 국무령 김구가 조직한 항일독립운동 단체로 임시정부 산하의 특무공작기관이다. 처음부터 요인암살과 중요기관 파괴를 목적으로 창설됐다.

   ⓑ 1932년 1월 이봉창 의사의 일본 천황에 대한 폭탄투척 사건, 같은 해 4월의 윤봉길 의사의 상해 홍구공원 폭탄투척이 대표적이다.

윤봉길 의사의 상해 홍구공원 폭탄투척

윤봉길 의사가 실행한 홍구공원 폭탄투척에 대해 중국 장개석(蔣介石) 총통은 "4억 중국인이 해내지 못한 위대한 일을 한국인 한 사람이 해냈다."고 격찬했다.

---

57) 임시정부와 본토 한국을 연결하는 조직으로 특파원을 통한 주요인물의 탈출공작활동도 전개했다.

58) 연통제와 교통국이 파괴되자 창설된 조직으로 연통제와 교통국의 주요인물 탈출공작도 이어받았다.

59) 일본의 침략사실과 한국 역사의 우수성을 설명하기 위해 창설된 조직이다. 기관지로 독립신문과 신대한보(新大韓報), 신한청년보(新韓靑年報), 공보(公報)를 간행했다. 미국에서는 코리아 리뷰(Korea Review)를 프랑스 파리에서는 'La Coree Libre'를 발행했다.

제3항 광복 이후 국가정보 활동

I. 미국 방첩부대(Counter Intelligence Corps) 주도시기

1945년 8월 15일 해방과 동시에 남북이 분단된 상황에서, 미군정을 지원하는 정보활동을 주도한 정보기관은 미국 방첩부대(CIC)였다.

II. 국군 정보기구 주도시기

1. 육군본부 정보국 주도시기(1948-1950)

육군본부 정보국은 1948년 산하에 특별조사과(Special Intelligence Section)를 설치하여 미국 방첩부대(CIC)의 업무를 인수했다.

2. 육군본부 특무부대(CIC - Korea, 방첩대) 주도시기(1950-1960)

한국 전쟁 발발 후 대공·방첩업무가 폭증하자 특별조사과(SIS)를 독립시켜, 육군본부 직할로 국군기무사령부의 전신인 육군본부 특무부대(CIC - Korea) 소위 방첩대를 창설했다.

대한관찰부(Korea Research Bureau)와 사정국(司正局)

미국 방첩부대(CIC) 업무의 한국 정부에 대한 이양은 군과 민간부문에서 동시에 추진되었다. 이에 따라서 국무총리 이범석 주도로 창설한 최초의 **민간부문 비밀공작 기관이 대한관찰부**이다. 대한관찰부가 1949년 1월 **사정국**으로 개칭했다. 그러나 사정국은 이승만 대통령 암살을 위장한 수원 청년단 사건을 조작하는 등 극심한 권력남용이 문제되어 국회에서 예산 배정이 거부되어 1949년 10월 해체됐다.

III. 문민 국가중앙정보기구 시대[60]

1. 문민 국가중앙정보기구의 창설 배경

① 대한민국 정부수립(1948. 8.15) 이후의 국가정보 활동은 개별 정부부처나 군의 정보조직을 중심으로 운영되었다.

② 이로 인해 정보활동이 기관별로 분산되고 제한적으로 이루어져 업무중복이나 과당경쟁은 물론이고 그릇된 판단을 유발하는 사례도 발생했다.

③ 이러한 문제점을 극복하기 위해 국가 차원의 통합 정보기구의 필요성이 논의되기 시작하였고, 1961년 중앙정보부법 공포와 함께 중앙정보부가 창설되었다.

---

60) 국가정보원의 설명 자료에 따름.

2. 창설 의의

① 중추적 국가정보기관 출범으로 국가안보정책의 수립·집행의 효율성이 제고되었다.

② 정보·수사체계 통합과 정보기능 일원화로 인력·물자의 효율적 운용이 가능해졌다.

③ 해외정보 수집·분석에 대한 통합적·체계적 접근이 가능하게 되었다.

④ 전문 정보요원 양성 및 정보교육·기술연구체계를 확립하는 계기가 되었다.

3. 대한민국 국가중앙정보기구의 변화

건국이후 정보기구	주요 연혁
1. 중앙정보부(1961. 6.10 창설) (Korea Central Intelligence Agency)	. 5.16 군사혁명 직후 설치된 국가재건최고회의의 임시 조직을 근거법과 함께 국가조직으로 편입 . 국내 모든 정보기구 활동에 대한 기획·조종 . CIA와 FBI의 기능을 통합한 성격의 기구
2. 국가안전기획부(1981. 1.1 개칭) (Agency for National Security Planning)	. 1979년 10월 26일 중앙정보부장 김재규의 박정희 대통령 시해 사건으로 중앙정보부가 해체되고 출범함. . 1994년 국회정보위원회 제도 탄생 . 관계기관대책회의의 근거인 정보조종위원회 폐지
3. 국가정보원(1999. 1.21. 재출범) (National Intelligence Service)	. 2004년 국가사이버안전센터 설립 . 2005년 테러정보통합센터 설립

K-KGB
중앙정보부는 미국 CIA를 본 따 영문 이름을 K-CIA로 했다. 그러나 실제적으로는 소련의 무소불위의 정치사찰기구인 KGB에 더 가까운 것으로 한국의 KGB 따라서 K-KGB가 더 어울리는 이름이라는 악평이 있었다. 중앙정보부의 정보활동은 추정에 바탕을 둔 개연성의 정보활동을 했고, 비밀경찰임무를 수행했으며 막후에서 검찰총장과 감사원장의 임무도 함께 행사했다는 평가를 받았다.

1대 부훈 (중앙정보부 - 국가안전기획부(1961-1998)	우리는 陰地에서 일하고 陽地를 指向한다!
2대 원훈 (국가정보원(1999-2008)	情報는 國力이다!
3대 원훈 (국가정보원(2008-2016)	自由와 眞理를 향한 無名의 헌신!
4대 원훈 (국가정보원(2016-현재)	소리 없는 獻身, 오직 대한민국 守護와 榮光을 위하여!

제2장 대한민국 국가정보기구

대한민국 국가정보기구 관련 주요 법규범		
순서	**법규범의 명칭**	**주요내용**
헌법	대한민국헌법	국가안보의 목표 - 자유·평화·인권
법률	정부조직법	정부조직에서 국가정보원 설치의 근거
	국회법	국회정보위원회 창설 근거규범
	국가보안법	반국가활동 규제
	통신비밀보호법	통신 등의 자유와 제한
	공공기관의 정보공개에 관한 법률	정보공개의 원칙과 제한
	국가정보원법	국가정보원의 조직과 직무범위
	대통령 등의 경호에 관한 법률	대통령 경호처의 정보요소
	국가정보원직원법	국가정보원 직원의 책임, 신분, 임용, 교육, 복무 등
	검찰청법과 경찰법	검찰과 경찰의 정보요소
	형법과 형사소송법	국가안보 위해사범 등의 처벌절차와 방법 등
	군사법원법, 군형법과 군형사소송법	
	군사기밀보호법	군사기밀 보호와 누설에 대한 처벌 등
	산업기술의 유출방지 및 보호에 관한 법률	산업기술의 보호와 누설에 대한 처벌 등
	방위산업기술보호법	방위산업기술의 보호와 누설에 대한 처벌 등
	국민보호와 공공안전을 위한테러방지법	테러 예방과 대응활동
시행령·규정	보안업무규정	비밀보호, 신원조사, 보안조사 등
	국가사이버안전관리규정	국가사이버안전에 대한 국정원장의 권한과 책무
	방첩업무규정	방첩업무 시행과 기관 간 협조사항
	정보 및 보안업무 기획·조정규정	정보 및 보안업무 기획·조정 사항
	국가정보자료관리규정	국가정보원 국가정보자료관리협의회 등
	국방정보본부령	국방정보본부와 그 산하기관 설치
	군사안보지원사령부령	군사안보지원사령부 설치와 책무
	사이버작전사령부령	사이버작전사령부 설치와 임무

제1절 국가중앙정보기구 - 국가정보원

제1항 국가정보원법 개관

> 국가안전보장 업무의 효율적인 수행을 위하여 대통령 소속으로 **국가정보원**을 두며, 대통령의 지시와
> 감독을 받는다(국가정보원법 제1조, 제2조).

I. 국가정보원 직원의 취임선서 및 행동강령

1. 직원 취임선서

직원은 취임할 때에 원장 앞에서 다음의 선서를 한다(국가정보원직원법 제15조).

> "본인은 국가안전보장업무를 수행하는 공무원으로서, 투철한 애국심과 사명감을 발휘하여 국가에
> 봉사할 것을 맹세하고, 법령 및 직무상의 명령을 준수·복종하며, 창의와 성실로써 맡은 바 책무를
> 다할 것을 엄숙히 선서합니다."

2. 직원헌장상의 행동강령

우리는 자랑스러운 대한민국 국가정보원 직원으로서, 국가안보와 국민보호를 위해 소리
없이 헌신하고, 자유민주주의 체제 수호와 조국통일의 초석이 될 것을 엄숙히 다짐하면
서 다음과 같이 행동한다.

> 하나. 국가와 국민의 안위를 생각하며, 먼저 알고 앞서 대비한다.
> 하나. 투철한 애국심과 사명감으로 맡은 바 임무를 완수한다.
> 하나. 국가정보기관 요원으로서의 신의와 명예를 지킨다.
> 하나. 보안을 목숨같이 여기고 직무상 비밀은 끝까지 엄수한다.

II. 국가정보원법의 체계

1. 정부조직법(법률 제12844호)

정부조직법은 국가정보원의 조직 및 직무 범위 등에 관한 사항을 정한 법률이다.

> **【정부조직법 제17조】**
> ① 국가안전보장에 관련되는 정보·보안 및 범죄수사에 관한 사무를 담당하기 위하여 대통령 소속으로 국가정보원을 둔다.
> ② 국가정보원의 조직·직무범위 그 밖에 필요한 사항은 따로 법률로 정한다.

2. 대통령 직속 중앙정보기구에 대한 이해

대통령 직속이라고 함은 정보의 사용권한을 대통령만이 가진다는 것이 아니라, 정보기구의 업무상 잘못에 대한 책임은 대통령에게 직접 귀속된다는 책임소재를 명확하게 한 것이다.

3. 개정 국가정보원법(2014. 12. 30 시행)의 주요내용[61]

① 직원의 정보통신망을 이용한 정치적 활동을 금지한다.
② 직원이 정치관여 행위의 집행을 지시받은 경우의 이의 제기, 직무집행 거부, 공익을 목적으로 한 수사기관에의 신고시 비밀엄수의무 적용의 배제 및 불이익 조치 금지.
③ 국정원의 세입·세출 예산을 **총액으로** 기획재정부장관에게 제출하도록 하고, 다른 기관에 계상할 수 있도록 한 예산도, 국회 정보위원회에서 심사하도록 함.
④ 다른 국가기관과 정당, 언론사 등의 민간을 대상으로, 파견·상시출입 등 방법을 통한 정보활동을 금지하고, 그 업무수행의 절차와 방식을 내부규정으로 정하도록 함.
⑤ 직원의 정치관여 금지 위반 형량을 5년 이하의 징역과 5년 이하의 자격정지에서, 7년 이하의 징역과 7년 이하의 자격정지로 강화하고 공소시효도 10년으로 연장함.

III. 국가정보기구의 헌법기관성에 대한 논의

헌법기관 부인설과 헌법기관 긍정설의 대립이 있다. 하지만, 각국을 통틀어서 국가정보기구는 헌법 자체를 수호하는 헌법가치성을 가진 헌법 내재적 헌법기구이다. 원래 국가정보 활동은 국가수호라는 헌법 요청적인 것으로, 국가정보기구는 헌법상의 가치를 수행하기 위한 기관이다. 따라서 헌법에서의 명시적인 규정 여부에 불구하고 헌법기구라고 할 것이다.

IV. 국가정보원 임무 근거법에 대한 논의

① 국가정보원의 임무는 국가정보원법에 의해서만 한정적으로 인정되는 것인지 아니면

---

61) 소위 서울시청 공무원 유자강 간첩사건 증거조작 등 각종 추문으로 야기된 개정임.

다른 법률의 규정에 의해서도 임무가 부여될 수 있는가?라는 쟁점이 있다.

② 정보기구의 임무는 기본법에 명시된 것에 한정한다는 임무근거 한정설과 다른 법에 의해서도 정보기구의 임무 확장이 가능하다는 임무 확장 가능설이 대립한다.

③ 미션크립(mission creep) 등의 위험상 임무근거 한정설이 타당하다. 임무 확장 가능설에 따르면 근거법이 아닌 다른 관련법으로 국가정보기구의 임무를 삭제함으로써 정보기구의 개·폐를 정할 수도 있게 되는 순환오류에 빠지게도 된다.

미션 크립(mission creep)

미션 크립이란 국가정보기구가 그 임무를 슬금슬금 확대하여 법에 근거 없는 일에까지 업무범위를 넓혀가는 현상을 일컫는다. 원래 미션 크립은 한번 임무 성공을 하게 된 연유로 최초의 임무가 아닌 과업에 대해서도 권한을 확대하는 현상이다. 처음에는 군사작전(military operations)에서 사용된 용어인바, 오늘날에는 관료주의가 지배하는 다른 영역에도 사용된다. 하지만 미션 크립은 더 커다란 야망을 가져오는 등으로 바람직하지 않고 오히려 위험성을 초래할 수 있다. 'Mission Creep'이라는 용어 자체는 UN 평화유지군의 소말리아에서의 활동을 보도한 1999년 4월 15일자의 워싱톤 포스트지(Washington Post) 기사에 처음으로 등장했었다.

V. 국가정보원 직무범위에 대한 논의

① 국가정보원법 상의 임무는 단순히 예시인가 아니면 한정적 열거인가?

② 임무가 법에 나열된 것에 한정되는 것은 아니라는 대표적 예시설과 국가정보기구의 임무는 근거법에 열거된 내용으로 명백하게 한정된다는 한정적 열거설이 대립한다.

③ 인권침해를 우려하는 전술한 미션 크립의 관점에서 한정적 열거설이 온당하다.

제2항 국가정보원법 등에 따른 국가정보원의 책무

국가정보원의 직무(제3조)

1. 국외 정보 및 국내 보안정보[대공(對共), 대정부전복(對政府顚覆), 방첩(防諜), 대테러 및 국제범죄조직]의 수집·작성 및 배포
2. 국가 기밀에 속하는 문서·자재·시설 및 지역에 대한 보안 업무. 보안감사는 제외한다.
3. 「형법」중 내란(內亂)의 죄, 외환(外患)의 죄, 「군형법」중 반란의 죄, 암호 부정사용의 죄, 「군사기밀 보호법」에 규정된 죄, 「국가보안법」에 규정된 죄에 대한 수사
4. 국정원 직원의 직무와 관련된 범죄에 대한 수사
5. 정보 및 보안 업무의 기획·조정

I. 국가정보의 수집·작성 및 배포(국가정보원법 제3조 제1호)

1. 국가정보의 생산과 배포

국가정보원의 국가정보의 생산과 배포는 재량행위가 아니라 의무적인 기속행위이다. 여기에 국가정보원은 집권세력과 무관하게 대한민국과 대한민국 국민에 대해 봉사하는 국가의 기관이 되어야 한다는 논리가 성립된다.

2. 모든 국외정보

국외정보는 외국의 정치·경제·사회·문화·군사·과학 등 분야의 제한 없는 정보이다. 공간개념인 **"국외 정보"**라는 표현에 비추어 우주, 해양 그리고 남극과 북극지역도 포괄한다.

3. 한정된 국내 보안정보

① 국가정보원은 다양한 국내정보 중에서 국내 보안정보에 한하여 정보활동을 한다. 보안정보란 간첩 기타 반국가활동세력과 그 추종분자의 국가에 대한 위해 행위로부터, 국가의 안전을 보장하기 위하여 취급하는 정보를 말한다. 무제한의 국외정보와는 달리 국가정보원이 담당하는 국내정보는 **"국내 보안정보"**에 한정한다.

② 국내 보안정보라고 하더라도 대공(對共), 대정부전복(對政府顚覆), 방첩(防諜), 대테러 및 국제범죄조직 정보에 한정한다.

③ 그러므로 이상의 국내 보안정보가 아닌 국내의 정치정보, 학생정보, 기업정보, 공무원 및 정부정보, NGO 조직정보 등은 국가정보원의 관할이 아니다.

4. 대(對) 북한정보

① 법 이론적으로 북한에 대한 정보활동을 국외정보 수집활동으로 볼 것인가? 아니면 국내정보 수집활동으로 볼 것인가?

② "한반도와 그 부속도서를 대한민국의 영토로 한다."라는 헌법 제3조의 규정상으로는 북한지역은 대한민국의 영토이다. 따라서 법적으로는 북한지역에 대한 정보활동은 국내정보 수집활동이 된다.

③ 그러나 북한을 국내로 보는 경우에는 북한에 대하여도 대공・대정부전복・방첩・대테러 및 국제범죄조직정보 등 오직 "보안정보"에 한정해서만 정보활동을 해야 한다는 부당한 결과에 이르게 된다. 따라서 북한정보는 사실상 국외정보라고 할 것이다.

5. 정보분석 및 배포업무

① 법규정상으로는 정보분석 업무가 명시되어 있지는 않다. 그러나 정보의 수집은 분석을 하여 정보보고서를 생산하는 것을 전제로 한 활동이다. 그러므로 법문상의 "작성"은 수집한 정보의 정보분석을 바탕으로 한 정보생산 문건의 작성이라고 해석된다.

② 국가정보원의 중요한 임무 중의 하나가 생산한 정보의 배포임무이다. 아무리 훌륭한 정보를 생산했다고 해도 배포되어 적절히 활용되지 못한다면 그것은 비밀생산을 위한 형식적인 비밀활동에 지나지 않는다.

③ 실무 일각에서는 정보생산물의 배포처에 대해 법의 명문의 규정이 없다는 이유로 누구에게 정보보고서를 배포해야 하는가? 에 대해 의문을 제기한다고 한다. 소속기구의 수장인 대통령에게만 배포하면 된다는 견해가 있다. 하지만 정보소비자 개념은 법 규정과 무관한 국가정보의 내재적 개념으로 정책공동체에 배포하면 된다.

미국 정보공동체의 정보생산과 배포

생산한 국가정보를 정보소비자에게 자동 배포하는 것을 당연한 전제로 하는 미국의 경우에는 1991년 한해에 미국 의회는 CIA 단 하나의 정보기구로부터만 약 1,000번의 개별 브리핑을 받았고 7,000건의 정보보고서를 제출받았다. 한편 2005년 한해에 미국 정보공동체는 약 5만여 건의 다양한 정보분석 보고서를 생산하여 정책공동체에 제공했다.

II. 국가보안업무(국가정보원법 제3조 제2호)

국가정보원법의 하위규범인 「보안업무규정(대통령령 제29321호)」이 **비밀보호 업무(제2장), 신원조사 업무(제3장), 보안조사 업무(제4장)를 상세하게 규정하고 있다.**

1. 비밀보호 업무

① "비밀"이란 그 내용이 누설되는 경우 국가안전보장에 유해한 결과를 초래할 우려가 있는 국가기밀로서 비밀로 분류된 것을 말한다(규정 제2조). 그러므로 비밀은 아무리 중요해도 비밀로 분류될 때까지는 비밀이 아니다.

② 비밀분류의 기준은 중요성과 가치의 정도이다(규정 제4조).

I 급비밀	누설될 경우 대한민국과 외교관계가 단절되고 전쟁을 일으키며, 국가의 방위계획·정보활동 및 국가방위에 반드시 필요한 과학과 기술의 개발을 위태롭게 하는 등의 우려가 있는 비밀
II급비밀	누설될 경우 국가안전보장에 막대한 지장을 끼칠 우려가 있는 비밀
III급비밀	누설될 경우 국가안전보장에 해를 끼칠 우려가 있는 비밀

③ 비밀의 분류와 분류원칙(규정 제11조-12조)
  ⓐ 비밀취급권자는 인가받은 비밀 및 그 이하 등급 비밀의 분류권을 가진다.
  ⓑ 비밀은 최저등급으로 분류하되, 과도하거나 과소하게 분류해서는 아니 된다.
  ⓒ 비밀은 그 자체의 내용과 가치의 정도에 따라 분류하여야 하며, 다른 비밀과 관련하여 분류해서는 아니 된다.
  ⓓ 외국 정부나 국제기구로부터 접수한 비밀은 그 생산기관이 필요로 하는 정도로 보호할 수 있도록 분류하여야 한다.

④ 비밀의 보호 등에 관한 국가정보원장의 역할(규정 제6조)
  ⓐ 비밀의 보호와 관련된 기본정책의 수립 및 제도의 개선
  ⓑ 비밀관리 기법의 연구·보급 및 표준화
  ⓒ 전자적 방법에 의한 비밀보호 기술개발 및 보급
  ⓓ 각급기관의 비밀업무 수행의 보안규정 적절성 확인
  ⓔ 각급기관 소속 공무원 등의 비밀업무교육

⑤ 비밀 열람 원칙(규정 제24조) - 해당비밀 취급권과 알 필요성(need to know)
  비밀은 해당 등급 인가를 받은 사람 중 그 비밀과 업무상 직접 관계가 있는 사람만 열람

⑥ 보호구역제도는 포괄적인 지역보안으로 비밀등급 분류보다 훨씬 더 높은 수준의 통제로 작용한다. 보호구역은 그 중요도에 따라, **제한지역, 제한구역, 통제구역이** 있다.

2. 신원조사업무(인적 보안)

① 신원조사는 국가에 대한 **충성심·성실성 및 신뢰성**을 조사하기 위함이다.

② 공무원 임용예정자, 비밀취급인가 예정자, 입국교포와 해외여행을 하고자 하는 자, 국가 중요시설, 장비 및 자재 등의 관리자와 기타 각급기관의 장이 국가보안상 필요하다고 인정하는 자, 공공단체의 직원과 임원의 임명에 있어서 정부의 승인이나 동의를 요하는 법인의 임원 및 직원 그리고 기타 법령이 정하는 자가 대상이다.

③ 신원조사는 직권 또는 관계기관의 장의 요청에 의해 국정원장이 실시한다. 국정원장은 권한의 일부를 국방부장관과 경찰청장에게 위임할 수 있다.

④ **신원조사의** 조사결과에 따라서는 공직자 또는 해당 직위에 임용이 되지 않거나 비밀취급 인가나 해외여행 등이 거부될 수도 있다.

3. 보안조사 업무

① 보안조사업무에는 보안측정[62], 전말조사[63], 보안감사결과 수리의 3가지가 있다.

② 1994년 국가안전기획부법의 3차 개정에 의해 현재 국정원은 보안감사권은 없다.

③ 현행 보안업무규정은 보안감사를 각급 중앙행정기관장의 권한으로 존치하고, 중앙행정 기관의 장은 보안감사 결과를 국가정보원장에게 **통보**하도록 하고 있다.

III. 특정범죄에 대한 수사권(국가정보원법 제3조 제3호)

① 국가정보원은 형법 중 내란의 죄, 외환의 죄, 군형법 중 반란의 죄, 암호부정사용죄, 군사기밀보호법에 규정된 죄, 국가보안법에 규정된 죄, 국가정보원 직원의 직무와 관련 된 범죄 등 7가지 범죄 유형에 대한 수사권을 가진다. 국가정보원 직원의 직무와 관련된 범죄를 제외한 전(前) 6가지 범죄의 혐의를 받는 자를 **"정보사범"**이라고 한다.

② 정보사범에 대한 수사를 **대공수사**라고 하고, 정보 및 보안업무와 수사업무를 동시에 취급하는 국가기관을 **정보수사기관**이라고 한다.

---

62) 국가보안 시설에 관련된 시설·자재 또는 지역을 파괴·태업 또는 비밀누설로부터 보호하기 위하여 보안의 정도와 수준을 파악하는 조치이다.

63) 보안사고에 대한 조사활동이다. 보안사고는 고의와 과실을 불문한 국가비밀의 누설 또는 분실과 국가 중요 시설 및 장비의 파괴, 보호구역에 대한 불법침입 사실이다. 전말조사는 어디까지나 조사이지 수사는 아니므로 형사소송법상의 강제수사 절차를 이용할 수는 없다.

IV. 국가정보원 직원의 직무범죄에 대한 수사권(국가정보원법 제3조 제4호)

① 국가정보원은 '국정원 직원'의 '직무 관련 범죄'에 한하여 수사권이 있다. 그러므로 예컨대, 현직 국가정보원 직원이라고 하더라도 직무와 무관한 개인 채무범죄라거나 공휴일의 교통사고 등 직무관련성이 없는 범죄에 대해서는, 감찰권 발동은 별도로 하더라도 국정원은 수사권이 없다.

② 국가정보원법은 "국정원 직원의" 범죄에 대한 수사권만을 인정하고 있으므로 "국정원 직원이었던 자"에 대해서는 국가정보원은 수사권이 없다.

V. 국가정보 및 보안업무 기획 · 조정(국가정보원법 제3조 제5호)

① 국가정보원장은 국가정보 및 보안업무에 관한 정책의 수립 등 기획업무를 수행하며, 정보 및 보안업무의 통합기능수행을 위하여 필요한 합리적 범위 내에서 각 정보수사기관의 업무와 행정기관의 정보 및 보안업무를 조정한다(규정 제3조).

② 기획(planning)은 어떤 일을 체계적으로 계획하는 것이고, 조정(coordinating)은 어떤 일을 미리 설정한 기준이나 현재의 실정에 맞게 순서 있게 정리 · 정돈하는 것이다.

③ 그러므로 정보와 보안 업무의 기획 · 조종은 동일한 업무를 수행하는 복수이상의 기관이 있는 경우에, 불필요한 경쟁을 지양하고 중복활동으로 인한 예산의 낭비를 방지하며 업무의 통일성과 효율성을 도모함에 목적이 있다.

④ 또한, 각 기관의 부문 판단 수준을 넘어서서 국가수준에서 이를 판단하려는 취지와 함께 기획 · 조정 업무를 통하여 정보의 공유를 달성하려는 데에도 그 의의가 있다.

⑤ 그러나 여전히 "수문장은 과연 누가 보호해 줄 것인가?"라고 하는 문제는 남고, 국가정보원의 기획 · 조종업무는 권한임과 동시에 정보공유의 원활화라는 의무적 성격을 함께 가지고 있는 이중적 성격의 임무이다.

⑥ 현행 규정상 정보 및 보안 조정 대상기관에는 국가정보 요소업무가 있는 과학기술정보통신부, 외교부, 통일부, 법무부, 국방부, 행정안전부, 문화체육관광부, 산업통상자원부, 국토교통부, 해양수산부, 방송통신위원회 그 밖의 정보 및 보안 업무 관련 기관이다.

⑦ 정보업무의 조종은 정보사범 등의 내사(제7조), 정보사범 등의 신병처리(제8조), 정보사범 등에 대한 공소보류 등(제9조), 적성압수금품 등의 처리(제 10조)에도 미친다.

국가정보원법의 그 밖의 내용	
제4조(조직)	① 국정원 조직은 국가정보원장이 대통령의 승인을 받아 정한다. ② 국정원은 직무상 필요한 경우에는 대통령의 승인을 받아 지부(支部)를 둘 수 있다.
제6조(비공개)	국정원의 조직 · 소재지 및 정원은 그 내용을 공개하지 아니할 수 있다.
제7조(임명)	원장은 국회의 인사청문을 거쳐 대통령이 임명하며, 차장 및 기획조정실장은 원장의 제청으로 대통령이 임명한다.
제8조 (겸직금지)	원장 · 차장 및 기획조정실장은 다른 직(職)을 겸할 수 없다.
제10조 (겸직직원)	① 현역 군인 또는 필요한 공무원의 파견근무를 관계 기관의 장에게 요청할 수 있다. ③ 겸직 직원은 겸직 기간 중 원 소속 기관의 장의 지시 또는 감독을 받지 아니한다.
제13조 (국회증언)	① 원장은 국회 예산결산 심사 및 안건 심사와 감사원의 감사가 있을 때에 성실하게 자료를 제출하고 답변하여야 한다. 다만, 국가의 안전보장에 중대한 영향을 미치는 국가 기밀 사항에 대하여는 그 사유를 밝히고 자료의 제출 또는 답변을 거부할 수 있다.
제15조 (협조요청)	원장은 이 법에서 정하는 직무를 수행할 때 필요한 협조와 지원을 관계 국가기관 및 공공단체의 장에게 요청할 수 있다.
제15조의2 (업무수행)	직원은 다른 국가기관과 정당, 언론사 등의 민간을 대상으로, 법률과 내부규정에 위반한 파견 · 상시출입 등 방법을 통한 정보활동을 하여서는 아니 된다.
기타	제16조(사법경찰권), 제17조(무기의 사용) 제18조(정치 관여죄), 제19조(직권남용죄)

제2절 국가 부문 정보 요소기구

현행법령상「국가정보원법」제3조에 따른 방첩(防諜) 업무를 수행하는 **"방첩기관"**에는 국가정보원, 법무부, 관세청, 경찰청, 해양경찰청 그리고 군사안보지원사령부가 있다.[64] 이 경우에 **"방첩"**이란 국가안보와 국익에 반하는 외국의 정보활동을 찾아내고 그 정보활동을 견제·차단하기 위하여 하는 정보의 수집·작성 및 배포 등을 포함한 모든 대응활동을 말한다(방첩업무규정 제2조). 따라서 이들 기관도 국가정보요소를 담당하지만 아래에서는 군정보기구, 경찰청, 경호처에 대해 살펴보고, 외교통상부의 정보기구 필요성을 본다.

I. 군(軍) 정보기구

1. 국방정보본부(Defense Intelligence Agency: DIA)

1) 설치

군사정보, 군사보안, 군사정보전력의 구축에 관한 사항을 관장하기 위한 국방부장관 직속의 군정보기구이다. 미국 국방정보국(DIA)을 본받아서 1981년 창설되었다. 국방정보본부의 근거 규범은 국방정보본부령(대통령령 제29322호)이다.

2) 직무: 국방정보본부는 다음 각 호의 업무를 수행한다(령 제1조의 2)

① 국방정보정책 및 기획의 통합·조정 업무
② 국제정세 판단
③ 해외군사정보와 군사전략정보의 수집·분석·생산·전파 업무
④ 군사외교 및 방위산업에 필요한 정보지원 업무
⑤ 재외공관 주재무관의 파견 및 운영 업무
⑥ 주한 외국무관과의 협조 및 외국과의 정보교류 업무
⑦ 군사정보 예산의 편성 및 조정 업무
⑧ 사이버 보안을 포함한 군사보안 및 방위산업 보안정책에 관한 업무
⑨ 군사기술정보와 군사 지리공간정보에 관한 업무

---

64) 방첩업무규정(대통령령 제29289호)], 제2조 제3호.

3) 예하부대

(1) 정보사령부(령 제4조 제2항 제1호)

① 군사관련 영상 · 지리공간 · 인간 · 기술 · 계측 · 기호 등의 정
보수집 · 지원 및 연구업무와 적의 영상정보 등의 수집에 대한
방어대책으로서의 대정보(對情報) 업무.
② 원래 북한의 정찰총국에 대응되는 기관으로 운용되었다. 군사안보지원사령부(전 기무
사)가 방첩과 우리 군대 내의 첩보를 담당한다면, 정보사령부는 북한과 해외업무를
수행한다. 777사령부가 담당하는 신호정보를 제외한 모든 출처의 군사정보를 수집 ·
분석하고 보통의 인력들이 해결하기 힘든 매우 위험한 흑색작전을 전문적으로 수행하
는 특작부대가 예하에 있었다.[65]

(2) 777사령부(Defense Security Agency)

각종 신호정보의 수집·지원 및 연구에 관한 사항을 관장한다(령 제4조 제2항 제2호). 상
징명칭은 **SEC 연구소**로 신호정보(Signal Intelligence, SIGINT), 전자정보(Electronic
Intelligence, ELINT), 통신정보(Communication Intelligence, COMINT)의 약자이다

2. 군사안보지원사령부(Defense Security Support Command: DSSC)

> 표어: 국민과 군에 헌신, 군사안보의 중심

(1) 설치

① 군사안보지원사령부(약칭: 안보지원사)는 군사안보지원사령부령(대통령령 제29114
호)에 따라 설치된 국방부장관 직속의 군정보부대이다. 2018년 8월 14일 문재인 대통령주
재 국무회의에서 군사안보지원사령부 제정령이 심의·의결되었고, 2018년 9월 1일 창설
식이 진행되었다.
② 전신인 기무사령부는 1991년 보안사령부가 기무사령부로 개편된 지 27년 만에 해체되었
다. 근거령에는 기존의 국군기무사령부령과 달리 '정치 개입 및 민간인 사찰의 금지'
조항이 신설되었으며 '법령과 정치적 중립 준수'도 명시되었다.

---

65) 남북대화 분위기에서의 실제의 부대 운영은 추후 역사로 확인될 듯하다.

(2) 직무내용과 이의제기

① 군 보안업무, 군 방첩업무, 군 관련 정보의 수집·작성 및 처리 업무, 「군사법원법」소정의 범죄수사업무 그리고 각종 지원업무를 수행한다(령 제4조).[66] 전신인 기무사령부와 마찬가지로 정보와 수사를 함께 담당하는 **정보수사기관**이다.

② 사령부 소속의 모든 군인은 상관 등으로부터 정치적 중립 위반 등 행위를 하도록 지시나 요구를 받은 경우에, 국방부장관이 정하는 절차에 따라 이의를 제기할 수 있고, 시정되지 아니하면 직무집행을 거부할 수 있다(령 제5조).

(3) 예하부대

각급 군사안보지원부대, 정보보호부대, 군사안보지원학교, 국방보안연구소 등이 있다.

(4) 업무의 수행

부대원 및 기관원은 직무수행을 할 때 필요한 무기를 휴대할 수 있다(령 제10조). 한편 기무사령부 시절과 달리 사령부 소속부대 및 기관은 위장 명칭을 사용할 수 없다(령 제11조).

군사안보지원사령부(DSSC)의 계보	
특별조사과(SIS)	1948년 발족한 육군본부 정보국 산하에 특별조사과(SIS)가 설치되었다.
육군본부 특무부대 (CIC - Korea)	특별조사과가 1950년 육군본부 특무부대(방첩대)로 확장 개편되었다.
육군보안사령부	특무부대(CIC)는 북한 제124군 부대의 청와대 기습사건인 1.21 사태를 계기로 1968년 육군보안사령부로 확대 개편되었다.
국군보안사령부	1977년 육·해·공군의 관련 부처를 통합하여 국군보안사령부로 확대했다.
국군기무사령부	1991년 1월 1일 민간인 사찰에 대한 책임으로 국군기무사령부로 재탄생했다. 기무(機務)라는 명칭은 근본이 되는 일, 중요하고도 기밀한 정무(政務)라는 의미이다. 기무라는 용어는 구한말 고종의 '통리기무아문(統理機務衙門)과 갑오경장 주체세력이 설치한 '군국기무처(軍國機務處)'에 나타난다.

---

66) ① 정보작전 방호태세 및 정보전(情報戰) 지원, ② 국방 분야 주요정보통신기반시설의 보호 지원, ③ 방위사업청에 대한 방위사업 관련 군사보안 업무 지원, ④ 군사보안에 관한 연구·지원.

3. 사이버작전사령부(Cyber Operations Command)

(1) 설치

국방 사이버공간에서의 사이버작전 시행 등의 업무를 관장하기 위하여 설치된 국방부 장관 직속의 정보부대이다(령 제1조). 원래는 북한에 맞서 2010년 국방정보본부 예하에 **국군사이버사령부**라는 이름으로 창설되었다가, 2019년부터 명칭과 소속이 변경되었다. 한편 사이버사령부 소속의 모든 군인 및 군무원은 정치적 중립 의무가 있고 부당 지시에 대한 직무집행 거부권이 있다(령 제7조).

(2) 임무

사이버작전사령부는 다음 각 호의 임무를 수행한다(령 제2조).
① 사이버작전의 계획 및 시행
② 사이버작전과 관련된 사이버보안 활동
③ 사이버작전에 필요한 체계 개발 및 구축
④ 사이버작전에 필요한 전문 인력의 육성 및 교육훈련
⑤ 사이버작전 유관기관 사이의 정보 공유 및 협조체계 구축
⑥ 사이버작전과 관련된 위협 정보의 수집·분석 및 활용
⑦ 그 밖에 사이버작전과 관련된 사항

II. 일반 행정부서의 정보부문

1. 경찰청 정보부문

현행 법령상 경찰청의 정보국과 보안국 그리고 외사국에 국가정보 요소가 있다.[67]

① 경찰청 정보국(령 제14조)

정책정보의 수집, 종합, 분석, 작성 및 배포, 집회·시위 등 집단사태의 관리에 관한 지도 및 조정 업무수행 그리고 신원조사 업무를 담당한다.

② 경찰청 보안국(령 제15조)

간첩등 보안사범에 대한 수사의 지도·조정, 보안관련 정보의 수집 및 분석, 간첩 등 중요방첩수사에 관한 업무, 중요좌익사범의 수사에 관한 업무를 담당한다.

③ 경찰청 외사국(령 15조의2)

---

[67] 「경찰법」과 「경찰청과 그 소속기관 직제(대통령령 제30214호)」.

국제형사경찰기구에 관련되는 업무, 외국인 또는 외국인과 관련된 간첩의 검거 및 범죄의 수사지도 그리고 외사보안업무의 지도 · 조정 업무 등을 담당한다.

2. 대통령 경호처(Presidential Security Service)

국가 원수로서의 대통령은 주권국가의 계속성과 헌법을 수호할 책무를 지는 살아 있는 국가안보 대상이다. 그러므로 어느 나라나 대통령 경호업무는 국가안보를 위한 중요한 정보활동으로 간주된다. 대통령에 대한 경호안전을 위하여 행정부처 유관기관 구성원들로 구성된 **대통령경호안전대책위원회**가 구성되어 있다.[68]

3. 외교통상부 정보조직의 필요성

국가정보의 가장 큰 수요처는 외교정책을 수행하는 외교부서와 국방 담당부서이다. 국가의 외교 업무는 상대국가에 대한 정확한 정보파악 없이는 이루어 질 수 없기 때문이다. 이러한 연유로 각국은 외교업무를 수행하는 행정부서에 해외정보 수집 및 분석업무를 담당하는 조직을 운영하고 있다. 외교통상부 정보조직의 구축은 중요한 부분이다.

---

68) 「대통령 등의 경호에 관한 법률」과 「대통령경호안전대책위원회규정(대통령령 제25019호)」.

제3장 한국 국가정보의 미래발전

I. 국가정보의 가치와 정보활동 방향성에 대한 올바른 인식

① 국가정보기구는 정권의 정보기구가 아닌 국가 그리고 국민의 정보기구이다.
② 법치주의와 민주주의의 이념 하에 기능하는 전문 국가정보기구이다.
③ 환경·보건, 인공지능(AI) 등 정보 신(新)영역에 대한 정보활동을 강화해야한다.

II. 국가정보체계의 재편과 혁신적 운용

1. 임무의 기능별 분산 – 기술정보수집기구의 전문화
2. 정보분석 업무의 대폭적 강화 – 최고의 실천적 국책 연구기관
3. 정보요구와 정보공유 체계의 실질화
4. 군정보기구의 참모형 아닌 실전 전투 부대형
5. 창출 정보배포의 확대와 규제로 작용할 수 있는 보안 제도의 혁신
6. 정보기구 책임자의 정권교체와 무관한 임기보장
7. 획기적 직원복지와 민간 정보 영역의 발전 도모
8. 정보기구에 대한 감독과 민주적 통제의 체계화와 엄정성 도모

III. 국가정보활동 근거규범의 체계적 정리 및 미비점 보완

새로운 국가정보환경에 발맞추어 국가정보기구에 대한 대장전(Magna Carta)으로서의
"국가안전보장법"을 제정하는 등을 고려할 필요가 있다.

IV. 국가정보공동체 지휘 통솔 체계의 구축 – 한국형 DNI 체제

아직도 미국 DCI 유사의 체제를 가지고 있는 우리 정보공동체에 연속된 정보실패를 방
지하기 위해 고민할 부분이다. 개별 국가의 안보환경에 따라서 다르기는 하지만, 역사적
으로 DCI 체제는 이미 실패한 체제로 간주되므로 대한민국 정보공동체의 실질적인 통솔
체계로 가칭 국가정보총국(General Directorate of National Intelligence)을 창설하
고, 책임자인 국가정보총장(Director-General of National Intelligence : DGNI) 직위
를 신설하는 것을 생각해 볼 수 있을 것이다.

1. 대한민국 국가정보체계에 대한 설명으로 올바른 것은?
   ① 미국의 국가정보국장(DNI) 체계와 유사하다.
   ② 영국의 합동정보위원회(Joint Intelligence Committee) 체계와 유사하다.
   ③ 미국의 구(舊) 중앙정보국장(DCI) 체계에 해당한다.
   ④ 복수정보기구의 대등한 평면적 경합체계이다.

   해설 대한민국 국가정보체계는 국가중앙정보기구인 국가정보원이 다른 정보기구들의 업무를 기획·조종하는
   것으로 2004년 정보개혁 및 테러방지법 제정으로 변모되기까지의 미국정보체계의 모습인 중앙정보국장
   (Director of Central Intelligence) 체계, 즉 중앙정보기구인 CIA 국장이 정보공동체의 수장이 되어 다른
   정보기구들도 컨트롤하는 DCI의 모습이다(p. 1511).
   답③

2. 고대의 정보활동에 대한 설명으로 옳지 않는 것은?
   ① 첩자의 역사는 기원이 동서양 모두 4천 년 전으로 거슬러 올라갈 만큼 유구하다.
   ② 국가의 흡수·합병 등이 이루어져 통치대상 규모가 커지면서 효율적인 통치를 위한
   새로운 질서가 필요했고 더 많은 정보수요를 유발했다.
   ③ 정보활동은 경쟁관계를 전제로 한 것인데 고대사회의 경우에는 국가의 체계 완성 등
   자족적 발전을 도모하던 시기이므로 국가정보 수요는 있을 수 없었다.
   ④ 생산력의 증대에 따라서 평등사회였던 원시 공동체 사회를 거쳐서 통치자와 피통치자
   로의 계급 분화가 발생하면서 정보수요가 발생했다.

   해설 정보활동은 과거나 현재나 경쟁관계가 형성되는 한 개인의 발전과 생존 그리고 조직과 국가의 존립과
   발전의 중요한 기본요소인 바, 고대 국가시대는 계급 분화와 약탈, 부족 간의 생존전쟁으로 더욱 치열하게
   정보수요가 발생했다(pp. 1482-1485).
   답③

3. 손자는 전쟁에서 가장 좋은 방법은 싸우지 않고 이기는 것(不戰而屈)이라고 했고, 그 최상책이
   "적의 전의(戰意)를 꺾어버리는 벌모(伐謀)"라고 했다. 간첩활동 가운데 손자가 적국과의 전쟁에
   서 가장 중요한 것으로 제시한 것은 무엇인가?
   ① 적국의 백성을 이용하는 향간(鄕間)
   ② 적의 관리를 이용하는 내간(內間)

③ 적의 간첩을 역이용하는 반간(反間)

④ 허위 정보를 준 뒤 적에게 붙잡혀 죽게 하는 사간(死間)

해설 손자는 무혈 승리인 벌모(伐謨)의 비책으로 첩보전을 제시했다. 손자는 첩보전 가운데에서도 가장 중요한 것이 이중스파이를 의미하는 반간(反間)이라고 했다(p. 1482, 각주 1832 참조).

답 ③

4. 삼국시대의 국가정보활동에 대한 설명으로 잘못된 것은?

① 우리나라 첩자의 역사는 법과 강제력을 가진 고대 삼국시대에 이미 절정에 이르렀다.

② 삼국사기와 삼국유사에는 첩자 활동 사례들을 유추할 수 있는 내용이 적지 않다.

③ 많은 전쟁을 치룬 신라·고구려·백제 등은 모두 활발한 정보활동을 했다.

④ 삼국시대의 정보활동은 국가체계 확립을 위한 정보수집과 수집첩보 분석이 중심이었다.

해설 삼국시대는 한반도의 춘추전국시대로 7세기는 전쟁의 세기였다는 평가를 받는다. 기록에 남은 삼국 간 전쟁 횟수는 약 275회였다. 전쟁의 시대인 삼국시대에는 실천적인 비밀공작과 방첩활동이 전개됐다.

답 ④

5. 고려시대의 정보활동에 대한 설명으로 잘못된 것은?

① 고려시대에는 통일국가 체제를 완비하고 왕권유지를 위한 정보활동이 활발했다.

② 정보활동은 군사정보 이외에 서적이나 새로운 문물에 대한 사회·정치·문화적 정보, 농업신품종이나 기술개발에 대한 산업·경제정보 등 국가존립과 발전을 위한 것이었다.

③ 고려말기의 공민왕은 고구려 옛 땅을 찾고자 노력하여, 옛 고구려 영토에 대한 자연지리 정보와 주민들의 생활모습, 중국의 행정통치 등에 대한 정보수집 활동도 벌였다.

④ 고려시대의 정보활동 중 가장 두드러진 것은 원나라의 군사정보를 입수한 것이다.

해설 고려시대의 정보활동 중 가장 두드러진 것은 최무선 장군의 화약제조 기법 입수와 문익점의 목화씨 반입사건이다. 이것은 국방력의 강화와 의복혁명을 일으켜 준 것으로 오늘날의 전문 경제 정보활동에 비견할 수 있는 역사적 사건이다. 고려사, 고려사절요, 태종실록 등 문헌은 최무선 장군의 화약제조 정보수집 노력을 잘 서술하고 있다(pp. 1495-1487).

답 ④

6. 조선시대의 정보활동에 대한 설명으로 잘못된 것은?

① 박지원의 열하일기는 정보적 측면에서 "대중국 첩보보고서"라고 평가받는다.

② 삼국시대와 고려시대와 달리 체계적인 국가정보기구가 활동했다.

③ 전국망을 갖춘 장돌뱅이와 보부상은 유사시 조종의 명을 받아 특수한 임무를 수행했다.

④ 민심동향 파악이 정보활동의 일환으로 전개되어 암행어사제도, 상소제도, 구언(求言)제도, 권당제도, 신문고, 격쟁 제도가 모두 민심정보를 알게 되는 중요한 통로로 기능했다.

해설 여전히 특정한 전문적인 정보수집기관이 존재하지 않을 때로, 외국과의 접촉을 할 위치에 있는 사신, 통신사, 승려, 상인들이 정보수집 활동의 주체가 되었다(pp. 1487-1488).

답②

7. 강화도 조약 이후 대한제국에서의 정보활동에 대한 설명으로 틀린 것은?

① 고종황제는 1902년 6월 황제 직속으로 제국익문사(帝國益聞社)라는 대한민국 최초의 공식 정보기구를 창설했다.

② 강압적 개항 이후 국가정보 활동은 주권회복 운동의 일환으로 통치시설 파괴, 요인암살 등 보다 적극적으로 전개되었다.

③ 제국익문사는 1876년의 강화도 조약에 따라 일본이 조선제국에 대외적 정보요구 창구로 요구함으로써 창설된 대한민국 최초의 정보기구였다.

④ 대외개방이라는 새로운 정보환경은 중국과 일본을 넘어서서 국제사회로 다변화된 관계를 형성하게 했다.

해설 제국익문사는 표면적으로는 출판사로 위장하여, 정부고관과 서울 주재 외국 공관원의 동정, 반국가 행위 등을 탐지해 고종황제에게 직보(直報)하는 황제 직속의 국가정보 활동 기구였다. 그것은 조정 대신들이 일본에 매수되거나 협박당해 어전회의 내용이 빈번하게 유출되자 비밀 정보기관의 필요성을 절감하고 고종황제가 독자적으로 창설한 정보기구였다(p. 1491).

답③

8. 일제통치 하의 비밀 정보활동 조직이 아닌 것은?

① 교통국과 연통제

② 의열단(義烈團)과 한인애국단(韓人愛國團)

③ 지방선전부

④ 조선사편찬위원회

해설 조선사편찬위원회는 일황의 칙령에 의하여 1922년 창설되어 일본의 침략을 정당화하고 조선인의 혼을 말살시키고 오히려 일본 혼을 심어주려고한 일본의 대형 국가적 프로젝트로, 대한민국을 반도국가로 왜곡시키는 역사를 합리화하기 위해 창설된 일본의 어용 학술단체이다(pp. 1492-1497).

답④

9. 다음 중 1932년 4월의 윤봉길 의사의 상해 홍구공원 폭탄투척 사건에 대한 설명으로 옳지 않은 것은?

① 오늘날의 준군사비밀공작(Paramilitary Covert action)에 해당한다.

② 의열단(義烈團) 활동의 대표적인 사례이다.

③ 임시정부 독립운동의 새로운 방법에 따라서 전개된 활동이었다.

④ 중국 장개석(蔣介石) 총통은 윤봉길 의사의 상해 홍구공원 폭탄투척 사건에 대해 "4억 중국인이 해내지 못한 위대한 일을 한국인 한 사람이 해냈다."고 격찬했다.

해설 1932년 1월 이봉창 의사의 일본 천황에 대한 폭탄투척 사건과 같은 해 4월의 윤봉길 의사의 상해 홍구공원 폭탄투척 작전은 임시정부 국무령 김구가 1926년 중국 상해에서 조직한 항일독립운동 단체로 임시정부 산하의 특무공작기관인 한인애국단(韓人愛國團)의 대표적인 활동이다(p. 1496).

답 ②

10. 1945년 해방과 동시에 남한에서 미군정을 지원한 정보활동을 주도한 정보기관은?

① 미국 방첩부대(Counter Intelligence Corps)

② 육군본부 정보국 특별조사과(Special Intelligence Section)

③ 육군본부 특무부대(CIC - Korea)

④ 대한관찰부(Korea Research Bureau)

해설 1945년 8월 15일 해방과 동시에 남북이 분단된 상황에서 남한 내 미군정을 지원하는 정보활동을 주도한 정보기관은 미국 방첩부대(CIC)였다. 대한관찰부(Korea Research Bureau)는 미국 방첩부대(CIC) 업무가 한국 정부에 이양되면서 군과 민간부문에 동시에 추진되자, 국무총리 이범석의 주도로 창설한 최초의 비밀 민간부문 공작 기관이었다(pp. 1498-1499).

답 ①

11. 대한민국 중앙정보부에서 국가정보원까지의 주요 연혁에 대한 설명으로 잘못된 것은?

① 중앙정보부(KCIA)는 5.16 군사혁명 직후 설치된 국가재건최고회의 산하 임시조직이 었던 것을 근거법 제정과 함께 공식 국가조직으로 편입한 것이다.

② 장면 정부 시대의 중앙정보위원회는 중앙정보부의 해외정보 파트로 편입되었다.

③ 중앙정보부는 군사정보기구는 제외하고 모든 정보기구의 활동에 대한 기획과 조종으로 CIA와 FBI의 기능을 통합한 것으로 평가받았고 실질적으로는 K-KGB 라고 비난받았다.

④ 1979년 10월 26일 중앙정보부장 김재규가 박정희 대통령을 시해한 사건에 대한 책임 으로 중앙정보부는 해체되고 1981년 국가안전기획부가 탄생했다.

해설 중앙정보부는 보안감사권을 포함하여 군사정보기구를 포함한 모든 정보기구 활동에 대한 기획과 조종을 임무로 했다. 또한 추정에 바탕을 둔 개연성의 정보(presumptive intelligence) 활동을 했고, 비밀경찰 임무를 수행했으며 막후에서 검찰총장과 감사원장의 임무도 함께 행사했다는 평가를 받았다.

답 ③

12. 대한민국 국가정보활동의 특성이 아닌 것은?
① 미국의 DNI 체계
② 전통적 군사안보 중심 그리고 비밀공작과 방첩공작 활동의 전통
③ 전 국민의 자발적 참여와 우수한 정보 자산
④ 미국 정보기구 영향하의 현대적 정보기구로의 발전과 성장

해설 한국의 정보운용체계는 국가정보원이라는 단일기관에 의한 중앙총괄적 관리방식으로, 그것은 대통령 직속의 국가중앙정보기구가 부문정보기관들의 정보업무를 직접 기획·조정하는 것이다. 이러한 체제는 과거 CIA 국장이 중앙정보국장(DCI)을 겸직하며 정보공동체 전체를 기획·조종하던 DCI 체제와 유사하다.

답 ①

13. 현행 국가정보원(National Intelligence Service)에 대한 설명으로 맞지 않는 것은?
① 국가정보원(NIS)은 1961년 창설된 중앙정보부가 국가안전기획부를 거쳐 1998년 국민의 정부 출범과 더불어 재창설된 대통령 직속의 국가 중앙정보기구이다.
② 대통령 직속의 국가 중앙정보기구라 함은 국가 중앙정보기구의 업무상 잘못에 대한 책임은 직접적으로 대통령에게 귀속된다는 책임소재의 명확화이다.
③ 국가정보기구는 어떤 경우에도 헌법기관이 아니다.
④ 국가정보원은 국외정보 및 국내 보안정보(대공·대정부 전복·방첩·대테러 및 국제범죄조직)의 수집·작성 및 배포 및 일정한 범죄에 대한 수사권이 있다.

해설 국가정보기구는 헌법가치성을 가진 헌법 내재적 헌법기구이다. 원래 국가정보의 기본업무는 헌법 요청적인 것으로 국가정보기구는 헌법상의 가치를 수행하기 위한 기관으로 명시적 규정 여부에 불구하고 헌법기구라고 할 것이다(pp. 1523-1526).

답 ③

14. 미션 크립(mission creep)에 대한 설명으로 잘못된 것은?
① 국가안보에 대한 무한책임을 부담하는 국가정보기구가 자발적으로 임무를 찾아서 수행하는 현상으로 정보기구의 바람직한 적극적인 업무수행 현상을 말한다.
② 처음에는 군사작전(military operations)에서 사용된 용어였다.
③ 미션 크립은 엄청난 실패를 경험한 연후에야 중단하는 목적 추구성을 가진다.
④ 미션 크립의 관점에서 국정원의 임무는 국가정보원법 제3조에 규정된 내용으로 한정

되는 것으로 보고, 더 나아가 다른 법에서 국가정보기구의 임무를 추가하는 방식으로 업무를 확장해서는 안 된다는 입장인 임무근거 한정설이다.

해설 정보학에서 미션 크립이란 정보기구가 임무를 슬금슬금 확대하여 법에 근거 없는 일에까지 넓혀 가는 현상을 일컫는다. 원래 미션 크립은 한번 임무 성공을 하게 된 연유로 최초의 임무가 아닌 과업에 대해서도 권한을 확대하는 관료주의적 현상이다. 용어 자체는 UN평화유지군의 소말리아에서의 활동을 보도한 1999년 4월 15일자의 워싱톤 포스트지(Washington Post) 기사에 처음으로 등장했었다.

답①

15. 현행 국가정보원법이 규정하고 있는 국가정보원의 임무가 아닌 것은?
① 정보분석(Intelligence Analysis)
② 비밀공작(Covert Operation)
③ 방첩공작(Counterintelligence Operation)
④ 정보수집(Intelligence Collection)

해설 현재 대한민국 국가정보원법이나 관련 규범에는 비밀공작(Covert Operation)에 대한 내용을 담은 명시적인 규정은 없다(pp. 1530-1555).

답②

16. 국가정보원법 상의 국가정보원의 임무가 아닌 것은?
① 국가정보의 수집 · 작성 및 배포
② 국가보안업무
③ 모든 공안범죄에 대한 수사
④ 국가정보 및 보안업무 기획 · 조정

해설 현재 국가정보원은 형법 중 내란의 죄, 외환의 죄, 군형법 중 반란의 죄, 암호부정사용죄, 군사기밀보호법 소정의 죄와, 국가보안법에 규정된 죄 그리고 국가정보원 직원의 직무와 관련된 범죄에 대한 수사권을 갖는 정보수사기관이다. 모든 공안범죄에 대한 수사권을 갖고 있지는 않다.

답③

17. 국가정보원의 국가정보의 수집 · 작성 및 배포업무와 관련된 설명으로 잘못된 것은?
① 국외정보의 범위와 영역 제한은 없다. 그러므로 우주, 남극, 북극에 대한 정보도 해당된다.
② 법 규정 형식상 정보의 생산과 배포는 재량행위가 아니라 의무적인 기속행위이다.
③ 법문에는 국가정보의 수집 · 작성 및 배포라고만 되어있으므로 원칙적으로 정보분석은 국정원의 임무가 아니다.
④ 국내정보는 대공 · 대정부 전복 · 방첩 · 대테러 및 국제범죄조직의 국내보안정보에 한한다.

해설 법규정상으로는 정보분석 업무가 명시되어 있지는 않다. 그러나 정보의 수집은 분석을 하여 정보보고서를 생산하는 것을 전제로 한 활동이다. 그러므로 법문상의 "작성"은 수집한 정보의 정보분석을 바탕으로 한 정보생산 문건의 작성이라고 해석된다(pp. 1530-1531).

답③

18. 대한민국 국가정보원(National Intelligence Service)에 대한 설명으로 맞지 않는 것은?

① 국가정보원은 1961년 창설된 중앙정보부가 국가안전기획부를 거쳐 1998년 국민의 정부 출범과 더불어 재창설된 대통령 직속의 국가 중앙정보기구이다.

② 국가정보원은 국외정보 및 국내 보안정보(대공·대정부 전복·방첩·대테러 및 국제범죄조직)의 수집·작성 및 배포 및 일정한 범죄에 대한 수사권이 있다.

③ 소위 미션 크립(Mission Creep)의 관점에서 국가정보원의 임무는 국가정보원법 제3조에 규정된 내용으로 한정되는 것으로 보고, 다른 법에서 국가정보기구의 임무를 추가하는 방식으로 업무를 확장해서는 안 된다는 입장이 임무근거 한정설이다.

④ 현행국가정보원법상 비밀공작(Covert Operation)의 근거는 명백하지만 경제정보에 대한 활동근거는 명백하지 않다.

해설 미션 크립이란 정보학에서는 국가정보기구가 그 임무를 슬금슬금 확대하여 법에 근거 없는 일에까지 업무범위를 넓혀 가는 현상을 일컫는다. 현재 대한민국 국가정보원법이나 관련 규범에는 비밀공작에 대한 근거 규정이 없다.

답④

19. 다음 설명 가운데 잘못된 것은?

① 우리나라 첩자의 역사는 고대 삼국시대에 이미 절정에 이르렀다. 전쟁은 첩자의 온상이다. 삼국시대는 한반도의 춘추전국시대로 삼국 간 전쟁 횟수는 약 275회였다.

② 삼국유사에 「高句麗 諜者浮屠德昌」이라고 하여 첩자(諜者)라는 용어가 나타난다.

③ 고려시대는 새로운 문물과 기술개발에 대한 정보활동이 특징적이다.

④ 조선시대 후기에는 박제가, 박지원 등 실용주의 북학파 학자들에 의한 정보활동이 있었다. 특히 박지원의 열하일기는 "대중국 첩보보고서"라는 평가를 받는다.

해설 「高句麗 諜者浮屠德昌」는 삼국유사가 아니라 **삼국사기 김유신 편**에 나오는 간첩용어이다.

답②

20. 다음 중 대한제국 최초의 정보기구는?

① 제국익문사

② 교통국과 연통제

③ 지방선전부

④ 대한관찰부

해설 제국익문사가 고종이 창설한 대한제국 최초의 정보기구였다. 표면적으로는 출판사로 위장했다. 통신원, 밀정, 밀사 등의 이름으로 정보원이 정부 고관과 서울 주재 외국 공관원의 동정, 반국가 행위 등을 탐지해 고종황제에게 직보하는 고종황제 직속의 국가정보 활동 기구였다. 그것은 조정 대신들이 일본에 매수되거나 협박당해 어전회의 내용이 빈번하게 유출되자 비밀 정보기관의 필요성을 절감하고 창설한 것이었다. 교통국과 연통제는 상해임시정부의 비밀정보활동 기구이고, 대한관찰부는 광복 이후 대한민국 이승만 정부에서의 민간부 문 비밀공작 기관이었다.

답①

21. 해방이후의 정보기구에 대한 설명으로 잘못된 것은?

① 1945년 8월 15일 해방과 동시에 남북이 분단된 상황에서, 미군정을 지원하는 정보활 동을 주도한 정보기관은 미국 방첩부대(CIC)였다.

② 육군본부 정보국은 1948년 산하에 특별조사과(Special Intelligence Section)를 설치 하여 미국 방첩부대(CIC)의 업무를 인수했다.

③ 한국 전쟁 발발 후 대공·방첩업무가 폭증하자 특별조사과(SIS)를 독립시켜, 육군본부 직할로 국군기무사령부의 전신인 육군본부 특무부대(CIC - Korea)를 창설했다.

④ 대한관찰부(Korea Research Bureau)와 사정국(司正局)도 군 비밀정보기구였다.

해설 미국 방첩부대(CIC) 업무의 한국 정부에 대한 이양은 군과 민간부문에서 동시에 추진되었다. 이에 따라서 국무총리 이범석 주도로 창설한 최초의 민간부문 비밀공작 기관이 대한관찰부이다. 대한관찰부가 1949년 1월 사정국으로 개칭했다. 그러나 사정국은 이승만 대통령 암살을 위장한 수원 청년단 사건을 조작하는 등 극심한 권력남용이 문제되어 국회에서 예산 배정이 거부되어 1949년 10월 해체됐다.

답④

22. 문민 국가중앙정보기구의 창설 배경과 의의에 대한 설명으로 잘못된 것은?

① 대한민국 정부수립(1948. 8.15) 이후의 국가정보 활동은 개별 정부부처나 군 조직을 중심으로 운영되었다.

② 이로 인해 정보활동이 기관별로 분산되고 제한적으로 이루어져 업무중복이나 과당경 쟁은 물론이고 그릇된 판단을 유발하는 사례도 발생했다.

③ 이러한 문제점을 극복하기 위해 국가 차원의 통합 정보기구의 필요성이 논의되기 시 작하였고, 1961년 중앙정보부법 공포와 함께 중앙정보부가 창설되었다.

④ 중추적 국가정보기관 출범으로 국가안보정책의 수립·집행의 효율성이 제고되었고 따 라서 군 정보기구의 필요성은 사라졌다.

해설 국가 차원의 통합 정보기구로 중앙정보부가 창설되었다고 하지만, 남북분단의 상황에서 국방과 군사 분야에서의 실천적이고 공작적인 정보수요는 여전한 것으로 군정보기구의 필요성이 사라진 것은 결코 아니었다.

답④

23. 대한민국 국가중앙정보기구의 변화에 대한 설명으로 옳지 않은 것은?
① 5.16 군사혁명 직후 설치된 국가재건최고회의의 임시조직을 근거법과 함께 국가조직으로 편입하여 1961. 6.10 중앙정보부가 창설되었다.
② 정보기구의 예산에 대한 심사와 결산을 담당하는 국회정보위원회는 중앙정보부 때부터 설치되었다.
③ 1979년 10월 26일 중앙정보부장 김재규의 박정희 대통령 시해 사건으로 중앙정보부는 폐지되고 1981년 국가안전기획부로 개칭되어 출범했다.
④ 국가사이버안전센터와 테러정보통합센터는 국가정보원에 설치되었다.

해설 정보기구 예산에 대한 심사와 결산을 담당하는 국회정보위원회는 안전기획부 시절에 비로소 설치되었다.

답②

24. 다음 중 대한민국 정보기구의 부훈에 대한 설명으로 잘못된 것은?
① 중앙정보부의 부훈은 "우리는 陰地에서 일하고 陽地를 指向한다!"였다.
② 국가안전기획부는 부훈이 없었다.
③ "情報는 國力이다! 와 自由와 眞理를 향한 無名의 헌신!"은 국가정보원의 원훈이었다.
④ "소리 없는 獻身, 오직 대한민국 守護와 榮光을 위하여!" 도 국정원의 원훈이다.

해설 우리는 陰地에서 일하고 陽地를 指向한다!는 중앙정보부부터 국가안전기획부까지의 부훈이었다.

답②

25. 다음 중 국가정보원과 그 직원에 대한 설명으로 잘못인 것은?
① 국가안전보장 업무의 효율적인 수행을 위하여 대통령 소속으로 국가정보원을 두며 대통령의 지시와 감독을 받는다.
② 대통령 직속기구인 국가정보원은 생산한 정보를 대통령에게만 배포하면 된다.
③ 국가정보원 직원은 취임할 때에 원장 앞에서 취임선서를 하고 행동강령에 따른다.
④ 정부조직법은 국가정보원의 조직과 직무범위에 대해 따로 법률로 정하도록 하고 있다.

해설 대통령 소속이지만 국가정보원은 국가와 국민의 정보기구로서 대통령뿐만 아니라 국회와 행정부터 등 정보수요자에게 해당기관에 필요한 정보를 배포한다.

답②

26. 국가정보원법의 주요내용 가운데 올바르지 않은 것은?

① 직원의 정보통신망을 이용한 정치적 활동을 금지하고, 직원이 정치관여 행위의 집행을 지시받은 경우의 이의 제기와 직무집행을 거부할 수 있음을 규정하고 있다.

② 직원이 공익을 목적으로 한 수사기관에의 신고시 비밀엄수의무 적용을 배제하고 불이익을 주는 조치를 금지하도록 하고 있다.

③ 국정원의 세입·세출 예산을 총액으로 기획재정부장관에게 제출하도록 했지만, 다른 기관에 계상할 수 있도록 한 예산은 국회 정보위원회의 심사 대상이 아니다.

④ 다른 국가기관과 정당, 언론사 등의 민간을 대상으로 파견·상시출입 등 방법을 통한 정보활동을 금지하도록 했다.

해설 개정 국정원법은 국정원의 세입·세출 예산을 총액으로 기획재정부장관에게 제출하도록 했고, 다른 기관에 계상할 수 있도록 한 예산도 국회 정보위원회가 심사하도록 했다.

답③

27. 국가정보기구에 대한 논의로 잘못인 것은?

① 국가정보기구는 명시적인 규정이 있지 않는 이상은 헌법기관성을 갖지 않는다.

② 정보기구의 임무는 기본법에 명시된 것에 한정한다는 임무근거 한정설과 다른 법에 의해서도 정보기구의 임무 확장이 가능하다는 임무 확장 가능설이 대립한다.

③ 미션크립(mission creep) 등의 위험상 정보기구 임무근거 한정설이 타당하다.

④ 임무 확장 가능설에 따르면 근거법이 아닌 다른 관련법으로 국가정보기구의 임무를 삭제함으로써 정보기구의 개·폐를 정할 수도 있게 되는 순환오류에 빠지게도 된다.

해설 각국을 통틀어서 국가정보기구는 헌법 자체를 수호하는 헌법가치성을 가진 헌법 내재적 헌법기구이다. 원래 국가정보 활동은 국가수호라는 헌법 요청적인 것으로, 국가정보기구는 헌법상의 가치를 수행하기 위한 기관이다. 따라서 헌법에서의 명시적인 규정 여부에 불구하고 헌법기구라고 할 것이다.

답①

28. 다음 중 국가정보원법 등에 따른 국가정보원의 임무가 아닌 것은?

① 국가정보의 수집·작성 및 배포(국가정보원법 제3조 제1호)

② 국가보안업무(국가정보원법 제3조 제2호)

③ 형법 중 내란의 죄, 외환의 죄, 군형법 중 반란의 죄, 암호부정사용죄, 군사기밀보호법에 규정된 죄, 국가보안법 위반죄, 국정원 직원의 직무와 관련된 범죄 등에 대한 수사권.

④ 국가정책정보의 생산과 배포

해설 국가정보원법상 국가정보원은 **국외정보와 국내 보안정보**에 대한 수집·작성 및 배포를 한다. 국가정보원이 **국가정책정보**를 담당할 능력도 충분할 수도 있지만 국가정책정보는 정보와 정책의 분리(red line) 원칙에 맞지 않고, 자칫 정보의 정치화를 초래할 수 있는 요인이 된다.

답④

29. 대한민국의 국가정보 체계에 대한 설명으로 잘못인 것은?

① 현행법령상 방첩(防諜) 업무를 수행하는 방첩기관에는 국가정보원과 군사안보지원사령부(예전의 국군기무사령부) 두 곳뿐이다.

② 방첩이란 국가안보와 국익에 반하는 외국의 정보활동을 찾아내고 그 정보활동을 견제·차단하기 위하여 하는 정보의 수집·작성 및 배포 등을 포함한 모든 대응활동을 말한다.

③ 군사정보, 군사보안, 군사정보전력의 구축에 관한 사항을 관장하기 위한 군정보기구로 국방부장관 직속의 국방정보본부이다.

④ 국방정보본부는 국방정보정책 및 기획의 통합·조정 업무, 국제정세 판단 그리고 군사정보 예산의 편성 및 조정 업무 등을 수행한다.

해설 현행 법령상 방첩(防諜) 업무를 수행하는 "방첩기관"에는 국가정보원, 법무부, 관세청, 경찰청, 해양경찰청 그리고 군사안보지원사령부가 있다(방첩업무 규정 제2조 제3호).

답①

30. 다음의 업무를 수행하는 정보기구는 무엇인가?

. 사이버 보안을 포함한 군사보안 및 방위산업 보안정책에 관한 업무
. 군사기술정보와 군사 지리공간정보에 관한 업무
---

① 국방정보본부(Defense Intelligence Agency: DIA)

② 군사안보지원사령부(Defense Security Support Command: DSSC)

③ 사이버작전사령부

④ 777사령부(Defense Security Agency)

해설 설문은 국방정보본부의 업무를 나열한 것이다. 777사령부(Defense Security Agency)는 국방정보본부의 예하 부대로 각종 신호정보의 수집·지원 및 연구에 관한 사항을 관장한다(령 제4조 제2항 제2호).

답①

31. 다음 중 대한민국 군 정보기구의 소속에 대한 설명으로 잘못인 것은?

① 국방정보본부는 국방부 장관 소속 군정보기구이다.

② 정보사령부와 777사령부는 국방정보본부의 예하 정보부대이다.

③ 전신이 기무사령부인 군사안보지원사령부는 소속이 없는 독립의 군정보기구이다.

④ 사이버작전사령부(Cyber Operations Command)는 국방부 장관 직속의 정보부대이다

해설 군사안보지원사령부(약칭: 안보지원사)는 군사안보지원사령부령(대통령령 제29114호)에 따라 설치된 국방부 장관 직속의 군정보기구이다.

답③

32. 군 정보기구 가운데 다음의 계보를 잇는 정보기구는 무엇인가?

> 육군본부 특별조사과 → 육군본부 특무부대(방첩대) → 육군보안사령부 → 국군보안사령부
> → 국군기무사령부

① 군사안보지원사령부

② 정보사령부

③ 국방정보본부

④ 쓰리 쎄븐 부대(777부대)

해설 2018년 9월 1일 창설된 군사안보지원사령부(약칭: 안보지원사)로 군 보안업무, 군 방첩업무, 군 관련 정보의 수집·작성 및 처리 업무, 「군사법원법」소정의 범죄수사업무 그리고 각종 지원업무를 수행한다.

답①

33. 대한민국의 국가정보기구의 미래발전 방향으로 고려되는 사항이 아닌 것은?

① 환경·보건, 인공지능(AI) 등 정보 신(新)영역에 대한 국가정보 활동의 강화

② 해당 정권의 성공을 위한 국가정보기구의 실천력 확보

③ 정보기구 책임자의 정권교체와 무관한 임기보장

④ 창출 정보배포의 확대와 규제로 작용할 수 있는 보안 제도의 혁신

해설 국가정보기구는 소속과 무관하게 정권의 정보기구가 아닌 국가 그리고 국민의 정보기구이다.

답②

34. 국가정보원의 임무가 아닌 것은?(기출유형)

① 국외정보와 국내보안정보의 수집·작성·배포

② 국가정보원 직원의 직무와 관련 범죄수사

③ 국가기밀 사항인 자재·시설·문서·지역에 대한 보안업무

④ 법원에 대한 법령의 정당한 적용 청구

해설 법원에 대한 법령의 정당한 적용 청구는 검사의 직무사항이다(검찰청법 제4조).

정답④

35. 국가정보원의 근거법령으로 짝지어진 것은?(기출유형)

㉠ 정부조직법, ㉡ 보안업무규정, ㉢ 국가사이버안전관리규정, ㉣ 국가정보자료관리규정

① ㉠, ㉡
② ㉠, ㉡, ㉢
③ ㉡, ㉢, ㉣
④ ㉠, ㉡, ㉢, ㉣

해설 모두 국가정보기구의 대한 규범 법령이다.

정답④

36. 다음 중 정보기관의 특성이 다른 하나는?(16기출)
① 중앙정보부
② 국가안전기획부
③ 국가정보원
④ 국군기무사령부

해설 국군기무사령부는 군정보기구이다.

정답④

37. 정보사령부는 어느 기관의 예하 정보기구인가?(기출유형)
① 국방정보본부
② 국군 기무사령
③ 제777 사령부
④ 국방지형정보단

해설 군사 관련 영상·지리공간·인간·기술·계측·기호 등의 정보수집·지원 및 연구업무와 적의 영상정보 등의 수집에 대한 방어대책으로서의 대정보(對情報)에 관한 업무를 관장하는 정보사령부는 국방정보본부 예하부대이다(령 제4조 제2항 제1호).

정답①

38. 다음 중 국가정보원법상 국가정보원의 직무 범위에 대한 설명으로 옳지 않은 것은?(16기출)

① 정보 및 보안 업무의 기획·조정

② 국외 정보 및 국내 보안정보의 수집·작성 및 배포

③ 각급 기관에 대한 보안감사를 포함한 국가기밀 문서·자재·시설 등에 대한 보안업무

④ 암호부정사용의 죄에 대한 수사

해설 중앙행정기관의 장이 보안감사를 한다(보안업무규정 제39조).

답③

39. 국가정보원(National Intelligence Service)에 대한 설명으로 맞지 않는 것은?(기출)

① 국가정보원은 1961년 창설된 중앙정보부가 국가안전기획부를 거쳐 1998년 국민의 정부 출범과 더불어 재창설된 대통령 직속의 국가 중앙정보기구이다.

② 국가정보원은 국외정보 및 국내 보안정보(대공·대정부 전복·방첩·대테러 및 국제 범죄조직)의 수집·작성 및 배포 및 일정한 범죄에 대한 수사권이 있다.

③ 소위 미션 크립(Mission Creep)의 관점에서 국가정보원의 임무는 국가정보원법 제3조에 규정된 내용으로 한정되는 것으로 보고 다른 법에서 국가정보기구의 임무를 추가하는 방식으로 업무를 확장해서는 안 된다는 입장이 임무근거 한정설이다.

④ 현행 국가정보원법상 비밀공작(Covert Operation)의 근거는 명백하지만 경제정보에 대한 활동근거는 명백하지 않다.

해설 미션 크립이란 정보학에서는 국가정보기구가 그 임무를 슬금슬금 확대하여 법에 근거 없는 일에까지 업무범위를 넓혀 가는 현상을 일컫는다. 현재 대한민국 국가정보원법이나 관련 규범에는 비밀공작(Covert Operation)에 대한 명시적인 근거 규정은 없다.

답④

40. 대한민국의 정보기구에 대한 설명으로 옳지 않은 것은?(17기출)

① 정보사령부는 대북 군사정보를 수집하며 대북공작도 수행한다.

② 국가안전기획부는 김대중 정부 때 국가정보원으로 개칭되었다.

③ 국군사이버사령부는 북한의 DDos 공격 등을 계기로 북한과의 사이버전을 대비하기 위해 창설되었다.

④ 대한민국의 정보기구는 국가정보원과 국군기무사령부가 유일하다.

해설 국가정보원, 국방정보본부, 군사안보지원사령부 등이 있다. 국군기무사령부는 2018년 폐지되었다.

답④

◐ 부록 1
정보용어사전

5번째 기능(fifth function) : 미국 국가안보법 제4호에 있는 기타조항에 기초한 CIA의 비밀공작 기능.

9/11 테러공격 : 19명의 알카에다 조직원들에 의한, 미국 본토에서 감행된 자살 테러공격.

Box 500 : 영국 국내 방첩정보기구인 보안부(SS 또는 MI5)의 애칭.

CAT : 프랑스 해외정보기구인 대외안보총국의 암호명.

Five : 영국 보안부(SS 또는 MI5)의 별칭.

코드명 C 또는 MI6 : 영국 비밀정보부(SIS).

MI5 : 영국의 방첩전문 정보기구인 보안부(SS).

MK 울트라 공작(Project MK-ULTRA): 미국 CIA가 한국전쟁에서 북한과 소련 그리고 중국이 자국 포로들을 상대로 한 약학적 심리적 고문방법에 자극받아, 1950년대부터 체계적으로 사용한 것으로 알려진 심리조사방법. CIA 심리통제(mind-control)와 화학적심문조사프로그램(chemical interrogation research program)의 약어.

SR-71 블랙버드(Blackbird) : 고도 8만 피트 상공에서 고속으로 비행하여 미국 대륙을 횡단하는 데 68분밖에 걸리지 않았던 미국의 대표적인 정찰항공기.

THE TAKE : 인간 스파이가 수집한 정보.

U-2 : 미국의 스파이 정찰항공.

가설(hypothesis) : 첩보자료에서 1차적으로 도출한 잠정적인 결론 또는 결론을 논리적으로 구성하는 명제.

가장(cover) : 정보관들이 해외에 파견되어 활동하는 경우에 재정적·기술적 지원을 받을 수 있기 위해 마련한 구실. 공무원 신분으로 위장하는 공직가장과 일반인으로 위장하는 비공직가장의 2가지가 있다.

게쉬타포 : 히틀러 나치 체제 강화에 동원된 무소불위의 비밀경찰조직.

겔렌조직(Gehlen Organization) : 나치 독일의 비밀자료 제공을 조건으로, 미국의 전범에서 사면을 받은 나치 독일의 동부군 정보국 책임자였던 겔렌이 미국의 후원 하에 창설한 비밀정보조직. 후일 독일 연방정보국 (Federal Intelligence Service : BND)이 되었다.

경계목록(WATCH-LIST) : 미 국무부 감시 대상.

경성권력(hard power) : 국가권력의 구성요소 가운데 정치와 군사, 비밀정보 등 위협적이고 강경한 요소.

경제간첩법(Economic Espionage Act) : 거래비밀(trade secret)을 절취하거나 오용한 행위 등을 산업간첩 행위로 분류하여 15년의 징역형에 처할 수 있도록 한 미국 연방법.

고객 과신주의(clientism) : 클라이언티즘. 믿을 만한 첩보출처에 대한 안심과 신뢰에 따라 나타나는 맹목적인 순응이나, 기존에 처리한 경험이 있거나 유사한 분석 주제에 대한 과잉 신뢰.

고문의 아웃소싱(outsourcing of torture) : 변칙인도 또는 비상인도의 다른 이름으로 일명 고문의 외주 발주.

공작관(Case officers : C/O) : 비밀공작(covert action)이나 비밀수집공작업무를 수행할 경우의 국가정보요원인 정보관.

공직가장 : 해외에 파견하는 정부대표의 수행원, 정부사절단의 일원 등 정부 다른 부처의 공무원 신분으로 위장한 정보관.

국가기술자산(National Technical Means : NTM) : 미국 국가정찰실(NRO)이 수집한 자료로 국부(國富)로 분류하여 국가비밀로 관리하는 것.

국가비밀특권 (State Secrets Privilege) : 국가가 국가안보를 위하여 비밀분류된 민감한 정보를 소송에서도 일반 공중에 대한 공개에서 배제할 수 있는 권한 즉 공개를 거부할 수 있는 권한.

국가안보법(National Security Act of 1947) : 일본의 진주만 공습 이후 평시의 중앙 정보기구의 창설 필요성이 제기되어 CIA를 창설한 정보 근거법.

국가안보서신(National Security Letters : NSLs) : FBI가 법원의 영장 없이 일반인에게 제3자 기록의 제출을 명령하는 행정소환장(administrative subpoena).

국가정보국장(DNI) : 미국 16개 정보공동체의 수장.

국가정보목표 우선순위(Priority of National Intelligence Objective : PNIO) : 한정된 정보자산을 가지는 정보공동체의 정보활동 우선순위.

국가중앙정보총그룹(Central Intelligence Group : GIG) : 2차 세계대전 후 전략지원국이 폐지된 후 트루먼(Truman) 대통령이 대통령 명령으로 창설한 백악관 내 정보조직.

국제 지명수배(International Notice): 인터폴 의한 전 세계에 걸친 중요 범죄자에 대한 지명수배로 인터폴 지명수배(INTERPOL Notice)라고도 한다.

국제조직범죄(Transnational Organized Crime) : 국제범죄 조직에 의한 국제성(國際性)을 가진 범죄로 특정 주권 국가들의 국경(national borders)을 가로질러서(across) 조종되고(coordinated) 실행되는 범죄.

군사기망작전(Military Deception : MLDEC) : 군사능력과 의도를 포함하여 군사정책을 수행함에 있어서 허위 공습 영상처럼 사이버상에서 오판하게 하는 것.

그런 기관은 없다(No Such Agency : NSA) : 미국 국가안보국(NSA)의 별칭.

그레이 리터러처(gray literature) : 원칙적으로는 공개출처정보의 성격을 가졌지만 통상의 방법으로는 획득하기 어려운 출처 불명 또는 출처 미공개자료를 말한다. 회색자료라고도 한다.

그레이 메일(graymail) : 이중스파이의 협상 협박.

극단적인 편견의 종식(terminating with extreme prejudice) : 암살의 은어.

글라스노스트(Glasnost) : '개방'을 의미하는 소련 고르바초프(Gorbachev)의 대외정책.

기업(Firm) : 영국 정보기구들의 별칭.

나신(裸身, NAKED) : 변장(cover)이나 어떤 후원 없이 독자적인 위험부담 하에 활동하는 스파이.

나인 일레븐(nine eleven) : 2001년 알카에다 조직에 의한 미국 본토 공격. 9/11 테러공격.

나치 친위대(Schutzstaffel : SS) : 히틀러의 친위 비밀 정보 부대.

낙(NOC) : 비공직가장의 첩보원.

넷 포스(NET Force) : 2000년 창설된 사이버공격 및 정보교란 모의훈련을 임무로 하는 중국의 전자전 부대.

노스콤(NORTHCOM) : 미국 국가안보국(NSA) 산하의 극비 통신감청조직.

늑대소년 효과(cry wolf effect) : 정보분석관이 경고발령을 했으나 실제로는 경고적 상황이 초래되지 않아 경고 효과를 저감시키고, 따라서 정작 결정적인 순간의 경고마저 무감각하게 받아들이게 만듦으로써 적절한 대응을 하지 못하게 하는 현상.

닌자(NINJAS) : 일본의 대가 관계 유상 첩자.

다윗의 별(Star of David) : 일반인의 눈에는 복잡한 도로들의 교차로처럼 보이는 영상사진이지만, 숙련된 사진판독관인 브루지오니(Dino Brugioni)가 소련 본토 미사일 기지에서 예전에 보았던 영상사진과 유사하다는 사실을 즉각적으로 인지하고, 과거의 판독사진을 찾아, 소련이 쿠바에 미사일 기지를 건설하고 있다는 정보 판단한 영상정보(IMINT).

다이아스포라 공동체(Diaspora communities): 해외의 유대인 거주지.

달빛 미로(Moonlight Maze) : 1999년 러시아의 컴퓨터 망으로 추정되는 곳으로부터의 미국 보안 컴퓨터 시스템에의 지속적 침투시도.

닭 모이(CHICKEN FEED) : 이중스파이의 신빙성을 확보해 주기 위해 제공되는 저 등급의 진실 정보.

대 군주작전(Operation Overlord) : 제2차 세계대전중인 1944년 6월 6일의 노르망디 상륙작전의 암호명.

대량살상무기(Weapons of Mass Destruction : WMD) : 화학무기(Chemical Weapons), 생물학무기(Biological Weapons), 생화학무기(Chemical & Biological Weapons) 그리고 핵무기 (Nuclear Weapons).

대량살상무기확산안전조치(Proliferation Security Initiatives : PSI) : 국제거래가 금지된 무기와 기술을 선적한 것으로 의심되는 선박을 비롯하여 항공, 육상교통에 대하여 회원국이 임의로 정선을 명하고 수색할 수 있는 국제협력체제.

대상(TARGET): 전자감시활동이나 정보활동의 목표물.

데이터 마이닝(Data mining) : 대규모로 저장된 데이터 속에서 통계적 규칙(rule)과 특정한 패턴(pattern)을 자동적으로 찾아내는 데이터베이스를 구축하고, 다시 그 데이터베이스를 추가로 수집된 다른 데이터 자료와 연관 지어 필요로 하는 유의미한 정보를 지속적이고 자동적으로 추출하는 일련의 작업 활동.

데카(DECA) 프로그램 : FBI가 운영하는 경제간첩 · 방첩 · 대테러인식개발시스템.

도넛(Doughnut) : 영국 신호정보 전문 정보기구인 정부통신본부(GCHQ)의 별칭.

독수의 과실 원칙 : 위법하게 수집한 증거의 증거능력 제한의 원칙. 나무의 기둥에 독이 들었으면 그 독은 줄기와 열매에도 독이 이어질 것이라는 점에 착안한다.

동면 요원(SLEEPER AGENT) : 활동을 중지하고 있는 인적자산.

두더지(MOLE) : 조직에 침투한 첩자.

드래곤 레이디(Dragon Lady) : 미국의 정찰항공인 U-2기의 별명. 어떠한 기후조건에서도 감시활동이 가능한 고고도(高高度)의 전천후 감시 정찰항공기이다.

드레퓌스 간첩조작 사건 : 1894년 프랑스 총참모부 소속의 유대계 대위 드레퓌스(Alfred Dreyfus)가 프랑스의 국가기밀을 독일에 넘겼다는 혐의로 정보국(SR)에 체포되어 종신형을 선고 받았던 강압과 허위자백에 의한 조작 사건.

디테이니(detainees) : 통상 테러와의 전쟁에서 양산되어 향후의 모든 일정이 미정인 상태로 구금소에 수용되어 있는 사람들. 정식 전쟁포로가 아니기 때문에 국제전쟁법상의 권리를 가지는 전쟁포로(war prisoners)도 아니고 구체적 범죄가 입증된 것이 아니므로 형사피의자도 아니다.

라캄(LAKAM) : 이스라엘 국방성 소속의 경제정보 전문 정보기구.

레이 클라인(Ray S. Cline) 박사의 국력 계산 방정식 : P=(C+E+M) X (S+W).P는 국력(Power), C는 임계량(臨界量, Critical Mass) 즉 국토 면적, 인구규모 등 고정변수로서의 국가의 자연적 조건. E는 경제력, M은 군사력, S는 정치 지도자의 전략, W는 국민의 의지를 표시한다.

레이더(RAID) : 미국 법무부 국가마약정보센터(NDIC)가 발령하는 마약 정보전달 시스템. 실시간 분석 정보자료(Real-time Analytical Intelligence Database)의 약어.

로우르데스 기지 : 쿠바 로우르데스에서 러시아가 운영하는 신호정보 기지국. 워싱턴과 뉴욕의 턱밑에 있어서 황금알을 낳는 거위라고 불린다.

리에종(liaison) : 정보세계 공생관계인 연락관계에 의한 공식적인 정보 공조 관계. 그러므로 상대방도 타방이 정보활동을 위해 자국 내에 위치하고 있음을 지득하는 관계이다.

링(RING) : 스파이나 첩보원 네트워크.

마왕(魔王)의 작전(Operation Satanic) : 프랑스 대외안보총국이 태평양 상에서 전개한 핵실험 감시선이었던 그린피스 소속의 레인보우 워리어호를 수중 침몰한 공작. '그럴듯한 부인'의 전범(典範)으로 여겨진다.

마타 하리(Mata Hari) : 독일이 프랑스에 파견한 세기의 미모 여성 댄서 간첩.

말살(liquidation) : 암살의 은어.

매직(Magic) 작전 : 2차 세계대전 당시 일본의 극비 통신 암호체계를 획득하여 해독한 미국의 공작. 태평양전쟁의 대 승리로 이어졌다.

맨해튼 프로젝트(Manhattan Project) : 1940년 인류최초의 원자폭탄 개발계획.

먼로주의 : 1823년 미국 제5대 대통령 J. 먼로가 의회에 제출한 연두교서에서 밝힌 대외적 불간섭의 외교방침.

면책특권(diplomatic immunity) : 타국에 적법하게 파견된 공무수행 담당자, 즉 외교사절, 영사, 군인, 선박, 항공기, 기타 정부사절단 및 공식 시설물 등은 국가주권의 필연적 요청인 속지주의의 원칙 하에서도 법적 책임을 부과 당하지 않는 외교적 특권.

모사드(Mossad) : 이스라엘의 총리 직속의 해외정보기구. 히브리어로 '조직(Institute)'이라는 의미.

무력화(neutralize) : 암살의 은어.

무인 포스터(dead letter box : DLB) : 은밀한 정보 전달 장소를 말한다. 사각지대(dead drop)라고도 한다. 정보를 주고받는 당사자들이 직접 접촉함이 없이 정보물을 몰래 남겨놓는 사전 약속 장소. 공공건물의 후미진 곳, 담벼 틈새, 커다란 나무 주변, 제3자의 우편함, 공공 도서관의 책갈피 등이 애용된다.

물리적 수색 (Physical searches): 정보수집을 목적으로 주거, 물건, 기타 장소에 침입하여 직접 살펴보고 조사하는 것.

물리적 저지(action homo) : 암살의 은어.

뮤직 박스(MUSIC BOX) : 비밀 라디오 방송의 속어.

미래화상체제(Future Imagery Architecture) : 미국 국가정찰실이 보잉사와 함께 개발에 착수한 차세대 정찰 인공위성 프로젝트. 더욱 선명하고 해상도가 뛰어나며 지구 궤도 더 깊숙이 위치하여 적대세력의 공격에서도 안전한 체계로, 현대판 맨해튼 프로젝트(Manhattan Project)로 불린다.

미션 크립(Mission Creep) : 정보기구의 임무가 기본법의 규정을 벗어나서 슬금슬금 확장되는 현상.

미자와(Misawa)기지: 러시아 위성체계에 대한 정보수집을 주된 목적으로 하는 일본의 신호정보 기지.

밀과 (겉)겨의 문제(wheat versus chaff problem) : 획기적으로 발달한 정보수집 기법에 따라서 광범위하게 수집된 자료에서, 중요한 정보(알곡)와 그렇지 않은 정보(불필요한 껍질)를 구별하는 문제.

밀레니엄 버그(millennium bug) : 컴퓨터가 2000년을 1900년으로 잘못 인식하는 오류. 사이버 테러의 아이디어가 되었다.

반간(反間) : 기원전 500년경 중국의 손자(Sun Tzu)가 저술한 실천적인 병법서인 『손자병법(Art of War)』에서 지칭한 오늘날의 이중 스파이. 손자는 반간이 정보활동의 꽃이라고 강조했다.

발디미르 레준(Vladimir Rezun) : 정보총국의 분석관으로 구 소비에트 공화국의 막강한 군정보기구인 참모부 정보총국(GRU)의 존재와 실상을 서방세계에 최초로 전달한 인물.

방첩(Counterintelligence) : 간첩활동을 방어하고 상대세력의 첩보활동에 대항(Counter)하는 정보활동.

백 잡(BAG JOB) : 은밀한 침입, 증거를 잡기 위한 주거침입과 가택수색.

백두 금강 사업: 금강/백두 정찰기를 이용한 한국의 정찰항공 운영 체계.

백색선전(white propaganda) : 선전활동의 출처를 굳이 숨기거나 가장하지 않고 사실 그대로의 상태에서 선전활동을 하는 것.

백색정보관(White I/O) : 공직가장 정보관 중에서 특히 주재국과의 공식 정보협력 채널, 즉 리에종(liaison) 관계를 구축하기 위해 자신의 신분을 공식적으로 노출한 정보관을 말한다. 백색까마귀(White crow)라고도 한다.

버려진 자산(abandoned property) : 쓰레기통에 버려진 메모 같은 중요한 정보자료.

법집행(law enforcement) : 을 직접 실행하는 활동으로 대표적인 것이 수사이다. 검문검색, 재난재해 구호, 교통질서, 인·허가업무 등 법규정상 공권력을 통하여 법 규정의 목적이 달성되도록 하는 제반 업무가 포함된다.

베노나(Venona) 공작 : FBI가 2차 세계대전 중에 영국과 합동으로 전개한 소련 암호체계에 대한 암호해독 공작. KGB를 위한 영국 MI6의 원초적 이중스파이인 캠브리지 5인방 검거에 결정적인 역할을 했다.

변칙인도(extraordinary rendition) : 세계 도처에서 체포된 테러 용의자 등을 헌법상 고문 등이 금지된 국내로 바로 이송하지 않고 고문이 허용되는 국가로 인도하여 정보 심문을 하는 테러용의자 조사의 새로운 기법. 비상인도라고도 한다. 고문의 외주발주(아웃 소싱)라고 할 수 있다.

병(ILLNESS) : 검거 또는 체포의 은어.

보나 피데(Bona Fides) : 통상 성의. 성실 또는 무료를 의미하나 정보의 세계에서는 자신의 신분에 대한 진실입증(proof of a person's claimed identity)을 말한다.

볼랜드 수정 법률(Boland II) : 반군에 대한 일체의 직접적·간접적 지원을 금지한 법.

북극(Nordpol : North Pole) : 2차 세계대전 중에 영국의 이중체크시스템 기만공작에 대한 독일의 역기만 공작.

불법 수색공작(black bag jobs) : 가택이나 건조물과 사무실 그리고 자동차 등 점유물에 무단으로 침입하여 수색하고 사진 촬영 등으로 증거를 확보하는 활동.

브러시 패스(BRUSH PASS) : 스치면서 주고받기.

블라인 데이트(BLIND DATE) : 생면부지의 사람과의 첫 번째 접촉.

블랙 메일(blackmail) : 전형적인 이득취득 목적의 협박.

블랙 챔버(Cabinet Noir 또는 Black Chamber) : 루이13세(1601-1643) 당시의 재상 리슐리외(Richelieu)가 창설한 프랑스 최초의 상설적인 국가정보 조직.

블로운(BLOWN) : 적발.

비공직가장(Non Official Cover : NOC) : 주재국에 민간인 신분으로 위장해 활동하는 정보관으로 낙(NOC)이라고 호칭한다. 해외 파견 정보요원들은 사업가, 언론인·교수, 선교사, 성직자, 여행자, 유학생, 무역 대표부 직원, 학술회의나 국제 NGO 회의 참석자, 여행객처럼 정보관이 수집대상 국가에 체류할 수 있는 명분을 달아 다양한 신분으로 위장한다.

비밀공작(Covert Action) : 국가정보기구가 외교·국방정책의 목표를 달성하고자 외국 정부의 행태나 정치·경제·군사 및 사회적 사건과 환경에 영향을 주기 위해 취하는 제반 활동. 일명 제3의 옵션.

비밀의 방 : 프랑스 최초의 상설적인 국가정보 조직인 블랙 챔버(Black Chamber)의 별칭이다.

비밀정보부(MI6) : 영국 국무부 소속의 해외정보기구영어. 약어는 SIS.

비시 정권(Vichy regime) : 2차 세계 대전 중에 프랑스 페텡(Petain) 대통령이 이끈 친 독일의 꼭두각시 정권.

비역학성 무기(Non-Kinetic Weapons) : 비폭발성 무기. 목표물에 대한 외형상의 타격을 가함이 없이 따라서 인명살상이나 물체의 외형적 손상 없이 전자기장에 대한 강력한 충격을 가해 목표물의 전자적 회로장치에 손상을 초래하여 전자기계를 사용 불가능하게 하거나 오작동 되게 하는 전자무기.

비인가 접근 : 사이버 공간에서의 간첩활동으로 전자 기술적인 방법으로 보안장치가 취약한 네트워크에 침투하여 정보를 수집하는 것. 크래킹(cracking)의 한 유형이다.

비정보요원 : 주재국 현지에서 정보관에 의해서 정보제공자로 발굴되어 채용됨으로써 일정한 계약관계가 형성되어 정보활동을 하는 인간정보요원. 첩보원(agent, 정보대리인)과 협조자(Walk-ins)가 있다. 정보의 세계에서 첩보원 또는 협조자는 인적 자산, 스파이, 간첩, 첩자, 정보요원, 정보자산, 두더지, 밀정, 제5열(第五列, fifth column) 그리고 일본의 대가관계 첩자를 말하는 닌자(忍者)처럼 다양한 별칭을 가진다.

사바마(SAVAMA) : 이란의 비밀 보안 정보기구.

사실무근(Kyudankai) : 일본 국내정보기구인 공안조사청의 외곽조직.

사이버 공격(Cyber Attack) : 사이버 테러, 사이버 전쟁, 전자전쟁의 3가지를 포괄하는 용어.

사이버 선전공작(Propaganda) : 사이버 공간에서의 여론조작 또는 새로운 허위 여론을 형성하는 것으로 인터넷을 통한 심리공작.

사이버 심리공작(Psychological Operations : PSYOP) : 상대세력 정책담당자들과 시민들의 행동에 영향을 끼칠 목적으로, 일정한 방향으로 의도된 정보를 사이버 공간을 통해서 상대세력에 유포하는 것.

사이버 전쟁(Cyberwar) : 상대국가 정부의 전복이나 국가소멸을 목적으로 사이버 공간에서 실전적 형태로 전개하는 전쟁.

사이버 정보(Cyber Information) : 전자혁명에 의해 탄생된 사이버 가상공간(cyber space)에서 생성되고 수집된 정보.

사이버 테러(Cyber-terrorism) : 극도의 공포를 야기하여 국가정책을 변경시키려는 정치적 목적으로 행해지는 사이버 공간상에서의 공격.

사촌(COUSINS) : CIA에 대한 속어.

삼중스파이(Triple agent) : 대상국가를 위한 이중 스파이인 것처럼 가장하지만, 사실은 아직도 원래의 통제국가나 조직에 충성을 다하고 있는 정보요원.

삼합회(三合會, Triad) : 중국의 국제범죄 조직. 홍콩을 중심으로 한 중국의 국제범죄조직. 청나라를 몰아내고 명나라를 부활시킨다는 소위 반청복명(反淸復明)을 목적으로 하던 청조 말기 비밀결사인 천지회(天地會)에서 변질 발전했다.

생쥐(MICE) : 경제적 문제로 타협(전향)하려는 자아에 대한 비판적 약어. 역으로 정보, 보안기구들이 목표물을 파멸시키는 데 사용하는 수법.

샤박 또는 신벳(Security Service : Shabak, 또는 Shin Bet) : 방첩공작 임무를 수행하는 이스라엘의 국내 보안기구. 이스라엘의 FBI로 불린다.

석유시추 : 해외에 파견된 정보관들이 주재국에서 첩보원과 협조자들을 물색하여 채용하는 경우에, 첩보원의 물색에서 채용까지에 이르는 비율이 매우 낮아서 은유적으로 비유되는 말.

선전공작(propaganda): 비밀공작으로서의 언론공작.

선제공격이론(Pre-emptive doctrine) : 적대세력의 공격이 '임박(imminent)'했음을 나타내는 부인할 수 없는 증거나, 예상에 근거하여 그 공격을 사전에 봉쇄하기 위한 한발 앞선 선제적인 공격을 정당화한 이론. 2003년 이라크 공격의 국제법적 근거로 일명 "부시 독트린"이라고 한다.

선취권 잠식(priority creep) : 국가정보목표 우선순위(PNIO)에 따라서 획정된 정보활동의 우선권이 영향력 있는 정책담당자나 또는 정보책임자에 의해 우선권을 박탈당하고, 계획에 없거나 후순위였던 다른 부문이 우선권을 확보하는 것.

센터(CENTER) : 모스크바에 소재하는 KGB 본부 건물을 지칭하는 용어.

셔먼 켄트(Kent) 방정식 : 부득이하게 복수의 가설을 제시할 경우에, 발생확률을 구체적인 수치로 표시하는 정보분석법. 수학과 구두 언어의 연계로 'Yale' 방정식이라고도 한다.

수수소(live letter box : LLB) : 첩보수집 결과를 주고받는 수단으로서의 안전지대. 이외에도 안전가옥(safe house) 그리고 무인 포스터(dead letter box : DLB)가 모두 첩보결과물을 주고받는 방법이다.

수영(SWIM) : 여행(travel)의 은어.

수영장(the swimming pool) : 프랑스 해외정보기구인 대외안보총국에 대한 별칭.

쉐이(Sherut Yedoit, SHAI) : 2차 세계대전 후 팔레스타인 지역에서 초기 정착 유대민족의 방위조직 중의 하나인 하가나(Irgun HaHaganah) 산하에 있던 정보조직.

스메쉬(SMERSH) : KGB의 암살공작 그룹.

스코틀랜드 야드(Scotland Yard) : 런던경시청의 런던 특별수사대(Special Branch).

스타시(Stasi) : 냉전시대 동독의 비밀정보기구. 비밀경찰 겸 정보·보안조직으로 복무 방침은 "당의 방패와 창(Shield and Sword of the Party)"이었다.

스파이의 천국 : 정보 세계에서 음모의 나라로 통하는 프랑스의 애칭.

스팟(SPOT) : 프랑스의 상업용 지구정찰위성을 말한다.

스푸트니크(Sputniks) : 소비에트 공화국이 1957년 10월 4일 발사한 인류최초의 인공위성. 우리말로 "동반여행자"라는 의미.

시긴트(SIGINT) : 신호정보(SIGnals INTelligence)의 철자 약어. 제반 신호정보를 획득하는 정보수집 활동 또는 그렇게 수집된 신호정보 자체.

시너지 효과(synergic effect) : 데이터 마이닝을 통해서 파편조각 같은 사소하고 미세한 데이터가 집적되어 한 사람에 대한 전혀 새로운 초상화를 그릴 수 있는 것을 말한다.

시오니즘 : 시온 산이 있는 팔레스타인 땅으로 돌아가자는 유대민족의 운동.

신뢰(Trust) : 반체제 인사를 파악하고 거짓정보를 서구에 유포하며, 서구세계와의 연계망을 구축하기 위해 구소련의 KGB 전신인 체카가 운영한 반 정부투쟁의 단체이름이자 기만작전의 코드명.

신발(SHOE) : 허위 여권(false passport).

신벳(SHIN BETH) : 이스라엘의 보안 정보기구. 샤박이라고도 한다.

실행(EXECUTIVE ACTION) : 암살(assassination)의 은어.

싯 렙(SIT REP) : 상황 보고서(situation report).

쓰레기통 잠수(Dumpster diving) : 프랑스 국토감시총국(DST)이 자국을 방문한 사업가들이 투숙하는 호텔 등에 침입해 객실 쓰레기통 등을 뒤져 정보를 수집하는 것.

아만(AMAN) : 이스라엘 군사 정보기구.

아이코노스(IKONOS) : 2000년 1월 1일부터 판매를 시작한 미국 상업용 정찰위성. 그리스어로 '영상'을 의미한다. 뉴욕타임스지는 아이코노스의 발사를 "우주세대에서 가장 괄목할 만한 성과"라고 표현했다.

아작 공작(Operation Ajax) : 미국과 영국이 유도한 이란 쿠데타의 암호명. CIA 공작국 책임으로 실행된 것으로 민주적으로 선출되어 석유산업의 국유화를 도모하던 국수주의자인 이란 모사데크(Mosaddeq) 민선 수상을 축출한 쿠데타 공작이다.

악의 제국(Emperor of Evil) : 냉전시대 레이건 대통령이 구 소비에트 공화국을 지칭한 용어.

악의 축(Axis of Evil) : 부시대통령이 칭한 이란, 이라크 그리고 북한의 3대 국가.

압둘 칸 네트워크(Khan network) : 파키스탄 핵개발의 아버지로 추앙받는 압둘 칸 박사가 파키스탄이 핵개발 중에 지득하여 보유하고 있던 핵무기 제조 기술과 부품을 핵무기 개발을 원하는 국가에게 비밀리에 제공하기 위해 만든 국제핵무기밀거래조직.

앙시앵 레짐(Ancien Regime, Old Rule) : 개혁과 타도의 대상으로 여겨진 프랑스의 반동적 구체제.

미국 애국법(USA Patriot Act) : 9/11 테러공격 이후 정보활동과 법집행활동의 유연성을 제고하기 위해 제정된 법. 정식 명칭은 테러행위에 대하여 요구되는 감청과 수색에 적절한 수단을 부여함으로써 미국을 통합하고 강화하기 위한 2001년의 법(**U**niting and **S**trengthening **A**merica by **P**roviding **A**ppropriate **T**ools **R**equired to **I**ntercept and **O**bstruct **T**errorism **Act** of 2001)'의 철자 약어.

애쉴론(ECHELON) : 미국과 영국 등 영연방 5개 국가에 의해 운용되는 전자적 신호정보 지구 감청망. 캐나다의 통신보안처 (Communication Security Establishment), 오스트레일리아의 국방신호국(Defense Signals Directorate), 뉴질랜드의 정부통신 보안국(Government Communication Security Bureau), 영국의 정부통신본부 (Government Communication Headquarters: GCHQ) 그리고 미국의 국가안보국(NSA)이 공동운영한다.

야쿠자(YAKUZA) : 일본의 국제 범죄조직.

야크(Yark-RV) : 소련의 대표적인 고고도 정찰항공기.

어구암호(code) : 이라크 공격 작전을 "사막의 폭풍 작전(Operation of Desert Storms)"이라고 명명하는 것처럼 일상어구를 하나하나 사전에 약속한 일정한 기호로 바꾼 암호.

에니그마(ENIGMA) : 제2차 세계대전 중 독일의 극비 암호체계.

에스.에이(SA) : FBI의 특별 정보원(special agent).

엘.에스.디(LSD) : 1943년 스위스 화학자 알레르토 호프만(Albert Hofmann) 박사가 제조에 성공한 마약의 일종. CIA의 심리공작인 MK-ULTRA VM로젝트에 사용되었다.

역기만(Counter-deception) : 상대세력의 기만공작을 인지하고 그것을 역이용해 아측의 공작에 유리한 상황으로 이용하는 공작활동을 말한다.

역류(blowback) : 정보기구에 의해 고의로 외국 상대국에 살포한 허위 내용의 언론기사가 역으로 국내에 유입되는 것. 역풍(blow-back)이라고도 한다.

연성권력(軟性權力, soft power) : 국가권력의 구성요소 가운데 국제사회에서, 경성권력 대신에 서로 간의 미묘한 문화차이나 가치나 이념의 차이를 인정하면서 상대방의 행동을 내편으로 유연하게 이끄는 힘.

영향력 공작원(influence agent) : 일정한 지위에 따른 정치·사회적 영향력을 이용해 국가정책이나 일반여론을 정보기관이 원하는 바대로 이끌 수 있는 공작원. 가장 고급수준의 공작원으로 평가된다.

예방공격(preventive attack) : 적대세력의 침공이 임박하지는 않지만 침공을 당했을 경우에는 심대한 타격이 예상된다는 판단에 의해 미리 공격 하는 것. 공격의 임박성을 전제로 한 선제공격(Preemptive attack)과 달리 명백하게 국제법적으로 불법이다.

오삭(OSAC) : 미국 국무부가 운영하는 기업체들을 위한 해외안보자문회의(Overseas Security Advisory Council).

오슬로 합의(Oslo Accords) : 이스라엘이 팔레스타인에서 UN이 인정한 영역 외의 점령지에서 물러나고, 팔레스타인해방기구의 자치지배를 인정하는 것을 주요 골자로 하는 1993년도이스라엘과 팔레스타인 해방기구 사이의 팔레스타인 지역에 대한 잠정자치협정이다.

오프리치니나(Oprichnina) : 모스크바 대공국의 왕 이반(Ivan) 4세가 1565년 반역자와 부정행위자를 처벌하기 위해 설립한 보안. 정치경찰 조직으로 러시아 최초의 정보기구.

올리가르히(Oligarchy) : 소련 붕괴 후 국유재산의 사유화 과정에서 각종 이권에 대한 부정행위에 개입하여 신흥귀족으로 부상한 러시아의 독점재벌 세력. 연방보안부의 비호를 받으며 러시아 마피아와 결탁하여 마피아의 재정적 후원자 겸 실질적 몸통으로 대통령 선거에도 영향력을 행사하며 에너지 산업, 각종 금속산업, 금융 산업을 장악하고 있다.

외로운 늑대(Lone-wolf) : 테러단체의 활동을 동경하여 편무적으로 테러조직에 자발적으로 협조하는 동조자. 유령 조직원(phantom cell), 무(無)지도자 저항자(Leaderless resistance) 또는 비밀조직 요원(covert cell) 이라고도 한다.

우주공간 자유의 원칙 : 국가주권이 미치는 범위는 대기권 내로 한정되고, 모든 나라는 우주공간, 즉 외기권 에서는 다른 나라의 상공을 비행할 권리가 있다는 원칙. 1963년 UN 총회는 '우주공간의 탐사 및 이용에 있어 서 국가활동을 규제하는 법원칙 선언'을 채택하여 국제법적으로 우주공간 자유의 원칙을 확립했다.

운동역학 에너지 무기(kinetic energy weapon) : 탄두의 속도를 극대화함으로써 목표물에 충격 시, 강력 한 운동 에너지를 얻고, 발생한 운동에너지로 상대 목표물이 파괴되도록 하는 에너지 지향적 무기.

울트라(Ultra) 작전 : 2차 세계대전 당시 독일의 극비 통신 암호체계인 에니그마(ENIGMA)를 획득하여 해독 한 영국의 공작활동. 그에 동원된 자동 해독장치가 튜링이 개발한 폭탄(Bomb)이다.

워크 인(WALK-IN) : 유인되지 않은 자발적 정보 협조자.

원정·탐험 정보부대 : 미국 해병정보대(MCIA)의 별칭. 기동 활동과 전투 직전 단계에서 남들보다 먼저 투입 되어 상황을 파악하여 전투에 사용할 정보를 획득하고, 또한 위험을 무릅쓴 전투현장에서의 기동활동과 정보 활동을 병행 수행하는 것에서 붙여진 이름이다.

위양성(僞陽性, false positives) : 데이터 마이닝의 경우에 기계의 한계에서 오는 거짓양성 반응을 말한다.

위장부인 : 최종 책임자의 법적 그리고 도덕적 책임을 회피하기 위해, 중간 책임자를 내세우는 등으로 최종 책임자의 직접적인 연관성을 부인하면서 책임을 회피하는 기술적인 수단. 그럴듯한 부인(Plausible Denial) 이라고도 한다. 비밀공작의 경우에 활동 자체보다는 후원자의 정체 은폐가 중요하기 때문에 필요한 법리이 다. CIA 리처드 헬름(Richard Helms) 국장은 '그럴듯한 부인'은 비밀공작의 절대적인 필수 요건이라고 말했 었다.

유령(SPOOK) : 스파이(spy)의 비하적 속어. 특히 CIA 요원들을 지칭한다.

유령면접(phantom interview) : 면접담당자를 포섭하는 것처럼 기업체 직원 채용을 위한 면접기회를 경제 정보 획득에 활용하는 방법.

유인 수수소(LLB) : Live-letter box의 약어. 정보원으로부터 통신을 접수받기 위한 연락처.

음모와 배반의 나라 : 정보의 세계에서 프랑스를 지칭.

이란 - 콘트라(Iran-Contra Affair) 사건 : CIA가 주축이 되어 적대국으로 지정되어 있던 이란에 무기를 판매해서 불법 공작자금을 조성하고, 무기판매대금 등은 니카라과 정부를 전복하려는 니카라과 반군(Contra)에게 지원한 이중의 비밀공작. 일명 이란 게이트.

이민협회 B(Institute of Immigration B) : 전 세계에 퍼져 있는 유대인들의 팔레스타인으로의 유입 업무를 담당한, 대외 정보조직으로 쉐이와 함께 이스라엘 건국의 초석을 이루었다.

이중체크시스템(Double-Cross System) : 영국 보안부(M15)가 독일을 상대로 수행하여 제2차 세계대전을 연합국의 승리로 이끈 전략적 기만공작이었다.

이중스파이(Double Agents) : 정보수집 임무를 충실하게 수행하는 것처럼 하지만, 사실은 대상(target)국가 정보기구의 통제에 의해 위장된 정보수집 활동을 하는 정보요원을 말한다.

인터폴(INTERPOL) : 국제범죄의 신속한 해결과 각국 경찰기관의 기술협력을 목적으로 1956년 설립된 국제형사경찰기구(ICPO)의 전신약호(電信略號).

입에 담지 마라(Never Say Anything: NSA) : 미국 국가안보국(NSA)의 별칭.

자기기만(Self-Deception) : 어떤 현상에 대한 반대증거와 논리적 주장의 중요성과 심각성, 그리고 타당성 등을 부인하거나 그 부인을 스스로 합리화하는 인간의 내적심리 활동이다.

자산(ASSET) : 정보 대리인, 정보협조자.

작전보안(Operational Security : OPSEC) : 평시에는 비밀분류된 정보는 아니지만, 유사시에는 이용하지 못하도록 삭제하는 등의 보안통제.

적극조치(active measures) : 비밀공작에 대한 러시아 용어, '냉정한 일들(Dry Affairs)이라고도 했다.

전략지원국(Office of Strategic Services : OSS) : 미국 백악관 조종·정보실(Office of Coordination and Information : OCI)이 확대 개편되어 정보수집과 분석업무를 담당한 정보기구로 2차 세계대전에서 비밀공작(covert action) 임무를 주도한 미국의 본격적인 정보기구로 직접적인 CIA 전신이다.

전설(LEGEND) : 위장 정보원의 허위 전기기록.

전위(FRONT) : 가장을 위해 활용되는 정보기구가 운영하는 사업체.

전자감시 : 크게는 정찰위성과 정찰항공 그리고 땅에서의 폐쇄회로 TV(Closed-Circuit TV)에 , 통신감청, 녹음도청 (bug), 범지구 위성항법시스템(Global Positioning System) 추적처럼 전자적 장비를 사용하는 제반 감시활동.

전자감시의 도매업 : 광범위한 데이터 자료에서 지속적 자동적으로 정보를 추출하는 전자감시활동인 데이터

마이닝 기법(data mining)을 비유적으로 칭하는 말.

전자감시의 소매상 : 데이터 마이닝(data mining)에 비해서 상대적으로 단편적이고 1회적이며 소규모인 펜-레지스터나 도청. 감청 기법에 의한 전자감시 활동.

전자전쟁(Electronic Warfare) : 전자기장 에너지를 방출하는 전자폭탄과 전자총 같은 전자무기를 사용하여 전개하는 사이버 공간과 물리적 공간을 망라한 영역에서의 군사작전.

점(dot) : 개별적으로는 별다른 가치가 없는 단편적이고 미세한 요소들.

점의 연결(connecting the dots) : 단편적이고 미세한 정보 징후들을 종합하여 커다란 사실을 확보하는 정보활동 기법. CIA와 FBI등 정보기관 상호간의 불협조로 인한 점의 연결의 실패가 9/11 테러공격 예방 실패의 원인으로 간주된다.

정거장(STATION) : 간첩활동이 전개되는 장소.

정보순환 : 국가정보기구가 체계적인 기획 아래 첩보를 수집하여, 분석한 연후에 정보를 생산하고 정보를 배포하기까지 정보를 생산하는 일련의 과정.

정보체계(Intelligence machinery) : 영국 정보공동체를 지칭하는 용어. 미국은 정보공동체(IC).

정보개혁 및 테러방지법(IRTPA) : 2001년 9/11 테러공격에 따른 정보실패와, 2003년 이라크 정보분석 실패를 교훈삼아 2004년 12월 미국 정보역사상 가장 광범위한 구조개혁을 내용으로 하여 1947년 국가안보법을 개정하는 의회입법. 기존 정보공동체의 수장으로서의 중앙정보국장(DCI) 직위를 폐지하고 정보공동체의 신 황제(Czar)로 불리는 국가정보국장(DNI) 직위를 창설했다.

정보공동체(Intelligence Community) : 복수의 정보기구가 존재하는 경우에 형성되는 정보기구들 사이의 협력적 연합체. 미국의 경우는 국가정보국장(DNI)을 수장으로 하여 16개 국가정보기구로 구성되어 있는 정보기구들의 연합 그룹이다.

정보관(intelligence officer : I/O) : 국가정보기구의 정식 피용인인 국가공무원. 조종관(handler), 통제관(controllers), 접촉관(contacts), 또는 안내자(couriers) 등으로 불린다.

정보대리인(Intelligence Agency : I/A) : 국가정보기구의 정식 요원인 정보관에 의해 통솔되는 현지 정보요원. 그 나라에서의 신분을 불문하고 아측에서는 어느 경우에도 국가정보기구의 정식적인 피용인은 아니고 따라서 민간인 신분으로 분류된다. 정보대리인은 정보관(I/O)이 발굴하고 채용하는데, 정보대행자, 대리인(agent), 현지 정보제공자, 현지요원, 첩보원, 또는 두더지(mole)나 (인적)자산(assets)으로 호칭된다.

정보성 첩보(Intelligence Information) : 영상정보처럼 사실관계가 너무나도 명료해서 수집한 첩보에 대한 분석이 필요 없이 첩보 그 자체가 정보의 가치를 가지는 것.

정보실패(Intelligence Failure) : 국가정보기구가 국가안보와 국가이익에 대한 위협요소를 제대로 예측하거나 판단하지 못해 사전에 적절한 정책이 수립되고 집행되는 등 예방책이 작동되지 않음으로써, 국가안보에 위협을 초래하거나 국가이익에 손해를 가져오는 정보과정상의 제반 잘못.

정보인자(INT = INTelligence) : 국가정보기구가 정보를 수집하는 주된 요소. 보통 인간정보인자, 기술정보인자 그리고 공개출처 인자의 3가지로 분류된다.

정보특별대리인 : 미국의 경우 독립 초창기 상설적인 국가정보기구를 설치하지 않고, 특별한 국가적 비상사건이 발생하였을 경우 대통령이 임명하여 정보업무를 수행한 사람.

정부통신본부(Government Communications Headquarters : GCHQ) : 영국 신호정보 전문 정보기구. 애쉴론(ECHELON)의 영국 책임자. 흔히들 정보통신본부로 오기하고 잘못 불린다.

정치공작(political action) : 상대국의 정치에 비밀리에 개입해 자국에 유리한 정치적 상황을 조성하기 위해 실행되는 비밀공작.

제1의 옵션(first option) : 외국에서 자국의 결정적인 국가이익이 걸려 있는 경우 아무런 조치 없이 가만히 기다리거나 평화적인 외교활동으로 해결하려는 것. 외교정책을 말한다.

제1의 위협명령(first order threat) : 냉전시대 핵무기 같은 군사적 위협.

제2의 옵션(second option) : 외국에서 자국의 결정적인 국가이익이 걸려 있는 경우 군대를 파견하여 전쟁을 불사하는 것. 국방정책을 말한다.

제2의 위협명령(second order threat) : 냉전 이후에 새롭게 등장한 테러, 국제조직범죄, 그리고 경제안보에 대한 위협.

제3의 옵션(third option) : 비밀공작을 말한다. 제3의 대안이라고도 한다.

제3자 기록(third party records) : 다양한 사회활동에서 은행이나 보험회사 등 일방당사자가 계약에 기하였든지, 아니면 단독행위에 의한 사실상의 기록과 관리에 의해 가지고 있든지 특정인 등에 대한 거래내용과 사실이 표시되어 있는 서류나 장부 등을 의미한다. 간단하게 영업기록이라고도 한다.

제5열(第 五列, fifth column) : 적국 내에서 각종 모략활동을 하는 조직적인 무력집단이나 요원을 지칭하는 용어로 제5부대라고도 한다. 1936년의 스페인 내전 당시 4개 부대를 이끌고 마드리드 공략작전을 지휘한 E. 몰라 장군이 "마드리드는 내응자(內應者)로 구성된 제5부대에 의해서 점령될 것이다."라고 하여 자기가 이끄는 4개 부대 이외에도 적진에 이미 5번째의 협력자가 있음을 암시한데서 유래된 말이다.

제트로(JETRO) : 일본 경제정보기구.

조(JOE) : 아주 깊이 잠복해 있는 스파이.

조사분석청(Research and Analysis Wing : RAW) : 인도의 해외정보기구.

조종 · 정보실(Office of Coordination and Information : OCI) : 1941년도에 루즈벨트(Roosevelt) 대통령 명령으로 최초로 백악관 내에 설치된 CIA의 전신.

종료(TERMINATED) : 살인.

죽음의 키스 : 독일이 프랑스에 파견한 미모의 여성 댄서 간첩인 마타 하리(Mata Hari)의 유혹.

지갑의 권리(power of purse) : 정보공동체를 통제하는 의회의 예산에 대한 권리의 애칭.

지경학(地經學, geo-economics) : 국제경제환경과 경제질서에 따라서, 새롭게 형성된 세계 경제지도를 작성하고 경제력을 국가경쟁력의 주요한 요소로 평가하는 견해.

지구의 귀 : 미국 국가안보국(NSA)의 별칭

지구의 눈 : 미국 국가정찰실(NRO)의 별칭

지정학(地政學, geo-politics) : 국가들 간의 경쟁무대를 자연환경을 고려하여 세계 환경지도를 작성하고, 자연환경을 국가경쟁력의 주요한 요소로 평가하는 견해.

지지학(地知學, geo-knowledge) : 지식정보의 중요성에 기초한 시각에서 세계지도를 작성하고, 세계무대에서의 진정한 강국은 전통적인 군사력이나 경제력이 아니라 지식이 제일 중요한 국가경쟁력의 요소라고 보는 견해.

직(JIC) : 영국 정보공동체의 정보조율사인 합동정보위원회(Joint Intelligence Committee)의 약칭.

짐머만(Zimmermann) : 제1차 세계대전 당시의 독일의 비밀 전보통신 암호체계.

집행공작(executive action) : 암살의 은어.

첩보활동 기본요소(Essential Elements of Intelligence : EEI) : 국가정보목표 우선순위(PNIO)에 따라서 개별 부문 정보기관들이 주특기와 업무성격에 따라서 정보활동의 우선순위와 활동방향을 수립한 내용.

체리-피킹(cherry-picking) : 최종 정책결정자가 입맛에 맞는 정보분석만을 선별적으로 선호하는 것을 말한다. 정보의 정치화 위험성, 그리고 충성경쟁 등을 야기할 위험성, 정보분석이 충격을 유발하고 위험성을 과대평가하는 쪽으로 흐를 가능성을 초래할 수 있다.

체카(cheka) : 1917년 레닌이 창설한 구소련의 비밀경찰로 KGB의 전신.

초국가적안보위협세력 : 국제테러, 마약밀매, 국제조직범죄, 불법이민, 국경을 초월한 자금세탁 문제처럼 냉전이후 특정국가에 의한 군사 위협이외에 새롭게 국가안보를 위협하는 세력. 초국가적안보위협세력은 국제화되고 대량화되며 특정 주권국가와 달리 거점이 유동적인 네트워크 조직이라는 점에서 더욱 위험하고 대처가 어렵다는 특성이 있다.

총체적정보인식프로그램(Total Information Awareness Program) : 2001년 9/11 이후에 미국 국가안보국(NSA)이 구축한 데이터 마이닝 기법.

최후의 무기(last resort) : 전자폭탄(Electro-Magnetic Pulse: EMP)의 별칭.

쵸베츠(CHOBETSU) : 일본 신호정보 전문 정보기구.

축축한 일(WET JOB / AFFAIR) : 암살의 은어로 손에 피 같은 수분을 묻히는 일이므로 붙여진 이름.

치명적인 여인 : 정보의 세계에서 "위험한 여인"으로도 불리는 마타 하리(Mata Hari)를 지칭하는 말. 마타 하리는 제1차 세계대전 중 프랑스 정보부에 의해 독일 스파이인 'H21'이라고 지목되어 형장의 이슬로 사라진 3중 여간첩이다.

치콤스(Chicoms : Chinese Communists) : 중국 공산당.

친구(FRIEND) : 정보관에게 정보를 제공하는 정보제공자, 첩자, 두더지의 속어.

친구(Friends) : 다른 정보기관들에 대한 영국 비밀정보부(MI6)의 호칭.

카블러(COBBLER) : 수선공, 여권, 비자 서류, 외교 서류 같은 제반 문서 위조 기술자의 은어.

카오스 공작활동(Operation Chaos) : 미국 대통령 존슨 (Johnson)이 미국 정부의 베트남 정책을 반대하는 월남전 반대 비판가들을 지원하거나 영향을 주는 소련, 쿠바 그리고 중국 공산당 등의 공산주의 국가와 정치적 단체를 파악하라는 지시에 따라 실행된 CIA의 국내정보수집 활동.

컴퓨터 네트워크 공작(Computer Network Operations : CNO) : 상대방 컴퓨터 네트워크를 공격하거나 붕괴하는 것, 아국의 군사정보 시스템을 보호하는 것, 상대방 컴퓨터 네트워크를 역 이용하는 것을 말한다. 구체적으로 네트워크(Network) ① 방위(Defense), ② 착취. 활용(Exploitation), ③ 공격(Attack)의 3가지를 포함한다.

컴퓨터 활용 사전스크린 검색 시스템(Computer Assisted Passenger Prescreening System: CAPPS) : 공항 검문검색 시스템.

케임브리지 5인방 : 영국 MI6 내의 이중간첩. 그들은 케임브리지 대학 재학시절부터 KGB의 장학금을 받으며 육성된 원초적 이중 스파이였다.

코로나 계획(Corona Program) : CIA가 운용한 일련의 군사 정찰위성계획으로, 1959년부터 1972년도까지 이루어진 영상감시활동. 하늘의 눈(eyes in the sky)으로 일컬어졌다.

코인텔프로 : FBI의 방첩공작 프로그램(Counter Intelligence Program)의 철자 약어로, 반체제 정치적 단체에 대한 조사와 붕괴를 목적으로 FBI가 1956년부터 1971년 사이에 전개한 적극적 정보활동.

쿠리어(COURIER) : 서류·자금 등의 전달자.

크리샤(Krysha) : 신흥재벌귀족인 올리가르히(Oligarchy)를 비호하고 후원하기 위해 러시아 연방보안부가 직접 조직한 후원인.

타워 위원회(Tower commission) : 이란-콘트라 사건을 조사한 행정부 자체 위원회.

타이탄 레인(Titan Rain) : 미국 항공우주국(NASA), 록히드 마틴 국립 연구소 등의 미국 컴퓨터 망에 지속적으로 침투하려는 조직적·대규모 시도를 성공적으로 저지한 미국의 사이버 방첩공작.

탈레반(TALEBAN) : 이슬람 젊은 신학도들로 원리주의자. 현재 아프가니스탄의 지하조직.

탱고(TANGOS) : 테러분자의 속어(slang for terrorists).

통화상세기록(Call Detail Record) : 통신감청의 기초자료로 통화출처(통화자)와 통화상대방(수화자), 통화시간, 매 통화비용, 통화시간 등을 담고 있는 통신 데이터베이스를 말한다.

트랩도어(trapdoor) : 최초로 프로그램을 만들 때부터 접근이 가능하도록 소프트웨어에 장착된 비밀 통로.

특별기술공작(Special Technical Operations : STO) : 미국 네트워크 전쟁을 위한 기능적 합동사령부(JFCC-NW)가 보지한 실전적 사이버 전쟁 수행능력.

특별임무(Special task) : 이스라엘 모사드의 암살을 포함한 임무로 비밀공작을 지칭한다.

페레스트로이카(Perestroika) : '개혁'을 의미하는 고르바초프(Gorbachev)의 대내정책.

페어웰(Farewell) : 프랑스 보안정보기구인 국토감시총국의 KGB 요원 블라디미르 페트로프(Vladimir Vetrov)의 전향공작. 경제정보 분야에서의 대성공 공작.

펜-레지스터(Pen Registers) : 도청이나 감청처럼 통화의 내용을 파악하기 위한 것이 아니라 통화 번호나 신호발신 같은 통화의 외형적·형식적 사실을 인식하는 통신과 통화에 대한 감지장치.

펜트봄(Pentagon/Twin Towers Bombing Investigation) : FBI의 9/11 테러공격 조사 암호명. FBI 전체 11,000명의 특별수사요원 중 7,000명을 동원한 미국 범죄수사 역사상 가장 방대하고 복잡한 수사.

포크스톤 국(Folkestone Bureau) : 1차 세계대전에서 영국과 프랑스의 국가 간 합동정보기구.

프레지덴셜 파인딩(presidential finding) : (비밀공작에 대한) 대통령 승인 또는 재가.

프렌체론(Frenchelon) : 앵글로-색슨의 애쉴론 체계에 대한 대응으로 운용하는, 프랑스의 지구적 신호정보 (French Signal Intelligence) 전자감시체계. 주무부서는 국방부 산하의 대외안보총국(DGSE).

피닌트(Financial Intelligence : FININT) : 금융활동태스크포스의 정보수집 방법과 그렇게 수집된 정보. 구체적으로 국내·외의 개인, 특정 기구나 단체 또는 국가의 금융거래에 대하여 금융거래의 본질, 재정능력과 거래 의도를 예측하기 위해서 자료 분석을 포함한 다양한 방법으로 금융정보를 수집하는 활동 또는 그렇게 수집된 금융거래 정보.

피터 대제 계명(誡命) : Testament of Peter the Great는 프랑스가 작성한 피터 대제의 뜻(Will)을 담은 문서이다. 내용은 1700년대 제정 러시아의 피터 대제가 부동항을 획득하기 위해서 유럽으로 남하할 것이라는 공포를 조성하는 허위 내용으로, 유럽 다른 나라들의 온 신경을 러시아에 집중하게 만들기 위해 프랑스가 꾸민 정보 조작.

하마스(HAMAS) : 팔레스타인의 지하 조직을 말한다.

하비스 코스(habeas corpus) : 그 자체가 인신 보호 영장(人身保護令狀) 청원을 의미. 라틴어로는 "당신은 신체를 가진다(You (shall) have the body)"라는 뜻.

합동정보위원회(Joint Intelligence Committee) : 영국 정보 체계의 중심에 서 있는 기획·조종기구로 영국 정보공동체의 '정보조율사(Intelligence Coordinator).

항법전쟁(navigation warfare) : 미 국방부 전략사령부(USSTRATCOM)가 준비한 전자전쟁으로 우주에서 상대방의 인공위성을 공격하여 붕괴하는 공격.

해상도(resolution) : 인공위성이 영상으로 제공하는 명확성의 수준으로 어느 정도 크기의 물체를 식별할 수 있느냐는 것을 말한다.

대외기밀방첩부(External Documentation and Counterespionage Service : SDECE) : 오늘날 프랑스의 해외정보기구인 대외안보총국(DGSE)의 전신.

해외정보감독법(FISA) : 미국 정보기구들의 해외정보활동과 그 활동과 연관된 국내 전자감시, 압수·수색 등의 정보활동을 규율하는 정보활동 증진 및 통제입법.

허쉬 허쉬 프로그램(hush-hush program) : 외국 정보기구가 기업비밀을 절취한 경우, 피해 기업체 중역들에게 임시 비밀인가를 하여 실제 상황을 설명해 주는 미국 국가안보국(NSA)의 비밀계획.

헤즈볼라(HEZBOLLAH) : 레바논 무장 이슬람 조직이자 정당조직.

혐의조작 공작(Bad-jacket, snitch-jacket) : 고도의 상황조작 전략으로, 목표물에 거짓 옷, 즉 범죄혐의를 씌우는 과정.

협력자(Corporate enterprise) : 미국 해병정보대(MCIA)의 별칭. 해병관련 정보를 제공함을 1차적인 임무로 하지만, 다른 정보기구의 요청을 받아 그들이 수행하기 어려운 임무를 대행하거나 협력적 정보업무를 수행하기 때문에 붙여진 이름.

혼란스러운 다수의 영상(wilderness of mirrors) : 기만공작, 역기만 공작의 경우에 속고 있는지, 속이고 있는지 자체를 판단하기 어려운 혼란스러운 상황을 십분 활용해 상대방 정보기구 자체에 초래된 일대 혼란

홀리스톤(HOLYSTONE) : 미국의 해저 감청활동 암호명. 1959년부터 시작된 동 작전은 특별 제작된 잠수함으로 소련과 중국 그리고 베트남의 영해 내 3마일 지점까지 침투해 각종 전자통신을 감청하고 영상촬영을 함.

홍커(red hacker) : 약 100만 명에 달하는 중국의 해커들로 넷 포스(NET Force)에서 활동하기도 한다.

화이자(FISA) : 해외정보활동을 규율하는 미국 해외정보감독법(Foreign Intelligence Surveillance Act)의 철자약어이다. 피사 또는 피자로 잘못 호칭하는 경우도 적지 않다.

황금의 삼각지대(Golden Triangle region) : 남동아시아 중국, 태국, 라오스, 미얀마에 국경에 위치한 고원지대로 헤로인의 중요한 생산과 환적 지역.

회색 제휴(gray alliances) : 미국 CIA 등이 관여한 것으로 알려진 불법 마약거래. 구체적으로는 CIA를 포함한 미국 마약당국이 온두라스 군부와 결탁해 안전한 마약판매망 개척 등 마약 밀매에 공조.

회색메일(GRAYMAIL) : 협박용 메일.

회색선전(Gray Propaganda) : 출처를 숨기지는 않더라도 공개하지 않고, 또한 공개된 출처라도 그 출처에서 선전되는 것인지 불투명하게 하는 가운데 전개하는 선전공작.

휴민트(HUMINT) : 인간을 주요수단으로 하는 인간정보(HUMan INTelligence)의 철자약어.

흑묘백묘론(黑猫白猫論) : 검은색 고양이든 흰색 고양이든 쥐를 잘 잡는 고양이가 최고의 고양이라는 뜻으로 1980년대 중국 경제발전을 주도한 등소평의 '경제 실용주의 노선.

흑색선전(Black Propaganda) : 뉴스 출처를 철저히 은폐하는 방식으로 전개하는 선전활동. 주로 인격살인

을 야기하는 정보공작으로 허위정보나 폭로 정보 등을 제공할 때 사용하는 비방 모략.

흑색정보관(Black I/O) : 공직가장 정보관이든 비공직가장 정보관이든 주재국에 정보관 신분을 노출하지 않은 정보관. 일명 흑색 까마귀(Black crow). 백색정보관 또는 백색 까마귀와 대칭.

● 부록 2

【국가정보 관련 규정】

---

1. 방첩업무 규정[대통령령 제29289호]
2. 보안업무규정[대통령령 제29321호]
3. 정보 및 보안업무기획·조정규정[대통령령 제28211호]
4. 국가사이버안전관리규정[대통령훈령 제310호]
5. 국가정보자료관리규정[대통령령 제16211호]
6. 국방정보본부령[대통령령 제29322호]
7. 군사안보지원사령부령[대통령령 제29114호]
8. 사이버작전사령부령[대통령령 제29561호]
9. 경찰청과 그 소속기관 직제[대통령령 제30086호]

---

1. 방첩업무 규정[대통령령 제29289호]

제1조(목적)

이 영은 「국가정보원법」 제3조에 따른 방첩(防諜)에 관한 업무의 수행과 이를 위한 기관 간 협조 등에 관한 사항을 규정하여 국가안보에 이바지함을 목적으로 한다.

제2조(정의) 이 영에서 사용하는 용어의 뜻은 다음과 같다.

1. "방첩"이란 국가안보와 국익에 반하는 외국의 정보활동을 찾아내고 그 정보활동을 견제·차단하기 위하여 하는 정보의 수집·작성 및 배포 등을 포함한 모든 대응활동을 말한다.

2. "외국의 정보활동"이란 외국 정부·단체 또는 외국인이 직접 하거나 내국인을 이용하여 하는 정보수집활동과 그 밖의 활동으로서 대한민국의 국가안보와 국익에 영향을 미칠 수 있는 모든 활동을 말한다.

3. "방첩기관"이란 방첩에 관한 업무를 수행하는 다음 각 목의 기관을 말한다.

　가. 국가정보원

　나. 법무부

　다. 관세청

　라. 경찰청

　마. 해양경찰청

　바. 군사안보지원사령부

4. "관계기관"이란 방첩기관 외의 기관으로서 다음 각 목의 기관을 말한다.

가. 「정부조직법」 또는 그 밖의 법령에 따라 설치된 국가기관

나. 지방자치단체 중 국가정보원장이 제10조에 따른 국가방첩전략회의의 심의를 거쳐 지정하는 지방자치단체

다. 「공공기관의 운영에 관한 법률」 제4조에 따른 공공기관 중 국가정보원장이 제10조에 따른 국가방첩전략회의의 심의를 거쳐 지정하는 기관

제3조(방첩업무의 범위) 이 영에 따라 방첩기관이 수행하는 업무의 범위는 다음 각 호와 같다.

 1. 외국의 정보활동에 대한 정보수집 및 색출

 2. 외국의 정보활동에 대한 견제 및 차단

 3. 외국의 정보활동에 대응하기 위한 기법 개발 및 제도 개선

 4. 다른 방첩기관 및 관계기관에 대한 방첩 관련 정보 제공

 5. 그 밖에 외국의 정보활동으로부터 국가안보 및 국익을 지키기 위한 활동

제4조(기관 간 협조)

① 방첩기관의 장은 방첩업무 수행을 위하여 필요한 경우 다른 방첩기관의 장이나 관계기관의 장에게 협조를 요청할 수 있다.

② 제1항에 따라 협조 요청을 받은 기관의 장은 협조 요청에 따르지 못할 특별한 사유가 있는 경우를 제외하고는 협조하여야 한다.

제4조의2(방첩정보 공유센터)

① 방첩기관 간 방첩 관련 정보의 원활한 공유와 방첩업무의 효율적인 수행을 위하여 국가정보원장 소속으로 방첩정보 공유센터를 둘 수 있다.

② 방첩정보 공유센터의 조직 및 운영에 관한 사항은 제6조에 따른 기본지침으로 정할 수 있다.

③ 국가정보원장은 방첩정보 공유센터의 운영을 위하여 필요한 경우 방첩기관의 장에게 소속 공무원의 파견 또는 방첩 관련 정보의 공유 등 협조를 요청할 수 있다.

제5조(방첩업무의 기획ㆍ조정)

① 국가정보원장은 방첩업무에 관한 정책을 기획하고, 방첩업무를 통합적으로 수행하기 위하여 필요한 경우 이 영 및 관계 법령으로 정한 범위에서 방첩기관 및 관계기관(이하 "방첩기관등"이라 한다)의 방첩업무를 합리적으로 조정한다.

② 국가정보원장은 방첩업무를 조정하는 경우에 국가안보에 중대한 영향을 미치는 주요 사안에 대해서는 직접 조정하고, 그 밖의 사안에 대해서는 제6조에 따른 지침으로 정하는 바에 따라 조정한다.

제6조(국가방첩업무 지침의 수립 등)

① 국가정보원장은 국가의 방첩업무를 효율적으로 수행하기 위하여 국가방첩업무 기본지침(이하 "기본지침"이라 한다)을 수립하여 방첩기관 등의 장에게 송부하여야 한다.

② 기본지침에는 다음 각 호의 사항이 포함되어야 한다.

 1. 방첩업무의 기본 목표 및 전략에 관한 사항

2. 방첩기관 등의 방첩업무 협조에 관한 사항

3. 그 밖에 국가 방첩업무의 원활한 수행을 위하여 필요한 사항

③ 국가정보원장은 매년 12월 20일까지 기본지침에 따라 다음 연도의 방첩업무 수행에 관한 지침을 수립하여 방첩기관 등의 장에게 송부하여야 한다.

④ 국가정보원장으로부터 연도별 지침을 받은 방첩기관의 장은 연도별 지침에 따라 그 기관의 해당 연도 방첩업무계획을 수립·시행하여야 한다.

제7조(외국인 접촉 시 국가기밀등의 보호)

① 방첩기관등의 구성원은 외국을 방문하거나 외국인을 접촉할 때에는 국가기밀, 산업기술 또는 국가안보·국익 관련 중요 정책사항(이하 "국가기밀등"이라 한다)이 유출되지 않도록 유의하여야 한다.

② 방첩기관등의 장은 기관의 업무 성격을 고려하여 소속 구성원이 외국인을 접촉하는 경우에 발생할 수 있는 국가기밀등의 유출 위험을 방지하기 위하여 필요한 사항에 관한 규정을 마련·시행하여야 한다.

③ 방첩기관 등의 장은 소속 구성원 중에서 업무를 전담하는 직원을 지정할 수 있다.

제8조(외국인 접촉 시 특이사항의 신고 등)

① 방첩기관등의 구성원(방첩기관등에 소속된 위원회의 민간위원을 포함한다)이 외국인을 접촉한 경우에 그 외국인이 다음 각 호의 어느 하나에 해당한다고 의심할 만한 상당한 이유가 있을 경우에는 지체 없이 그 사실을 소속 방첩기관등의 장에게 신고하여야 하며, 해당 방첩기관등의 장은 그 신고 내용을 국가정보원장에게 통보하여야 한다.

1. 접촉한 외국인이 국가기밀등이나 밖의 국가안보 및 국익 관련 정보를 탐지·수집하려고 하는 경우

2. 접촉한 외국인이 방첩기관등의 구성원을 정보활동에 이용하려고 하는 경우

3. 접촉한 외국인이 그 밖의 국가안보 또는 국익을 침해하는 활동을 하는 사람인 경우

② 제1항에도 불구하고 방첩기관의 장은 법령에 따른 직무 수행과 관련하여 필요하다고 판단하는 경우에는 통보하지 아니할 수 있다.

③ 제1항에 따른 통보를 받은 국가정보원장은 효율적인 방첩업무 수행을 위하여 필요하다고 인정하는 경우에는 통보받은 사실이나 관련 분석 자료를 작성하여 방첩기관등의 장에게 배포하여야 한다.

④ 국가정보원장은 신고 내용이 국가안보와 방첩업무에 이바지하였다고 인정되는 경우에는 정부 표창 규정 등에 따라 포상하거나 국가정보원장이 정하는 바에 따라 포상금을 지급할 수 있다.

제9조(외국 정보기관 구성원 접촉절차)

방첩기관등의 구성원이 법령에 따른 직무 수행 외의 목적으로 외국 정보기관(특정국가에서 다른 국가에 대한 정보 수집을 주된 목적으로 설치된 그 국가의 기관을 말한다)의 구성원을 접촉하려는 경우 소속 방첩기관등의 장에게 미리 보고하여야 하며, 해당 방첩기관등의 장은 그 내용을 국가정보원장에게 통보하여야 한다.

제10조(국가방첩전략회의의 설치 및 운영 등)

① 국가방첩전략의 수립 등 국가 방첩업무에 관한 중요 사항을 심의하기 위하여 국가정보원장 소속으로

국가방첩전략회의(이하 "전략회의"라 한다)를 둔다.

② 전략회의는 의장 1명을 포함한 25명 이내의 위원으로 구성한다.

③ 전략회의의 의장은 국가정보원장이 되고, 위원은 다음 각 호의 공무원이 된다.

　1. 기획재정부, 과학기술정보통신부, 외교부, 통일부, 법무부, 행정안전부, 산업통상자원부, 중소벤처기업부 및 국무조정실의 차관급 공무원(차관급 공무원이 2명 이상인 경우 해당 기관의 장이 지정하는 차관급 공무원을 말한다)

　2. 인사혁신처, 관세청, 방위사업청, 경찰청 및 해양경찰청의 차장

　3. 국방정보본부의 본부장 및 군사안보지원사령부의 사령관

　4. 전략회의의 의장이 지명하는 국가정보원 소속 공무원

　5. 전략회의의 의장이 관계기관의 장과 협의하여 지명하는 관계기관 소속 공무원

④ 전략회의의 의장은 회의를 소집하고 그 회의를 주재한다.

⑤ 전략회의의 회의는 재적위원 과반수의 출석과 출석위원 과반수의 찬성으로 의결한다.

⑥ 기타 전략회의의 운영에 필요한 사항은 국가정보원장이 정한다.

제11조(국가방첩전략실무회의의 설치 및 운영 등)

① 전략회의를 효율적으로 운영하기 위하여 전략회의에 국가방첩전략실무회의를 둔다.

② 실무회의는 의장 1명을 포함한 25명 이내의 위원으로 구성한다.

③ 실무회의의 의장은 국가정보원의 방첩업무를 담당하는 실장급 또는 국장급 부서의 장이 되고, 위원은 전략회의의 위원이 소속된 기관의 고위공무원단에 속하는 공무원 또는 이에 상당하는 공무원이 된다.

④ 실무회의는 전략회의에서 심의할 의안(議案)을 미리 검토·조정하고, 다음 각 호의 사항을 심의하여 그 결과를 전략회의에 보고할 수 있다.

　1. 국가 방첩업무 현안에 대한 대책의 수립 및 시행에 관한 사항

　2. 전략회의의 심의·의결을 거쳐 정해진 정책 등에 대한 시행 방안

　3. 전략회의로부터 위임받은 심의사항

　4. 그 밖에 실무회의의 의장이 회의에 부치는 방첩업무에 관한 사항

⑤ 실무회의의 운영에 필요한 사항은 국가정보원장이 정한다.

제12조(지역방첩협의회의 설치 및 운영 등)

① 국가정보원장은 필요한 경우 방첩기관의 장과 협의하여 방첩업무를 협의하기 위한 지역방첩협의회를 구성·운영할 수 있다.

② 지역방첩협의회 운영에 필요한 사항은 국가정보원장이 지역방첩협의회의 심의·의결을 거쳐 정한다.

제13조(방첩교육)

① 방첩기관등의 장은 해당 기관의 업무 수행과 관련하여 그 기관 소속 구성원이 외국의 정보활동에 효율적으로 대응하기 위하여 필요한 자체 방첩교육에 관한 계획을 수립하여 시행하여야 한다.

② 방첩기관등의 장은 소속 구성원에 대한 방첩교육을 국가정보원장에게 위탁하여 실시할 수 있다.

제14조(외국인 접촉의 부당한 제한 금지)

방첩기관등의 장은 이 영의 목적이 외국의 정보활동으로부터 대한민국의 국가안보와 국익을 보호하기 위한 것임을 고려하여 소속 구성원의 외국인과의 접촉을 부당하게 제한하여서는 아니 된다.

제15조(홍보)

방첩기관의 장은 홍보를 통하여 소관 방첩업무에 대한 국민의 이해를 증진시키기 위하여 노력하여야 한다.

부칙 〈대통령령 제29289호, 2018. 11. 20.〉

제1조(시행일) 이 영은 공포한 날부터 시행한다.

2. 보안업무규정[대통령령 제29321호]

제1장 총칙

제1조(목적)

이 영은 「국가정보원법」 제3조제2항에 따라 보안 업무 수행에 필요한 사항을 규정함을 목적으로 한다.

제2조(정의) 이 영에서 사용하는 용어의 뜻은 다음과 같다.

1. "비밀"이란 그 내용이 누설될 경우 국가안전보장에 해를 끼칠 우려가 있는 국가 기밀로서 이 영에 따라 비밀로 분류된 것을 말한다.

2. "각급기관"이란 「대한민국헌법」, 「정부조직법」 또는 그 밖의 법령에 따라 설치된 국가기관(군기관 및 교육기관을 포함한다)과 지방자치단체 및 「공공기록물 관리에 관한 법률 시행령」 제3조에 따른 공공기관을 말한다.

3. "중앙행정기관"이란 「정부조직법」 제2조제2항에 따른 부·처·청(이에 준하는 위원회를 포함한다)과 대통령 소속·보좌·경호기관 및 국무총리 보좌기관을 말한다.

4. "암호자재"란 정보통신 보안을 위하여 암호기술을 적용하여 만들어진 장치나 수단으로서 Ⅰ·Ⅱ급비밀 및 Ⅲ급비밀 소통용 암호자재로 구분하는 장치나 수단을 말한다.

제3조(보안책임)

국가안전보장에 관련되는 인원·문서·자재·시설 및 지역을 관리하는 사람과 관계 기관의 장은 관리 대상에 대하여 보안책임을 진다.

제2장 비밀보호

제4조(비밀의 구분) 비밀은 그 중요성과 가치의 정도에 따라 다음 각 호와 같이 구분한다.

1. Ⅰ급비밀: 누설될 경우 대한민국과 외교관계가 단절되고 전쟁을 일으키며, 국가의 방위계획·정보활동 및 국가방위에 반드시 필요한 과학과 기술의 개발을 위태롭게 하는 등의 우려가 있는 비밀

2. Ⅱ급비밀: 누설될 경우 국가안전보장에 막대한 지장을 끼칠 우려가 있는 비밀

3. Ⅲ급비밀: 누설될 경우 국가안전보장에 해를 끼칠 우려가 있는 비밀

제5조(비밀의 보호와 관리 원칙)

각급기관의 장은 비밀의 분류·취급·유통 및 이관 등의 모든 과정에서 비밀이 누설되거나 유출되지 아니하도록 보안대책을 수립하여 시행하여야 한다.

제6조(비밀의 보호 등에 관한 국가정보원장의 역할)

국가정보원장은 비밀의 보호 및 관리와 관련하여 다음 각 호의 업무를 수행한다.

1. 비밀의 보호와 관련된 기본정책의 수립 및 제도의 개선

2. 비밀관리 기법의 연구·보급 및 표준화

3. 전자적 방법에 의한 비밀보호 기술개발 및 보급

4. 각급기관의 보안 업무가 제1호부터 제3호까지의 사항에 따라 적절하게 수행되는지 여부의 확인

5. 제1호부터 제3호까지의 사항에 대한 각급기관 소속 공무원 등의 교육

제7조(암호자재 제작·공급 및 반납)

① 국가정보원장은 비밀 소통용 암호자재를 제작하여 필요한 기관에 공급한다. 다만, 국가정보원장이 필요하다고 인정하는 암호자재의 경우 그 암호자재를 사용하는 기관은 국가정보원장이 인가하는 암호체계의 범위에서 암호자재를 제작할 수 있다.

② 암호자재를 사용하는 기관의 장은 사용기간이 끝난 암호자재를 지체 없이 그 제작기관의 장에게 반납하여야 한다.

제8조(비밀의 취급) 비밀은 해당 등급의 비밀취급 인가를 받은 사람만 취급할 수 있다.

제9조(비밀취급 인가권자)

① Ⅰ급비밀 취급 인가권자와 Ⅰ·Ⅱ급비밀 소통용 암호자재 취급 인가권자는 다음 각 호와 같다.

1. 대통령

2. 국무총리

3. 감사원장

4. 국가인권위원회 위원장

5. 각 부·처의 장

6. 국무조정실장, 방송통신위원회 위원장, 공정거래위원회 위원장, 금융위원회 위원장, 국민권익위원회 위원장 및 원자력안전위원회 위원장

7. 대통령 비서실장

8. 국가안보실장

9. 대통령경호처장

10. 국가정보원장

11. 검찰총장

12. 합동참모의장, 각군 참모총장, 지상작전사령관 및 육군제2작전사령관

13. 국방부장관이 지정하는 각군 부대장

② II급 및 III급비밀 취급 인가권자와 III급비밀 소통용 암호자재 취급 인가권자는 다음 각 호와 같다.

1. 제1항 각 호의 사람

2. 중앙행정기관인 청의 장

3. 지방자치단체의 장

4. 특별시·광역시·도 및 특별자치시·특별자치도의 교육감

5. 제1호부터 제4호까지의 사람이 지정한 기관의 장

제10조(비밀취급의 인가 및 인가해제)

① 비밀취급 인가권자는 비밀을 취급하거나 비밀에 접근할 사람에게 해당 등급의 비밀취급을 인가하고, 필요한 경우에는 인가 등급을 변경한다.

② 비밀취급 인가는 인가 대상자의 직책에 따라 필요한 최소한의 인원으로 제한하여야 한다.

③ 비밀취급 인가를 받은 사람이 다음 각 호의 어느 하나에 해당하는 경우에는 인가를 해제하여야 한다.

1. 고의 또는 중대한 과실로 보안사고를 저질렀거나 이 영을 위반하여 보안업무에 지장을 주는 경우

2. 비밀취급이 불필요하게 되었을 경우

④ 비밀취급의 인가와 인가 등급의 변경 및 인가 해제는 문서로 하여야 하며, 직원의 인사기록사항에 그 사실을 포함하여야 한다.

제11조(비밀의 분류)

① 비밀취급인가 받은 사람은 인가받은 비밀 및 그 이하 등급 비밀의 분류권을 가진다.

② 같은 등급 이상의 비밀취급 인가를 받은 사람 중 직속 상급직위에 있는 사람은 그 하급직위에 있는 사람이 분류한 비밀등급을 조정할 수 있다.

③ 비밀을 생산하거나 관리하는 사람은 그 비밀을 분류하거나 재분류할 책임이 있다.

제12조(분류원칙)

① 비밀은 적절히 보호할 수 있는 최저등급으로 분류하되, 과도하거나 과소하게 분류해서는 아니 된다.

② 비밀은 자체의 내용과 가치 도에 따라 분류하여야 하며 른 비밀과 관련하여 분류해서는 아니 된다.

③ 외국 정부나 국제기구로부터 접수한 비밀은 그 생산기관이 필요로 하는 정도로 보호할 수 있도록 분류하여야 한다.

제13조(분류지침)

각급기관의 장은 비밀분류를 통일성 있고 적절하게 하기 위하여 세부 분류지침을 작성하여 시행하여야 한다.

14조(예고문)

제12조에 따라 분류된 비밀에는 「공공기록물 관리에 관한 법률」 제33조제1항에 따른 비밀 보호기간 및 보존기간을 명시하기 위하여 예고문을 기재하여야 한다.

제15조(재분류 등)

① 비밀을 효율적으로 보호하기 위하여 비밀등급 또는 예고문 변경 등의 재분류를 한다.

② 비밀의 재분류는 그 비밀의 예고문에 따르거나 생산자의 직권으로 한다. 다만, 다음 각 호의 어느 하나에 해당하는 경우에는 예고문의 비밀 보호기간 및 보존기간과 관계없이 비밀을 파기할 수 있다.

  1. 전시·천재지변 등 긴급하고 부득이한 사정으로 비밀을 계속 보관할 수 없거나 안전하게 반출할 수 없는 경우

  2. 국가정보원장의 요청이 있는 경우

  3. 비밀 재분류를 통하여 예고문에 따른 파기 시기까지 계속 보관할 필요가 없게 된 경우로서 해당 비밀취급 인가권자의 사전 승인을 받은 경우

③ 외국 정부나 국제기구로부터 접수된 비밀 중 예고문이 없거나 기재된 예고문이 비밀 관리에 적당하지 아니하다고 인정되는 경우에는 접수한 기관의 장이 그 비밀을 최대한 보호할 수 있는 범위에서 재분류할 수 있다.

제16조(표시)

비밀은 그 취급자 또는 관리자에게 경고하고 비밀취급 인가를 받지 아니한 사람의 접근을 방지하기 위하여 분류(재분류를 포함. 이하 같다)와 동시에 등급에 따라 구분된 표시를 하여야 한다.

제17조(비밀의 접수·발송)

① 비밀을 접수하거나 발송할 때에는 비밀을 최대한 보호할 수 있는 방법을 이용하여야 한다.

② 비밀은 암호화되지 아니한 상태로 전신(電信)·전화 등의 정보통신 수단을 이용하여 접수하거나 발송해서는 아니 된다.

③ 모든 비밀을 접수하거나 발송할 때에는 확인 접수증을 사용한다.

제18조(보관)

비밀은 도난·유출·화재 또는 파괴로부터 보호하고 비밀취급인가를 받지 아니한 사람의 접근을 방지할 수 있는 적절한 시설에 보관하여야 한다.

제19조(출장 중의 비밀 보관)

비밀을 휴대하고 출장 중인 사람은 비밀을 안전하게 보호하기 위하여 국내 경찰기관 또는 재외공관에 보관을 위탁할 수 있으며, 위탁받은 기관은 그 비밀을 보관하여야 한다.

제20조(보관책임자)

각급기관의 장은 소속 직원 중에서 이 영에 따른 비밀 보관 업무를 수행할 보관책임자를 임명하여야 한다.

제21조(비밀의 전자적 관리)

① 각급기관의 장은 전자적 방법을 사용하여 비밀을 관리할 수 있다.

② 각급기관의 장은 제1항에 따라 비밀을 관리할 경우 국가정보원장이 안전성을 확인한 암호자재를 사용하여 비밀의 위조·변조·훼손 및 유출 등을 방지하기 위한 보안대책을 마련하여 시행하여야 한다.

제22조(비밀관리기록부)

① 각급기관의 장은 비밀의 작성·분류·접수·발송 및 취급 등에 필요한 모든 관리사항을 기록하기 위하여 비밀관리기록부를 작성하여 갖추어 두어야 한다. 다만, Ⅰ급비밀관리기록부는 따로 작성하여 갖추어 두어야 하며, 암호자재는 암호자재 관리기록부로 관리한다.

② 비밀관리기록부와 암호자재 관리기록부에는 모든 비밀과 암호자재에 대한 보안책임 및 보안관리 사항이 정확히 기록·보존되어야 한다.

제23조(비밀의 복제·복사 제한)

① 비밀의 일부 또는 전부나 암호자재에 대해서는 모사(模寫)·타자(打字)·인쇄·조각·녹음·촬영·인화(印畵)·확대 등 그 원형을 재현(再現)하는 행위를 할 수 없다. 다만, 다음 각 호의 구분에 따른 비밀의 경우에는 그러하지 아니하다.

1. Ⅰ급비밀: 그 생산자의 허가를 받은 경우

2. Ⅱ급비밀 및 Ⅲ급비밀: 그 생산자가 특정한 제한을 하지 아니한 것으로서 해당 등급의 비밀취급 인가를 받은 사람이 공용(共用)으로 사용하는 경우

3. 전자적 방법으로 관리되는 비밀: 해당 비밀을 보관하기 위한 용도인 경우

② 각급기관의 장은 보안 업무의 효율적인 수행을 위하여 필요하다고 인정되는 경우에는 해당 비밀의 보존기간 내에서 제1항 단서에 따라 그 사본을 제작하여 보관할 수 있다.

③ 제2항에 따라 비밀의 사본을 보관할 때에는 그 예고문이나 비밀등급을 변경해서는 아니 된다. 다만, 「공공기록물 관리에 관한 법률 시행령」에 따라 비밀을 재분류하는 경우에는 그러하지 아니하다.

④ 비밀을 복제하거나 복사한 경우에는 그 원본과 동일한 비밀등급과 예고문을 기재하고, 사본 번호를 매겨야 한다.

⑤ 예고문에 재분류 구분이 "파기"로 되어 있을 때에는 원본의 파기 시기보다 그 시기를 앞당길 수 있다.

제24조(비밀의 열람)

① 비밀은 해당 등급의 비밀취급 인가를 받은 사람 중 그 비밀과 업무상 직접 관계가 있는 사람만 열람할 수 있다.

② 비밀취급 인가를 받지 아니한 사람에게 비밀을 열람하거나 취급하게 할 때에는 국가정보원장이 정하는 바에 따라 소속 기관의 장(비밀이 군사와 관련된 사항인 경우에는 국방부장관)이 미리 열람자의 인적사항과 열람하려는 비밀의 내용 등을 확인하고 열람 시 비밀 보호에 필요한 자체 보안대책을 마련하는 등의 보안조치를 하여야 한다. 다만, Ⅰ급비밀의 보안조치에 관하여는 국가정보원장과 미리 협의하여야 한다.

제25조(비밀의 공개)

① 중앙행정기관의 장은 다음 각 호의 어느 하나에 해당하는 사유가 있을 때에는 그가 생산한 비밀을 제26조에 따른 보안심사위원회의 심의를 거쳐 공개할 수 있다. 다만, Ⅰ급비밀의 공개에 관하여는 국가정보원장과 미리 협의하여야 한다.

1. 국가안전보장을 위하여 국민에게 긴급히 알려야 할 필요가 있다고 판단될 때

2. 공개함으로써 국가안전보장 또는 국가이익에 현저한 도움이 된다고 판단될 때

② 공무원 또는 공무원이었던 사람은 법률에서 정하는 경우를 제외하고는 소속 기관의 장이나 소속되었던 기관의 장의 승인 없이 비밀을 공개해서는 아니 된다.

제26조(보안심사위원회)

① 중앙행정기관에 비밀의 공개에 관한 사항을 심의하기 위하여 보안심사위원회를 둔다.

② 보안심사위원회의 구성·운영 등에 필요한 세부사항은 국가정보원장이 정한다.

제27조(비밀의 반출) 비밀은 보관하고 있는 시설 밖으로 반출해서는 아니 된다. 다만, 공무상 반출이 필요할 때에는 소속 기관의 장의 승인을 받아야 한다.

제28조(안전 반출 및 파기 계획) 각급기관의 장은 비상시에 대비하여 비밀을 안전하게 반출하거나 파기할 수 있는 계획을 수립하고, 소속 직원에게 주지(周知)시켜야 한다.

제29조(비밀문서의 통제) 각급기관의 장은 비밀문서의 접수·발송·복제·열람 및 반출 등의 통제에 필요한 규정을 따로 작성·운영할 수 있다.

제30조(비밀의 이관) 비밀은 일반문서보관소로 이관해서는 아니 된다. 다만, 「공공기록물 관리에 관한 법률」 및 같은 법 시행령에 따라 기록물관리기관으로 이관하는 경우에는 그러하지 아니하다.

제31조(비밀 소유 현황 통보)

각급기관의 장은 연 2회 비밀 소유 현황을 조사하여 국가정보원장에게 통보하여야 한다.

제32조(보호구역)

① 파괴, 기능 마비 또는 비밀누설로 인하여 전략적으로 또는 군사적으로 막대한 손해를 끼치거나 국가안전보장에 연쇄적 혼란을 일으킬 우려가 있는 시설 또는 지역(이하 "국가보안시설"이라 한다)이나 선박·항공기 등 중요장비를 관리하는 기관 등의 장과 각급기관의 장은 국가비밀·암호자재와 국가보안시설·보호장비의 보호를 위하여 필요한 장소에 일정한 범위의 보호구역을 설정할 수 있다.

② 보호구역은 그 중요도에 따라 제한지역, 제한구역 및 통제구역으로 나눈다.

③ 보호구역에 접근하거나 출입하려는 사람은 각급기관의 장 또는 국가보안시설·보호장비를 관리하는 기관 등의 장의 허가를 받아야 한다.

④ 보호구역을 관리하는 사람은 제3항에 따른 허가를 받지 아니한 사람의 보호구역 접근이나 출입을 제한하거나 금지할 수 있다.

제3장 신원조사

제33조(신원조사)

① 국가정보원장은 국가보안을 위하여 국가에 대한 충성심·성실성 및 신뢰성을 조사하기 위하여 신원조사를 한다.

② 신원조사는 국가정보원장이 직권으로 하거나 관계 기관의 장의 요청에 따라 한다.

③ 신원조사의 대상이 되는 사람은 다음 각 호와 같다.

1. 공무원 임용 예정자

2. 비밀취급 인가 예정자

3. 해외여행을 위하여 「여권법」에 따른 여권이나 「선원법」에 따른 선원수첩 등 신분증서 또는 「출입국관리법」에 따른 사증(査證) 등을 발급받으려는 사람(입국하는 교포를 포함한다)

4. 국가보안시설 · 보호장비를 관리하는 기관 등의 장(해당 국가보안시설 등의 관리 업무를 수행하는 소속 직원을 포함한다)

5. 임직원을 임명할 때 정부의 승인이나 동의가 필요한 공공기관의 임직원

6. 그 밖에 다른 법령에서 정하는 사람이나 각급기관의 장이 국가보안상 필요하다고 인정하는 사람

제34조(조사결과의 처리)

① 국가정보원장은 신원조사 결과 국가안전보장에 해를 끼칠 정보가 있음이 확인된 사람에 대해서는 관계 기관의 장에게 그 사실을 통보하여야 한다.

② 통보를 받은 관계 기관의 장은 신원조사 결과에 따라 필요한 보안대책을 마련하여야 한다.

제4장 보안조사

제35조(보안측정) 국가정보원장은 국가보안에 관련된 시설 · 암호자재 또는 지역을 파괴, 기능 마비 또는 비밀누설로부터 보호하기 위하여 보안측정을 한다.

제36조(측정대상) 보안측정은 국가보안시설과 보호장비를 대상으로 한다.

제37조(측정의 실시)

① 보안측정은 국가정보원장이 직권으로 하거나 국가보안시설 및 보호장비를 관리하는 기관 등의 장이나 그 감독기관의 장의 요청에 따라 한다.

② 국가보안시설 및 보호장비를 관리하는 기관 등의 장이나 감독기관의 장은 국가정보원장이 시설 및 장비의 보호를 위하여 요구하는 보안대책을 성실히 이행하여야 한다.

③ 국가정보원장은 관계 기관에 보안측정을 위하여 필요한 협조를 요구할 수 있다.

제38조(보안사고 조사) 국가정보원장은 비밀의 누설 또는 분실과 국가보안시설 · 보호장비의 파괴, 보호구역에 대한 불법침입 등 보안사고의 재발 방지를 위하여 보안사고 조사를 한다.

제39조(보안감사) 중앙행정기관의 장은 이 영에서 정한 인원 · 문서 · 자재 · 시설 · 지역 및 장비 등의 보안관리상태와 그 적정 여부를 조사하기 위하여 보안감사를 한다.

제40조(정보통신보안감사) 중앙행정기관의 장은 정보통신수단에 의한 비밀의 누설방지와 정보통신시설의 보안상태를 조사하기 위하여 정보통신보안감사를 한다.

제41조(감사의 실시)

① 제39조에 따른 보안감사와 제40조에 따른 정보통신보안감사는 정기감사와 수시감사로 구분하여 한다.

② 정기감사는 연 1회, 수시감사는 필요에 따라 수시로 한다.

③ 보안감사와 정보통신보안감사를 할 때는 보안상의 취약점이나 개선 필요 사항의 발굴에 중점을 둔다.

제42조(조사 및 감사 결과의 처리)

① 국가정보원장은 제35조에 따른 보안측정 및 제38조에 따른 보안사고 조사의 결과를 해당 기관의 장에게 통보한다.

② 중앙행정기관의 장은 제39조에 따른 보안감사 및 제40조에 따른 정보통신보안감사의 결과를 국가정보원장에게 통보한다.

③ 제1항에 따라 조사결과를 통보받은 기관의 장은 조사결과와 관련하여 필요한 조치를 하여야 한다.

제5장 보칙

제43조(보안담당관)

 각급기관의 장은 소속 직원 중에서 보안업무를 수행할 보안담당관을 임명하여야 한다.

제44조(계엄지역의 보안)

① 계엄이 선포된 지역의 보안을 위하여 계엄사령관은 이 영에도 불구하고 특별한 보안조치를 할 수 있다.

② 계엄사령관이 제1항에 따라 특별한 보안조치를 하려는 경우 평상시 보안업무와의 연계성을 고려하여 필요하다고 인정할 때에는 미리 국가정보원장과 협의하여야 한다.

제45조(권한의 위탁)

① 국가정보원장은 신원조사와 관련한 권한의 일부를 국방부장관과 경찰청장에게 위탁할 수 있다. 다만, 국방부장관에 대한 위탁은 군인·군무원, 「방위사업법」에 따른 방위산업체 및 연구기관의 종사자와 그 밖에 군사보안에 관련된 인원의 신원조사로 한정한다.

② 국가정보원장은 필요하다고 인정할 때에는 관계 기관의 장에게 제35조에 따른 보안측정 및 제38조에 따른 보안사고 조사와 관련한 권한의 일부를 위탁할 수 있다. 다만, 국방부장관에 대한 위탁은 국방부 본부를 제외한 합동참모본부, 국방부 직할부대 및 직할기관, 각군, 「방위사업법」에 따른 방위산업체, 연구기관 및 그 밖의 군사보안대상의 보안측정 및 보안사고 조사로 한정한다.

③ 국가정보원장은 필요하다고 인정할 때에는 제2항에 따라 권한을 위탁받은 관계 기관의 장에게 보안측정 및 보안사고 조사 결과의 통보를 요구할 수 있다.

제46조(고유식별정보의 처리)

 각급기관의 장은 다음 각 호의 사무를 수행하기 위하여 불가피한 경우 「개인정보 보호법 시행령」 제19조 제1호 또는 제4호에 따른 주민등록번호 또는 외국인등록번호가 포함된 자료를 처리할 수 있다.

 1. 제32조제3항에 따른 보호구역 접근·출입 허가에 관한 사무

 2. 제33조에 따른 신원조사에 관한 사무

부 칙 〈대통령령 제29321호, 2018. 12. 4.〉

제1조(시행일) 이 영은 2019년 1월 1일부터 시행한다.

3. 정보 및 보안업무기획 · 조정규정[대통령령 제28211호]

제1조(목적)

이 영은 국가정보원법 제3조제2항의 규정에 의하여 정보 및 보안업무의 기획 · 조정에 관하여 필요한 사항을 규정함을 목적으로 한다.

제2조(정의) 이 영에서 사용하는 용어의 정의는 다음과 같다.

1. "국외정보"라 함은 외국의 정치 · 경제 · 사회 · 문화 · 군사 · 과학 및지지 등에 관한 정보를 말한다.

2. "국내보안정보"라 함은 간첩 기타 반국가활동세력과 그 추종분자의 국가에 대한 위해 행위로부터 국가의 안전을 보장하기 위하여 취급되는 정보를 말한다.

3. "통신정보"라 함은 전기통신수단에 의하여 발신되는 통신을 수신 · 분석하여 산출하는 정보를 말한다.

4. "통신보안"이라 함은 통신수단에 의하여 비밀이 직접 또는 간접으로 누설되는 것을 미리 방지하거나 지연시키기 위한 방책을 말한다.

5. "정보사범 등"이라 함은 형법 제2편 1장, 제2장의 죄, 군형법 제2편 1장, 제2장의 죄, 동법 제80조 및 제81조의 죄, 군사기밀보호법 및 국가보안법에 규정된 죄를 범한 자와 그 혐의를 받는 자를 말한다.

6. "정보수사기관"이라 함은 제1호 내지 제5호에 규정된 정보 및 보안업무와 정보사범등의 수사업무를 취급하는 각급 국가기관을 말한다.

제3조(정보 및 보안업무의 기획 · 조정)

국가정보원장(이하 "국정원장"이라 한다)은 국가정보 및 보안업무에 관한 정책의 수립 등 기획업무를 수행하며, 동 정보 및 보안업무의 통합기능수행을 위하여 필요한 합리적 범위 내에서 각 정보수사기관의 업무와 행정기관의 정보 및 보안업무를 조정한다.

제4조(기획업무의 범위) 국정원장이 정보 및 보안업무에 관하여 행하는 기획업무의 범위는 다음과 같다.

　1. 국가 기본정보정책의 수립

　2. 국가 정보의 중 · 장기 판단

　3. 국가 정보목표 우선순위의 작성

　4. 국가 보안방책의 수립

　5. 정보예산의 편성

　6. 정보 및 보안업무의 기본지침 수립

제5조(조정업무의 범위) 국정원장이 정보 및 보안업무에 관하여 행하는 기관과 업무 범위는 다음과 같다.

　1. 과학기술정보통신부

　　가. 우편검열 및 정보자료의 수집에 관한 사항

　　나. 북한 및 외국의 과학기술 정보 및 자료의 수집관리와 활용에 관한 사항

다. 전파감시에 관한 사항

2. 외교부

　　가. 국외정보의 수집에 관한 사항

　　나. 출입국자의 보안에 관한 사항

　　다. 재외국민의 실태에 관한 사항

　　라. 통신보안에 관한 사항

3. 통일부

　　가. 통일에 관한 국내외 정세의 조사·분석 및 평가에 관한 사항

　　나. 남북대화에 관한 사항

　　다. 이북5도의 실정에 관한 조사·분석 및 평가에 관한 사항

　　라. 통일교육에 관한 사항

4. 법무부

　　가. 국내 보안정보의 수집·작성에 관한 사항

　　나. 정보사범 등에 대한 검찰정보의 처리에 관한 사항

　　다. 공소보류된 자의 신병처리에 관한 사항

　　라. 적성압수금품등의 처리에 관한 사항

　　마. 정보사범 등의 보도 및 교도에 관한 사항

　　바. 출입국자의 보안에 관한 사항

　　사. 통신보안에 관한 사항

5. 국방부

　　가. 국외정보·국내보안정보·통신정보 및 통신보안업무에 관한 사항

　　나. 제4호나목부터 마목까지에 규정된 사항

　　다. 군인 및 군무원의 신원조사업무지침에 관한 사항

　　라. 정보사범 등의 내사·수사 및 시찰에 관한 사항

6. 행정안전부

　　가. 국내 보안정보(외사정보 포함)의 수집·작성에 관한 사항

　　나. 정보사범 등의 내사·수사 및 시찰에 관한 사항

　　다. 신원조사업무에 관한 사항

　　라. 통신정보 및 통신보안 업무에 관한 사항

7. 문화체육관광부

　　가. 공연물 및 영화의 검열·조사·분석 및 평가에 관한 사항

　　나. 신문·통신 그 밖의 정기간행물과 방송 등 대중전달매체의 활동 조사·분석 및 평가에 관한 사항

　　다. 대공심리전에 관한 사항

라. 대공민간활동에 관한 사항

8. 산업통상자원부

　국외정보의 수집에 관한 사항

9. 국토교통부

　국내 보안정보(외사정보 포함)의 수집·작성에 관한 사항

10. 해양수산부

　국내 보안정보(외사정보 포함)의 수집·작성에 관한 사항

11. 삭제 〈2017. 7. 26.〉

12. 방송통신위원회

　가. 전파감시에 관한 사항

　나. 그 밖에 통신정보 및 통신보안 업무에 관한 사항

13. 그 밖의 정보 및 보안 업무 관련 기관

제6조(조정의 절차)

　국정원장은 제5조의 조정을 행함에 있어 국가안보에 중대한 영향을 미치는 주요사안에 관하여는 직접 조정하고, 기타 사안에 관하여는 일반지침에 의하여 조정한다.

제7조(정보사범 등의 내사등)

① 정보수사기관이 정보사범등의 내사·수사에 착수하거나 이를 검거한 때와 관할 검찰기관(군검찰기관을 포함. 이하 같다)에 송치한 때에는 즉시 이를 국정원장에게 통보하여야 한다.

② 관할 검찰기관의 장은 정보사범 등에 대하여 검사의 처분이 있을 때에는 즉시 이를 국정원장에게 통보하여야 한다.

③ 관할 검찰기관의 장은 정보사범 등의 재판에 대하여 각 심급별로 그 재판결과를 국정원장에게 통보하여야 한다.

제8조(정보사범 등의 신병처리 등)

① 정보수사기관의 장은 주요정보사범 등의 신병처리에 대하여 국정원장의 조정을 받아야 한다.

② 정보수사기관이 주요정보사범등·귀순자·불온문건 투입자·납북귀환자·망명자 및 피난사민에 대하여 신문등을 하고자 할 때에는 국정원장의 조정을 받아야 한다.

제9조(공소보류 등)

① 정보수사기관(검사를 제외한다)의 장이 주요 정보사범 등에 대하여 공소보류 의견을 붙일 필요가 있다고 인정할 때에는 국정원장에게 통보하여 조정을 받아야 한다.

② 검사는 주요 정보사범 등에 대하여 공소보류 또는 불기소 의견으로 송치된 사건을 소추하거나 기소의견으로 송치된 사건을 공소보류 또는 불기소 처분할 때에는 국정원장과 협의하여야 한다.

제10조(적성압수금품 등의 처리)

　정보수사기관이 주요 적성장비 또는 불온문건 기타 금품을 압수하거나 취득한 때에는 즉시 이를 국정원

장에게 통보하고 정보수집에 필요한 조정을 받아야 한다.

제11조(정보사업·예산 및 보안업무의 감사)

① 국정원장은 제5조에 규정된 각급기관에 대하여 연 1회 이상 정보사업 및 그에 따른 예산과 보안업무 감사를 실시한다. 다만, 보안업무 감사는 중앙단위 기관에 한한다.

② 국정원장은 감사를 실시함에 있어서 정책자료 발굴에 중점을 둔다.

③ 국정원장은 감사 결과를 대통령에게 보고하고 피감사기관에 통보한다.

④ 감사결과를 통보받은 피감사기관의 장은 필요한 조치를 강구하여야 한다.

제12조(시행규칙)이 영 시행에 관하여 필요한 규칙은 정보조정협의회의 의결을 거쳐 국정원장이 정한다.

4. 국가사이버안전관리규정[대통령훈령 제310호]

제1조(목적)

이 훈령은 국가사이버안전에 관한 조직체계 및 운영에 대한 사항을 규정하고 사이버안전업무를 수행하는 기관간의 협력을 강화함으로써 국가안보를 위협하는 사이버공격으로부터 국가정보통신망을 보호함을 목적으로 한다.

제2조(정의) 이 훈령에서 사용하는 용어의 정의는 다음과 같다.

1. "정보통신망"이라 함은 「전기통신기본법」 제2조제2호의 규정에 의한 전기통신설비를 활용하거나 전기통신설비와 컴퓨터 및 컴퓨터의 이용기술을 활용하여 정보를 수집·가공·저장·검색·송신 또는 수신하는 정보통신체제를 말한다.

2. "사이버공격"이라 함은 해킹·컴퓨터바이러스·논리폭탄·메일폭탄·서비스방해 등 전자적 수단에 의하여 국가정보통신망을 불법침입·교란·마비·파괴하거나 정보를 절취·훼손하는 일체의 공격행위를 말한다.

3. "사이버안전"이라 함은 사이버공격으로부터 국가정보통신망을 보호함으로써 국가정보통신망과 정보의 기밀성·무결성·가용성 등 안전성을 유지하는 상태를 말한다.

4. "사이버위기"란 사이버공격으로 정보통신망을 통해 유통·저장되는 정보를 유출·변경·파괴함으로써 국가안보에 영향을 미치거나 사회·경제적 혼란을 발생시키거나 국가 정보통신시스템의 핵심기능이 훼손·정지되는 등 무력화되는 상황을 말한다.

5. "공공기관"이라 함은 다음 각목의 기관을 말한다.

　가. 「공공기관의 운영에 관한 법률」 제5조에 따라 지정된 공기업 또는 준정부기관인 공공기관

　나. 「공공기관의 운영에 관한 법률」 제5조에 따라 지정된 기타공공기관 중 「정부출연연구기 등의 설립·운영 및 육성에 관한 법률」 제8조제1항 및 「과학기술분야 정부출연연구기관 등의 설립·운영 및 육성에 관한 법률」 제8조제1항에 따른 연구기관

　다. 「초·중등교육법」 및 「고등교육법」에 따른 국·공립학교

라. 그 밖에 다른 법령의 규정에 의하여 설립된 공공기관 중 제6조의 규정에 의한 국가사이버안전전략회의
　　　에서 정보통신망의 안전성 확보가 필요하다고 지정한 기관

제3조(적용범위)

　이 훈령은 중앙행정기관, 지방자치단체 및 공공기관의 정보통신망에 적용한다. 「정보통신기반보호법」에
따른 주요정보통신기반시설에 대해서는 「정보통신기반보호법」을 우선 적용한다.

제4조(사이버안전 확보의 책무)

① 중앙행정기관의 장은 소관 정보통신망에 대하여 안전성을 확보할 책임이 있으며 이를 위하여 사이버안전업
　무를 전담하는 전문인력을 확보하는 등 필요한 조치를 강구하여야 한다.

② 관계 중앙행정기관의 장은 소관 공공기관 및 지방자치단체의 장으로 하여금 제1항의 규정에 의한 전문인력
　의 확보 등 필요한 조치를 강구하도록 하여야 한다.

제5조(국가사이버안전정책 및 관리)

① 국가사이버안전과 관련된 정책 및 관리에 대하여는 국가정보원장이 관계 중앙행정기관의 장과 협의하여
　이를 총괄·조정한다.

② 국가정보원장은 총괄·조정 업무를 효율적이고 체계적으로 수행하기 위하여 관계 중앙행정기관의 장과
　협의하여 국가사이버안전기본계획을 수립·시행한다.

③ 국가정보원장은 제2항에 따른 국가사이버안전기본계획을 원활하게 추진하기 위하여 관계 기관에 예산
　반영 등에 관한 협조를 요청할 수 있다.

제6조(국가사이버안전전략회의)

① 국가사이버안전에 관한 중요사항을 심의하기 위하여 국가정보원장 소속하에 국가사이버안전전략회의(이
　하 "전략회의"라 한다)를 둔다.

② 전략회의의 의장은 국가정보원장이 된다.

③ 전략회의 위원은 다음 각 호의 사람과 전략회의 의장이 지명하는 관계 중앙행정기관의 차관급 공무원이
　된다. 이 경우 차관 또는 차관급 공무원이 2명 이상인 기관은 사이버 안전 업무를 담당하는 차관 또는
　차관급 공무원이 위원이 된다.

　1. 기획재정부차관
　2. 미래창조과학부차관
　3. 교육부차관
　4. 외교부차관
　5. 통일부차관
　6. 법무부차관
　7. 국방부차관
　8. 안전행정부차관
　9. 산업통상자원부차관

10. 보건복지부차관

11. 국토교통부차관

12. 금융위원회 부위원장

13. 국가안보실 사이버안전 담당 비서관

14. 국무조정실 국무차장

④ 전략회의는 다음 각 호의 사항을 심의한다.

1. 국가사이버안전체계의 수립 및 개선에 관한 사항

2. 국가사이버안전 관련 정책 및 기관간 역할조정에 관한 사항

3. 국가사이버안전 관련 대통령 지시사항에 대한 조치방안

4. 그 밖에 전략회의 의장이 부의하는 사항

⑤ 전략회의 심의를 거친 사항 중 중요 사항은 대통령 및 국무총리에게 보고한다.

⑥ 전략회의 구성·운영 등에 관하여 필요한 사항은 전략회의 의장이 따로 정한다.

제7조(국가사이버안전대책회의)

① 전략회의 효율적인 운영을 위하여 전략회의에 국가사이버안전대책회의를 둔다.

② 대책회의의 의장은 국가정보원의 사이버안전업무를 담당하는 차장이 되며, 위원은 전략회의 위원이
   속하는 기관의 실·국장급 공무원으로 한다.

③ 대책회의는 다음 각 호의 사항을 심의한다.

1. 국가사이버안전 관리 및 대책방안

2. 전략회의의 결정사항에 대한 시행방안

3. 전략회의로부터 위임받거나 전략회의 의장으로부터 지시받은 사항

4. 그 밖에 대책회의의 의장이 부의하는 사항

④ 대책회의 구성·운영 등에 관하여 필요한 사항은 대책회의의 의장이 따로 정한다.

제8조(국가사이버안전센터)

① 사이버공격에 대한 국가차원의 종합적이고 체계적인 대응을 위하여 국가정보원장 소속하에 국가사이버안
   전센터(이하 "사이버안전센터"라 한다)를 둔다.

② 사이버안전센터는 다음 각 호의 업무를 수행한다.

1. 국가사이버안전정책의 수립

2. 전략회의 및 대책회의의 운영에 대한 지원

3. 사이버위협 관련 정보의 수집·분석·전파

4. 국가정보통신망의 안전성 확인

5. 국가사이버안전매뉴얼의 작성·배표

6. 사이버공격으로 인하여 발생한 사고의 조사 및 복구 지원

7. 외국과의 사이버위협 관련 정보의 협력

③ 국가정보원장은 국가 차원의 사이버위협에 대한 종합판단, 상황관제, 위협요인 분석 및 합동조사 등을 위해 사이버안전센터에 민·관·군 합동대응반을 설치·운영할 수 있다.

④ 국가정보원장은 합동대응반을 설치·운영하기 위하여 필요한 경우에는 관계 중앙행정기관, 지방자치단체장 등에게 소속 공무원 및 직원의 파견을 요청할 수 있다.

제9조(사이버안전대책의 수립·시행 등)

① 중앙행정기관의 장은 소관 정보통신망을 보호하기 위하여 사이버안전대책을 수립·시행하고, 이를 지도·감독하여야 한다.

② 관계 중앙행정기관의 장은 공공기관의 장 및 지방자치단체의 장으로 하여금 제1항의 규정에 의한 사이버안전대책을 수립·시행하도록 할 수 있다.

③ 국가정보원장은 사이버안전대책의 수립에 필요한 국가사이버안전매뉴얼 및 관련 지침을 작성 배포할 수 있다. 이 경우 국가정보원장은 미리 관계 중앙행정기관의 장과 협의하여야 한다.

④ 국가정보원장은 사이버안전대책의 이행여부 진단·평가 등 정보통신망에 대한 안전성을 확인할 수 있으며 필요하다고 인정하는 경우에는 해당 중앙행정기관의 장에게 시정 등 필요한 조치를 권고할 수 있다. 다만, 지방자치단체 및 공공기관의 정보통신망에 대한 안전성 확인은 관계 중앙행정기관의 장과 협의하여 수행한다.

제9조의2(사이버위기 대응 훈련)

① 중앙행정기관, 지방자치단체 및 공공기관의 장은 소관 정보통신망을 대상으로 매년 정기적으로 사이버위기 대응 훈련을 실시하여야 한다.

② 국가정보원장은 국가 차원의 사이버위기 발생에 대비하여 중앙행정기관, 지방자치단체 및 공공기관의 정보통신망을 대상으로 사이버위기 대응 통합훈련을 실시할 수 있다. 이 경우 국가정보원장은 특별한 사유가 없으면 사전에 훈련 일정 등을 해당 기관의 장에게 통보하여야 한다.

③ 국가정보원장은 제2항의 훈련 결과 필요하다고 판단하는 경우에는 중앙행정기관, 지방자치단체 및 공공기관의 장에게 필요한 시정조치를 요청할 수 있다. 이 경우 해당 기관의 장은 특별한 사유가 없는 한 그 요청에 따라야 한다.

제10조(사이버공격과 관련한 정보의 협력)

① 중앙행정기관의 장 등은 국가정보통신망에 대한 사이버 공격의 계획 또는 공격사실, 사이버안전에 위협을 초래할 수 있는 정보를 입수한 경우에는 지체없이 그 사실을 국가정보원장에게 통보하여야 한다. 다만, 수사사항에 대하여는 수사기관의 장이 국가기밀의 유출·훼손 등 국가안보의 위협을 초래한다고 판단되는 경우에 입수한 정보를 국가정보원장에게 통보하여야 한다.

② 국가정보원장은 제1항의 규정에 의하여 관련 정보를 제공받은 경우에는 대응에 필요한 조치를 강구하고 그 결과를 정보를 제공한 해당기관의 장에게 통지한다.

제10조의2(보안관제센터의 설치·운영)

① 중앙행정기관의 장, 지방자치단체의 장 및 공공기관의 장은 사이버공격 정보를 탐지·분석하여 즉시

대응 조치를 할 수 있는 기구(이하 "보안관제센터"라 한다)를 설치·운영하여야 한다. 다만, 보안관제센터를 설치·운영하지 못하는 경우에는 다른 중앙행정기관(국가정보원을 포함한다)의 장, 지방자치단체의 장 및 관계 공공기관의 장이 설치·운영하는 보안관제센터에 그 업무를 위탁할 수 있다.

② 보안관제센터를 설치·운영하는 기관의 장은 수집·탐지한 사이버공격 정보를 국가정보원장 및 관계 기관의 장에게 제공하여야 한다.

③ 보안관제센터를 설치·운영하는 기관의 장은 보안관제센터의 운영에 필요한 전담직원을 상시 배치하여야 한다.

④ 보안관제센터를 운영하는 기관의 장은 필요한 경우에는 미래창조과학부장관이 지정하는 보안관제전문업체의 인원을 파견받아 보안관제업무를 수행하도록 할 수 있다. 이 경우 보안관제전문업체의 지정·관리 등에 필요한 사항은 미래창조과학부장관이 국가정보원장과 협의하여 정한다.

⑤ 제1항의 보안관제센터의 설치·운영 및 제2항의 사이버공격 정보의 제공 범위, 절차 및 방법 등 세부사항은 국가정보원장이 관계 중앙행정기관의 장과 협의하여 정한다.

제11조(경보 발령)

① 국가정보원장은 사이버공격에 대한 체계적인 대응 및 대비를 위하여 사이버공격의 파급영향, 피해규모 등을 고려하여 관심·주의·경계·심각 등 수준별 경보를 발령할 수 있다. 다만, 민간분야에 대하여는 미래창조과학부장관이 경보를 발령하며, 국가정보원장과 미래창조과학부장관은 국가차원에서의 효율적인 경보 업무를 수행하기 위하여 경보 관련 정보를 발령 전에 상호 교환하여야 한다.

② 제1항의 경보를 발령하였을 때에는 관계 중앙행정기관의 장은 공공기관의 장 및 지방자치단체의 장에게 이를 신속히 전파하고 적절한 조치를 취하여야 한다.

③ 국가정보원장은 사이버공격이 국가안보에 중대한 위해를 초래할 것으로 판단되는 경우에는 국가안보실장과 협의하여 심각 수준의 경보를 발령할 수 있다.

④ 국가정보원장은 제1항의 규정에 의한 경보 발령에 필요한 정보를 관계 중앙행정기관의 장에게 요청할 수 있다. 이 경우 관계 중앙행정기관의 장은 특별한 사유가 없는 한 이에 협조하여야 한다.

제12조(사고통보 및 복구)

① 중앙행정기관의 장은 사이버공격으로 인한 사고의 발생 또는 징후를 발견한 경우에는 피해를 최소화하는 조치를 취하고 지체없이 그 사실을 국가정보원장에게 통보하여야 한다.

② 공공기관 및 지방자치단체의 장은 사이버공격으로 인한 사고의 발생 또는 징후를 발견한 경우에는 피해를 최소화하는 조치를 취한 후 그 사실을 관계 중앙행정기관의 장에게 통보하고, 관계 중앙행정기관의 장은 이를 지체없이 국가정보원장에게 통보하여야 한다.

③ 국가정보원장은 사이버공격으로 인한 사고의 발생 또는 징후를 발견하거나 제1항 및 제2항의 규정에 의한 통보를 받은 때에는 관계 중앙행정기관의 장에게 사고복구 및 피해의 확산방지에 필요한 조치를 요청할 수 있으며, 요청받은 관계 중앙행정기관의 장은 특별한 사유가 없는 한 이에 협조하여야 한다.

제13조(사고조사 및 처리)

① 국가정보원장은 사이버공격으로 인하여 발생한 사고에 대하여 그 원인 분석을 위한 조사를 실시할 수 있다. 다만, 경미한 사고라고 판단되는 경우에는 해당 기관의 장이 자체적으로 조사하게 할 수 있으며, 이 경우 해당 기관의 장은 사고개요 및 조치내용 등 관련 사항을 국가정보원장에게 통보하여야 한다.

② 국가정보원장은 제1항의 규정에 의하여 조사한 결과 범죄혐의가 있다고 판단되는 경우에는 해당 기관의 장과 협의하여 수사기관의 장에게 그 내용을 통보할 수 있다.

③ 국가정보원장은 사이버공격으로 인하여 그 피해가 심각하다고 판단되는 경우나 주의 수준 이상의 경보가 발령된 경우에는 관계 중앙행정기관의 장과 협의하여 범정부적 사이버위기 대책본부(이하 "대책본부"라 한다)를 구성·운영할 수 있다.

④ 사이버공격에 대한 원인분석, 사고조사, 긴급대응 및 피해복구 등의 조치를 취하기 위하여 대책본부 내에 합동조사팀 등 필요한 하부기구를 둘 수 있다. 이 경우 하부기구의 구성·운영 등에 필요한 사항은 국가정보원장이 관계 중앙행정기관의 장과 협의하여 정한다.

⑤ 국가정보원장은 제4항에 따른 사고조사 및 피해복구 등의 조치를 위하여 관계 중앙행정기관의 장에게 필요한 인력·장비 및 관련 자료의 지원을 요청할 수 있다.

제14조(전문기관간 협력)

① 사이버안전업무를 전담하는 전문기구를 운영하는 기관은 국가사이버안전업무를 효율적으로 수행하기 위하여 다음 각호의 사항을 상호 긴밀히 협력하여야 한다.

1. 사이버위협 관련 정보의 탐지 및 정보공유체계의 구축·운영

2. 사이버안전 관련 정보의 분석·전파

3. 사이버안전 위해 요소에 대한 조치방안

4. 공격기법 분석 및 공격차단 등 대응방안

5. 그 밖에 경보의 수준별 세부 대응조치 등 필요한 사항

② 사이버안전센터장은 제1항의 규정에 의한 전문기구를 운영하는 기관간 협력을 원할하게 하기 위하여 관계전문가 회의를 소집할 수 있다.

제15조(연구개발)

① 국가정보원장은 국가사이버안전에 필요한 기술개발과 기술수준의 향상을 위하여 필요한 시책을 추진할 수 있다.

② 중앙행정기관의 장은 공공분야의 사이버안전 관련 기술의 확보를 위하여 「과학기술분야 정부출연연구기관 등의 설립·운영 및 육성에 관한 법률」 제8조제1항의 규정에 의하여 설립된 한국전자통신연구원의 국가보안기술 연구·개발을 전담하는 부설연구소로 하여금 관련 연구개발을 수행(연구개발을 위하여 보안관제업무를 수행하는 것을 포함한다)하게 할 수 있다.

③ 사이버안전에 필요한 기술의 연구개발에 관한 세부사항은 국가정보원장이 따로 정한다.

제16조(인력양성 및 교육홍보)

① 관계 중앙행정기관의 장은 사이버안전의 기반 조성에 필요한 기술인력을 양성하고 국민의 인식제고를

위하여 다음 각호의 시책을 강구하여야 한다.

1. 사이버안전 관련 전문기술인력의 확보 및 양성

2. 사이버안전 교육프로그램의 개발 및 투자

3. 그 밖에 전문인력 양성, 교육 및 홍보 등에 관하여 필요한 사항

② 국가정보원장은 관계 중앙행정기관의 장이 사이버안전과 관련한 전문인력의 양성, 교육 및 홍보를 위하여 필요한 지원을 요청하는 경우 이에 대하여 지원할 수 있다.

제17조(예산)

중앙행정기관의 장은 사이버안전대책의 수립·시행에 필요한 재정상의 조치를 강구하여야 한다.

제18조(안전성 확인 등에 대한 특례)

① 제9조, 제11조 내지 제13조의 규정에 불구하고 국방분야의 사이버안전과 관련한 다음 각호에 대하여는 국방부장관이 그 업무를 수행한다.

1. 제9조제4항의 규정에 의한 안전성 확인

2. 제11조제1항의 규정에 의한 경보 발령

3. 제12조제1항의 규정에 의한 사고통보

4. 제13조제1항의 규정에 의한 사고조사

② 국방부장관은 제1항의 규정에 의한 업무를 수행함에 있어 국가안보에 필요하다고 판단되는 경우에는 관련 내용을 국가정보원장에게 통보하여야 한다.

부칙〈대통령훈령 제310호, 2013. 5. 24.〉

이 훈령은 발령한 날부터 시행한다.

5. 국가정보자료관리규정[대통령령 제16211호]

제1조 (목적)

이 영은 국가정보정책의 수립 및 시행의 효율성을 높이기 위한 국가정보자료의 효율적인 관리 및 공동활용체제의 확립에 관하여 필요한 사항을 규정함을 목적으로 한다.

제2조 (정의) 이 영에서 사용하는 용어의 정의는 다음과 같다.

1. "국가정보자료"라 함은 국가정보정책의 수립에 기여할 수 있는 국내외 정치·경제·사회·문화·군사·과학·지지·통신등 각 분야별 기본정보와 각 분야에 영향을 미칠 수 있는 인적·물적 정보등의 내용이 수록된 자료를 말한다.

2. "전담관리기관"이라 함은 국가정보자료중 특정분야의 자료를 종합관리하는 기관을 말한다.

3. "각급기관"이라 함은 정부조직법 제2조의 규정에 의한 중앙행정기관을 말한다.

제3조 (국가정보자료관리협의회)

① 국가정보자료의 효율적인 관리와 공동활용에 관하여 필요한 사항을 심의하기 위하여 국가정보원에 국가정

보자료관리협의회(이하 "협의회"라 한다)를 둔다.

② 협의회는 다음 사항을 심의한다.

  1. 국가정보자료 관리체제의 개선

  2. 전담관리기관의 선정 또는 변경

  3. 전담관리기관의 관리대상 국가정보자료의 범위획정

  4. 국가정보자료의 공동활용

  5. 기타 각급기관간의 협조사항

③ 협의회는 위원장 1인을 포함한 25인이내의 위원으로 구성하되, 위원장은 국정원 기획조정실장이 되고, 위원은 국정원직원과 국가정보원장(이하 "국정원장"이라 한다)이 지정하는 각급기관의 국장급이상 공무원중 당해기관의 장의 추천으로 국정원장이 임명 또는 위촉하는 자 각 1인이 된다. 다만, 국정원장이 필요하다고 인정하는 기관에 대하여는 위원을 2인까지 위촉할 수 있다.

④ 위원장은 협의회의 회의를 소집하고 그 의장이 되며, 회무를 통할한다.

⑤ 협의회의 회의는 위원장이 필요하다고 인정하거나 위원의 요구가 있을 때에 소집한다.

⑥ 협의회의 회의는 재적위원3분의2이상의 출석으로 개의하고, 출석위원 과반수의 찬성으로 의결하되, 가부동수인 경우에는 의장이 결정권을 가진다.

⑦ 협의회에 간사1인을 두되, 간사는 국정원 과장중에서 위원장이 지명한다.

⑧ 간사는 위원장의 명을 받아 다음 사항을 처리한다.

  1. 의안의 작성

  2. 회의진행에 필요한 준비

  3. 회의록의 작성 및 보관

  4. 기타 협의회의 서무

제4조 (실무자회의)

① 협의회의 소관사항을 예비 심의하거나 협의회에서 위임받은 사항을 처리하기 위하여 협의회에 실무자회의를 둘 수 있다.

② 실무자회의는 협의회 위원이 소속된 기관의 국가정보자료관리업무를 담당하는 과장급실무자로 구성하며, 그 의장은 국정원장이 협의회 위원중에서 지명하는 자가 된다.

③ 실무자회의의 설치 및 운영에 관하여 필요한 사항은 협의회의 의결을 거쳐 협의회 위원장이 정한다.

제5조 (자료관리의 원칙)

① 국가정보자료는 각급기관이 공동활용할 수 있도록 체계적으로 관리하여야 한다.

② 국가정보자료는 파손 또는 오손되지 아니하도록 관리하여야 하며, 근거를 명시하지 아니하고 그 내용을 임의로 수정 또는 추가하여서는 아니된다.

제6조 (자료의 전담관리)

① 전담관리기관과 당해 전담관리기관이 종합관리할 국가정보자료의 범위는 협의회의 심의를 거쳐 국정원장

이 정한다.

② 전담관리기관은 소관 국가정보자료를 원본화일화·마이크로필름화 또는 전산화등의 방법으로 장기간 보존이 가능하도록 관리하고, 비상사태에 대비하여 부본을 제작, 안전지역에 소산하여야 한다.

③ 각급기관의 장은 전담관리대상 국가정보자료를 생산하거나 수집한 때에는 이를 지체없이 소관전담관리기관에 제공하여야 하며, 전담관리기관의 장은 각급기관에 소장하는 국가정보자료의 제공을 요청할 수 있다.

④ 각급기관의 장은 전담관리기관에 제공한 국가정보자료의 내용에 추가·삭제 또는 정정하여야 할 사항이 생긴 때에는 지체없이 전담관리기관에 이를 통보하여야 한다.

⑤ 전담관리기관의 장은 소관 국가정보자료의 효율적인 관리와 각급기관간의 공동활용을 위한 세부규칙을 정하여 시행하여야 한다. 이 경우 세부규칙의 내용에 대하여는 미리 국정원장과 협의하여야 한다.

⑥ 전담관리기관의 장은 소관 정부투자기관 또는 정부출연기관에서 보유하고 있는 소관 전담관리대상자료의 효율적인 관리와 각급기관간의 공동활용을 위하여 필요한 사항을 제5항의 규정에 의한 세부규칙에 정하여 시행할 수 있다.

제7조 (전시 자료관리계획)

① 전담관리기관의 장은 전시 기타 비상사태하에서 전담관리대상자료의 효율적인 관리와 각급기관간의 공동활용을 위하여 필요한 사항에 대하여 전시 국가정보자료 관리계획을 수립·시행하여야 한다.

② 제1항의 규정에 의한 관리계획에는 다음 각호의 사항이 포함되어야 한다.

　1. 전시 중점관리대상자료의 범위

　2. 전시 공동활용대상자료의 범위 및 공동활용방법

　3. 소산대상자료의 범위, 소산장소, 소산시기 및 방법

　4. 파기대상자료의 범위, 파기시기 및 방법

제8조 (자료의 열람 및 지원)

① 각급기관 기타 정부기관의 장은 공무수행상 필요하다고 인정하는 경우에는 다른 기관에서 보유하고 있는 국가정보자료의 열람 또는 지원을 요청할 수 있다.

② 제1항의 규정에 의하여 열람 또는 지원을 요청받은 기관의 장은 당해자료가 보안유지상 고도의 통제대상인 경우를 제외하고는 이를 열람하게 하거나 지원하여야 한다.

제9조 (시행세칙) 이 영 시행에 관하여 필요한 세부사항은 국정원장이 정한다.

부칙 〈대통령령 제16211호, 1999. 3. 31.〉

제1조 (시행일) 이 영은 공포한 날부터 시행한다.

6. 국방정보본부령[대통령령 제29322호]

제1조(설치)

군사정보 및 군사보안에 관한 사항과 군사정보전력의 구축에 관한 사항을 관장하기 위하여 국방부장관 소속으로 국방정보본부를 둔다.

제1조의2(업무) 국방정보본부(이하 "정보본부"라 한다)는 다음 각 호의 업무를 수행한다.

1. 국방정보정책 및 기획의 통합·조정 업무

2. 국제정세 판단 및 해외 군사정보의 수집·분석·생산·전파 업무

3. 군사전략정보의 수집·분석·생산·전파 업무

4. 군사외교 및 방위산업에 필요한 정보지원 업무

5. 재외공관 주재무관의 파견 및 운영 업무

6. 주한 외국무관과의 협조 및 외국과의 정보교류 업무

7. 합동참모본부, 각 군 본부 및 작전사령부급 이하 부대의 특수 군사정보 예산의 편성 및 조정 업무

8. 사이버 보안을 포함한 군사보안 및 방위산업 보안정책에 관한 업무

9. 군사정보전력의 구축에 관한 업무

10. 군사기술정보에 관한 업무

11. 군사 관련 지리공간정보에 관한 업무

12. 그 밖에 군사정보와 관련된 업무

제2조(본부장의 임명) 정보본부에 본부장 1명을 두고, 장성급(將星級) 장교로 보한다.

제3조(본부장의 직무 등)

① 본부장은 국방부장관의 명을 받아 정보본부의 업무를 총괄하고, 정보본부에 예속 또는 배속된 부대를 지휘·감독한다.

② 본부장은 군사정보·전략정보 업무에 관하여 합동참모의장을 보좌하고, 합동참모본부의 군령 업무 수행을 위한 정보 업무를 지원한다.

③ 본부장이 부득이한 사유로 직무를 수행할 수 없는 경우에는 제4조제1항에 따라 정보본부에 두는 참모부서의 장 중 선임자가 그 직무를 대행한다.

제4조(부서와 부대의 설치)

① 정보본부에 필요한 참모부서를 두되 조직과 사무분장에 관한 사항은 국방부장관이 정한다.

② 정보본부 예하에 다음 각 호의 부대를 둔다.

1. 군사 관련 영상·지리공간·인간·기술·계측·기호 등의 정보(이하 "영상정보등"이라 한다)의 수집·지원 및 연구에 관한 업무와 적의 영상정보등의 수집에 대한 방어 대책으로서의 대정보(對情報)에 관한 업무를 관장하기 위한 정보사령부

2. 각종 신호정보의 수집·지원 및 연구에 관한 사항을 관장하기 위한 777사령부

3. 삭제〈2018. 12. 4.〉

③ 제2항 각 호에 따른 부대의 조직과 사무분장에 관한 사항은 국방부장관이 정한다.

제5조(정원)

정보본부에 군인과 군무원을 두되, 그 정원은 국방부장관이 정한다.

부칙 〈대통령령 제29322호, 2018. 12. 4.〉

이 영은 공포한 날부터 시행한다

7. 군사안보지원사령부령[대통령령 제29114호]

제1조(목적)

이 영은 「국군조직법」 제2조제3항에 따라 군사보안, 군 방첩(防諜) 및 군에 관한 정보의 수집·처리 등에 관한 업무를 수행하기 위하여 군사안보지원사령부를 설치하고, 그 조직·운영 및 직무 범위에 관한 사항을 규정함을 목적으로 한다.

제2조(설치) 군사안보지원사령부(이하 "사령부"라 한다)는 국방부장관 소속으로 설치한다.

제3조(기본원칙)

① 사령부 소속의 모든 군인 및 군무원 등(이하 "군인등"이라 한다)은 직무를 수행할 때 국민 전체에 대한 봉사자로서 관련 법령 및 정치적 중립을 지켜야 한다.

② 사령부 소속의 군인등은 직무를 수행할 때 다음 각 호의 행위를 해서는 아니 된다.

1. 정당 또는 정치단체에 가입하거나 정치활동에 관여하는 모든 행위

2. 직무 범위를 벗어나서 하는 민간인에 대한 정보수집 및 수사, 기관 출입 등의 모든 행위

3. 군인 등에 대하여 직무 수행을 이유로 권한을 오용·남용하는 모든 행위

4. 이 영에 따른 권한을 부당하게 확대 해석·적용하거나 헌법상 보장된 국민(군인 및 군무원을 포함한다)의 기본적 인권을 부당하게 침해하는 모든 행위

제4조(직무)

① 사령부는 다음 각 호의 직무를 수행한다.

1. 다음 각 목에 따른 군 보안 업무

가. 국방부장관에게 위탁되는 군사보안에 관련된 인원의 신원조사

나. 국방부장관에게 위탁되는 군사보안대상의 보안측정 및 보안사고 조사

다. 군 보안대책 및 군 관련 보안대책의 수립·개선 지원

라. 국방부장관이 정하는 군인·군무원, 시설, 문서 및 정보통신 등에 대한 보안 업무

2. 다음 각 목에 따른 군 방첩 업무

가. 「방첩업무 규정」 중 군 관련 방첩업무

나. 군 및 「방위사업법」에 따른 방위산업체 등을 대상으로 한 외국·북한의 정보활동 대응 및 군사기밀 유출 방지

다. 군 방첩대책 및 군 관련 방첩대책의 수립·개선 지원

3. 다음 각 목에 따른 군 관련 정보의 수집·작성 및 처리 업무

가. 국내외의 군사 및 방위산업에 관한 정보

나. 대(對)국가전복, 대테러 및 대간첩 작전에 관한 정보

다. 방위산업체 및 전문연구기관, 국방과학연구소 등 국방부장관의 조정·감독을 받는 기관 및 단체에 관한 정보

라. 군인 및 군무원, 장교·부사관 임용예정자 및 군무원 임용예정자에 관한 불법·비리 정보

4. 「군사법원법」 제44조 제2호에 따른 범죄의 수사에 관한 사항

5. 다음 각 목에 따른 지원 업무

가. 정보작전 방호태세 및 정보전(情報戰) 지원

나. 국방 분야 주요정보통신기반시설의 보호 지원

다. 방위사업청에 대한 방위사업 관련 군사보안 업무 지원

라. 군사보안에 관한 연구·지원

② 방위사업 관련 군사보안 업무 지원의 범위 및 절차는 국방부장관이 국가정보원장 또는 방위사업청장과 협의하여 정한다.

③ 군사보안 연구·지원의 범위는 국방부장관이 국가정보원장과 협의하여 정한다.

제5조(직무 수행 시 이의제기 등)

사령부 소속의 모든 군인은 상관 또는 사령부 소속의 다른 군인 등으로부터 제3조제2항 각 호에 해당하는 행위를 하도록 지시 또는 요구를 받은 경우 국방부장관이 정하는 절차에 따라 이의를 제기할 수 있다. 이 경우 지시 또는 요구가 시정되지 아니하면 그 직무의 집행을 거부할 수 있다.

제6조(조직)

① 사령부에 사령관 1명, 참모장 1명 및 감찰실장 1명을 둔다.

② 사령부에 사령관의 업무를 보좌하기 위하여 참모 부서를 두고, 사령관 소속으로 다음 각 호의 부대 및 기관을 둔다.

1. 국방부 본부 및 국방부 직할부대·기관의 군사안보지원부대

2. 합동참모본부 및 각 군 본부의 군사안보지원부대

3. 국방부장관이 정하는 부대의 군사안보지원부대. 다만, 지방 행정조직 단위로 별도의 군사안보지원부대를 둘 수 없다.

4. 정보보호부대

5. 군사안보지원학교

6. 방위사업청의 군사안보지원부대

7. 국방보안연구소

③ 참모부서, 소속 부대, 기관의 조직과 업무 분장에 관한 사항은 국방부장관이 정한다.

제7조(사령관 등의 임명)

① 사령관 및 참모장은 장성급(將星級) 장교로 보(補)한다.

② 감찰실장은 2급 이상 군무원, 검사 또는 고위감사공무원으로 보한다.

③ 국방부장관은 감찰실의 업무를 수행하게 하기 위하여 법무부장관 또는 감사원장에게 공무원의 파견을 요청할 수 있다.

제8조(사령관 등의 임무)

① 사령관은 국방부장관의 명을 받아 사령부의 업무를 총괄하고, 소속 부대 및 기관을 지휘·감독한다.

② 참모장은 사령관을 보좌하고, 참모 업무를 조정·통제하며, 사령관이 부득이한 사유로 직무를 수행할 수 없을 때에는 그 직무를 대행한다.

③ 감찰실장은 사령부 소속 군인 등에 대한 다음 각 호의 업무를 분장한다.

　1. 감사·검열 및 직무감찰

　2. 비위사항의 조사·처리

　3. 민원 및 진정사건의 처리

④ 사령부 소속 부대장 및 기관장은 사령관의 명을 받아 소관 업무를 처리하며, 소속 부대원 및 기관원을 지휘·감독한다.

제9조(정원)

① 사령부에 두는 군인과 군무원의 정원은 국방부장관이 정한다.

② 사령부에 두는 군인의 비율은 제1항에 따른 정원의 10분의 7을 초과해서는 아니 된다. 다만, 비율을 산정할 때 병(兵)의 정원은 제외한다.

제10조(무기 휴대 및 사용)

① 사령관은 소속 부대원 및 기관원에게 직무 수행을 할 때 필요한 무기를 휴대하게 할 수 있다.

② 무기를 휴대하는 사람의 무기 사용에 대해서는 「헌병무기사용령」을 준용한다. 이 경우 "헌병"은 "소속 부대원 및 기관원"으로, "헌병사령관"은 "사령관"으로 본다.

제11조(위장 명칭의 사용 금지) 제6조에 따른 사령부 소속 부대 및 기관은 위장 명칭을 사용할 수 없다.

부칙 〈대통령령 제29114호, 2018. 8. 21.〉

제1조(시행일) 이 영은 2018년 9월 1일부터 시행한다.

제3조(다른 법령의 개정)

제12조제2항제3호 중 "기무부대"를 "군사안보지원부대"로 한다.

제13조제2항제1호 중 "국군기무사령부"를 "군사안보지원사령부"로 한다.

8. 사이버작전사령부령[대통령령 제29561호]

제1조(설치)

국방 사이버공간에서의 사이버작전 시행 및 그 지원에 관한 업무를 관장하기 위하여 국방부장관 소속으로 사이버작전사령부를 둔다.

제2조(임무) 사이버작전사령부(이하 "사령부"라 한다)는 다음 각 호의 임무를 수행한다.

1. 사이버작전의 계획 및 시행

2. 사이버작전과 관련된 사이버보안 활동

3. 사이버작전에 필요한 체계 개발 및 구축

4. 사이버작전에 필요한 전문인력의 육성 및 교육훈련

5. 사이버작전 유관기관 사이의 정보 공유 및 협조체계 구축

6. 사이버작전과 관련된 위협 정보의 수집·분석 및 활용

7. 그 밖에 사이버작전과 관련된 사항

제3조(사령관 등의 임명) 사령부에 사령관 1명과 부사령관 1명을 두며, 사령관은 장성급(將星級) 장교로, 부사령관은 2급 군무원으로 보한다.

제4조(사령관의 직무 등)

① 사령관은 합동참모의장의 명을 받아 사령부의 업무를 총괄하고, 예하 부대를 지휘·감독한다.

② 부사령관은 사령관을 보좌하며, 사령관이 부득이한 사유로 직무를 수행할 수 없을 때에는 부사령관이 그 직무를 대행한다.

제5조(부서와 부대의 설치)

① 사령부에 필요한 참모부서와 부대를 둔다.

② 제1항에 따른 참모부서의 설치와 사무분장에 관한 사항은 합동참모의장이 정하고, 부대의 설치·임무 및 조직에 관한 사항은 국방부장관이 정한다.

제6조(정원) 사령부에 군인과 군무원을 두되, 그 정원은 국방부장관이 정한다.

제7조(정치적 중립 의무 준수)

① 사령부 소속의 모든 군인 및 군무원은 정당이나 그 밖의 정치단체에 가입하거나 정치활동에 관여하는 행위를 해서는 안 된다.

② 사령부 소속의 모든 군인 및 군무원은 상관 또는 사령부 소속의 다른 군인 및 군무원으로부터 제1항에 위배되는 행위를 하도록 지시 또는 요구를 받은 경우 사령관이 정한 절차에 따라 이의를 제기할 수 있다. 이 경우 지시 또는 요구가 시정되지 않으면 그 직무의 집행을 거부할 수 있다.

제8조(사이버작전상 긴급조치)

① 사령관은 사이버작전상 긴급한 조치가 필요한 경우에는 예하 부대가 아닌 다른 부대를 일시적으로 지휘·감독할 수 있다.

② 제1항의 경우에 사령관은 그 경위를 지체 없이 국방부장관 및 합동참모의장에게 보고하고, 해당 부대의

상급부대 지휘관에게 통보해야 한다.

부 칙 〈대통령령 제29561호, 2019. 2. 26.〉

제1조(시행일) 이 영은 공포한 날부터 시행한다.

9. 경찰청과 그 소속기관 직제[대통령령 제30086호]

제4조(하부조직)

① 경찰청에 생활안전국·수사국·사이버안전국·교통국·경비국·정보국·보안국 및 외사국을 둔다.

제14조(정보국)

① 정보국에 국장 1인을 두고, 국장 밑에 정보심의관을 둔다.

② 국장은 치안감 또는 경무관으로, 정보심의관은 경무관으로 보한다.

③ 국장은 다음 사항을 분장한다.

  1. 치안정보업무에 관한 기획·지도 및 조정

  2. 정치·경제·노동·사회·학원·종교·문화 등 제분야에 관한 치안정보의 수집·종합·분석·작성 및 배포

  3. 정책정보의 수집·종합·분석·작성 및 배포

  4. 집회·시위등 집단사태의 관리에 관한 지도 및 조정

  5. 신원조사 및 기록관리

④ 정보심의관은 기획정보업무의 조정에 관하여 국장을 보좌한다.

제15조(보안국)

① 국장은 치안감 또는 경무관으로 보한다.

② 국장은 다음 사항을 분장한다.

  1. 보안경찰업무에 관한 기획 및 교육

  2. 보안관찰에 관한 업무지도

  3. 북한이탈 주민관리 및 경호안전대책 업무

  4. 간첩등 보안사범에 대한 수사의 지도·조정

  5. 보안관련 정보의 수집 및 분석

  6. 남북교류와 관련되는 보안경찰업무

7. 간첩 등 중요방첩수사에 관한 업무

8. 중요좌익사범의 수사에 관한 업무

제15조의 2(외사국)

① 국장은 치안감 또는 경무관으로 보한다.

② 국장은 다음 사항을 분장한다.

1. 외사경찰업무에 관한 기획·지도 및 조정

2. 재외국민 및 외국인에 관련된 신원조사

3. 외국경찰기관과의 교류·협력

4. 국제형사경찰기구에 관련되는 업무

5. 외사정보의 수집·분석 및 관리

6. 외국인 또는 외국인과 관련된 간첩의 검거 및 범죄의 수사지도

7. 외사보안업무의 지도·조정

8. 국제공항 및 국제해항의 보안활동에 관한 계획 및 지도

● 부록 3
[기출] 실전 연습

1. 국가정보학의 학문적 성립에 대한 다음 설명으로 가장 잘못된 것은?
   ① 전통적으로 정보활동은 '비밀의 방의 일'로 공개토론과 자유로운 소통이 가능한 학문적 연구의 대상으로 삼는다는 것은 상상하지 못했다.
   ② 정보활동은 국가권력이 사실적으로 행사되는 무정형의 영역으로 독립된 학문분야로 생각하지 못했다.
   ③ 정보는 통치자에 의한 통치의 부속수단 내지 통치수단으로 이용되어 왔기 때문에 통치자나 통치 스타일에 대한 연구로 족하지 정보활동만을 별도로 분리하여 학문적 연구대상으로 분류할 이유는 없다고 생각되어왔다.
   ④ 오늘날에도 국가정보활동은 비밀의 영역이며 사실적인 권력행사의 장으로 진정으로 학문적 연구대상으로 성립하지는 않았다.

   해설 민주성과 개방성을 원칙으로 하는 미국 정보공동체와 학계의 노력으로 국가정보학은 정보공동체 관계자는 물론이고 입법, 사법, 행정 영역 종사자에게는 필수적인 학문 분야가 되었다.

2. 테러리즘(terrorism)과 관련된 다음 설명으로 잘못된 것은?
   ① 현대사회에서 테러리즘은 초국가적안보위협세력을 형성한다.
   ② 우리의 경우에 국민보호와 공공안전을 위한 테러방지법에 의해 창설된 대테러쎈터는 국가정보원 산하에 배치되었다.
   ③ 테러리즘은 단순한 범죄를 형성할 뿐만이 아니라 국가안보에 직접적인 위험을 초래하는 안보위협이다.
   ④ 현대사회에 테러조직은 세계적인 네트워크를 구축할 수 있고 테러조직 창설 지원도 이루어지는 것으로 알려져 있다.

   해설 현행법은 대테러센터를 국무총리 소속으로 한다(국민보호와 공공안전을 위한 테러방지법 제6조).

3. 국제조약의 이행감시에 대한 국가정보의 효용에 대한 설명으로 잘못된 것은?
   ① 국가정보는 관련 상대국의 국제협약 이행을 감시하고 평가하며 위배사항을 적발하고 공론화하여 그 내용을 국제제재의 기초가 되도록 할 수 있다.

② 정보기구는 상대국가의 조약이행을 감시하고 평가하는 임무를 수행하고 그를 통해 체결된 국제조약이 차질 없이 이행될 수 있도록 해줄 수 있다.

③ 미국은 조약위배 사항을 적발하여 개별국가에 의한 경제제재를 포함한 제재 이외에도 당해 조약이 정한 절차에 의해 국제법적으로 이의신청을 하거나 정치적으로 UN 총회에 공식안건으로 상정하여, 국제조약 위배국가에 대한 국제사회의 제재를 촉구하는 등의 방안을 강구했다.

④ 하지만 국가정보는 국제협약의 규범성을 높이는 데는 기여하지 못한다.

해설 지문 2처럼 정보기구는 상대국가의 조약이행을 감시하고 평가하는 임무를 수행하고 그를 통해 체결된 국제조약이 차질 없이 이행될 수 있도록 해줄 수 있다.

4. 정책과 정보의 원칙적인 관계에 대한 용어 가운데 관계없거나 잘못된 것은?
   ① 정보의 정책 종속성
   ② 정보와 정책 사이의 레드라인(Red Line)
   ③ 정책의 정보 종속성
   ④ 정보의 정책에의 서비스

해설 정보는 정책 수립과 집행을 위한 서비스 자료이다. 이것을 정보의 정책 종속성인 이유이다.

5. 다음 설명 가운데 가장 잘못된 것은?
   ① 정보의 궁극적인 목적은 정책수요자에게 정보를 제공하는 것이므로 그만큼 정치와 밀접하고 일정한 연관관계를 갖는 것은 국가 정치구조상 불가피하다.
   ② 국가정보기구는 정치화된 정보(politicized intelligence)뿐만이 아니라 정치정보(political intelligence) 자체를 아예 멀리해야 한다.
   ③ 정보기구가 정책담당자가 선호하는 선택사항이나 내용에 부응하기 위해 의도적으로 정보분석 결과를 변경하는 것은 정보기구의 자발적인 정치화이다.
   ④ 국가정보의 정치화는 경계해야 하지만 정보가 국가정책에 초연해서는 안 된다. 이에 잭 데이비스는 정보가 어느 정도의 정치화의 위험성을 감내하지 않는다면 임무를 전혀 수행하지 않고 있는 것이라고 말했다.

해설 정보학자 리처드 하스(Richard Hass)는 "정보공동체는 소설을 만들어서는 안 된다. 결과를 도출해야 한다. 결과를 도출하기 위해서는 정책과 더 가까워져야 한다." 라고 말했다.

6. 정보효용의 극대화를 위한 국가정보의 일반적인 요건이 아닌 것은?

① 충분성(sufficiency)

② 적합성(Relevance)

③ 적시성(Timeliness)

④ 정확성(Accuracy)

해설 정보효용의 극대화를 위해 정보는 사안에 대해 적합성(Relevance), 적시성(Timeliness), 정확성(Accuracy), 객관성(Objectivity)을 갖출 것이 요구된다.

7. 다음 중 미국 정보공동체(Intelligence Community)에 대한 설명으로 잘못인 것은?

① 미국 정보공동체(IC)는 국가정보국장(DNI)을 수장으로 하는 16개 국가정보기구의 연합체이다.

② 국가정보의 효율성을 높이기 위한 협력적 연합체로 미국의 공식적인 정보조직체이다.

③ 미국의 경우에 정보공동체의 숫자는 한정된 것으로 예컨대 법무부 마약단속국(DEA)도 아직도 정보공동체 구성원이 아니다.

④ 정보공동체 개념은 1947년 국가안보법에 의해 창설된 중앙정보국장(DCI) 직위와 함께 출범했지만 법 규범적으로는 레이건 대통령 명령 제12,333호에 의해 1981년 12월 4일 공식적으로 발족된 것으로 기록된다.

해설 정보공동체의 숫자는 한정된 것이 아니고 업무의 필요성에 따라서 신규로 가입한다. 예컨대 2006년에 법무부 마약단속국(Drug Enforcement Administration : DEA)이 마지막 16번째로 가입했다.

8. 다음 중 정보와 수사(법집행의 대표적임)와의 관계에 대한 설명으로 잘못인 것은?

① 문화와 목적이 다른 정보와 수사는 그 어떤 경우에도 중첩되거나 결합되어서는 안 된다는 것이 문민정부의 필수적인 요청이다.

② 정보는 그 업무의 성격상 국가안보에 대한 정보를 수집·가공·분석·생산하는 것이 주된 임무이므로 치안유지를 목적으로 하는 법집행기관의 업무에 대해 자연히 그 관심이 미치게 됨을 부인할 수 없다. 왜냐하면 치안유지는 국가안보와 동전의 양면과 같은 관계이기 때문이다.

③ 한편 테러리즘, 마약밀매, 국제조직범죄, 불법이민, 국경을 초월한 자금세탁 등의 문제는 개별국가를 초월하여 국제화되고 대량화됨에 따라서 수사업무도 해외로까지 연장되는 양상을 보인다.

④ 그 결과 정보공동체와 법집행공동체 사이의 업무 영역은 중복되고 양자 간의 긴밀성은 더욱 요구되는 것이 현대 국가정보와 법집행의 변화된 모습이다.

해설 세계화의 필연적인 결과에 따라서 다양한 인적·물적 교류가 이루어짐으로 인하여, 국내법적인 질서 속에서의 임무를 전제로 하였던 법집행기관의 업무는 국내를 벗어나서 해외로까지 널리 뻗쳐서 전개되고 있다.

9. CIA 정보분석관들이 불만으로 털어놓은 "오늘날 정보공동체의 취약점은 이질적인 요소와 단편적인 스냅 샷(snapshots)을 생산하는데 주력하고 있어서 커다란 그림(big picture)을 그리는데 취약하다"라고 할 때의 커다란 그림은 다음 중 무엇을 가리키는가?

① 보안정보(Security Intelligence)

② 전략정보(Strategic Intelligence)

③ 해외정보(Foreign Intelligence)

④ 전술정보(Tactical Intelligence)

해설 정보분석 전문 컨설턴트인 존 하이덴리히(Heidenrich)는 원래 CIA 창설 목적이 전략정보 생산이었다고 역설한다. 그럼에도 냉전시대를 거치면서 CIA는 전략정보 생산을 게을리 하고 지나치게 전술정보 활동에 매몰되고 있다면서 위와 같이 신랄히 비판했다.

10. 다음 중 정보수집 활동과 국제규범(국제법)에 대한 설명으로 잘못된 것은?

① 정보활동과 관련되는 법에는 먼저 자국의 국내법, 다음으로 상대국가, 즉 정보수집 대상국가의 국내법 마지막으로 국제법의 3가지가 있다.

② 통상 각국은 해외 간첩활동은 어느 정도 불법적인 요소가 개재되어 있다고 하더라도 국내 형벌법의 적용을 배제하고 오히려 국가안보 또는 국가이익을 위한 활동으로 적극 권장한다. 예컨대 해외정보 활동(Espionage)을 하는 한국도 간첩죄를 규정하여 처벌하고 있다(형법 제98조와 국가보안법 등).

③ 사실 스파이활동 대상국가의 입장에서는 평시의 간첩활동은 형사범죄이고, 전시의 간첩활동은 사형에 처할 수 있는 전쟁범죄이다.

④ 따라서 외교관 신분을 병행하고 있는 정보요원일지라도 스파이 활동으로 체포되면 어떤 경우에도 형사처벌을 면할 수 없다.

해설 외교관 신분을 가진 정보요원이 스파이 활동으로 체포되면 소위 '달갑지 않은 손님(*persona non grata*)'으로 추방되거나 맞교환대상으로 활용되는 것이 일반적이다.

11. 개방된 민주 법치국가의 국가정보활동의 원칙적인 4대분야가 아닌 것은?

① 정보수집

② 정보분석

③ 법집행활동(law enforcement)

④ 비밀공작

12. 소리 없는 전쟁(Silent Warfare: Understanding the world of Intelligence)의 저자로 정보의 비밀성을 중요시하면서 정보란 국가안보 이익을 극대화하고, 실제적 또는 잠재적 적대 세력의 위협을 취급하는 정부의 정책수립과 정책집행과 연관된 자료라고 정의한 사람은 누구인가?
   ① 에이브럼 슐스키(Abram N. Shulsky)
   ② 마크 로웬탈(Mark M. Lowenthal)
   ③ 제프리 리첼슨(Jeffery T. Richelson)
   ④ 셔먼 켄트(Sherman Kent)

13. 다음 중 휴민트에 대한 설명으로 잘못된 것은?
   ① 인간을 주요수단으로 하는 정보수집 활동(HUMan INTelligence)의 철자 약어로 쉽게 말하면 간첩활동(espionage)이 이에 해당한다.
   ② 미국 정보공동체의 휴민트 주무부서는 연방수사국(FBI)으로 구체적으로는 예전의 공작국(Directorate of Operation)을 대체한 국가비밀부(National Clandestine Service)가 담당한다.
   ③ 휴민트란 대인접촉을 수단으로 하여 정보를 수집하는 정보수집 활동기법 또는 인적자산에 의해 수집된 정보 그 자체를 말한다.
   ④ 휴민트 업무를 담당하는 정보관(Intelligence Officer)은 역할과 임무에 따라서 공작관(Case officers), 조종관(Agent handler), 통제관(controllers), 접촉관(contacts) 또는 안내자(couriers) 등으로 불린다.

14. 세계 비밀의 손으로 통하는 미국 중앙정보국(CIA)이 분류한 정보순환 5단계에 들어가지 않는 것은?
   ① 기획 및 지시(Planning and direction)

② 수집(collection)

③ 분석 및 생산(analysis and production)

④ 환류(feedback)

해설 https://www.cia.gov/kids-page/6-12th-grade/who-we-are-what-we-do/the-intelligence-cycle.html (CIA 자체 설명 참조). 환류(feedback)는 마크 M. 로웬탈의 정보순환 7단계론에 포함되는 과정이다.

15. 다음 중 영상정보에 대한 다음 설명 가운데 가장 잘못된 것은?

① 영상정보는 통상의 정보수집 방법으로는 접근이 어려운 정보 타깃에서도 활용이 가능하여 수많은 타깃에 대해 광범위한 정보수집 활동이 가능하다.

② 정밀 촬영 영상은 실상을 직접 눈으로 확인하게 해 주어 구두나 서면보고보다 신뢰성을 높여 줄 수 있다. 그래서 정보성 첩보(Intelligence Information)라고도 할 정도이다.

③ 미국 정보공동체의 경우에 영상정보를 포함한 기술정보(테킨트)의 주무부서는 세계비밀의 손이라는 별명을 가진 중앙수사국(CIA)이다.

④ 영상정보의 그래픽 특성은 이점인 동시에 단점도 될 수도 있다. 이유는 영상이 너무 생생하고 압도적이라서 전문적인 정보분석가도 경도되기 쉽고, 따라서 다른 정보를 간과할 수 있다.

해설 미국 정보공동체에서 영상정보(이민트)주무부서는 국가정찰국(NRO)이다. http://www.nro.gov/.

16. 다음 중 오신트(OSINT)에 대한 설명으로 잘못된 것은?

① "학생이 갈 수 있는 곳에 스파이를 보내지 말라." 는 격언은 정보수집 활동은 먼저 공개출처정보의 활용가능성 판단에서 시작되어야 함을 말해준다.

② CIA 초대 국장이었던 힐렌코에터(Roscoe Hillenkoetter)는 1948년에 이미 CIA의 80%의 정보가 외국의 서적, 잡지, 라디오 방송 그리고 해당국가 사정에 정통한 일반인 등 공개출처 자료에서 수집된다고 말했다.

③ 미국의 2004년의 정보개혁 및 테러방지법은 공개출처정보의 중요성을 인식하여 그 주무 책임을 중앙정보국(CIA)에 부과했다.

④ 비밀정보 활동이 매우 제약적이던 냉전시대에는, 공산권에서 생산되는 공개자료들은 정보분석의 중요한 자원이었다.

해설 2004년의 정보개혁 및 테러방지법은 공개출처정보의 주무책임을 국가정보국장(DNI)에게 부과했다.

17. 다음 중 범죄수사와 국가안보 목적의 정보수집을 위한 우리의 통신제한조치에 대한 설명으로 잘못된 것은?

① 법은 범죄수사 목적과 국가안보 목적의 정보수집을 구별하고 있다.

② 범죄수사 목적 통신제한조치는 법원이 발부하는 영장에 의한다.

③ 국가안보 목적이라고 하더라도 내국인을 대상으로 하는 경우에는 고등법원 수석부장 판사가 발부하는 영장에 의하여야 한다.

④ 국가안보 목적의 통신제한조치는 내국인과 외국인의 구분이 없다.

해설 내국인은 법원의 영장주의 원칙이지만 외국인의 경우에는 일정한 경우 영장주의 예외이다.

18. 창조적 정보분석의 6대 원칙에 대한 내용으로 잘못된 것은?

① 지연판단의 원칙(Principle of deferred judgment)

② 속전속결의 원칙(Principle of Speed)

③ 다량 양질의 원칙(Principle of quantity leads to quality)

④ 경쟁분석의 원칙(Principle of Competitive Analysis)

해설 창조적 정보분석의 6대 원칙은 지연판단의 원칙, 다량 양질의 원칙, 타가수정의 원칙(他家受精), 업무 안정감 비례의 원칙, 경쟁분석의 원칙 그리고 악역 활용의 원칙이다.

19. 다음 가운데 성격이 다른 정보활동은 무엇인가?

① 방첩공작(counterintelligence)

② (영국 정보기구의) 특별정치활동(Special Political Action : SPA)

③ (이스라엘 모사드의) 특별임무(special task)

④ (러시아 정보기구의) 적극조치(active measures) 또는 냉정한 일들(dry affairs)

해설 모두 비밀공작(covert operation)의 다른 이름으로 방첩공작과 구분된다.

20. 다음 중 미국이 제1차 세계대전에 참가하게 된 계기가 된 기술정보활동은?

① 짐머만 통신감청 사건(Zimmermann Telegram)

② 매직 암호해독(Magic cryptography) 공작

③ 울트라(Ultra) 프로젝트

④ 베노나 프로젝트(VENONA Project)

해설 짐머만 사건은 독일 제국 외무상인 짐머만의 전신·전보를 영국 정보당국이 비밀리에 감청하여 미국에

건네준 통신정보 감청사건으로 궁극적으로 미국이 제1차 세계대전에 참가하게 된 계기가 되었다.

21. 다음 중 경제간첩(Economic espionage)과 산업간첩(Industrial espionage)에 대한 설명으로 올바른 것은?

① 상대국의 경제문제에 대한 것이 경제간첩이고, 산업문제에 대한 것이 산업간첩이다.

② 상대국의 경제정보에 대한 것이 경제간첩이고, 산업정보에 대한 것이 산업간첩이다.

③ 경제간첩은 국가정보기구가 국가안보 목적(National Security Purpose)으로 간첩 노력을 다른 나라의 경제 분야에 집중하는 것이다.

④ 경제간첩과 산업간첩은 수집활동의 객체에 차이가 있다.

해설 경제간첩은 국가안보 목적으로 제반 '경제정보'를 은밀하고 불법적인 방법으로 수집하는 활동이다. 반면에 산업간첩 또는 기업간첩은 상업적 목적으로 수행되는 국가나 사경제 주체의 경제간첩 행위이다.

22. 방첩은 적대국 정보기구의 아국에 대한 정보활동을 방어하는 활동이고 지식(첩보)으로서, 스파이 대 스파이(Spy versus Spy) 활동이라는 정의는 누구 또는 어디에 나오는 견해인가?

① 에이브럼 슐스키

② 2004년 정보개혁 및 테러방지법

③ 레이건 대통령 명령 제12,333호

④ 셔먼 켄트(Sherman Kent)

해설 에이브럼 슐스키의 견해로 방첩을 창과 방패의 대결이라고도 했다.

23. 다음 중 정보기구를 수행기능별로 분류하는 경우에 성격이 다른 것은?

① 구 소비에트 연방공화국의 KGB

② 중국 국가안전부(MSS)

③ 미국 중앙정보국(CIA)

④ 한국 국가정보원(NIS)

해설 정보기구는 각국의 안보환경에 따라서 조직되는 실천적인 조직으로 다른 3개는 통합형 정보기구이지만 미국 중앙정보국(CIA)은 정보와 수사의 분리형 정보기구이다.

24. 다음 중 테러에 대한 미국의 대응으로 잘못된 것은?

① 테러문제 최고 실무기구로 국가테러대응센터(NCTC)가 창설되었다.

② 국가테러대응센터(NCTC)는 CIA가 아닌 국가정보국장(DNI) 산하에 설치되었다.

③ 미국은 관련법에 따라서 국가정보국장(DNI)이 테러 단체를 지정한다.

④ 국가테러대응센터(NCTC)는 대통령, 국토안보위원회(Homeland Security Council) 그리고 국가안보회의(NSC)의 지시를 받는다.

해설 대테러법 등 관련법에 따라서 국무부장관이 테러 단체를 지정한다. 정보기구가 아닌 정책부서인 국무부가 테러단체지정권을 갖는 것은 그것이 외교 안보정책의 문제이기 때문이다. 국무부는 테러추방 목록(Terrorist Exclusion List : TEL)을 작성하여 관리한다.

25. 미국의 2001년 나인일레븐(nine eleven), 즉 9/11 테러공격과 무관한 것은?
① 미국 국가안보국(NSA)의 노스콤(NORTHCOM)과 탈론(TALON)
② 카오스 공작(Operation Chaos)과 코인텔 프로(COINTELPRO
③ 점의 연결의 실패(failure connecting the dots)와 미국 애국법(USA PATRIOT Act, 현재는 미국 자유법(USA FREEDOM Act)으로 변경)
④ 펜트봄(Pentagon/Twin Towers Bombing Investigation)

해설 카오스 공작(Operation Chaos)과 코인텔 프로(COINTELPRO)는 모두 9/11 테러공격 이전의 국가정보기구에 의한 불법적인 민간인 등 사찰 사례이다.

정답

01. 탭④, 02. 탭②, 0 3. 탭④, 04. 탭③, 05. 탭②, 06. 탭①, 07. 탭③, 08. 탭①, 09. 탭②, 10. 탭④

11. 탭③, 12. 탭①, 13. 탭②, 14. 탭④, 15. 탭③, 16. 탭③, 17. 탭④, 18. 탭②, 19. 탭①, 20. 탭①

21. 탭③, 22. 탭①, 23. 탭③, 24. 탭③, 25. 탭②

著者經歷

한희원(韓禧源)(3333lucas@ naver.com)

법학박사, 동국대학교 법과대학 교수

고려대학교 법과대학, 호서대학교 대학원

제24회 사법시험(사법연수원 14기)

Duke University Visiting Scholar

IUPUI(LL.M)

Harvard Kennedy Schhool National Security & International Security Executive Course

국가정보직 출제 및 검증 위원

(현) 국무총리실 대테러센터 자문위원

(현) 한국법학회 부회장

(전) 한국국가정보학회 회장

(전) 국민대통합위원회 자문위원

(전) 국가정보원 자문위원

(전) 제19대 국회 '국가정보원 등 개혁특별위원회' 전문가 진술인

□ 주요 저서

1. 국가정보(National Intelligence) 제3판 – 법의 지배와 국가정보, 법률출판사(2011)

    (2009 문화체육관광부 우수학술도서 선정)

2. 국가정보체계 혁신론, 법률출판사, (2009)

3. 국제기구법 총론, 법률출판사, (2009)

4. 국가정보학 원론, 법률출판사, (2009)

5. 국가정보학 요해, 법률출판사, (2009)

6. 정의론 제3판, 삼영사(2011)

    (2010 문화체육관광부 우수학술도서 선정)

7. 국제인권법총론, 삼영사(2011)

    (2011 문화체육관광부 우수학술도서 선정)

8. 신법학입문 제2판, 삼영사(2013)

9. 인공지능(AI) 법과 공존윤리, 박영사(2018).

국가정보학 요해(要解)

─국가정보와 법─

2023년 1월 05일 4판 4쇄 인쇄
2023년 1월 10일 4판 4쇄 발행

저　　자　　한 희 원
발 행 인　　김 용 성
발 행 처　　법률출판사
　　　　　　서울시 동대문구 휘경로2길 3, 4층
　　　　　　☎ 02)962-9154　　팩스 02)962-9156
등 록 번 호　　제1-1982호
ISBN 978-89-5821-367-3　　13340

값 30,000원

E-mail : lawnbook@hanmail.net

Copyright ⓒ 2023